# 교리의 본성

The Nature of Doctrine

조지 A. 린드벡

KB206133

# 교리의 본성

2021년 7월 12일 초판 1쇄 인쇄
2020년 7월 20일 초판 1쇄 발행

지은이  조지 A. 린드벡
옮긴이  김영원
편집·발행인  김지호

도서출판 100
전  화  070-4078-6078
팩  스  050-4373-1873
소재지  경기도 고양시 덕양구 행신동
이메일  100@100book.co.kr
홈페이지  www.100book.co.kr
등록번호  제2016-000140호

ISBN  979-11-89092-20-7 93230

*The Nature of Doctrine: Religion and Theology in a Postliberal Age*

© 1984, 2009 George A. Lindbeck
Introduction © 2009 Westminster John Knox Press
First published by Westminster John Knox Press, 1984
Louisville, KY, U.S.A.
All rights reserved.

This Korean translation edition © 2021
by 100 Publishing House, Goyang-si, Gyeonggi-do, Republic of Korea.
This Korean edition is published
by arrangement of Westminster John Knox Press
through rMaeng2, Seoul, Republic of Korea.

이 한국어판의 저작권은 알맹2를 통하여
Westminster John Knox Press와 독점 계약한 도서출판 100에 있습니다.
신 저작권법에 의하여 한국 내에서 보호받는 저작물이므로
무단 전재와 무단 복제를 금합니다.

# 교리의 본성

25주년 기념판

# 목차

· 옮긴이 서문      7

· 서문: 『교리의 본성』 25주년을 맞이하여 (브루스 D. 마샬)      10

· 『교리의 본성』 독일어판 서문      54

· 초판 서문      63


**1. 이론, 에큐메니즘, 문화: 상황을 고려한 제안**      **77**

    I. 에큐메니컬 지형      78

    II. 심리사회적 상황      88


**2. 종교와 경험: 전(前)신학적 탐구**      **105**

    I. 경험-표현적 모델      109

    II. 문화-언어적 대안      113

    III. 비교의 비결정성      133


**3. 여러 종교와 하나의 참된 신앙**      **137**

    I. 무비성      141

    II. 종교의 상호 관계      152

    III. 구원과 다른 신앙들      159

    IV. 종교와 진리에 대한 부록      176

**4. 교리에 관한 이론들**                                      **191**

　Ⅰ. 교리와 교리 문제                                        194

　Ⅱ. 문법과 교리, 연속성과 변화                             208

　Ⅲ. 교리의 분류                                            219


**5. 규칙 이론에 대한 시험: 그리스도론, 마리아론, 무류성**      **227**

　Ⅰ. 니케아와 칼케돈                                        230

　Ⅱ. 마리아 교의                                            241

　Ⅲ. 무류성                                                 246

　Ⅳ. 규제적 관점의 우월성                                   260


**6. 후기자유주의 신학을 향하여**                             **269**

　Ⅰ. 평가의 문제                                            271

　Ⅱ. 텍스트 내재성으로서의 충실성                           274

　Ⅲ. 미래학으로서의 적용 가능성                             298

　Ⅳ. 기량으로서의 이해 가능성                               306

　· 결론                                                    318


　· 후기: 종교 간 관계와 그리스도인의 에큐메니즘:
　　『교리의 본성』3장을 돌아보며                              322


　· 참고문헌                                                354
　· 찾아보기                                                393

- 또 다른 번역어를 제시할 필요가 있어 보이는 경우, 윗첨자로 병기하였다(예. 실체변화<sup>화체설</sup>).

- 저자가 인용문에 추가한 삽입구 및 한국어 번역본 쪽 번호 병기는 [   ]로 표시하였다. 괄호 안의 괄호([   ])도 이 기호로 표시하였다.

- 독자의 이해를 돕기 위한 옮긴이/편집자의 첨언은 〔   〕로, 옮긴이/편집자 주는 •로 표시하였다.

# 옮긴이 서문

『교리의 본성』(*The Nature of Doctrine: Religion and Theology in a Postliberal Age*)*은 북미 신학을 이해하는 데 가장 중요한 책 중 하나다. 상황과 경험 중심의 신학을 전개하는 시카고학파가 북미 신학의 한 축이라면, 텍스트 중심의 신학을 전개하는 예일학파가 다른 한 축이며, 예일학파의 신학적 특징을 체계적이고 집약적으로 잘 보여 주는 책이 바로 『교리의 본성』이다. 조지 린드벡(George A. Lindbeck)은 이 책에서 교리와 종교에 대한 세 가지 접근 방법을 제시한다(명제적 접근, 경험-표현적 접근, 문화-언어적 접근). 현재 북미에서 지배적인 신학 방식은 교리와 종교를 종교적 핵심 경험의 표현으로 보는 경험-표현주의이

● 책 제목의 "nature"를 번역하기가 약간 까다로웠다. 이 단어는 보통 자연, 성격, 본성, 본질 등으로 해석할 수 있는데, 그 어떤 번역어도 이 책에서 의도하고 있는 바를 온전하게 전달하기는 어려워 보였다. 이 책이 의도하는 적확한 의미는 교리의 본래 기능이 종교 공동체와 개인의 삶과 정체성을 형성한다는 것인데, 이에 가장 가까운 번역어는 본질 혹은 본성으로 보았다. 그리고 본질은 이 책이 지양하고 있는 형이상학적 뉘앙스를 함축하는 것으로 판단되어 최종적으로 '본성'으로 번역하였다.

며, 린드벡은 이를 자유주의 신학의 일반적 경향으로 본다. 이 접근에서 종교 텍스트는 종교적 핵심 경험을 표현한 것이므로 얼마든지 변형될 수 있고 대상화될 수 있다. 그러나 린드벡이 이 시대에 적절한 신학 방법으로 제안하는 모델은 문화와 언어가 그러한 것처럼 교리와 종교가 공동체와 개인의 경험을 형성하는 것으로 보는 문화-언어적 접근이다. 문화-언어적 접근에서는 결국 텍스트가 공동체와 개인의 경험 양식을 결정하고 형성하는데, 이를 개념화한 표현이 이책 6장에서 제시되는 텍스트 내재성(intratextuality)이며, 린드벡은 이러한 텍스트 중심적이며 탈자유주의적인 신학함을 "후기자유주의"(postliberalism)라고 명명한다.

한 가지 재미있는 사실은 결과적으로 이 책이 예일학파의 텍스트 중심적 신학을 대변하는 책으로서 북미뿐만 아니라 유럽에서도 다양한 반응을 불러일으켰지만, 린드벡의 저작 목적은 자신과 동료들—한스 프라이(Has W. Frei), 데이비드 켈시(David E. Kelsey) 등—이 창출한 이 학파의 신학을 변호하고 전파하는 것이 아니었다는 점이다. 『교리의 본성』을 통해 린드벡이 성취하고자 한 것은 평생의 관심과 헌신의 대상인 에큐메니컬적인 교리 대화에 적합한 교리 이론과 종교 이론의 정립이었다. 그는 학문 여정 초기부터 에큐메니컬 대화에 관심을 가졌으며 제2차 바티칸 공의회 루터교 참관인으로 참여했고, 특별히 루터교-로마 가톨릭 대화에서 핵심 역할을 했다. 하지만 아이러니하게도 이 책은 저자의 의도와는 상관없이 예일학파의 핵심 가치를 정확하게 설명하는 책으로 부상함으로써, 시카고

학파에 철학적 자양분을 제공한 폴 리쾨르의 현상학적 텍스트 해석학이 가르쳐 준 중요한 해석 메커니즘의 하나인 "텍스트의 자율성"(autonomy of the text)의 좋은 예가 되고 있다.

『교리의 본성』은 1984년에 처음 출판되어 북미와 세계 여러 지역에서 큰 반향을 불러왔으며 독일어, 프랑스어 등 주요 유럽어뿐만 아니라 중국어, 일본어로도 이미 번역되었다. 2009년에는 그의 수제자인 브루스 마샬(Bruce D. Marshall)이 상당히 긴 서문을 서두에 더하고, 3장의 종교 간 대화에 관한 린드벡의 후기*와 상당히 긴 린드벡의 저작 및 이차 자료 목록을 부록으로 덧붙인 25주년 기념판이 새롭게 출판되었으며, 본 번역서는 이 기념판을 옮긴 것이다. 마샬은 본 번역자의 박사학위 논문 외부 지도교수였는데, 이러한 인연으로 『교리의 본성』을 번역하고자 마음먹고 있던 차에 도서출판 100을 통하여 본 번역서를 내게 되었다. 번역에 대해 여러 가지 조언을 해 주시고 감수를 해 주신 현요한 교수님께 진심으로 감사드리며, 항상 책상 앞에 앉아 있어 주로 뒷모습만 보여 준 아들, 사위, 남편, 아빠를 묵묵히 바라봐 준 가족들에게 감사와 사랑의 말을 전하고 싶다.

2021년 장로회신학대학교 선교관의 한 연구실에서
역자 씀

● 3장과 후기에 나타난 린드벡의 종교 간 대화에 관한 입장은 독립주의 혹은 배타주의로 해석될 수 있다. 역자는 린드벡의 입장을 배타주의의 한 유형으로 파악하고 있으며, 이에 관해서는 다음의 논문을 참조하라. 김영원, 「조지 린드벡과 종교간의 대화: 배타성과 충실성」, 『한국조직신학논총』 60(2020.09): 59-98. 그러나 린드벡의 종교 간 대화에 관한 입장은 북미의 교회 상황과 신학적 맥락에 기초한 것으로, 한국 교회에 무비판적으로 직접 적용될 수 있는 것은 아니다.

# 서문: 『교리의 본성』 25주년을 맞이하여

브루스 D. 마샬

## I

조지 린드벡이 『교리의 본성』을 처음 출판한 지도 이제 사반세기가 지났다.[1] 시간이 지남에 따라 이 얇은 책은 지난 50년간 영어로 출판된 글 중 학문적 신학과 관련된 가장 영향력 있는 작품의 하나로 부상했다. 북아메리카나 영국의 신학자 중 이 책에 대한 나름의 의견을 가지고 있지 않은 신학자는 아마 찾기 어려울 것이다. 그들은 25주년 기념판 부록에 나타나 있듯이 대개 출판물의 형태로 의견을 내놓았다. "후기자유주의"라고 하는 새로운 신학 방식의 소개, 혹은 한스 프라이와 더불어, 두 학자가 함께 가르쳤던 예일 대학의 이름을 딴 새로운 신학 학파의 설립은 우리가 보기에 린드벡의 공이다.

---

[1]  이 서론은 필자의 논문 "Lindbeck Abroad," *Pro ecclesia* 15, no. 2 (2006): 223–241을 개정한 것이다.

파편화되고 심지어는 혼란스러운 영어권 신학계에서도, 『교리의 본성』은 거의 모든 사람이 자기도 어느 정도 알 필요가 있다고 보는 몇 안 되는 책이다.

이제 린드벡의 영향은 영어권을 훨씬 넘어서 확장되고 있다. 『교리의 본성』은 미국 신학자의 책으로는 드물게 독일어로, 그리고 더욱 드물게 중국어와 일본어로 번역되었다. 또한 프랑스어와 이탈리아어 번역본도 나왔다.[2] 이 책이 널리 보급됨에 따라 유럽 학계의 주요 언어로, 특히 영어와 독일어로 된 린드벡에 관한 상당히 많은 글이 등장했으며, 지금도 늘어나고 있다.[3]

대서양의 양편에서 『교리의 본성』은 개신교뿐만 아니라 로마 가톨릭에도 그리스도교 신학이 나아갈 길을 약속해 주는 것으로 보인다. 린드벡과 후기자유주의를 중심으로 한 1990년 논문에서, 당시 주교였던 추기경 발터 카스퍼(Walter Kasper)는 일찌감치 그 진가를 전반적으로 잘 이해했고, 린드벡의 구상이 자신의 신학 세계에 준 신선함에 주목했다.

현재 독일어권 신학에서는 진정으로 근본적인 문제들에 대한 논의가 드물어졌고, 논의가 있다 하더라도 이 논의들은 대체로 지루한 참호

---

2    이들 번역본의 출판에 대해서는 참고문헌의 1984b를 보라. 내가 아는 한 유럽의 주요 신학 언어 중 오직 스페인어로 된 번역본만이 아직 출판되지 않았다(편집자 주: 스페인어 번역본도 2018년에 출간되었다. 서지 정보는 1984b 참조).

3    참고문헌을 보라.

전, 즉 전선이 전혀 움직이지 않는 보수와 진보 사이의 교착 상태로 변질되거나, 오래전 싸웠던 전투의 후방 방호전으로 변질된다. 그러나 미국의 신학 현장에서는 이러한 논의가 적극적으로 진행되어 온 것으로 보인다. 그곳에서는 곤란함 없이 대체로 우리보다 덜 정치화된 방식으로, 현대 신학이 봉착한 아포리아들 곧 사실상의 위기에 대해 논의한다. 그리고 이러한 상황에서 비평 이전(precritical)의 시대로의 후퇴를 목표로 하지 않고 비평 이후 혹은 후기자유주의적이고 탈근대적인 국면으로 나아가는 것을 목표로 하는 방식을 추구한다.[4]

몇몇 신학자들은 심지어 이 책이 탈근대화된 유럽에서 이제 시들어 가고 있는 고대 그리스도교 공동체들을 위한 생명의 숨결을 제공할 수 있다고까지 생각했다. 중세 초 선교의 시대 이후, 유럽에서는 세속주의의 영향으로 인해 그리스도교인의 공동체적 삶에서 공적 참여가 찾아볼 수 없는 수준으로 감소했고, 그리스도교는 여전히 교회에 다니는 소수 중에서도 주목할 만한 수의 사람들이 하나님을 믿지 않는다고 공언할 정도로 적대적인 혹은 무관심한 문화에 순응하

---

4　Walter Kasper, "Postmoderne Dogmatik? Zu einer neueren nordamerikanischen Grundlagendiskussion," *Internationale Katholische Zeitschrift* 19 (1990): 298; 나의 번역. 이 논문은 영어로도 번역되어 있다: "Postmodern Dogmatics: Toward a Renewed Discussion of Foundations in North America," *Communio* 17 (1990): 181-191. 가톨릭 신학자들이 『교리의 본성』을 어떻게 수용했는가에 대한 최근의 균형 잡힌 평가에 대해서는 다음을 보라. Gilles Emery, OP, "L'intérêt de théologiens catholiques pour la proposition postlibérale de George Lindbeck," in *Postlibéralisme? La théologie de George Lindbeck et sa réception*, ed. Marc Boss, Gilles Emery, and Pierre Gisel (Geneva: Labor et Fides, 2004), 39-57.

기에 이르렀다. 자신의 정체성과 전통에 대한 굳건한 감각을 견지하면서도 이 감각을 탈근대적이고 탈콘스탄틴적인(post-Constantinian) 방식으로 유지할 수 있는 교회의 능력에 관한 린드벡의 강한 확신은 이 가망 없는 상황에 필요한 신학적 응답일 것이다.[5]

지금 생각해 보면 이 책이 왜 그렇게 큰 영향을 미쳤는가를 이해하는 것은 어렵지 않다. 이 책의 주제는 광범위하다. 린드벡은 종교의 본성, 그리스도교와 다른 종교들 사이의 관계, 그리스도교 공동체들 사이에 있었던 역사적인 교리적 충돌의 해결과 그리스도교의 교리, 그리고 신학의 본성과 책무에 관한 설명을 발전시킨다. 그는 이렇게 방대하고 기본적인 신학적 주제들을 엄격하게 규범적이거나 연역적이지 않으면서도 존경스러울 정도로 일관되게 다룬다. 어떤 지점을 살펴보더라도 다른 문제들과 상보적으로 강화하는 연결점을 명확하게 볼 수 있다. 동시에 그의 개념들은 놀라울 정도로 새롭다. 린드벡이 밝혔듯이 이 책이 신학적 그리고 신학 외적인 자료들로부터 영감을 받기는 했지만, 종교와 그 진리 주장에 대한 그의 문화-언어적 이론, 그리스도교 교리에 대한 규제적 이론(regulative theory), 그리고 신학에 대한 후기자유주의적 접근은 이 책이 등장했을 당시 학문적 신학에서 표준이었던, 이러한 문제들을 생각하는 다

---

5    특별히 Andreas Eckerstorfer, *Kirche in der postmodernen Welt: Der Beitrag George Lindbecks zu ein neuen Verhältnisbestimmung* (Innsbruck and Vienna: Tryolia-Verlag, 2001)를 보라. 에커스토퍼는 독일의 정기적인 교회 출석자 중 10%가 신의 존재를 믿지 않는다고 공언하고 있음을 관찰했다. 이는 미국 전체 인구 중 무신론자 비율을 약간 넘는 수치다.

양한 방식을 뒤엎는다. 더욱이 린드벡은 독자들을 이해시키려는 분명한 의도를 가지고, 압축적이지만 다가가기 쉽게 전문용어가 없는 형태로 쓴 150쪽이 되지 않는 책 한 권을 통해서 이 모든 것을 성취했다(간결함과 명확함은 신학 서적에 항상 나타나는 덕목이 아님을 인정해야 한다). 『교리의 본성』 이전의 린드벡은 그의 출신지인 예일 바깥에서는 주로 에큐메니컬 신학자들 사이에서, 특히 루터교-가톨릭 대화에 관한 작품으로 인해 알려진 학자였다. 이 책 덕분에 그는 세계에서 가장 널리 논의되는 신학자 중 하나가 되었다.

물론 널리 읽히고 영향력이 있다는 점은 그 주장에 대한 합의가 이루어졌다는 점과 별개의 문제다. 『교리의 본성』에 대한 반응은 상당 부분 비판적이다. 어떤 부류의 신학자이든 간에 대체로 린드벡의 시도 중 적어도 일부는 설득력이 있다고 생각한다. 그러나 이는 린드벡의 기획 중 그들이 보기에 의심스러운 부분을 더 문제 있는 것으로 보게 하였다. 그 결과, 실질적으로 모든 사람이 『교리의 본성』에서 자신들이 선호하는 것을 발견했지만, 많은 사람이 심각한 심지어는 격렬한 저항이 필요한 요소들을 발견하기도 하였다. 10년이 지난 후 린드벡이 직접 이 작품에 대한 반응들을 적절하게 요약하였다. "이 책에서 아방가르드한(avant garde) 개념들과 역사적 교리에 대한 헌신의 결합이 한편으로는 자유주의에 대한 직접적 공격으로 인식되었고, 다른 한편으로는 보수주의를 유혹하는 위험으로 인식되었다."[6]

---

6    "Foreword to the German Edition of *The Nature of Doctrine*." 「『교리의 본성』 독일어판 서문」. 참고문헌의 1994e, 198을 보라. 그리고 이 책 pp. 54-62를 보라.

이 글에서는 나는 사람들이 『교리의 본성』을 읽어 온 주된 방향에 관해 설명할 것이다. 그리고 이 책에 대한 반응과 내가 보기에 린드벡이 이 책에서 주장하려고 가장 노력했던 것들 사이의 관계에 관해 내가 스스로 관찰한 내용 몇 가지를 제시할 것이다. 하지만 우리는 우선 린드벡의 신학 여정 속에 『교리의 본성』을 간략하게 위치시키는 것에서 시작할 필요가 있다.

## II

조지 린드벡은 1943년 20세의 나이로 예일 대학에 와서 1946년에 종교학 학사학위를 취득했다.[7] 1955년에 그가 박사학위를 마쳤을 때 그는 이미 몇 년 동안이나 예일 신학대학 교수진에 몸담고 있었다. 린드벡은 예일에서 로버트 로우리 칼훈(Robert Lowry Calhoun) 밑에서 수학했다. 지금 그를 기억하는 사람은 거의 없지만 신학과 철학의 역사에 관해 그가 가진 광범위한 지식 때문에 그의 학생들과 동료들은 그를 "더 로고스"(the Logos)[8]라고 불렀다. 린드벡의 초기 저작은 중세 신학과 중세 철학에 관한 것이었다. 그는 토론토와 파

---

7    1967e, 1990d, 2004a(이 중 가장 광범위한 자료다), 그리고 2006을 포함한 수 편의 논문과 인터뷰에서 린드벡의 자전적 성찰을 발견할 수 있다. 지금은 예일 신학교 서고에 있는 린드벡의 글들에서 이에 관한 더 많은 자료를 발견할 수 있을 것이다.

8    린드벡은 1998b에서 칼훈의 기여에 관해 평가했다.

리에서 지난 세기 이 분야에서 가장 걸출한 거장인 에티엔느 질송 (Etienne Gilson), 폴 비뇨(Paul Vignaux)와 함께 공부했으며, 지난 세대에 요하네스 스코투스(John Scotus) 연구의 르네상스가 있기 훨씬 전에 스코투스의 존재 교리에 관한 박사학위 논문을 썼다. (언젠가 린드벡은 이 논문이 왜 출판되지 못했는지에 대한 질문에 답하면서, 그 당시에 그 논문을 읽을 정도로 관심을 가진 사람이 전 세계에 여섯 명을 넘지 않았다고 말했다). 그의 초기 출판물들은 대부분 중세의 주제들, 특히 전문적이고 수준 높은 스콜라 철학적 신학에 관련된 것이었다.

제2차 바티칸 공의회가 아니었다면, 린드벡은 중세의 사상을 주로 연구하는 역사가에 머물렀을 것이다. 루터교세계연맹(Lutheran World Federation)은 린드벡에게 공의회 대표 참관인 중 한 자리를 맡아 달라고 요청했고, 그래서 당시 젊은 교수였던 그는 로마 가톨릭교회의 스물한 번째 에큐메니컬 공의회에서 루터교회의 공식 참관인이 되었다. 그는 공의회가 열린 기간(1962-1965) 동안 대부분의 시간을 로마와 그 밖의 유럽 지역에서 보냈으며, 공의회가 열리기 전부터 에큐메니컬 문제들에 주의를 기울이기 시작했다.[9]

린드벡의 초기의 활동이 기초신학(fundamental theology, 지금은 이렇게 불릴 것이다)의 문제들에 대한 중세의 논의에 집중했다면, 1950년

---

9  제2차 바티칸 공의회에 대한 린드벡의 개인적인 생각들과 대표 입회인이 된 것이 그의 신학적 소명을 어떻게 형성했는지를 보기 위해서 각주 7에 더하여 1993e(2003a)와 1994d를 보라.

대 후반기 이후의 작품은 무엇보다 교회에 초점이 맞추어져 있다. 현대 세계에서, 특히 교회 고유의 과거, 교회의 (대략 있음 직한) 미래, 그리고 그리스도교의 분열이라는 스캔들에 비추어 볼 때, 그리스도 교 공동체는 자신의 정체성과 목적을 어떻게 이해해야 하는가? 제2 차 바티칸 공의회 전야 이후로 린드벡의 신학적 기획은 주로 이 물음과 어떻게 이 물음에 최선의 답변을 할 것인가에 대해 폭넓게 반성한 것으로 이해될 수 있다.

확실히 이것은 『교리의 본성』과 『로마 가톨릭 신학의 미래』(*The Future of Roman Catholic Theology*, 1970) 외에도 200편이 넘는 논문과 논평을 포함한 린드벡의 모든 작업을 개략적으로 특징짓는 하나의 방식에 불과하다. 이 작업들은 트루먼 정부가 바티칸에 대사를 보내야 했는지(긍정)로부터 시작해서 랍비 정신에 대한 막스 카두신(Max Kadushin)의 관점이 마르틴 루터의 그리스도교 개혁에 대한 접근 방식을 이해하는 데 필요한 실마리를 주었는가(또다시 긍정)에 이르기까지 주목할 만한 일련의 주제들을 아우른다.[10] 그렇다 하더라도 린드벡의 저작은 대부분 교리적이고 신학적인 측면에서뿐만 아니라, 실천적이고 사회학적인 측면에서의 그리스도교 공동체의 정체성에 대한 질문과 분명한 연관성을 갖는다. 우리는 린드벡의 이러한 '교회 중심적' 기획이 발전해 온 양상을 세 단계로 구분할 수 있다.

첫 단계에서 린드벡은 탈콘스탄틴적 서구 사회의 보다 세속적인

---

**10**    1951과 1990f를 보라(카두신의 영향에 관해서는 2003a도 참조하라).

환경에서 독특한 공동체적 믿음과 실천에 헌신하는 인지적 소수자로서의 교회에 대해 사회학적으로 '종파주의적인'(sectarian) 미래를 예견했다.[11] 그의 견해는 일반적인 신학적 의미에서의 종파주의적 비전이 아니다. 앞으로의 '종파주의적 교회'는 문화적·정치적 힘을 상실했음에도 불구하고 세속적 환경에 집중적으로 관여할 것이다. 제2차 바티칸 공의회에 참석한 개신교 측 인사들뿐만 아니라 가톨릭 참석자들과 같이 린드벡은 첫 번째 회기의 몇 달 동안 지속된 예전 개혁에 관한 논쟁으로부터 시작하여 공의회가 약속한 변화의 폭에 놀랐고 감사해했다. 따라서 그는 공의회를 움직이는 근본적 힘이었던 아조르나멘토(aggiornamento), 즉 현대의 관심사에 맞추어 교회를 변화시키는 것에 열광적이었다. 또한 린드벡은 그 당시의 많은 사람처럼 아조르나멘토를 르소스망(ressourcement)과 같은 종류로 보았다. 르소스망은 교회가 특히 예전, 신학 그리고 목회적 실천에서 성경적·교부적 신앙의 원천들과 더 깊이 접촉하게 하자는 운동으로, 아조르나멘토와 마찬가지로 공의회의 기본적인 노력이다. 이 한 쌍의 강조점은 가톨릭과 개신교가 불과 몇 년 전에 상상할 수 있었던 만큼보다 서로 더 가까워진 종파주의적 미래를 마주할 수 있으리라는 희망을 낳았다. 이러한 희망으로 인해 린드벡은 학문적으로 자신에게 가장 좋은 시절을 루터교-로마 가톨릭의 대화에 기꺼이 사용했다.

---

11    1968b(또한 2003a), 1971b를 보라.

린드벡의 '교회 중심적' 기획의 두 번째 단계는 『교리의 본성』에서의 광범위한 제안들에서 그 정점에 이르렀다. 그러나 이 단계는 신학적이고 교회적인 관심이 시의적절하며 최신의 것을 담아내야 한다고 이전에 자신이 지지했던 것에 대해 1970년대 중반에 공개적으로 의문을 제기하면서 이미 시작되었다. 여기에서도 또한 린드벡의 견해는 제2차 바티칸 공의회 이후 시작된 전방위적 변화와 씨름하던 당시 로마 가톨릭교회의 상황을 광범위하게 숙고하는 과정에서 형성되었다. 35년이 지난 지금의 관점에서 놀라운 것은 린드벡이 어느 논문에서 "공의회로부터 시작된 대중적 가톨릭주의의 개혁은 그 과정에서 그것의 공동체적, 문화적, 종교적 핵심이 사라지고 있다"라고 염려하고 있었다는 점이다.[12]

린드벡은 루터교 종교개혁의 전승자로서 제2차 바티칸 공의회 이후 혁신주의자들의 입장에 자연스럽게 공감했음에도 불구하고, 혁신주의자들이 너무나도 자주 "자신들의 신앙 상실, 근대성(*modernitas*)에 대한 무분별한 굴복, 로마 가톨릭 전통뿐만 아니라 그리스도교 자체에 본질적인 것에서 벗어나서 인정될 수 없는 기만적인 이탈을 정당화하기 위해서 제2차 바티칸 공의회에 호소해" 왔다는 당대 비판자들의 주장을 반박하기 어렵다고 생각했다.[13] 신학이 아조르나멘토를 르소스망에 정박시킨 밧줄을 끌러서 아조르나멘토를 풀어 두면, 그 결과는 본질적으로 자유주의―신앙의 원천들을 사용

12    1975a, 53; 1976b도 보라.

13    1975a, 52.

하더라도 부적절하게 사용하여 그리스도교 신앙을 시대에 순응시키는 신학적 노력—이다. 이러한 의미에서 자유주의에 대한 린드벡의 깊은 반대는 공의회에 참석했던 수많은 가톨릭 참가자들, 특히 당시 레겐스부르크 대학 교수였고 지금은 교황인 신학자[*]와 거의 같은 시기에 거의 같은 이유로 분명해졌다.

린드벡은 바티칸 공의회 이후의 가톨릭의 모습에 대해 점점 관심을 두게 되었으며, 여기서 우리는 어쩌면 린드벡이 후기자유주의 신학을 탐색하기 시작한 원인을 발견할 수도 있다. 그는 성경과 그리스도교 전통에 깊이 뿌리내리고 있는 동시에, 그리스도교의 원천들 자체의 도움으로 식별한 진정한 시대의 요구에 심도 있게 응답하기를 원했다. 원천들로 돌아가는 길에서 벗어나 신앙을 갱신하는 것에 대한 린드벡의 불편함은 갑자기 등장한 것이 아니라 공의회 직후에 형성되기 시작했다. 예를 들면, 자크 마리탱(Jaques Maritain)의 『가론강의 농부』(Le paysan de la Garonne, 1967)에 대해 어느 정도 공감하면서도 날카롭게 비판한 논평에서 이미 그런 불편함이 나타나기 시작했다.[14] 세상을 향한 자유주의의 무비판적 개방성이 잠식해 가면서 발생한 결과들에 대해 린드벡이 느낀 새로운 불편함은 유일한 원인은 아니겠지만 결국 『교리의 본성』으로 이어진 근본 동기 중 하나였

● 교황 베네딕토 16세(Benedictus PP. XVI). 본명은 요제프 라징거(Joseph Ratzinger).

**14** 1968d, 94를 보라. 마르탱의 논쟁은 진보와 유행을 혼동한 사람들, 결과적으로 생각 없음에 빠지는 사람들, 즉 시대정신에 대한 열정적인 복종에 빠지고 마는 사람들을 겨냥하게 된다. … 상당히 많은 수의 가톨릭교인들뿐만 아니라 많은 개신교도도 대체로 이 비판에 동의할 것이다.

다. 자유주의에 대한 린드벡의 이러한 태도는 그리스도교를 특정한 공동체의 삶과 실천에 뿌리내리고 그 공동체 고유의 법칙에 지배받는 고유한 문화-언어적 체계로 이해해야 한다는, 이 책에 제시된 논란이 많은 요청을 설명하는 데 도움을 준다.

이 책은 오랜 시간에 걸쳐 형성되었다. 이 책은 1970년대 초반 곤자가 대학(Gonzaga University)에서의 일련의 강의로 출발했는데, 린드벡은 그곳에서 버나드 로너간(Bernard Lonergan)의 종교철학과의 비판적 대화 속에서(이 책에는 로너간과 처음 만난 시절의 흔적만 남아 있다) 종교 및 종교 교리에 대한 문화-언어적 이론을 정립하기 시작했다. 이 강의의 원고는 수년간 예일 대학에 유포되었으며, 1984년에 책으로 나오기까지 린드벡은 동료 및 학생들과 자신의 아이디어를 놓고 토론했다.

『교리의 본성』으로 인해 생겨난 논쟁을 고려하면, 책이 등장한 이후 린드벡이 자신의 시간 대부분을 책을 변호하는 데 사용했으리라 생각할 수도 있을 것이다. 그러나『교리의 본성』에서의 제안들에 대해 그가 쓴 직접적인 변론은 사실 놀라울 정도로 적다. 자신의 교회 중심적 신학 작업의 세 번째 단계에서 린드벡은 '해석자들과 비판자들에 대한 답변'이라는 장르에 전념하지 않고 주로『교리의 본성』에서는 잠재된 형태로 있었던 생각들을 상세하게 설명하는 데 몰두하였다. 이러한 생각에는 오늘날 서구 그리스도교가 직면하고 있는 근본적인 사회 문제를 교회 바깥의 세속화로부터 교회 안에서의 탈그리스도교화로 전환하는 것과, 그가 스스로 실천하고자 시도했던 그리스도교 성경 읽기의 고전적인 방식의 회복에 대한 절박함이 포함된다.[15] 1990년대 이후로 린드벡은 그리스도교의 더 깊은 자기-이해, 특별히 교회를 '유사-이스라엘'(Israel-like)로 보는 관점에 이바지하기 위하여 무엇보다도 교회와 유대인들 사이의 관계에 몰두했다. 여기에서도 린드벡의 관심사는 그 자신의 신학적 역사에 깊이 뿌리내리고 있다.[16]

## III

아마도 『교리의 본성』이 가진 가장 심오한 매력은 공동체들이 전통적인 그리스도교 교리와 정체성에 헌신한다고 해서 반드시 지적 퇴행은 아니며, 오히려 완전히 첨단을 달리는 것일 수 있다는—사실 자유주의 신학이 전통적인 그리스도교의 가르침에서 떠난 것이야말로 시대에 뒤떨어진 것이라는—도발적인 확신이다. 다른 방식으로 말하자면, 린드벡은 분석철학, 문화인류학, 사회사, 그리고 지식 사회학을 포함한 근대 후기(late modern)의 혹은 탈근대적(postmodern) 세속 이성의 도구들을 역사적 그리스도교의 교리를 새롭고 효과적인 방식으로 명료화하고 변호하는 데 사용할 수 있다고 생각한다.[17] 신

15  예를 들어 1996a를 보라.
16  예를 들어 1965c를 보고 2004a(pp.405-408)에서의 린드벡 자신의 설명을 참조하라.
17  앨빈 플랜팅가(Alvin Plantinga)나 니콜라스 월터스토프(Nicholas Wolterstorff)와

학과 교회는 정체성과 전통 때문에 세속 이성을 거부해야 한다거나 세속주의의 무미건조한 편안함을 위해서 가치를 헤아릴 수 없는 자신들의 상속권을 팔아야만 한다는 불행한 대안에 직면해 있다고 볼 필요가 없다. 『교리의 본성』은 교회와 신학이 세상으로부터 도망칠 필요가 없으며, 자신을 세상에 맞추지 않고서도 자신만의 고유한 주장으로 세상을 대면할 수 있다는 약속을 제공한다.

린드벡이 이 엄청난 약속을 지키는 데 성공적이지 못했다는 의혹은 『교리의 본성』에 대한 수많은 반응을 촉발했으며, 심지어는 공감하는 독자들 사이에서도 그러했다. 여전히 기본적으로 자유주의에 충실한 사람들은 이것이 오늘날의 세계와 실질적인 관계를 맺는 것이 아니라 교묘하게 세계로부터의 도피하는 것이라고 의심했다.[18] 반대로 전통주의자들은 린드벡이 역사적 그리스도교의 가르침과 공동체적 정체성에 외견상 헌신하지만 실제로는 교묘하게 시대정신(Zeitgeist)에 굴복하고 있다고 걱정했다.[19] 이러한 양극단의 입장에 서든 혹은 그 사이에 있는 여러 입장에서든 『교리의 본성』에 대한

같은 그리스도교 철학자들의 저작에서 매우 다른 방식으로 수행되기는 했지만, 기본적으로는 같은 노력을 명백하게 발견할 수 있다.

18   데이비드 트레이시(David Tracy)가 이 책의 초기 리뷰에서 "손은 비트겐슈타인(Wittgenstein)과 기어츠(Geertz)의 손 같은데 목소리는 칼 바르트(Karl Barth)의 목소리로다"라고 말했듯이, 그는 이 책을 현대 신학에서 가장 강력한 세상으로부터의 도피로 보는 것 같다. "Lindbeck's New Program for Theology: A Reflection," *The Thomist* 49 (1985): 465. 린드벡의 바르트 이해에 관해서는 특히 1986을 보라.

19   토마스 아퀴나스를 따르는 신학자들이 이러한 관점에서 린드벡에 대한 가장 통렬한 비판자들이었다. 본 서문 IV 이하를 보라.

해석과 비평은 특히 다음과 같은 세 가지로 의구심 주위로 수렴되는 경향이 있는데, 이러한 해석과 비평에는 대개 반대에 대처하기 위해 린드벡의 견해가 어떻게 수정 내지 발전될 수 있을지에 관한 제안도 있다.

1. 인식론적으로 린드벡의 신학은 그리스도교의 믿음들에 대한 이성적인 정당화를 적절한 방식으로 추구할 수 없으며, 심지어 창조된 이성 자체의 선함에 적대적일 수도 있는 성경적 혹은 교회적 '신앙주의'(fideism)에 이른다.

2. 린드벡은 교회가 사회적으로, 정치적으로 스스로 만든 게토 속으로 후퇴하여 세계에서 고립되도록 조언한다. 그의 신학은 나쁜 의미에서의 '종파주의'이며, 아마도 무책임한 신학으로까지 이해될 수 있다.

3. 린드벡은 진리에 대해 물렁하다. 즉 탈근대적 상대주의와 회의주의에 경도되어 진리, 특히 그리스도교 교리의 진리가 보편성과 객관성을 가진다는 사실을 설명할 수 없다.

이러한 반대들이 정말로 린드벡의 기획에 반하는 이야기인지 여부는 계속해서 논쟁이 될 것이며, 이 반대들의 저변에 있는 문제들의 중요성은 분명 린드벡의 신학을 평가하는 데에만 머무르지 않는다. 여기에서 나는 각각의 입장에 대한 몇 가지 견해만 밝히겠다.

첫째, 린드벡에게 그리스도교 공동체의 일차적인 진리의 표준 혹은 기준은 교회 고유의 교리들이며, 이 교리들은 무엇보다도 성경의 이야기를 읽는 규칙으로 여겨지며, 이 규칙에 의지하여 교회는 가장 중요한 주제들(이스라엘, 예수 그리스도, 교회 자체 안에서 자신이 창조하신 것에 대한 하나님의 구속적 관여)을 파악한다. 이 교리들은 시간과 장소를 초월하여 그리스도교 정체성에 가장 필수적인 믿음들이다. 많은 해석자가 이러한 진리의 기준을 가지는 것 자체가 본유적으로 신앙주의적이라고 염려했다. 이렇게 진리의 기준을 갖는 것은 그리스도교인들이 비그리스도교인들과 이성적인 담론을 생성할 가능성을 상실하게 하거나, 혹은 심지어 언어적인 대화의 가능성까지도 방해하거나 적어도 방해되도록 위협한다. 이러한 반대에 부딪힌 견해를 그대로 고수한다면, 나의 종교적 확신에 대한 이성적 정당성을 찾지 못하고 나 자신을 나의 신앙이라는 특수성 속에 가둘 위험이 있다. 따라서 그리스도교인이 자신의 믿음들에 대한 이성적 설명을 제시하기를 바란다면, 비그리스도교인들이 받아들이는 진리의 주요 기준들에 의지해야 한다—그렇지 않으면 교리를 고수하는 것이 인식론적 고립을 가져온다.

그러나 왜 이러해야만 하는가? 왜 내가 당신과 이성적인 대화를 위하여 진리의 궁극적인 기준들이 무엇인가에 관한 합의에 이를 필요가 있는가? 서로를 실질적으로 이해하기 위하여 일반적으로 우리가 사용하는 단어들이 각각 같은 것을 의미해야 하기는 하지만(만약 우리 각자가 상대방이 모르는 자연어를 사용한다면 우리는 대화하기 어려울 것이다), 진리의 주요 기준들이 무엇인가에 관해 동의할 필요는 없다. 우리가 이성적인 대화, 특별히 서로 간에 중대한 차이가 있다고 의심하는 주제에 관한 이성적인 대화를 하기 위해서는 (공감이나 인내와 같은 적절한 덕목은 제외하고) 대화를 시작할 수 있을 정도의 합의, 즉 우리가 같은 대상에 관해 이야기하고 있다는 이성적인 확신을 줄 수 있을 정도의 합의가 필요할 것이다. 그러나 그 문제의 진리에 관해 동의할 필요는 없으며, 그 문제를 평가하는 절대적 기준에 관해서는 더욱 그러하다. 그 문제에 대한 당신의 견해가 진리라는 사실을 나에게 설득하기 위해서 당신은 우리가 동의한 점들에 근거하여 당신의 주장을 펼 수 있으며, 이때 당신은 당신의 주장을 통하여 나의 동의를 끌어낼 수 있다. 물론 대화가 이성적이기 위해 대화의 결과가 꼭 합의에 이르러야 할 필요는 없으며, 설령 우리가 그 문제에 대한 합의에 이르더라도 진리의 절대적 기준들에 대한 합의가 필요한 것은 아니다. 우리는 매우 다른 이유로 같은 믿음에 동의할 수도 있다. 사실, 당신의 주장이 나 자신의 진리 기준을 침해할 정도라면, 내가 당신의 논리 전개에서 아무런 결함을 발견하지 못하더라도 당신의 결론을 거부할 수 있으며, 애당초 당신이 그러한 결론을 끌어내게끔 한 전제들에 맞서는 논증을 찾기 시작할 것이다.

상대방을 이해하고 이성적인 대화를 나누거나 설득하기 위해서 당신과 나는 진리의 절대적 기준들을 공유할 필요가 없다. 만일 그런 기준들을 공유해야 한다면, **아무것**에 대해서든 사소한 의견 차이를 넘어서는 사람들은 서로를 이해할 수 없고, 이성적인 대화를 나누거나 서로를 설득할 수 없다. 모든 진리의 기준들은 서로 양립할 수 없는 경우 신앙주의적이라는 꼬리표를 달아야 할 것이다. 그리스도교인들이 자신들에게 고유한 궁극적 진리의 기준을 가지면서 그로 인해 다른 사람과의 대화에서 배제되지 않는 것은 꽤 적절해 보인다.

이 점에 관해 린드벡이 옳다면, 18세기 이후로 신학자들이 방법론적인─인식론적, 형이상학적, 해석학적, 초월론적(transcendental), 문화-이론적인─신학 프롤레고메나(prolegomena)에 방대한 에너지를 소비한 것은 대부분 헛수고였다. 아마도 이 사실은 사람들 마음속 깊숙이 자리하고 있는 『교리의 본성』에 대한 저항감 중 일부분을 설명해 주는 듯하다. 최첨단에 있는 세속적인 상위 문화와 공통되는 진리의 기준을 찾음으로써 그리스도교 교리와 신학을 지적으로 매력 있게 만들려는 쉼 없는 노력은 오랫동안 신학자들에게 불가결한 것으로 여겨져 왔다. 심지어 신학자들이 존재하는 기본적인 이유로 여겨져 왔다. 린드벡의 독자들은 적어도 이러한 기본적인 점에 대해 린드벡이 지지자를 얻고자 한다는 것을 정확하게 인지하였다. 즉 그는 신학에서 몇 세대 이상 지속된 정상 과학에서 벗어나는 패러다임 전환을 지지해 줄 사람들을 얻고자 했다. 패러다임 전환은 당연히 저항에 부딪힌다. 왜냐하면, 패러다임 전환은 사람들이 지속하고자 하는 일을 그만두도록 위협하기 때문이다. 린드벡이 (현재 유행하는 몇몇 대안들을 말하자면) 문학 비평, 탈식민주의 이론, 혹은 대륙 철학에서 최신의 것에 혹하는 것이 신학적으로 불필요할 뿐만 아니라 지적 퇴보라는 암시를 내비칠 때, 그는 분명 이러한 위협에 박차를 가하고 있다. 만약 현대의 패러다임을 지지하는 사람들이 언어철학과 인식론에서 최근의 발전을 잘 따라갔다면, 그들은 이제는 합리적으로 정당화될 수 없는 기획에 자기 고유의 기준을 따라—이는 물론 린드벡이 직접 권한 것이 아니다—참여하고 있다는 점을 인지했을 것이다.

몇몇 독자는 린드벡이 신학을 신학 외의 다른 지적 삶과 연결하는 현대의 지배적 패러다임을 받아들이지 못하기 때문만이 아니라 이 기획에 내재된 교의적인 결함 때문에 인식론적 고립에 빠질까 봐 우려한다. 이 문제는 종종 창조 교리 어딘가에 위치하는 것으로 여겨진다. 자연과 은총 사이의 조화, 교회 안에서뿐만 아니라 교회 밖의 인간에게 하나님이 부여한 존엄, 자연 이성에 열려 있는 진리의 범위를 파악하지 못했고 심지어 창조의 선함마저도 파악하지 못했다는 점이 『교리의 본성』에 나타난다. 이 문제는 때때로 좀 더 직접적으로 교회론적인 문제다. 린드벡의 주장에 함축된 교회론은 하나님이 위임하신 세상을 향한 교회의 사역보다 교회 자신의 정체성에 내적인 초점을 두기 때문에 너무나도 좁은 의미에서 '고백적'이다. 혹은 정반대로, 사회과학에 너무 지나치게 의존하다 보니 이 책에 내포된 교회에 대한 이해는 매우 얄팍한 의미에서 경험적이면서도 동일하게 불행한 고립주의적 결과로 이어진다. 이 문제가 위치할 수 있는 다른 교리(그리스도론, 은혜 신학, 하나님에 대한 이해 등등)도 제시되었다. 이러한 주장대로라면, 린드벡이 이러한 교리들을 보다 충분히 이해했더라면—교회의 교리를 진리의 일차적 기준으로 여기는 것이 아니라 세상이 받아들일 수 있는 토대 위에 그리스도교 믿음의 근거를 제공하는 것에 관한—현대 패러다임의 중요성을 깨달았을 텐데 말이다.

『교리의 본성』이라는 개념적 관용구는 분명 이렇게 인지된 문제들을 깊숙한 곳에 있는 신학적 실수 탓으로 여기는 경향을 부채질해 왔다. 수용적인 독자들조차 린드벡이 교회의 정체성과 세상에 대한 교회의 관계를 설명할 때, 확연히 신학적인 측면만큼이나 사회과학적 측면으로도 굉장히 많이 설명하고 있다는 사실에 때때로 당황했다. 그뿐만 아니라 그는 지식과 진리에 관한 문제들을 다룰 때도 일반적인 신학 논의뿐만 아니라 분석철학에 서슴없이 의지하였다. 신학자가, 그것도 기본적으로 전통에 대한 확신을 가진 신학자가 이견이 있는 신학 문제들을 이러한 측면에서 다룬다는 것은 드문 일이다. 이렇게 린드벡이 "아방가르드한 개념"을 서슴없이 사용했기 때문에 비판자들과 동조자들 사이에서는 린드벡의 기획을 보다 익숙한 교의적 측면에서 평가해 보고자 하는 충동이 팽배했다. 린드벡이 일반적인 교의적 주제들에 대해서 상대적으로 적게 썼다는 사실은 이 충동을 더욱 심화시켰다.[20] 해석자들이『교리의 본성』에 압축적으로 제시된 주장들로부터 린드벡의 신학적 관점을 끌어내어 이

---

20  린드벡은 물론 몇몇 전통적인 신학적 주제들, 특별히 루터교와 로마 가톨릭 간의 대화와 관련된 주제들에 대해 광범위한 저작을 남겼다. 여기에서도 그는 표준적인 신학적 결을 가로지르는 방식으로 문제를 재구성하는 경향을 보인다. 그래서 그는 칭의와 무류성(infallibility)에 관한 루터교와 로마 가톨릭의 가르침이 사실 양립할 수 있다는 점이나 혹은 이 가르침들이 교회가 이스라엘임을 주장하지만 대체주의(supersessionism)는 강력하게 거부하는 교회론의 윤곽을 보여 주고 있다는 사실을 보이기 위해 칭의와 무류성에 관하여 서술한다.

를 이후의 찬사나 비난의 근거로 사용하는 가운데, 린드벡의 침묵은 그의 신학에 대한 수많은 주장을 양산하는 결과를 가져왔다.

특히 해석자들이 메우려 하는 주제가 창조일 때, 린드벡에 대한 신학적 논박은 창조에 대한 믿음이 그 자체로 그리스도교인들과 비그리스도교인들 간의 공통된 인식론적 토대를 제공해야 하며, 따라서 고립주의의 위험을 극복하는 한 방책의 역할을 해야 한다고 때때로 주장하는 듯하다. 『교리의 본성』이 인식론적 고립주의로 인해 곤란을 겪기는 하지만, 그리스도교적 창조 이해가 아무리 탄탄하더라도 어떻게 이 문제에 대한 해결책을 제시할 수 있는지, 즉 그리스도교인과 비그리스도교인 사이에서 믿음을 정당화할 수 있는 공통된 토대를 어떻게 제공할 수 있는지는 이해하기 힘들다.

확실히 이 주장은 창조 교리와 그 교리가 이야기하고자 하는 바를 혼동하고 있다. 우리는 창조 교리가 우리 모두가 거주하는 세상 만물에 관한 교리이기 때문에 이 **교리**가 예컨대 그리스도에 관한 교리로는 할 수 없는 방식으로 비그리스도교인들과의 대화를 위한 공통된 토대를 구성한다고 간주하는 경향이 있다. 그러나 물론 그렇지 않다. 어떤 교리가 그리스도교인의 지지를 받는다면(즉 삼위일체론적인 방식이나 그리스도론적인 방식으로) 그 교리는 다른 교리만큼이나 그리스도교적 독특성을 지닌다. "만물이 그로 말미암아 지은 바 되었으니." 즉, 그리스도 교리와 삼위일체 교리가 창조 교리보다 우리가 거주하는 세계의 전체성과 덜 연관되어 있지는 않으며, 역으로 창조에 대한 그리스도교적 가르침이 그리스도와 삼위일체에 관한 그리스도교적 가르침보다 비그리스도교인들과 더 널리 공유되지는 않는다. 다른 어떤 이들(특별히 유대인과 이슬람교도)은 아마도 그리스도교인이 세계가 신의 창조물이라고 확언할 때 그 주장의 일부에 동의할 것이다. 그러나 그들은 다른 요소들("만물이 그로 말미암아 지은 바 되었으니")은 거부할 것이다. 우리가 그리스도교인들이 창조에 관한 가르침에서 자연 이성적 진술로 간주하려는 경향이 있는 측면들을 고수한다 하더라도, 유대인들과 이슬람교도들이 여기에 동의할지는 확신할 수 없다. 그리고 물론 많은 비그리스도교인은 우리가 창조에 관해 이야기하는 모든 것을 거부할 것이다. 특별히 우리가 대화를 희망하는 비그리스도교인들이 자연과학에 관한 최근의 철학적 고찰에서 주도적인 역할을 하는 무신론적 물리주의자라면, 비그리스도교인과의 대화를 위한 (공통된 진리의 기준은 고사하고) 공통된 토대로서의 그리스도교 창조 교리의 미래는 밝지 않다.

그러나 창조에 대한 호소는 다른 방식으로 수용될 수 있다. 어떤 반대자는, 창조 교리나 다른 교리들은 그리스도교인이 비그리스도교인과의 불일치나 반대만이 아니라 광범위한 일치도 기대할 만한 설득력 있는 근거를 제공한다고 제안할 수도 있다. 하지만 창조나 혹은 그리스도교의 다른 가르침에 이러한 방식으로 호소하는 것은 『교리의 본성』의 인식론적 결함을 보완하면서 린드벡을 반대하는 논증이 아니다. 오히려 반대로 이 호소는 린드벡의 인식론적 조언 (자기 공동체의 주요 신념과 교리에서, 이를 공유하지 않는 사람들을 이해하고 그들과 대화하고 설득하기 위한 타당한 근거와 이 과업을 수행하는 데 필요한 자원을 찾으라)을 따르는 한 방식이다. 린드벡은 이를 위한 근거와 자원을 창조 교리보다 그리스도론에서 찾는 경향이 있다. 그러나 모든 세계가 예수 그리스도를 통해서 그리고 예수 그리스도를 위해서 만들어졌기 때문이든 삼위일체 하나님의 선한 창조이기 때문이든, 그리스도 교인들에게는 대화하고 논쟁하고 설득할 만큼 충분한 공통점을 가지고 자신들의 말을 들을 사람들을 세상에서 발견하리라는 기대가 있어야 한다. 인지적으로 '세상을 흡수'하고 실천적으로 세상을 변화시키라는 책무에 관한 명령은 이 책무의 교리적 고향이 그리스도론이든 창조든 간에 동일하게 엄중하다. 이 명령에 정확히 주의를 기울이고, 무엇보다도 그리스도교의 주요 교리들에 의해 형성된 방식에 따라 생각하고 행동함으로써 교회는 신앙이 합리적으로 정당하다는 사실을 보여 줄 수 있을 것이다.[21] 『교리의 본성』이 제공하는 인식론적 전망은 창조나 교회 밖 인간의 상태에 대한 근거 없는 신학적 비관론을 반영하는 것이 아니라, 그리스도교 가르침의 규범적인 내용과도 매우 잘 들어맞고 (이차적이기는 하지만) 이성적 대화를 철학적으로 타당하게 설명하고 믿음을 정당화하는 데 필요한 조건들과도 매우 잘 들어맞는 것 같다.

---

21  린드벡이 지적하듯이(pp. 349-350), 대부분의 주석가들은 『교리의 본성』마지막 장에 펼친 그리스도교 교리의 "동화력"(assimilative power)에 관한 논의가 짧기는 하지만 린드벡이 그리스도교 신앙의 합리적 정당화와 관련된 문제에 대한 자신의 기본적인 답변으로 의도했다는 점을 알아차리지 못했으며, 그들은 마치 린드벡이 이 문제를 단순히 지나쳤다는 듯이 자신들의 주장을 개진했다. 그리스도교인들이 비판적으로 '세계'를 흡수하는 것에 관한 린드벡의 관점으로 사례를 연구한 것에 대해서는 1981b(또한 2003a)를 보라.

둘째, 『교리의 본성』이 세상과의 관계로부터 후퇴하기를 조언하거나 적어도 허용한다는 우려는 내 생각에는 근거 없는 추론에 바탕을 두고 있다. 린드벡이 그리스도교 공동체가 자신의 정체성을 명확히 하여 주변 문화의 신념이나 가치에 동화되지 않게 저항하도록 촉구하는 것은 확실하다. 그는 또한 이 입장을 설명하고 변호하기 위해 사회과학에서 가져온 개념과 논증을 자주 사용하는데, 그래서 세상을 멀리하기 위해 세상의 지혜를 독특하게 사용하는 것처럼 보일 수 있다. 그러나 그리스도교의 정체성에 대한 엄격한 명확성이 세상으로부터 게토화된 고립에 이를지는 그리스도교의 정체성이 실제 어디에 있는가에 달려 있다.

그리스도교의 공동체적 정체성이 교회의 역사적 주요 교리들―특별히 삼위일체, 성육신, 그리고 구속(혹은 속죄)―에 의해 형성된다면, 그리스도교인들은 (단순히 교회의 생명이 아니라) 세상의 생명을 위해 우리의 육신과 죽음을 수용하신 하나님에 의해서 자신의 존재가 시종일관 구축되어 왔다고 생각할 것이다. 그럴 경우 세상에 대한 교회의 참여는 교회가 그리스도 안에서 자신의 정체성에 집중할수록 강화될 것이며, 교회가 자신의 독특한 정체성에 대한 감각을 잃을수록 약화될 것이다. 다시 말해, 그리스도를 받아들이기 위해 마련된 세상에서의 사명에 대한 교회의 선명한 감각은 교회의 정체성을 구성하는 교리에 대한 교회의 헌신에 정비례하지 (반대자들이 추정하듯) 반비례하지 않는다. 문화적 동화를 사회학적으로 저항하는 것과 세상으로부터 후퇴하는 신학적 종파주의 사이에는 아무런 논

리적 연관이 없다.[22]

셋째, 일반적으로 항변하듯이 린드벡이 진리에 관해 물렁하다는 우려는 진리 개념에 관한 실질적인 의견 차이 때문이 아니라 주로 용어의 부적절함에 기인한 것이다. 이러한 점에서 린드벡의 언어는 의심의 여지 없이 자신의 견해를 혼란스럽게 한 원인을 제공했다. 『교리의 본성』에서 린드벡은 세 가지 다른 방식으로 '진리'에 관하여 언급한다. 즉 "범주적"(categorial) 진리, "체계 내적"(intrasystematic) 진리, 그리고 "존재론적"(ontological) 진리가 있다는 것이다. 비판가들은 린드벡이 첫 두 진리만을 선호한다고 의심해 왔지만, 린드벡은 세 종류의 진리를 모두 좋아한다. 린드벡이 생각한 이러한 진리의 개념 중 마지막 개념은 실재에 상응함 내지 사물과 사유의 일치 (adaequatio mentis ad rem)라는 전통적 진리 개념과 맞닿아 있다. 그러나 범주적 '진리'는 현대 언어철학과 인식론에서 보통 의미와 지시의 문제로 생각하는 것과 관련이 있으며, 체계 내적 '진리'는 보증 (warrant)이나 정당화—우리가 생각하는 어떤 점 때문에 우리가 어떤 신념은 지지하고 다른 신념은 거부하는지—와 관련이 있다. 따라서 린드벡에게 세 가지 다른 진리가 있는 것처럼 말하는 것은 잘못이다. 의미, 보증, 진리에 대해 말하고 있다고 했더라면 더 명확했을 것이다. 린드벡이 의미와 보증(범주적 '진리'와 체계 내적 '진리')에 있어 실천과 믿음 사이의 보기 드문 밀접한 관계를 주장한 것이 이러

---

**22**    예를 들어 1989b를 보라.

한 도발의 고조에 한몫했다. 전통적인 진리의 개념에 충실한 수많은 신학자는 린드벡이 그리스도교의 진리 주장들을 믿음들 사이의 정합성에 불과한 것으로, 혹은 믿음들의 실용적 유용성(적절한 실천을 끌어낼 수 있는 능력)으로 환원하고 있다고 우려한다. 이러한 우려도 이해할 만하지만, 그리스도교의 믿음과 실천, 그리고 그리스도교인들이 지지하는 믿음들 사이의 정합성에 대한 린드벡의 논의는 사실 의미 및 보증과 관련이 있고 진리와는 관련이 없으므로 이러한 우려는 불필요하다.

린드벡은 이 문제에 대하여 몇 번이나 직접 분명히 이야기했다. 특히 『후기자유주의 시대의 교회』(The Church in a Postliberal Age)에 대한 에이버리 덜레스 추기경(Avery Cardinal Dulles)의 비평에 응답하면서 가장 요긴하게 설명했다.[23] 진리, 의미, 보증과 같은 기본적인 개념들을 어떻게 이해하고, 또한 어떻게 설득력 있는 방식으로 연결하는가는 분명히 철학적으로 그리고 신학적으로 논쟁거리가 되는 문제들이다. 축약적이지만 광범위한 린드벡의 주장이 각각에서 성공적인지 여부—그리고 무엇을 성공이라 할 것인지—는 『교리의 본성』을 읽는 독자가 계속해서 공정하게 고민해 보아야 할 문제다. 그러나 이것들은 린드벡에 대한 신학적 해석자들이 몰두해 온 주로

---

**23**  2004b를 보라. 린드벡은, 적절하게 이해한다면 인식론적 정당화, 실천, 진리에 대한 자신의 설명은 "결단코 신앙이 확언하고 신뢰하는 실재들이 아주 약간이라도 체계 내적임을 함의하지 않는다. 이것들은 신자들의 수행적 신앙에 의존하는 것이 아니라 (예를 들어, 마치 교회의 신앙 안에서만 그리스도가 부활했다는 듯이), 객관적으로 독립적이다"라고 쓰고 있다(p. 15). 또한 1989i와 이 책의 후기에서 각주 10을 보라.

용어상의 논쟁보다 더 유익한 문제다.[24]

린드벡의 주석자들을 고무한 주제 중 상당수—진리, 상대주의, 신앙주의, 고립주의 등—는 그가 '후기자유주의' 신학(『교리의 본성』6장)을 개관할 때가 아니라 오히려 종교의 다양성(3장)을 다룰 때 가장 직접적으로 나타난다. 25주년 기념판은 이 문제 및 이와 연관하여 그리스도교 신학이 비그리스도교 종교에 대해 어떤 모양을 취해야 하는가 하는 논쟁에 대해 린드벡이 가장 최근에 논한 내용을 싣고 있다. 「종교 간 관계와 에큐메니즘: 『교리의 본성』3장을 다시 돌아보며」에서 린드벡은 독자들 사이에 퍼져 있는 상대주의 및 여타 바람직하지 않은 결과에 대한 의혹을 고려하여, 종교적 진리 주장의 "특수주의적 보편성"(particularistic universality)에 관한 이 책의 논의를 확장하였다.[25] 린드벡은 종교에 대한 다른 대안적 이론보다 문화-언어적 이론이 종교 간의 근본적 차이에 대해서뿐만 아니라 각 종교가 주장하는 최고의 진리에 대해서도 더욱 잘 설명한다고 주장

24     나는 *Trinity and Truth* (Cambridge: Cambridge University Press, 2000)에서 진리와 비슷한 종류의 개념에 관한 설명을 제시했다. 그 책에서 내가 주장한 입장은 많은 측면에서 (많은 해석자가 그의 것으로 여긴 견해들이 아니라) 린드벡의 주장과 유사하다. 물론 나는 다른 철학적 관점에서 더 자세하게 나의 의견을 개진하였다. 나와 린드벡 사이의 차이점 중 실질적인 아마도 가장 현저한 차이점은 특별히 7장에서 도널드 데이비슨(Donald Davidson)이 "의미의 독립성"이라고 부른 개념을 내가 옹호했다는 점이다. 내가 이해하는 한, 이 개념은 의미와 또한 진리를 결정하는 데 있어 린드벡이 주장하는 것보다 실천(특별히 도덕적으로 논쟁이 될 만한 실천)에 훨씬 더 제한된 역할을 부여한다.

25     2004f, 이것은 원래 2003년에 스위스 로잔에서 린드벡에 관한 컨퍼런스에서 린드벡이 한 강의이다. 영어로는 이 책에서 처음으로 출판되었다.

한다. 이는 린드벡이 생각하는 문화-언어적 이론의 주된 장점 중 하나로, 특히 모든 종교가 동일한 목표를 향하는 동등하게 '타당한' 길이라고 주장하는 다원주의적(혹은 상대주의적) 입장—이는 린드벡이 보기에 『교리의 본성』이 등장 한 후 불과 몇 년 동안만 교회의 안팎에서 인기 있었던 생각이다—에 대해 강점을 가진다.

「종교 간 관계와 에큐메니즘」은 또한, 특히 현재의 종교적·정치적 갈등을 고려할 때 상대주의 및 세계 도피적인 종파주의의 태도는 종교 공동체가 직면하고 있는 가장 심각한 유혹이 아님을 내비친다. 종교적 제국주의가 훨씬 더 심각한 문제일 것이다. 린드벡은 결론에서 그리스도교 및 여타 종교의 신도들이 단순히 다른 종교 공동체를 (정치적으로는 물론이거니와) 인식론적으로 정복하는 것을 목표로 하지 않으면서도, 어떻게 모든 보편적 영역에서 자기 고유의 주된 진리 주장을 발전시킬 수 있는지에 대해 논한다. 그래서 그는 주로 『교리의 본성』 마지막 장에서 다루었던 아이디어들을 발전시키면서, 그리스도교 공동체의 진리 주장을 강력하게 고수하는 것과 비개종적인 순수한 종교 간의 대화(그는 이것이 복음화를 대체할 수는 없지만 그럼에도 때로는 필수적임을 강조한다)가 양립할 수 있는 논거를 제시한다.


## IV


린드벡은 중세 연구자로 학문 활동을 시작했지만, 제2차 바티칸 공의회 이후 중세 연구 자체를 위한 중세에 관한 글은 거의 쓰지 않았다. 토마스 아퀴나스(Thomas Aquinas)의 경우는 예외였는데, 아퀴나스는『교리의 본성』에서만이 아니라 학문적 생애 전반에 걸쳐 린드벡의 글과 가르침에 지속적으로 등장하였으며 린드벡의 신학 형성에 깊은 영향을 미쳤다.

　대부분의 독자는 이 책에 토미즘의 풍미가 깊게 배어 있다는 점을 그냥 지나쳤거나 알아차리지 못했다. 그러나 토마스주의자들은 아퀴나스에 대한 린드벡의 관심을 처음부터 알아차렸으며,『교리의 본성』에 관한 아류작이 나타나서 린드벡의 토마스 아퀴나스 해석의 가치에 대해 논쟁했다.[26] 토마스주의자들은 린드벡을 읽을 때 이 개신교 신학자의 토마스 아퀴나스와 현대 아퀴나스 해석자들에 대한 지식에 놀랐고, 린드벡의 신학 작업이 분명 토마스로부터 영감받았다는 사실도 가끔 발견했다. 그럼에도 토마스주의자들은 린드벡에 대해 조심스러운 평가에서부터 매우 비판적인 평가에 이르기까지 다양한 의견을 가지고 있다. 오늘날 가장 뛰어난 토마스 학자 중 한 사람은 린드벡에 대한 근본적 의구심(reservation)을 다음과 같이 명확하게 서술한다. 린드벡이 아퀴나스를 읽는 방식에는 "성 토마스의 사상을 현대 사상의 맥락에서 재해석하려는 의도"[27]가 지속적으

---

26　Colman E. O'Neill, OP, "The Rule Theory of Doctrine and Propositional Truth," *The Thomist* 49 (1985) 417-442는 린드벡에 대한 최초의 토마스주의적 비판이다. 나의 논문("Aquinas as Postliberal Theologian," *The Thomist* 53 [1989]: 353-402)은 부분적으로 이 논문에 대한 대응이었으며 다른 토마스 연구자들로부터 응답을 끌어내었다.

로 드러난다. 그 결과는 위대한 중세의 박사에 대한 역사적으로 정확한 해석이라기보다는 "재해석이며 … 간혹 아퀴나스에 대한 보다 분명한 해석과 동떨어진 재해석이다."[28]

토마스주의자들은 린드벡이 이 보편 박사(common doctor)를 읽는 방식에서 두 가지 특히 의심스러운 점을 찾는 경향이 있다. 그 중 하나는 자연 이성이 접근 가능한 진리의 범위, 특별히 하나님에 관한 진리의 범위를 린드벡이 명백하게 제한한다는 점이다. 린드벡은 다른 몇몇 아퀴나스 연구자처럼, 『신학대전』(Summa theologiae) I, q.2, a.3에 나와 있는 다섯 가지 신 존재 증명이 아퀴나스 고유의 사상에 중추적인 역할을 하지 않으며, 이 증명들은 『대전』의 신학적 기획(반대자들에 대해 논평하는 토마스주의의 오랜 전통) 속에서 사실 전혀 "증명"도 아니고 단지 이교도의 철학에서 끌어온 "외래적이지만 개연성 있는 논증들"로서 이것들 없이도 그리스도교 신앙이 완전히 확신하는 진리에 대해 설명하고 있는 논증들이라고 생각한

27    Gilles Emery, OP, "Thomas Aquinas Postliberal? George Lindbeck's Reading of St. Thomas," in *Trinity, Church, and the Human Person: Thomistic Essays* (Naples, FL: Sapientia Press of Ave Maria University, 2007), 277. 이 논문은 각주 1에서 언급한 나의 글에 대한 간략한 응답을 포함하여 약간 보완하고 개정한 "Thomas d'Aquin postlibéral? La lecture de saint Thomas par George Lindbeck," in Boss, Emery, and Gisel, *Postlibéralisme?* 85-111의 영어판이다. 에머리의 글은, 토마스에게 있어 존재보다 참여가 우선함을 주장한 1957년의 논문(질송과 다른 이들에 반대하여; 1957a)에서부터 『교리의 본성』에서의 아퀴나스 사용에 이르기까지 아퀴나스에 관한 린드벡의 모든 글을 세심하게 조사했다는 점에서 매우 가치가 있다. 에머리는 내가 여기에서 간단하게 고찰할 린드벡에 대한 두 개의 토마스주의적 반론을 공감적이면서도 정확하게 서술했다.

28    Emery, "Thomas Aquinas Postliberal?" 289 (*Postlibéralisme?* 109).

다.[29] 이 평가는 계시 그리고 신앙과 분리되어 하나님을 알려고 하는 모든 이성의 노력에 적용된다. 이러한 노력들은 가치가 없지는 않지만, 그리스도교의 가르침에 속한 어떤 진리에 대해서도, 심지어 아퀴나스가 이성에 대한 접근성을 고려하여 신앙의 "서문"이라고 부른 것들에 속한 진리에 대해서도 이성적으로 설득력 있는 어떤 증명도 제공하지 못한다.[30]

아퀴나스에 정통한 학자들은 린드벡의 주장에서 자연 이성의 제한적이지만 진정한 능력에 대한 부적절한 비관론―토마스가 직접 표명한 고전적인 신학 원리, 즉 "은혜는 자연을 파괴하는 것이 아니라 완성한다"를 받아들이지 않은 것―을 보면서, 이러한 주장이 신앙과 이성에 대한 신학적 설명으로 적절할 것인가를 종종 의심해 왔다. 아무튼 토마스주의자들이 보기에는, 이 입장이 그 본질적 유익이 무엇이든지 간에 토마스 자신의 사상이 아니라는 점과, 또한 토마스가 하나님을 증명할 가능성에 대한 의구심을 가지고 있었다고 가정한다는 면에서 린드벡이 너무 멀리 나갔다는 점이 분명했다. 그들이 보기에 토마스는 신의 존재를 '증명' 혹은 '입증'할 수 있다고 생각했으며, 이교도 철학자들도 증명에 성공했고, 토마스 자신도 다섯 가지 방식으로 증명에 성공했다고 자신의 저작에 수없이 언급했다. 어떤 해석적 묘기를 부리더라도 이 점에 대한 토마스의 확고한

---

**29**  *Summa theologiae* (=*ST*) 1, q.1, a.8, ad 2: "sacra doctrina huiusmodi auctoritatibus utitur quasi extraneis argumentis, et probabilibus."

**30**  예컨대, *ST* 1, q.2, a.2, ad 1.

주장을 얼버무릴 수는 없다.

그러나 토마스주의자들은 린드벡이 아퀴나스의 주장이라고 해석하는 내용을 아퀴나스가 직접 언급하고 있는 것으로 보이는 텍스트들이 있다는 점 또한 인지하였다. 예를 들어 토마스는 인간의 마음이 그리스도교 신앙의 작용 없이는 하나님께 "전혀 도달할 수 없기" 때문에, 비그리스도교인 철학자가 신 존재 증명을 알고 있더라도 "하나님이 존재한다는 (진정한) 신앙을 가질 수 없다"는 주장을 견지한다.[31] 린드벡이 개신교 독자들에게 아퀴나스를 소개하기 위해 40년 전에 쓴 일련의 논문에 나오는 이 구절에 대한 다음과 같은 주해는 정확한 것 같다. "신을 존재 그 자체(*Ipsum Esse*)로만 생각하는 사람은 실제로 그리스도교의 하나님에 대해 전혀 생각하고 있지 않다는 점을 아퀴나스는 명확하게 하고 있다."[32]

이 명확한 표현은 이 문제를 더 확실하게 자리매김하는 데 도움을 준다. 토마스 자신이 조심스럽게 이야기했듯이, 『신학대전』의 다섯 가지 증명이 입증하는 것은 "모든 사람이 '신'이라고 부르는 것"[33]의 존재이다. 우리가 그리스도교의 하나님—삼위일체이시며 그중 한

---

31  *ST* 2-2, q.2, a.2, ad 3: 하나님은 단순하기 때문에, "defectus cognitionis est solum in non attingendo totaliter"; 그 결과, "infidel[es] … nec vere Deum credunt." Cf. 2-2, q.81, a.5, c.

32  1967a, 52.

33  *ST* 1, q.1, a.8, c: "quod omnes dicunt Deum." 토마스는 여기서 이 점을 분명히 하려고 세 문구(formulas)를 더 사용한다.: "hoc omnes intelligent Deum," "qoud omnes Deum nominant," 그리고 "모든 사람"(omnes)에 당연히 그리스도교인이 포함된다는 점을 보이기 위해, "hoc dicimus Deum."

분은 동정녀 마리아를 통해 성육신하신 하나님—에 대해 얼마나 알아야 실제의 혹은 상상 속에 있는 다른 존재가 아니라 바로 이 하나님에 대해 생각하고 있는 것일까? 두 가지 대안이 있는 것 같다.

대체로 아퀴나스 해석자들은 "모두가 '신'이라고 부르는 것"의 존재에 대한 증명이 그리스도교의 신을 머릿속에 떠올리기에—즉 그리스도교인들이 믿는 신과 동일한 신을 식별하거나 구별하는 데—충분하다는 점을 당연시해 왔다. 물론 그리스도교의 계시는 자연 이성이 신에 관해 알 수 있는 것에 많은 것을 더할 수 있다. 그러나 자연 이성은 그리스도라는 이름을 모르더라도 부동의 원동자, 첫 번째 작용인 등의 실재를 증명함으로써 그리스도교의 신을 찾아낼 수 있다. 따라서 자연 이성이 하나님에 대한 진실한 신앙에 이를 수 있음을 부정하는 텍스트에서도 아퀴나스의 말은 이성이 그 한계 내에서 그리스도교 신앙의 하나님과 같은 하나님을 알지만 단지 다른 방식으로 안다는 주장처럼 여겨져야 한다.

두 번째 대안을 따르는 사람들은 이러한 완화된 입장이 원문상 설득력 없다고 판단하며, 토마스의 주장에 따르면 누군가가 부동의 원동자 내지 제일 원인에 관한 유효한 증명을 하더라도 우리는 오직 그리스도교 신앙의 조건하에서만 이 원동자나 원인이 그리스도교인들이 말하는 신이라는 것을 인지할 수 있다고 생각한다. 다시 말해, 오직 그리스도교 신앙의 내용만이, '부동의 원동자'나 '제일 원인' 같은 말이 적용될 수 있는 다양한 실제적 혹은 상상 속 선택지 중에서 누구나 그리스도교의 하나님을 가리킬(혹은 린드벡이 표현대로,

그리스도교의 하나님에 "대해 생각할") 수 있을 만큼, 하나님 개념에 충분한 특수성을 부여한다. 이러한 의미에서 자연 이성은 "필연적으로 신앙에 종속적이다"—이것이 바로 토마스가 "은혜는 자연을 파괴하는 것이 아니라 완성한다"라는 말로 실제 주장하고자 했던 바다.[34] 어떤 방식으로 토마스를 읽는 것이 최종적으로 더 설득력이 있는가는 여기에서 결정할 수는 없다.[35] 어느 경우든, 린드벡의 해석은 특히 무신론에 대한 해독제로서 자연신학을 옹호할 필요를 인식했다는 점에 비추어볼 때 현대 아퀴나스 연구에서 대체로 간과된 문제에 대해 관심을 유발했다는 가치가 있다.

토마스주의자들은 특히 그리스도교 신앙과 관련하여 우리가 어떤 진리를 알 수 있는가만이 아니라 우리가 그 진리를 안다는 것이 무엇인지에 대한 린드벡의 설명에 결함이 있다고 우려한다. 간혹 토마스주의자들의 이 두 번째 이의는 린드벡의 진리관이 충분히 실재론적이지 않으며, 대신 실용주의적이거나 아니면 반실재론적 진리 개념 쪽으로 기우는 경향이 있다는 보다 일반적인 주장의 한 형태일 뿐이다. 그러나 이 이의에는 좀 더 분명히 토마스주의적인 특징이 있을

---

**34** *ST* 1, q.2, a.8, ad 2: "Cum enim gratia non tollat naturam, sed perficiat, oportet quod naturalis ratio subserviat fidei"를 보라.

**35** 다른 곳에서 자세하게 이유를 설명했듯이, 나는 두 번째 대안이 텍스트를 전반적으로 더 잘 이해할 수 있게 한다고 생각하지만, 이 문제에 대해서는 확실히 더 많은 작업이 필요하다. 다음의 내 논문을 살펴보라. "*Quod Scit Una Uetula*: Aquinas on the Nature of Theology," in *The Theology of Thomas Aquinas*, ed. Rik Van Nieuwenhove and Joseph Wawrykow (Notre Dame, IN: University of Notre Dame Press, 2005), 1-35, 특히 17-20.

수 있다. 성 토마스에 의해 형성된 독자들은 종교 언어에 대한 린드 벡의 두드러지게 부정적이고 부정신학적인(apophatic) 관점이 아퀴나스의 "하나님의 이름들"에 대한 하나의 해석일 수 없다고 대체로 의심한다. 린드벡은 자연 이성의 진술들뿐만 아니라 우리가 신앙의 빛에 의해 간직하는 하나님에 대한 신념조차 "정보상으로는 공허하다"[36]는 견해를 토마스의 생각으로 간주할 수 있을 것이다. 토마스주의자들은 오랜 전통을 따라, 이러한 린드벡의 입장이 하나님에 관한 우리의 생각과 언어에 대한 완전히 다의적인(equivocal) 관점으로의 쇠퇴이며 따라서 유비에 관한 토마스의 가르침—이 전통이 주장하듯이, 이는 이생에서 인간의 마음이 하나님을 인식하는 연결점을 두기 위해 요구되는 장치이다—을 거부하는 것이라고 본다.

그러나 여기에서도 린드벡 등이 제안한 대안적 견해에 대한 텍스트상의 증거는 부족하지 않다. 토마스는 현생에서 "우리는 하나님이 무엇인지 알 수 없고 하나님이 무엇이 아닌지를 알 수 있으며," 우리의 모든 말은 우리가 그것을 하나님께 적용할 때조차 하나님께 속한 방식이 아니라 "피조물에 속한" 방식으로 의미를 나타낸다고 말했다.[37] 그 결과 "우리는 알려지지 않은 자와 연결되듯이 이생에서 하나님과 연결된다"(quasi ignoto).[38] 잘 알려진 초기의 구절에서

---

**36** 아래 pp. 177-180(편집자 주: 마샬의 표기와는 달리 pp. 182-184(원서 pp. 52-53) 가 위 내용에 더 가까워 보인다)과 1967a, 49-50을 보라.

**37** *ST* 1, q.3, prooem; 1, q.13, a.3, c.

**38** *ST* 1, q.12, a.13, ad 1.

토마스는 이 점을 더 자세히 설명한다. 우리가 "제거의 방식으로" 하나님께 접근할 때, 우리는 먼저 신체적인 속성을, 그다음 선함과 지혜와 같은 지적인 속성을 "피조물 속에서 발견됨에 따라" 부정한다. 저 지점에서 토마스는 다음과 같이 이어간다. "우리의 지성에는 하나님이 존재한다는 사실 외에 아무것도 남지 않는다. 그 결과 우리 지성은 혼란에 빠진다. 그러나 그다음 마지막 단계에서 우리는 피조물 속에 존재가 있기에 하나님으로부터 존재〔개념〕자체(*etiam hoc ipsum esse*)마저 제거한다. 그러고 나면 우리 지성은 무지의 어두움에 머무르게 된다. 그러나 디오니시오스(Dionysius)의 말대로, 우리가 순례의 상태에서 하나님과 가장 잘 연결되는 것은 바로 이 무지 안에서다. 왜냐하면, 이 무지는 하나님이 머무르신다고 하는 저 어두운 구름이기 때문이다."[39]

내 생각에 여기서 기저에 있는 문제가 좀 더 정확하게 표현될 수 있을 것 같다. 토마스가 생각한 대로, 유비는 우리에게 하나님의 완전성에 대한 개념들(당연히 '유비적' 개념들)을 제공할 수 있는가―즉 유비는 하나님께만 있는 저 존재의 이성(*ratio*), 선함 등을 우리가 이해할 수 있게 해 주는가? 혹은 유비는 우리에게 올바른 방향을 가리켜 주는 보다 겸손한(modest) 길인가―즉 하나님께 고유한 완전함

---

**39**　*In I Sent.* 8, 1, 1, ad 4 (*Scriptum super Sententiis*, 4 vols., ed. P. Mandonnet and M. F. Moos [Paris: Lethielleux, 1929 – 47], 1:196 – 197). 하나님이 머무시는 "어두운 구름"이라는 표현은 출애굽기 20:21을 가리킨다(불가타: "Moses autem accessit ad caliginem in qua erat Deus"; cf. 출애굽기 19:9; 24:16); cf. *In III Sent.* 35, 2, 2, ii, c (§143).

들에 적합한 개념을 비록 우리가 현생에서는 가질 수 없으며 하나님의 존재와 선함을 이해하기 위한 인지적 수단을 갖기 위한 축복을 기다려야만 하더라도, 유비는 하나님만의 완전함에 적합한 개념들이 있다고 추정할 만하게 하는 보다 겸손한 길인가?

두 관점 모두에 대해 언급할 것이 있지만, 두 관점을 모두 취하면 상당한 문제도 발생한다. 유비를 아무리 넓게 확장하더라도, 피조물 속에서 발견한 지혜의 개념을 변형하여 만든 하나님의 지혜 개념은 유일한 지혜의 하나님에 관한 개념이 아니라 단지 완벽하게 지혜로운 피조물에 관한 개념이다. 동시에, 만약 하나님이 (지고하게) 현명하다고 말하면서 사실 우리가 의미하는 바를 모른다면, 하나님 안의 지혜에 대해 우리가 파악한 것을 통해 우리가 말할 수 있다 하더라도, 하나님이 현명하다고 말하기보다는 하나님이 현명하지 않다고 말하는 편이 진실할 것이다. 하지만 그리스도교 신앙의 정합성을 위해서, 죄 많은 피조물들에게도 하나님에 대한 확실한 지식이 가능하다는 점뿐만 아니라 영광 안에서 그와 연합된 피조물에게조차 하나님은 진정 초월적이라는 점을 동시에 확언하는 방식이 요구된다. 물론 우리의 언어와 생각이 말하고 있는 하나님과 그 언어 및 생각의 관계를 이해하는 방식의 문제는 성 토마스가 이에 대해 언급한 다양한 진술들을 서로 어우러지게 만드는 어려운 해석학적 작업을 훨씬 넘어선다. 하지만 하나님의 초월과 우리의 지식의 정합성을 추구하는 데 있어, 성 토마스 및 그에 대한 수많은 해석자와 대화하는 것보다 생산적인 방법은 아마 없을 것이다.

# V

린드벡은 최근 어느 논문에서 『교리의 본성』은 "나의 주된 관심사에 주변적이었으며 지금도 그러하다"[40]라고 말한다. 이 책을 통해서만 린드벡을 알고 있는 상당수의 독자는 놀랄 수도 있다. 그러나 우리가 처음에 살펴봤듯이, 초기부터 린드벡의 주된 관심사는 에큐메니즘이었다. 어느 주석가의 말처럼, 린드벡은 중국에서 활동한 미국인 루터교 선교사의 자녀로 유년기를 보내면서부터 "에큐메니즘을 위해 형성된 삶"을 살아왔다.[41] 린드벡은 제2차 바티칸 공의회에서 매우 중요한 역할을 감당한 프랑스 로마 가톨릭의 에큐메니컬 신학자들을 프랑스 유학 중에 처음 만난 이후부터, 분열된 교회의 일치를 향한 그리스도의 뜻에 최우선적인 관심을 두었다.[42]

린드벡의 에큐메니컬 활동의 상당 부분은 루터교와 로마 가톨릭 사이의 역사적 교리 차이의 해결—그의 표현을 빌리자면 "굴복이 없는 교리적 화해"—에 할애되었다. 이러한 작업이 수행된 대화에서는 그리스도의 실재적 현존, 성체의 희생, 사제직, 교황 수위권, 무류성, 그리고 칭의를 비롯하여 전통적으로 루터교도와 가톨릭교도

---

**40**  2005b, 212.

**41**  Eckerstorfer, *Kirche in der postmodernen Welt.* 린드벡 자신이 이렇게 연관을 지었다. 비록 어린 시절에 경험한 초교파적(interdenominational) 개신교 선교사 문화를 통해 그리스도를 따르는 이들의 가시적 일치에 관심을 두게 된 이유가 바로 저 문화의 에큐메니즘에 대한 저항 때문이었다고 설명하긴 하지만 말이다. 2004a, 389-392.

**42**  린드벡 자신이 묘사한 이러한 만남에 대해서는 다음을 보라. 2004a, 393-396.

사이에서 분쟁 거리가 되었던 문제 대부분이 다루어졌다. 이 대화들을 통해서 오랜 분열을 초래한 문제들에 대해 예기치 못한 깊은 수렴 지점이 지속적으로 보고되었고, 세부적인 공통의 진술들과 각 문제의 성경적, 역사적, 조직신학적 측면들에 대한 여러 학술 논문이 이 수렴 지점들을 뒷받침하였다.[43] 그러나 이러한 의견 일치는—1999년 칭의 교리에 관한 공동선언(Joint Declaration on the Doctrine of Justification)은 분명한 예외겠지만—교회적 결과를 거의 산출하지 못했다. 루터교와 로마 가톨릭 사이의 완전한 친교(communion)는 여전히 먼 이야기 같다. 어떤 점에서는 이 대화가 시작되기 전인 40년 전보다 더 멀어진 것 같기도 하다. 린드벡 등 여러 사람이 제2차 바티칸 공의회의 결론을 통해 공유했던 밝은 희망은 대부분 실현되지 못한 채 멀리 사라졌다.

분열된 그리스도교 공동체의 명백하게 상반되는 교리들을 조화시킬 방법이 없다는 추정하에, 우리는 에큐메니컬 운동에 대해 낙담할 수밖에 없다. 그렇지 않다는 에큐메니컬 운동가들의 주장은 허울만 좋고, 아마 의도적 사기일지도 모른다. 혹은 좀 더 정교하게 표현하자면, 에큐메니즘은 이제 막다른 골목에 이르렀다. 왜냐하면, 그 대화들을 통해 보고된 교리에 대한 합의는 어느 지점까지 설득력이 있기는 하지만, 오해를 불러일으키기 때문이다. 이 합의는 더 깊은

---

**43**  린드벡이 참여한 대화의 전체 목록에 대해서는 다음을 보라. *Theology and Dialogue*, ed. Bruce D. Marshall (Notre Dame: University of Notre Dame Press, 1990), 297-298.

'근본 차이'를 은폐한다. 이 근본 차이 자체에 교회의 교리라는 지위가 있는 것은 아니지만, 이 차이는 개신교와 로마 가톨릭을 갈라놓은 역사적으로 다툼이 있었던 모든 교리에 스며 있다(예를 들어 신의 행위성과 인간의 행위성에 대한 이해의 차이, 혹은 그리스도 안에서 구원이 공동체적으로 매개됨에 대한 차이). 논증이 이렇게 계속되면, 이러한 근본 차이 (*Grunddifferenz*) 때문에 가시적 일치를 이룰 만큼 충분한 교리적 합의는 언제나 불가능할 것이다.

누군가는 린드벡이 이러한 반대에 선구적으로(*avant la lettre*) 대처하기 위하여 『교리의 본성』을 저술하였다고 말할 수도 있다. 첫 페이지부터 나타나는 이 책의 주목적은 그가 에큐메니컬 활동에서 목격한 성취들에 대해서 지적으로 만족할 만한 설명을 제시하는 것이었다. 이 활동에서 분열된 그리스도교 공동체들(혹은 적어도 공식 대표들) 사이의 교리적 화해가 때때로 이루어졌다. 어느 한쪽 공동체도 역사적인 교리적 헌신을 포기하지 않으면서 말이다. 일반적으로 그렇듯이 에큐메니즘에서도 이론 없이 실천이 잘 진행될 수 있다는 이유만으로, 그가 이 책을 '주변적인' 것으로 여길 수 있다.[44]

그럼에도 이론은 쓸모가 있다. 『교리의 본성』의 핵심은 4장에 자세히 설명되고 5장에 적용된 교회 교리의 "규칙 이론"이다. 책의 첫 절반 부분에 있는 종교의 다양성 및 종교의 본성에 관한 논의들은 주로 교리의 규칙 이론을 위한 개념적 무대를 설정하기 위한 것이

---

**44**    아래 pp. 63-65, 78-80과 2005b, 212-213 주 1을 보라.

며, 많은 논의를 불러온 '후기자유주의' 신학에 관한 마지막 장은 본질상 후기로, 이미 제시된 종교와 교리에 관한 생각에 비추어 신학을 한다는 것은 어떤 모습일지에 대한 의견을 제시한다. 에큐메니컬적 목적의 측면에서 본다면 이 책의 핵심은, 교리에 관한 규칙 이론이 종교 공동체에서 교리가 실제 기능하는 방식뿐만 아니라 특별히 에큐메니컬 대화의 결과들도 일리 있게 설명한다는 린드벡의 논증이다. 오랫동안 분열된 교회 간에 해결할 수 없는 '근본 차이'로 보였던 것은 같은 규칙을 따르는—같은 교리를 신봉하는—다르지만 양립할 수 있는 다양한 방식일 수 있다. 종종 그러했다. 교리적 일치에 관한 에큐메니컬 주장을 펼친다고 해서 어느 한쪽이 굴복하는 대가를 치를 필요는 없으며, 어떤 인지적 내용이나 공동체-형성 권한(community-forming power)에 관한 교회 교리를 철회할 필요도 없다('경험-표현주의'에는 이를 방지할 자원이 없다).

틀림없이 린드벡도 누군가가 『교리의 본성』을, 원래 이 책에 동기를 부여했던 에큐메니컬적 목적 외에 다른 목적으로도 잘 사용할 수 있다고 인정한다. 교리에 대한 규칙 이론 때문에 사람들은 린드벡의 진리관을 우려했지만, 내가 아는 한, 명시적으로 이 이론에 의존하여 특정한 에큐메니컬적 제안이 진척된 적은 없다. 사실 린드벡의 작품에 관한 문헌 중 에큐메니컬적 문제를 다루는 것은 거의 없다—이는 『교리의 본성』이 텍스트의 사용은 저자의 의도에 달려 있지 않다는 자명한 이치를 놀랍게 증명한 셈이 된다.[45]

린드벡은 자신의 가장 영향력 있는 작품이 원래 의도한 목적으로는 거의 사용되지 않았다는 점뿐만 아니라, 역사적 교리 갈등을 해결하는 것이 한때 자신이 기대했던 만큼 에큐메니컬적 변화(difference)를 만들어 내지 못했다는 점을 인정한다. 이로써 그의 일생의 노력이 대체로 헛된 것처럼 보일 수도 있다. 그러나 그는 그런 식으로 보지 않는다. 그는 여러 세대가 지난 후에야 이 책이 의도한 열매를 맺을 수도 있음을 매우 태연하게 받아들인다. 1994년에 그는 다음과 같이 말했다. "내가 생각지도 않는 사이, 이 [교리적 일치의] 진보가 교회의 재연합에 실질적인 방식으로 이바지한다면, 나는 저 일이 대체로 이루어졌다는 큰 만족감을 느낄 것이다."[46]

그러나 린드벡의 에큐메니컬한 삶은 보다 즉각적인 방식으로 유익한 영향을 끼쳤다. 그는 한 세대의 신학자들에게 온전히 에큐메니컬한 그리스도교 신학의 전통으로 들어가는 자기 길을 찾는 방식—단지 이를 알 뿐만 아니라(열렬한 논객들이 할 수 있는 것처럼), 어떤 그리스도인도 자신들에게 이상하거나 낯설지 않음을 발견하는 법—을 가르쳤다. 에큐메니즘이 무엇보다도 회심의 문제여야 한다는 주장은 이제 일반적이다. 즉, (제2차 바티칸 공의회의 「일치의 재건」 [*Unitatis redintegratio*]에서 이미 밝혔고 요한 바오로 2세가 「하나되게 하소서」 [*Ut unum sint*]에서 강조한 점에) 대화라는 조밀한(close-order) 개념적 작

---

**45** 주목할 만한 예외는 Charles Morerod, OP, "La contribution de George Lindbeck à la méthodologie oecuménique," in Boss, Emery, and Gisel, *Postlibéralisme?* 157-182이다. 머라드는 린드벡이 무류성을 다룬 것에 초점을 맞추고 있다. 2004a, 405 주 37에 있는 린드벡의 논평을 보라.

**46** 1994d, 48.

업이 도움이 되려면 자기 공동체 및 다른 공동체에 대한 마음의 변화를 겪어야 한다. 교회에서는 교리에 관한 대화의 영향이 미약하다는 점이 너무나도 명확하게 보여 주듯이, 이 '영적 에큐메니즘'이 없다면, 그리스도교인들은 자신들의 분열에 실족하지 않을 것이며, 그리고 겉으로 표현하든 안 하든 간에 교회들은 서로에게 "우리에겐 당신이 필요 없다"(고전 12:21 참조)라고 할 것이다. 로마 가톨릭에 대한 1950년대의 글을 보더라도 알 수 있듯이, 린드벡은 에큐메니스트라는 명칭이 있기 전부터 이런 식의 에큐메니스트였다.[47] 그는 다른 많은 이에게, 그들이 공식적인 에큐메니컬 대화에 참여한 사람이든 아니든 상관없이, 어떻게 이 길을 따라갈 수 있는지를 보여 주었다. 훈계를 통해 알려 준 것이 아니라 지적인 본을 보여 준 것이다.

린드벡은 이를 넘어서, 분열되었으며 고통받고 있지만 동시에 하나님의 백성이며 그리스도의 참된 몸이자 성령의 성전인 그리스도교 교회의 신앙과 삶으로 돌아가게 하는 방식으로 신학을 했으며, 다른 이들에게 이렇게 신학 하는 방식을 보여 주었다. 교회의 최초의 언어와 실천은 단순히 신학이 공들여 놓은 일련의 자료나 혹은 신학이 그 고유의 항해를 떠나서 다시는 돌아오지 않을 발판이 아니다. 이 모든 것에도 불구하고, 하나님은 이 예배하는 회중 가운데 영원히 거하시며 자기 생명을 교회와 나누시기로 선택하셨다. 교회는

---

**47** 예를 들어 1961e를 보라. 여기서 린드벡은 로마 가톨릭주의를 완전히 불신하는 루터교 청중들에게 제2차 바티칸 공의회 훨씬 이전의 로마 가톨릭 신학과 예전 개혁의 복음적 특성에 관하여, 심지어 가장 거슬릴 만한 로마 가톨릭의 실천들도 그리스도교적으로 이해될 수 있음을 친절하게 설명한다.

그 모든 천함과 빈곤함 가운데서도 무한한 부요함이, 완전한 개념적 설명으로는 영원히 발견할 수 없을 좋은 것들이, 날마다 주어져서 받는 현장이다. 신학의 과업은 하나님의 신비들을 꿰뚫어서 그리스도교 회중이 무엇을 말하고 행해야 할지를 지도하는 것이 아니라, 모든 신실한 예배자에게 이미 주어져 있는 저 신비들에 대한 이해를 파편적이더라도 엄밀한 방식으로 명확하게 하는 것이다. 이런 의미에서 에큐메니즘뿐만 아니라 모든 신학은 오로지 정신만의 문제가 아니라 중심의 문제다. 우리는 린드벡의 엄격한 문체 때문에 그를 오해해서는 안 된다. 디오니시오스가 오래전 주장했고 토마스 아퀴나스가 서방 교회에 가르쳐 주었듯이, 그가 다루는 신학은 하나님 안에 있는 교회 생활의 원천으로부터 그 생명을 얻는다. 즉 그리스도와 그에게 속한 모든 것들과 연합하여 신적인 일들을 겪음(suffering divine things)으로써 그 생명을 얻는다.

# 『교리의 본성』 독일어판 서문

이 책은 10년 전 처음 발표되었을 때와 같은 책이 아니다. 이 책은 예기치 못한 이해관계를 지닌 집단들이 이 책을 포착해 낸 방식으로 널리 수용되었고, 저자인 나조차도 부분적으로는 그런 방식을 통해 이 책을 읽는다. 이러한 변화 때문에 설명이 필요하며, 이 점이 이 서문을 쓰는 주된 이유다.

이후에 은근히 드러나겠지만, 내가 생각했던 이 책은 단순히 더 큰 작업의 예비적 작업이었다. 그러니까 나는 이 책을 쓰면서, 개신교, 로마 가톨릭, 동방 정교회와 같은 그리스도교의 주요 전통 사이의 역사적 교리 차이점들의 현주소와 이로 인한 교회적 불화를 앞으로 극복할 가능성을 비교 교의학을 통해 포괄적으로 자세히 다루는 더 큰 작업을 염두에 두고 있었다. 나는 (1951년 이후로) 대학교의 신학부에서 가르치면서, 이러한 전통들에 몸담고 헌신하며 자기 의견을 분명하게 밝힐 줄 아는 학생 및 선생들과 더불어 이 기획을 위한 자료들을 오랫동안 수집했었다. 게다가 나는 제2차 바티칸 공의회 전부터 국내외 에큐메니컬 대화에 참여하기 시작했으며, 제2차 바티칸 공의회의 파견 참관인이었다. 그리고 1970년대와 1980년대에는 루터교세계연맹/바티칸 합동연구위원회(the Lutheran World Federation/Vatican Joint Study Commission)의 공동의장으로 봉사했다. 그러나 (이 책 본론에서 본격적으로 다룰 점들을 미리 말하자면) 나는 교리라는 주제에 대해 교회에서 성명을 낼 때와 학계에서 신학적으로나 비신학적으로 이 주제를 다룰 때 공통으로 통용되고 있는 교리에 관한 관점들로 인해 당혹감을 느꼈다. 이러한 관점들은 현재 에큐메니컬적 상황에서나 과거 에큐메니컬적이지 않았던 상황에서나, 실질적인 관행에 내재되어 있는 암묵적 이해를 적절하게 반영하지 못했다. 내가 계획했던 비교 교의학에 관한 다양한 초안에서 그랬듯이 통상적인 개념들을 사용했을 때, 그 결과는 앞뒤가 맞지 않았다. 내 작업을 진행하기에 앞서, 내 목적에 더 적합한 교회 교리에 대한 이해를 발전시키고 정당화할 필요가 있는 것 같았다. 그 결과가 에큐메니컬적 상황에 관한 더 실질적인 연구의 서론(prolegomenon)으로 착상한 현재의 얇은 책이다.

그러나 그사이 내가 염두에 둔 독자들은 대부분 사라졌다. 1984년쯤 에큐메니컬적인 관심은 그리스도교의 연합을 막는 교리적 장벽을 극복하는 것에서, 세계교회협의회(World Council of Churches)의 문구를 사용하자면 (머리글자를 따서 흔히 JPIC로 알려진) 정의(Justice), 평화(Peace), 창조의 보전(Integrity of Creation)을 위한 공동의 투쟁에 협력하는 것으로 전환되었다. 이 새로운 유형의 에큐메니스트들은 교리에 별로 관심이 없었다. 그 대신 이 책에 관한 토론에 가장 열성적으로 빈번하게 참여했던 이들은 조직신학자, 역사신학자, 철학자, 종교사회학자, 그리고 이들만큼은 아니지만 성서학자였다.

나는 이 사실에 놀랐다. 내가 생각했던 이 책의 유일하게 신선한 면은 에큐메니컬적 주안점이었다. 이 책의 재료는 모두 빌려온 것이었다. 예일 대학교 동료인 한스 프라이와 데이비드 켈시는 이 책이 선호하는 이야기 해석학(이 이름으로 흔히 통용되는 것과는 확실히 성격이 다르다)을 보충해 주었다. 그러나 교리에 관한 이 책의 문법적 내지 규제적 이해는 그 뿌리가 교부들에게 있다. 신학자 중에서는 독일 루터교인인 에드문트 슐링크(Edmund Schlink)와 캐나다 예수회 소속 버나드 로너간, 그리고 철학자 중에서는 루트비히 비트겐슈타인(Ludwig Wittgenstein)과 같은 저자들이 이 뿌리를 회복하는 데 도움을 주었다. (흔한 단서를 달자면, 내가 그들의 작업을 사용한 것에 대해 그들은 책임이 없다.) 이와 유사하게, '문화-언어적' 종교 이론은 이름만 빼고 클리퍼드 기어츠(Clifford Geertz)의 이론을 개작한 것이다. 그리고 이 이론을 사용한 방식은 오늘날 종교에 대해 이야기하는 모든 사람이 사용하는 베버, 뒤르켐, 헤겔, 마르크스의 사상의 혼합물에 대한 기호학적 형태에 지나지 않는다(그리고 나는 이를 특히 피터 버거[Peter Berger]를 통해, 주로 간접적인 방식으로 알았다).[1]

---

1    이 문단에서 말한 자료들은 이 책의 본론에서 전유하며 언급하고 있다. 「찾아보기」를 보라.

내 아이디어들은 대부분 빌려온 것일 뿐만 아니라, 또한 내가 전 (前)신학적이라 생각하는 방식, 따라서 가능한 한 신학적으로 중립적인 방식으로 사용되었다. 예를 들어, 교리와 종교에 대한 이론들은 좌로든 우로든 바뀔 수 있으며, 그리스도교적인 목적뿐만 아니라 비그리스도교적인 목적을 위해서도 사용될 수 있다(플라톤, 아리스토텔레스, 슐라이어마허, 헤겔의 개념들을 수 세기 동안 그렇게 사용해 왔던 것처럼). 나는 이것들을 특정 문제에 국한하여 임시변통적이며(ad hoc) 비조직적으로 사용하려 했기 때문에, 내가 사용한 방식은 비(非)성경적(non-scriptural) 개념을 신학에서 사용하는 것에 관해 칼 바르트가 권고한 내용과 현대 영미 철학의 반토대론적 경향 모두에 부합한다. 그 목적은 교리적으로 통제하려는 것이 아니라, 그리스도교 교리의 가변성과 불가변성이 상호 내재적임을 탐구함으로써, 역사적 신조 및 교리에 대한 충실함과 교회의 일치를 추구하는 헌신을 개념적으로 더 쉽게 결합하려는 것이다. 이 목표를 공유하지 않더라도, 내가 그래 왔듯이 비신학적 자료에서 종교와 교리에 대한 유사한 이해를 빌려와서 그것을 본래와 달리 신학적 목적으로 사용한다면, 후기자유주의자가 될 수 있다. 반복하자면, 이 책은 전신학적이고, 나는 순진하게도 이 책이 주로 교리적으로 헌신된 에큐메니스트들의 관심을 끌 것이라 생각했다.

그렇다면 왜, 좌로는 가시적인 교회 일치에 거의 관심이 없고 신조와 고백의 온전함에 대해서도 별로 관심이 없으며, 우로는 교회 연합에 무관심할 뿐만 아니라 종종 적대적이기까지 한 비(非)에큐메니스트들이 이 책에 대한 논의를 지배하게 되었는가? 그 이유는 이 책에서 아방가르드한(avant garde) 개념들과 역사적 교리에 대한 헌신의 결합이 한편으로는 자유주의에 대한 직접적 공격으로 인식되었고, 다른 한편으로는 보수주의를 유혹하는 위험으로 인식되었기 때문일 것 같다. 지성적 최첨단을 달리면서 동시에 신조적으로 정통이고픈 욕구가 우파에서 드물지는 않지만, 이러한 욕구는 새로운 것에 대한 두려움과 긴장 관계에 있다—자유주의 이전(preliberalism)은 후기자유주의보다 더 안전해 보인다. 좌파의 반응은 많은 경우 우파의 반응에 대한 거울 이미지다—아방가르드한 것이 정의상 비정통이라는 점에 대해서는 우파와 의견이 일치하지만, 이 점을 바람직하게 본다는 면에서는 일치하지 않는다. 정통으로 인식되는 것은 무엇이든 역행적(retrograde)이다. "손은 비트겐슈타인과 기어츠의 손 같은데 목소리는 칼 바르트의 목소리로다"라고 말해질 수 있는 입장은 명백히 자기 모순적이다.[2] 만약 그렇지 않다면, 만약 새로운

2    이 말은 David Tracy, "Lindbeck's New Program for Theology," *The Thomist* 49 (1985), pp. 460-472 (465)에서 인용한 것이다. 주목해야 할 점은, 트레이시는 내 견해가 자기 모순적이라고 말하지는 않았지만 내 견해의 진정한 모습이 아방가르드한 수사로 위장되어 있다고 주장했다는 점이다. 내 작품과 바르트의 관련성에 대한 또 다른 논평자는 나를 숨은 토마스주의자(crypto-Thomist)로 해석하는 것이 가장 적합하다는 결론에 이른다(George Hunsinger, "Truth as Self-Involving," *Journal of the American Academy of Religion* 61 [1993], 41-56). 이어지는 내용을 읽는 독자들이 발견겠지만, 이 세 신학자 모두를 전(前)신학적 후기자유주의와 조화롭게 이해하는 방식들이 있다는 게 나 자신의 견해다. 내가 수년간 수행해 온 더 본격적인 신학적 혹은 교리적 가르침과 글쓰기에서는, 에큐메니컬한 나의 '개신교-가톨릭적'(evangelical-catholic) 관점이 기본적으로는 루터교적 성격을 지닌다는 점이 오해의 여지가 없기를 바란다.

지적 발전과 불가피하게 대립한다고 정통을 더 이상 비난할 수 없다면, 북미에서 다양한 형태로 나타난 대부분의 자유주의를 주장하기 위한 근거는 무너진다. 나에게는 다행스럽게도, 이 책에 열정적으로 동의하는 독자도 많이 있다. 그러나 그들에게조차 이 책은 내가 의도하지 않았던 교의학, 철학, 혹은 문화 신학과 같은 장르의 작품인 것이 일반적이다.

이러한 반응들을 요약하면서, 어떤 이는 이 책이 에큐메니컬적 서론으로 기능하지 않고, 근대성(그리고 탈근대성 속에 기생하는 근대성에 대한 부정)이 새로운 문화적, 종교적, 지성적 그리고 신학적 상황으로 대체되는지 여부와 대체되는 방식에 대한 더 넓은 논의에 기여했다고 말할 수도 있다. 이러한 관점에서 이 책은 하나의 고립된 작품이 아니라 신학, 윤리, 종교 연구에서 자라나고 있는 어떤 흐름의 일부다. 이 책이 처음 나타났을 때 그리 새로운 것도 아니었다. 알래스데어 매킨타이어(Alasdair MacIntyre)와 스탠리 하우어워스(Stanley Hauerwas)도 이와 유사한 철학적 작품과 신학적 작품을 이미 생산하고 있었다.[3] 이러한 더 큰 논의의 맥락에서 살펴보면, 현재 이 책에는 부족한 면이 많다. 즉, 매킨타이어가 "탐구의 전통들"(traditions of inquiry)이라고 부르며 다룬 내용은 교리, 신학, 실천, 그리고 종교 공동체의 관계를 구체화하는 데 유용했을 것이다. 그리고 진리와 정당화된 믿음의 관계, 반토대론과 같은 철학적 주제에 대한 더 본격적인 논의가 필요

---

**3** 이 두 저술자에 관한 라인하르트 휘터(Reinhard Hütter)의 설명을 보라. "Ethik in Traditionen," *Verkundigung und Forschung* 35 (1990), 61-84.

하다. 또한, 문학 이론(특히 해체), 오늘날의 사회학과 정치학에서의 커뮤널리즘(communalism), 이야기 해석학, 전근대적 주해 및 역사-비평적 주해와 이야기 해석학의 관계, 그리고 내가 수년 동안 가장 많은 대화를 나누어 왔던 두 신학자, 토마스 아퀴나스와 마르틴 루터와 내 기획의 관계에 대해서도 더 충분한 논의가 필요하다. 이러한 내용을 추가했다면 이 책은 더 길고 다른 책이 되었겠지만, 내가 썼으면 했을 만한 내용에 더 가까워졌을 것이다.

이 책이 추천하는 후기자유주의적인 문화-언어적 접근들은 그 전망이 어떤가? 비신학적 분야에서는 이것들의 미래가 밝지만, 신학 분야에서는 그렇지 않으며, 북미의 경우 대체로 이것들이 영향을 미칠 만한 전망이 훨씬 흐릿하다. 이는 예상된 일이다. 이 대륙처럼 공동체적 유대가 약하고 사회 구조적으로 개인주의가 선호되는 곳에서는 자기 자신(self)을 고립된 자아(ego)로 생각하고 경험하는 경향이 특히 강하다. 지적인 차원에서, 자기됨(selfhood)이 사람 사이의 관계를 통해 사회적으로 구성된 현실이라는 점을 인정하기란 어렵다. 그리고 감정적인 차원에서는 더욱 그렇다. 특히 종교적인 사람들은 인간이 철저하게 사회적 동물이라는 사실을 받아들이기 어려워하는 것 같다. 경건한 부흥사들, 구식 자유주의자들, 뉴에이지 영성가들은 많은 점에서 서로 다르지만, 개인주의와 경험주의라는 면에서는 대체로 다르지 않다. 종교적 경험이라는 가장 내밀한 내면이 사회적으로 형성된다고 생각하는 것, 경험적 요소보다 문화-언어적 요인에 우선성을 부여하는 것, 혹은 루터의 용어를 사용하여 신학적으로 말하자면 내적 언어보다 외적 언어에 우위를 두는 것은 그들에게 신성 모독적이다. 이 책에서 이야기하는 후기자유주의는 기성세대보다 젊은 세대들에게 영향을 미치고 있지만—다른 분야에서 문화-언어적 접근이 갖는 힘을 고려할 때 영향을 받지 않기가 어렵다—젊은 세대들이 가까운 미래에 교회의 일반 신학 과정에 많은 영향력을 행사할 것 같지는 않다. 중대한 사회 위기로 귀결되는 사회 분열이 더 발생하지 않는 상황이라면 후기자유주의에 대한 보수주의적 저항과 자유주의적 저항이 모두 지배적인 영향력을 발휘할 것 같다.

내가 하는 작업에서는 비교교의학이 내가 원래 구상했던 것과는 다른 형태여야 한다는 점이 지난 십 년간 명확해졌는데, 특히 이 책으로 인해 촉발된 논의들 때문이다. 비교교의학은 교회론으로 시작해야 하며, 그리고 여기에 포함된 "이스라엘-학"(Israel-ogy)이라고 불릴 만한 것으로 시작해야 한다. 성경 이야기적 접근 방식에서 이 둘은 분리될 수 없다. 이스라엘과 교회는 하나의 택한 백성이며, 이들의 관계를 재고하는 일은 에큐메니즘의 기본을 이룬다. 이를 재고하는 일은 신학적이어야 한다. 즉, 이스라엘의 하나님과 예수의 하나님에 대한 성경의 증언이 권위를 갖는 공동체에서 성경이 기능하는 것처럼, 성경에 기초해야 한다. 이러한 재고 작업은 이 책에 있는 분석을 이용하지만, 그 분석에 기초하지는 않는다. 이 서문에서 강조한 것처럼, 종교와 교리에 관하여 내가 제안한 이론들은 신학적 토대를 의도했다기보다 전(前)신학적인 의도로 제시한 것이다. 상황이 바뀌거나, 현재 교회의 포스트-크리스텐덤 상태와 후기자유주의적 상태에서 에큐메니컬하게 생각하기 위한 더 좋은 지적 도구가 고안될 때는 내가 제안한 이론들이 불필요할 것이다. 그때까지는 내가 쓴 것이 대서양 양쪽에서 그리스도의 원의(*causa Christi*)●에 관심을 가진 이들에게 도움이 되지 않을까 희망해 본다.

● 편집자 주: 교황 회칙 『주님의 교회』(*Ecclesiam Suam*, 1964), §112(교회의 일치에 대해 말하는 맥락)에서 빌린 표현인 듯하다.

# 초판 서문

이 책은 공동의 믿음과 행동을 규정하는 규범(일반적으로 교회의 교리 또는 교의라고 부르는 것)에 관한 통상적 사유 방식이 지난 사반세기 동안 점점 불만족스러워지면서 나온 산물이다. 나는 지난 25년간 에큐메니컬 토론에 참여하고 교리의 역사와 현 위치에 대해 가르치면서, 이러한 활동에 관여하는 우리에게 새로 등장하는 문제들을 개념화할 만한 적당한 범주가 없다는 점을 차츰 확인하게 되었다. 예를 들어, 우리가 어떤 변화는 교리 전통에 충실하고 어떤 변화는 충실하지 않다고 말할 때나, 어떤 교리적 차이는 교회 분열을 초래하고 다른 어떤 교리적 차이는 그렇지 않다고 말할 때, 우리가 암묵적으로 사용하는 기준이 있는데, 종종 이 기준을 명확하게 설명하지 못한다. 다시 말해, 교리가 어떤 것인지에 대해 우리가 관습적으로 상정하는 바를 고려해 볼 때, 교리는 마땅히 작동해야 하는 방식으로 작동하고 있지 않다. 우리는 분명 교리의 본성과 기능에 대한 더 나은 새로운 이해 방식이 필요하다.

이 글의 제목*이 시사하듯이, 이 문제는 교리 자체에만 국한되지 않고 종교 개념에까지 확장된다. 종교 이론과 교리 이론은 상호 의존적이며, 한 영역의 결함은 다른 영역의 결함과 분리될 수 없다. 그뿐만 아니라 표준적인 신학적 접근 방식은 모두 도움이 되지 않는다. 예를 들어, 현대의 발전을 버리고 자유주의 이전의 정통적 형태로 돌아간다고 해서 어려움이 해결될 수는 없다. 종교와 종교의 교리를 이해하는 제3의 길, 즉 후기자유주의의 길이 요청되고 있다.

비록 이 책이 그리스도교 내부의 신학적 문제와 에큐메니컬 문제에 초점을 두고 있으나, 이 책이 제안하고 있는 종교와 종교 교리에 관한 이론은 딱히 에큐메니컬한 것도 아니고, 그리스도교적인 것도 신학적인 것도 아니다. 오히려 이 이론은 철학적 접근과 사회과학적 접근에서 파생된 것이지만, 그럼에도 나는 그것이 비신학적인 종교 연구뿐만 아니라 그리스도교의 에큐메니컬한 목적과 신학적 목적에도—그리고 아마도 비그리스도교적 목적에도—유익하다고 주장하려 한다. 요약하면, 이 연구에서 새로운 점은 이 책의 종교 이론이 아니라, 교리를 개념화하는 데 이 이론을 사용한다는 점과, 이러한 개념화가 신학과 에큐메니즘에 유익하다고 주장한다는 점이다. 논증의 범위는 논증을 유발한 에큐메니컬한 관심을 훨씬 넘어서 불편하게 확장되지만, 이런 확장은 불가피하다. 종교와 교리에 대한 이론이 에큐메니컬 운동 바깥에서 타당성이 없다면, 그것은 에큐메니컬 운동에도 도움이 될 수 없을 것이다.

따라서 우리는 두 가지 다른 방식으로 이 글을 읽을 수 있다. 이 글은 한편으로 그리스도교의 신학생과 비신학생뿐만 아니라 다른 신앙을 가진 이들에게도 흥미 있을 종교와 종교 교리에 대한 이론에 단순히 참여한 것이다. 그러나 또한 이 글은 내가 그리스도교의 주요 전통들의 교리적 일치와 불일치 현황에 대해 쓰려고 오랫동안 노력해 온 책의 프롤레고메나로 의도된 것이다. 다시 말하면, 기본 논지는 독자의 입장에서 볼 때 특별히 에큐메니컬적 관심을 전제하고 있지는 않지만, 그리스도교의 분리를 극복하기 위해 노력하지 않은 사람이 이 책을 썼을 경우보다는 훨씬 더 상세하게 에큐메니컬적 함의를 담고 있다.

1장에서 제안한 이론의 주요 특징을 개괄하기 전에, 서론에서 이 책의 논증이 지닌 일반적 특징에 대해 말하는 것이 좋을 듯하다. 원래 이 탐구는 항상 드러나지는 않더라도, 대체로 예외를 제거할 개념을 찾는 문제다. 이는 토머스 쿤의 말을 빌리면, "그 방면 바깥에서 훨씬 더 잘 알려질 만한"[1] 심리학 실험을 통해서 잘 설명될 수 있다.

브루너(Bruner)와 포스트먼(Postman)은 빨간색 스페이드 6과 검은색 하트 4와 같은 변칙적인 조합을 만들어서 정상적인 카드와 섞어 놓았다. 그리고 실험 대상자에게 카드를 연달아 빠르게 보여 주면서 각 카드가 어떤 카드인지 대답하도록 요청했다. 모든 실험 대상자가

●　　편집자 주: 원서의 부제가 "후기자유주의 시대의 종교와 신학"이다.

1　　Thomas S. Kuhn, *The Structure of Scientific Revolutions*, 2nd ed. (Chicago: University of Chicago Press, 1970), 62. 『과학혁명의 구조』 4판, 김명자 옮김(서울: 까치글방, 1999), 143.

처음에는 비정상 카드를 정확하게 식별하지 못했지만, 노출 시간을 늘리자 어리둥절해지기 시작했다. 노출 시간을 더 늘리자, 피실험자 대부분이 몇몇 카드의 색이 이상하다고 생각했고, 두세 차례 반복하자, 그들은 모든 카드를 빠르고 정확하게 분간할 수 있었다. "그러나 몇몇 사람은 필요에 따라 자신들의 범주를 조정하지 못했다. 정상 카드를 식별하는 데 평균적으로 필요한 시간보다 40배나 더 길게 보여 주어도, 비정상적 카드의 10% 이상을 제대로 분간하지 못했다. 그때 실패한 사람들은 종종 혼자서 크게 괴로워했다. 한 사람은 이렇게 소리쳤다. '나는 도대체 짝패를 분간하지 못하겠어. 이건 그때 그 카드 같아 보이지도 않아. 이제는 저게 어떤 색인지도 모르겠고, 스페이드인지 하트인지도 모르겠어. 이제 스페이드가 어떤 모양인지도 헷갈려. 맙소사!'"[2]

신학자들도 가끔 이와 비슷하게 행동한다. 변칙들이 축적되고 옛 범주들이 실패하면, 운이 좋아서든 재주가 좋아서든—이랬든 저랬든 신자들은 은혜라고 하겠지만—자료를 더 잘 설명할 수 있는 새 개념을 발견하게 된다. 만일 새 개념이 발견되지 않으면, 지적으로나 종교적으로나 트라우마가 될 수 있다.

이미 지적했듯이, 우리에게 영향을 미치는 변칙적인 것들은 종교들 사이에서의, 특히 그 내부에서의, 갈등과 양립 가능성, 교리의 영속성과 변화, 일치와 불일치, 다양성과 일률성의 상호 관계와 특히

---

**2**  Kuhn, *The Structure of Scientific Revolutions*, 63-64[145].

관련된다. 이 일련의 문제와 관련된 몇몇 물음은 오랫동안 '교리의 발전'이라는 항목 아래 논의되어 왔다.[3] 그러나 최근 에큐메니컬적 경향과 종교 간 대화의 흐름으로 인해, 그리고 토대적, 조직적, 역사적, 목회적 어려움이 급증하면서, 난점들이 더 늘어났고 갈수록 어려워지고 있다. 그 결과, 이 연구가 다루는 주제의 범위는 아주 당황스러울 정도로 광범위해졌다.

따라서 연구의 범위를 제한하기 위해, 엄밀하게 이론에 한정할 필요가 있다. 우리는 교회의 교리적 입장과 관련하여 당연하게 여겨져 온 사실들을 연구 자료로 삼겠지만, 이것들의 신빙성에 대해서는 아무런 평가도 내리지 않을 것이다. 우리는 이 연구 자료를 단정적인 것이 아니라 가설적인 것으로 취급할 것이다. 만일 그렇다면, 그것은 어떻게 가장 잘 이해될 수 있는가? 만일 카드로 보이지 않는 카드처럼 어떤 현실이 불가능해 보인다면, 어떤 개념이나 이론이 그것이 가능할 여지를 담아낼 수 있을까? 예를 들어, 제1차 바티칸 공의회처럼 교리가 "개혁할 수 없는" 것이라고 말한다면, 어떤 교리 이해 방식이 상반되는 입장을 배제하지 않으면서도 저런 견해를 이해 가능하게 만들 수 있을까? 혹은 다른 예를 들면, 그것이 틀렸다고 선험적으로 주장하기보다 어쩌면 그것이 보증될 수도 있음을 인정하는, 에큐메니컬적 일치라는 명백하게 부조리한 주장을 이해할

---

3  다음 책이 출간된 이후 "교리의 발전"(development of doctrine)이라는 항목이 사용되어 왔다. John Henry Newman, *An Essay on the Development of Christian Doctrine*, 1st ed. (London, 1845).

방법이 있을까? 그러나 우리는 그것들이 실제 보증되는가 하는 문제를 보다 직접적인 다른 에큐메니컬 연구에 위임할 것이다.

이 책은 사실의 문제에 대해 무엇을 주장할 것인가보다 어떻게 생각할 것인가에 더 관심을 둔 이론적 연구에 알맞게, 이 책의 시야 안에 있는 모든 종교 전통들이 받아들일 만한 제안을 제시하고자 한다. 이 책의 제안은 다시 말해 에큐메니컬적 중립과 종교적 중립을 의도한다. 이 제안 자체는 특정 종교 집단에서 공유된 권위 있는 가르침에 찬성하거나 반대하는 결정을 함축하고 있지 않다. 이렇게 교리적 중립성을 주장한 것은 나중에 삼위일체론과 그리스도론의 고전적 확언들, 마리아 교의, 무류성과 관련하여 꽤 길게 검증해 볼 것이다. 이 검증을 통과하는 만큼, 이 책이 제안하는 접근 방식이 정통적(orthodox) 그리스도교인과 비정통적(unorthodox) 그리스도교인, 개신교인과 가톨릭교인 모두에게 유용하다는 점이 입증될 것이다. 이러한 관점은 그리스도교나 다른 어떤 종교가 옳은지 그른지도 예단하지 않으며, 따라서 타종교인이나 무종교인과 토론하는 그리스도교인에게 도움이 될 것이다. 이 입장이 비그리스도교인의 관점에서도 중립적인가 하는 것은 다른 문제인데, 여기서는 거의 다루지 않는다. 힌두교, 불교, 마르크스주의 같은 일부 종교와 유사 종교들은 아마 이와 상반되는 종교 이론을 암묵적으로 추구할 것이다— 내 생각에 유대교나 이슬람교는 그렇지 않을 것이다. 그러나 이 문제는 다른 신앙을 가진 사람들에게 맡기는 것이 가장 좋을 것이다. 어쨌든 이 책에서 제시하는 제안이 비록 보편적으로 활용될 수 없는 것일지도 모르나, 그 제안들은 실질적 문제를 결정하고자 하는 것이 아니라 논의의 틀을 제공하고자 하는 것이다.

그러나 신학을 (교리적 자료를 포함하여) 종교 자료에 대해 이차적으로 반성하는 학문 활동이자 (교리적 입장을 포함하여) 내용적 입장에 대한 찬반 논증을 정형화하는 학문 활동으로 이해할 때, 교리적 중립을 꾀하는 이런 시도가 신학적 중립을 수반한다고 추정하면 착오일 것이다. 이러한 특정한 의미에서의 다수의 신학은, 어쩌면 모든 신학은, 이러저러한 종교 이론에서 파생된 견해들에 암묵적으로든 명시적으로든 어느 정도 의존하고 있으며, 따라서 상반되는 이론적 관점으로부터 비판받기 쉽다. 이 책의 마지막 장에서는 여기서 제안된 관점과 어울리는 신학함의 방식에 대해 논할 것이다. 이에 대해 다른 어떤 말이 나올지 모르지만, 이 책이 추천하는 방식은 분명 전통주의자들의 명제적 정통교의(orthodoxy)와도, 현대에 지배적인 자유주의 형태들과도 갈등 관계에 있다.

이는 이 책의 동기들이 순전히 이론적이기보다 궁극적으로 더 실질적으로 신학적임을 아주 잘 보여 준다. 그리스도교의 일치에 깊은 관심을 가진 사람으로서 나는, 오랫동안 신학자들 대부분이 그래 왔던 것처럼, 내 연구가 교회와 하나님의 영광을 위한 섬김이리라 믿고 싶다. 요약하면, 이 책의 논증은 비록 교리적·종교적 중립을 지킬 예정이지만, 그리스도인들과 아마 현 상황에서 다른 종교를 가진 사람들에게도 종교적으로 도움이 될 법한 신학적 사유 방식에 대한 확신에서 촉발된 것이다.

하지만 동기와 확신이 논증의 힘과 관계있는 것은 아니다. 어떤 포괄적 이론을 찬성하는 논거나 반대하는 논거는 입증이라기보다는 기껏해야 제안에 불과하다. 카드 실험에서 부분적으로 보여 주었듯이, 이론적 틀은 문제 인식 방식과 그 문제에 대한 가능한 해결 방식을 형성한다. 각각의 틀 자체로는 논박할 수 없는 방식으로 말이다. 예를 들어 만일 일부 피실험자가 자신의 인식적 혼돈을 개인적 심리나 생리의 측면에서 설명하는 데 집착한다면, 결코 그들은 카드 자체가 이상해서 어려웠을 수도 있는지를 묻지 않을 것이다(아니면 역으로, 문제가 사실 심리나 생리 때문이더라도 마찬가지다). 우리는 약간 비슷하면서도 훨씬 다루기 어려운 방식으로 종교와 교리에 대한 모든 것을 포괄하지만 근본적으로 상이한 관점들에 대해 논할 것인데, 각 관점은 그 고유의 타당성과 관련된 증거 내지 반증에 대하여 특정한 견해를 가지고 있다. 과학 철학자들은 이제 경험적으로 가장 객관적인 분야에서조차도 모든 관찰 용어와 관찰 문장이 이론-의존적이라고 흔히들 말한다. 물리학과 화학에서도 "특정 이론을 채택하는 것은 대개 관찰 용어의 의미를 변화시킨다. 즉 설명해야 할 사실을 변화시킨다."[4] 이 점은 아리스토텔레스의 자연학이, 뉴턴 물리학으로, 아인슈타인 물리학으로 전환된 역사를 통해 충분히 설명될 수 있지만, 이 영역에 적용되는 것이 종교 이론에 적용되는 것보다 훨씬 더 영향력이 분명하다. 사실적인 그리고/또는 변칙적인 것에

---

**4**    Ernan McMullin, "The Two Faces of Science," *Review of Metaphysics* 27 (1974): 663.

대한 경쟁하는 인식 방식들을 판단할 중립적인 상위 관점이란 없다. 종교 자체는 말할 것도 없고 종교에 대한 포괄적 관점은 결정적인 확증이나 반증에 쉽게 흔들리지 않는다.

이 책에서 전개하는 논거는 직선적이라기보다는 순환적이라는 점을 지적해야 한다. 이 주장의 설득력은, 있다고 가정한다면, 한 단계씩 차례대로 입증하는 것에 달려 있지 않고 전체가 밝혀 주는 힘에 달려 있다. 빛이 밝아지기 시작하면 전망 전체를 동시에 비출 것이다.[5] 따라서 주제의 순서는 어떤 면에서 선택적이다. 신학 방법에 대한 마지막 장의 논평에서 시작할 수도 있고, 무류성에 대한 5장의 논평에서 시작할 수도 있으며, 교리적 화해의 가능성에 대한 1장의 논의에서 시작할 수도 있다. 그렇지만 어디서든 시작은 해야 한다.

내가 시작하기로 선택한 곳은 첫째는 에큐메니즘이고, 둘째는 종교 이론의 현대적 추세다. 이러한 내용은 전적으로 그런 것은 아니지만 대체로 기술적이며, 따라서 연구의 이론적 성격에 맞게 가설적이다. 만일 이것이 현대 에큐메니컬 상황 및 보다 넓은 지적, 문화적, 종교적 맥락의 특징이라면, 이것들은 종교와 교리에 대한 이론들이 실천적 함의를 지닐 수 있는 방식이다. 이러한 설명의 목적은 이론과 실천의 상호 관계를 어느 정도 나타내는 것이지, 기술의 충분성을 주장하는 것이 아니다. 만일 현재의 현실을 묘사한 것이 부정확하더라도, 그 기본 논지는 타당할 수 있다.

---

**5**    Ludwig Wittgenstein, *On Certainty* (Oxford: Basil Blackwell, 1969), #105. 『확실성에 관하여』, 이영철 옮김(서울: 책세상, 2006).

2장에서는 현재 영향력 있는 신학적 종교 이론 중 하나와 이 책이 제안하는 접근법을 비교함으로써 본래의 논증을 시작한다. 그리고 후자가 적어도 비신학적 목적에서는 더 우월하다고 결론 내린다. 3장은 신학의 존립 가능성 문제를 다룬다. 이 책이 제안하는 접근 방식은 과거와 현재의 다양한 종교 전통이 종교의 진리, 거짓, 무비성(unsurpassability)에 관하여 제시한 철저히 대립되는 주장들이 타당할 가능성을 허용하는가? 이 접근 방식이 서로 다른 종교 사이의 관계, 특별히 그리스도교와 타종교의 관계에 대해 함의하는 바는 무엇인가? 그것은 수많은 신앙인에게는 불가능한 조건인 배타적 주장을 포기하라는 요구를 포함하지 않는, 종교 간 대화를 위한 이론적 근거를 마련하는가?

4장과 5장은 일부 전통이 교리의 영속성, 변화, 발전에 관하여 주장하는 바와, 또한 교도(가르침) 직무의 권위에 관하여 주장하는 바가 이 접근 방식과 양립 가능한지를 검토한다. 이 문제들은 앞서 언급한 바와 같이, 삼위일체론과 그리스도론의 확언들, 마리아 교의, 무류성과 관련하여 논의되겠지만, 이는 이 접근 방식의 교리적 중립성을 예증하기 위한 것이지, 내용의 문제를 결정하기 위한 것은 아니다. 4장과 5장은 이 책의 에큐메니컬적 목적에 중추적 역할을 하지만, 다른 영역에 대해서도 함의하는 바가 있다.

이러한 다른 영역에 대한 함의 중 일부는 마지막 장에서 탐구된다. 이는 단일한 최상의 신학이란 있을 수 없지만(무엇이 최상인지는 부분적으로 역사적 맥락에 의존하기 때문에), 그럼에도 구성적 작업이나 조직적 작업에서 '교의적' 방법이 '변증적' 방법보다 더 낫다는 점과, 정당한(정통적) 발전·적응과 부당한(이단적) 발전·적응을 구별할 수 있는 (흔히 추정하는 기준 이상의) 더 견고한 기준이 정형화될 수 있다는 점을 시사한다. 더욱이 기초신학은 그 성격이 변하고 있으며 수많은 신학자에게 덜 중요한 취급을 받게 되었고, 변증학은 주로 적절한 공동체적 실천에 관한 문제가 되었다(부분적으로는 해방신학에 발맞추면서, 하지만 훨씬 더 가변적인 정책적 결과들에 동조하면서). 마지막으로, 이 책이 제안한 종교와 교리 이론이 퍼지면서 신학적 협력과 합의의 가능성이 커지더라도, 그 점이 그런 가능성이 활용되리라고 보장해 주지는 않는다. 어쨌든 옛것을 대체하는 새로운 변칙들이 발생할 수 있지만, 그렇다고 해서 그것이 새로운 문제에 직면하는 위험을 감수하기보다 옛 문제에 집착해야 하는 이유는 아니다.

여섯 장 중 첫 다섯 장은 1974년 가을, 곤자가 대학(Gonzaga University)에서 강의한 "세인트 마이클 강좌"(St. Michael's Lectures)에 기초하고 있다. 비록 현재의 연구가 그때 강좌처럼 교리의 영속성과 무류성 문제에 주로 초점을 두고 있는 것도 아니고, 버나드 로너간에 대한 광범위한 논의도 그저 흔적만 남아 있지만,[6] 그럼에도 상당히 중복된다.

다른 한편으로, 원래 강의 때 제기된 질문과 대답을 담는 것이 바람직하지 않을 정도로 큰 변화가 있었다. 나는 그 강좌에서 주고받

---

6    특별히 pp. 109-112, 234 이하를 보라.

은 대화에서 많은 것을 배웠다. 여기서 제기된 아이디어들은 그 후 내 고유의 생각에 통합되었다. 나는 여기서 논의될 몇몇 주제를 처음 꺼냈을 때 아주 관대하게 자기 시간과 관심을 내어 준 사람들과, 그 후 연이은 원고를 읽고 자기 생각을 나누어 준 예일을 비롯한 곳곳의 학생들과 동료들에게 내가 진 모든 빚을 제대로 파악하여 감사의 마음을 전할 수 있기를 바란다. 나는 이 학생과 동료 중에서만 적어도 10여 명의 이름을 언급해야 하겠으나(이것도 불완전한 목록이겠지만), 그중에서 최소한 한 명은 반드시 언급해야 한다. 바로 한스 프라이다. 나는 내가 말할 수 있는 것보다 더 많은 것을 그의 격려와 그의 사상에 빚지고 있다. 이 책이 있기 전에 세인트 마이클 강좌에 초청해서 이 책을 시작하게 해 주었고, 그 후 출판하도록 권해 준 예수회 윌리엄 라이언(William F. J. Ryan, SJ) 신부와 예수회 패트릭 오리어리(Patrick O'Leary, SJ) 신부에게도 특별한 감사를 드린다. 나는 그들이 이 초청의 열매를 그들의 오랜 기다림에 대한 약간의 보답으로 여길 수 있기를 희망한다.

Theory, Ecumenism, and Culture: The Proposal in Context

Ⅰ 에큐메니컬 지형
Ⅱ 심리사회적 상황

Ⅰ The Ecumenical Matrix
Ⅱ The Psychosocial Context

# 1

이론, 에큐메니즘, 문화

상황을 고려한 제안

# I. 에큐메니컬 지형

각 교회의 후원을 받아 대화에 참여한 로마 가톨릭교회, 동방 정교
회, 개신교 신학자들은 성만찬, 직제, 칭의, 심지어 교황권 같은 주제
에 대해 기본적인 의견의 일치를 보았다는 보고서를 최근 여러 번
발표했다. 그러나 그들은 또한 과거에 교회를 분열시킨 자신들의 역
사적 확신을 계속 이어가고―즉, 주장하고―있다.[1] 이러한 보고를

1    N. Ehrenström and G. Gassmann, *Confessions in Dialogue: A Survey of Bilater-
     al Conversations Among World Confessional Families, 1959-1974*, 3d ed. (Ge-
     neva: World Council of Churches, 1975)에 있는 대화 결과의 요약은 출판할 때 완
     전히 최신이었으나, 그 이후 상당한 추가적 자료가 나타났다. 나는 주로 국가적, 국제
     적 규모의 로마 가톨릭과 루터교의 토론에 참여했고, 다음과 같은 자료에서 논문과
     서문을 쓰고 여러 가지 준비에 참여했다. Lutherans and Catholics in Dialogue, 7
     vols.: 1. *The Status of the Nicene Creed as Dogma of the Church* (1965); 2. *One
     Baptism for the Remission of Sins* (1966); 3. *The Eucharist as Sacrifice* (1967);
     4. *Eucharist and Ministry* (1970); 5. *Papal Primacy and the Universal Church*
     (Augsburg Publishing House, 1974); 6. *Teaching Authority and Infallibility
     in the Church* (Augsburg Publishing House, 1980); 7. *Justification By Faith*
     (Origins 13 [Oct. 6, 1983], pp. 277-304). 제1권부터 제4권까지는 본래 Bishops'

들은 사람들은 대개 이를 믿기 어려워한다. 그들은 교리의 변화가 없는 교리적 화해라는 개념 자체가 자가당착이라고 생각한다. 사람들은 대화에 참여한 이들이 에큐메니컬적 조화와 교파적 충성을 결합하고자 하는 열망으로 인해 자기기만에 속은 것이 아닌가 하고 의심한다. 그러나 대화 구성원들은(이 책의 저자를 포함하여) 대개 그렇지 않다고 대답한다. 그들은 한때 실제 대립하던 입장들이 설령 중요한 의미에서 과거의 것과 여전히 동일하더라도 이제는 실제로 화해될 수 있다고 결론 내릴 만한 증거가 있고, 자신들의 이전 성향과 간혹 반대되기도 하지만 증거를 따를 수밖에 없다고 말한다.[2]

Committee for Ecumenical and Interreligious Affairs, Washington, D.C.와 U.S.A. National Committee of the Lutheran World Federation, New York, N.Y.에 의해 출판되었다. 제1권부터 제3권까지는 Augsburg Publishing House에 의해 재출판되었고, 제4권도 마찬가지다.

Reports of the Joint Lutheran/Roman Catholic Commission of the Lutheran World Federation and the Vatican Secretariat for Promoting Christian Unity: "The Gospel and the Church," *Worship* 46 (1972), pp. 326-351과 *Lutheran World* 19 (1972), pp. 259-273. 성명서(position papers)를 포함하여 독일어와 영어로 된 본문은 아래의 책에 있다. H. Meyer (ed.), *Evangelium-Welt-Kirche: Schlussbericht and Referate der römisch-kathoiisch/evangelisch-lutherischen Studienkommission 'Das Evangelium und die Kirche,' 1967-1971* (Frankfurt: O. Lembeck/J. Knecht, 1975); *The Eucharist* (1980); *The Ministry in the Church* (1981). (위 마지막 두 책은 루터교 세계 연맹[Lutheran World Federation, 150 Route do Ferney, CH-1211 Geneva 20, Switzerland]에 의해 출판되었다.)

2   이러한 일부 대화에 대한 독립적 평가는 다음 글에 실려 있다. "The Bilateral Consultations Between the Roman Catholic Church in the United States and Other Christian Communions: A Theological Review and Critique by the Study Committee Commissioned by the Board of Directors of the Catholic Theological Society of America" (1972), *Proceedings of the Catholic Theological Association of America* (1972), pp. 179-232.

이들의 증언이 믿을 만하다면, 문제는 현실에 있지 않고, 오히려 불변성과 변화, 일치와 다양성이라는 낯선 개념 조합이 이해 가능한지에 있다. 이 경우 낯선 조합이 불가능해 보인다는 이유로 현실을 부인할 것이 아니라, 그 가능성을 설명할 방법을 찾는 것이 적절한 태도다. 이러한 가능성을 개념화할 적절한 개념이 없다면, 더 나은 개념을 찾아야 한다. 신자들은 신비에, 성령의 능력에 호소함으로써 조화 가능성을 어떤 면에서 꽤 적절하게 설명할 수 있겠지만, 보다 일상적 이해 가능성을 추구하지 못하게 가로막는 방식으로 그렇게 해서는 안 된다. 이는 신학이 이해를 추구하는 신앙(*fides quaerens intellectum*)이라고 믿는 사람들의 확신이며, 따라서 신학 종사자들은 지적인 수단으로 지적인 매듭을 풀려고 노력해야 할 의무가 있다.

그러나 현재 우리의 문제와 관련하여 이런 권고를 받아들이려는 노력에는 어려움이 따른다. 왜냐하면 다른 상황에서 다른 어려움을 다루기 위해 만들어진 교리 및 종교에 대한 견해들을 가지고 작업해야 하는 불리한 조건 때문이다. 현재 우리의 에큐메니컬 문제는 예전의 견해들이 관심했던 것이 아니다. 나중에 이러한 접근 방법에 대해 훨씬 더 많은 논의가 나오겠지만, 이제 간략히 소개할 때가 되었다.

현재 가장 익숙한 종교와 교리에 대한 신학 이론들은 우리의 목적에 맞게 다음과 같은 세 유형으로 분류할 수 있을 것이다. 이 중 하나는 종교의 인지적 측면을 부각하여, 교회의 교리가 객관적 실재에 관한 진리 주장 또는 정보를 담은 명제로 기능하는 방식을 강조한다. 따라서 종교는 고전적 의미에서의 철학이나 학문과 유사한 것으로 여겨진다. 이는 전통적인 정통주의들의 접근 방식이다(또한 여러 이단도 이러한 접근 방식을 취한다). 이는 종교적 발화의 인지적 유의미성 내지 정보적 유의미성에 천착하는 현대 영미 분석철학이 대체로 취하는 종교관과도 어느 정도 비슷하다. 두 번째 접근 방식은 내가 이 책에서 종교의 "경험-표현적"(experiential-expressive) 차원이라고 부르는 것에 초점을 둔다. 이는 교리를 내적인 감정, 태도, 실존적 성향을 나타내는 비정보적이고 비추론적인 상징으로 해석한다. 이러한 접근은 종교와 미학적 기획의 유사성을 강조하는데, 특히 슐라이어마허로부터 시작하여 발전된 유럽 대륙의 사조에 영향을 받은 자유주의 신학들과 잘 어울린다. 세 번째 접근 방식은 위 두 가지 주안점을 결합하려는 시도로 에큐메니컬 성향이 있는 로마 가톨릭 교인들이 선호한다. 적어도 그리스도교의 경우에는 인식적인 명제적 차원과 기능, 그리고 표현적인 상징적 차원과 기능이 모두 종교적으로 중요하고 타당하다고 간주된다. 칼 라너와 버나드 로너간은 이러한 이차원적 관점을 아마도 현재 가장 영향력 있는 형태로 전개했다. 혼합물이 흔히 그렇듯이 이러한 관점은 일차원적 대안보다 유리한 점이 있지만, 우리의 목적상 앞의 두 가지 접근 방식에 포함하여 다룰 것이다.

이러한 세 가지 관점에서는 굴복이 없는 교리적 화해 가능성을 그려 보기 힘들다. 사실 첫 두 가지 접근 방법에서는 이러한 가능성이 바로 부정된다. 즉, 교리적 화해를 거부하든지, 아니면 교리적 지조를 버려야 한다. 명제주의자에게는 한번 참인 교리는 영원히 참이고, 한번 거짓인 교리는 영원히 거짓이다.[3] 이것은 예를 들어 실체변화화체설(transubstantiation)에 대한 역사적 긍정과 부정은 결코 조화될 수 없다는 점을 함축한다. 한쪽에서 혹은 양쪽에서 과거의 입장을 포기할 때만 비로소 의견 일치에 이를 수 있다. 그러므로 이러한 관점에서는 굴복 없는 교리적 화해가 불가능하다. 왜냐하면, 교리의 의미가 그대로 남아 있으면서 동시에 변할 수 있다는 말은 아무 의미도 없기 때문이다.

반대로 경험-표현적 상징주의자의 입장에서 교리는 그대로지만 종교적으로 중요한 의미가 변할 수도 있고, 역으로 의미는 그대로지만 교리가 변할 수도 있다. 실체변화 개념과 실체비변화 개념은—좀 전의 예를 이어가자면—둘 다 신적 실재에 대한 유사한 경험이나 상이한 경험을 표현하거나 떠올리게 할 수 있고, 혹은 아무런 경험도 안 떠오를 수도 있다. 일반적인 원리는 이렇다. 즉 교리가 비추론적 상징으로 기능하는 한 심층적 차원에서 의미가 다의적일 수 있고, 따라서 의미 변화의 대상이며, 심지어 의미성을 완전히 상실한 것, 즉 틸리히가 상징의 죽음이라고 부른 것일 수도 있다.[4] 교리는 종교적 일치 또는 불일치에 결정적 요소가 아니다. 왜냐하면, 종교적 일치나 불일치는 (교리를 포함하여) 상징이 객관화된 차원에서 일어나는 것이

3    이러한 명제에 대한 견해는 무류성 교리에 대한 한스 큉의 공격의 초점이다. Hans Küng, *Infallible? An Inquiry*, tr. by Edward Quinn (Doubleday & Co., 1971), pp. 157-173.

4    Paul Tillich, *Systematic Theology*, Vol. 1 (University of Chicago Press, 1951), p. 240. 『조직신학 2』, 유장환 옮김(서울: 한들출판사, 2003), p. 139.

아니라, 근저를 이루는 느낌, 태도, 실존적 지향, 실천이 조화되는지 또는 갈등하는지에 따라 결정되기 때문이다. 따라서 적어도 논리적으로는 어떤 불교도와 어떤 그리스도교인이 서로 표현은 아주 다르게 하더라도, 기본적으로 동일한 신앙을 가질 가능성이 있다.

세 번째 유형의 이론들은 인지적 관점과 경험-표현적 관점을 모두 활용한다. 이는 종교 전통의 변화하는 측면과 변하지 않는 측면 모두를 앞선 두 유형보다 더 온전하게 설명할 수 있지만, 두 유형을 일관성 있게 결합하기 어렵다. 라너와 로너간에게서 보듯이, 이 이론은 기껏해야 복잡한 지적 훈련에 의존하고 있으며, 그만큼 설득력이 떨어진다. 교리적 발전이 신앙의 원천과 일치하는지를 결정할 기준도 약하다. 따라서 이러한 문제를 결정할 때, 모든 개신교인과 여러 가톨릭교인이 바람직하다고 생각하는 정도 이상으로 교도권, 곧 교회의 공식적 가르침의 권위에 꽤 많이 의존할 수밖에 없다. 요컨대, 이차원적 관점들은 단순한 명제주의와 단순한 상징주의와는 달리 굴복 없는 교리적 화해를 선험적으로 배제하지 않는다는 점에서 에큐메니컬 목적상으로는 우수하지만, 그럼에도 이것이 어떻게 가능한지에 대한 설명이 너무 복잡하고 만만치 않아서 쉽게 이해할 수 없고 설득력이 없다.[5] 신앙의 문제에서 가변성과 불변성의 결합

5    나는 [교리/교의] 발전에 관한 라너 이론의 몇 가지 측면을 다음에서 논의했다.
     "Reform and Infallibility," *Cross Currents* 11 (1961), pp. 345-356, and "The
     Problem of Doctrinal Development and Contemporary Protestant Theology,"
     E. Schillebeeckx and B. Willems (eds.), *Man as Man and Believer*, Concilium
     21 (Paulist Press, 1967), pp. 133-146. 로너간의 이론은 다음 논문에서 논의했다.

을 더 이해하기 쉽게 하는 대안적 접근 방식을 찾을 수 있었다면, 에
큐메니컬적 요구들에 대해 덜 회의적이었을 것이다.

이 책은 그러한 대안을 제시한다. 이 대안적 접근을 이루는 요소
들은 비교적 최근의 것이지만 낯설지는 않다. 그러나 신학자들은 우
리가 지금 고심하고 있는 것과 같은 변칙적인 것을 다룰 때 이런 요
소들을 무시해 왔다. 종교의 인지적 측면과 경험-표현적 측면을 강
조하지 않는 것은 인류학, 사회학, 철학 문헌(나중에 이에 대해 더 많이
언급될 것이다)의 상당 부분에서 이미 관례가 되었다. 오히려 (종교가 기
호학적으로 실재와 가치 체계로—즉 현실을 해석하고 삶을 살아 내기 위한 어법
[idioms]으로—이해되는 한) 종교가 (종교와 상관관계가 있는 삶의 형태와 더불
어) 언어와 유사하며 따라서 문화와 유사하다는 측면에 강조점이 있
다. 이 관점에서 가장 두드러지게 된 교회 교리의 기능은 교리의 사
용이다. 표현적 상징이나 진리 주장으로서가 아니라, 담론, 태도, 행
위에 대해 공동체적으로 권위 있는 규칙으로서의 교리의 사용이다.
나는 이렇게 종교를 개념화하는 일반적인 방식을 앞으로 "문화-언
어적"(cultural-linguistic) 접근이라고 부를 것이며, 이것이 함의된 교
회 교리에 관한 관점을 "규제적"(regulative) 이론 또는 "규칙"(rule)
이론이라고 부를 것이다.

규제적 접근으로는 굴복 없는 화해의 가능성을 설명하기 어렵지

"Protestant Problems with Lonergan on the Development of Dogma," Philip
McShane (ed.), *Foundations of Theology* (Dublin: Gill & Macmillan, 1971), pp.
115-124. 그러나 나는 이 논문들 중 어디서도 내가 지금 현재 큰 문제라고 생각하고
있는 것에 대해 집중해서 다루지 않았다.

않다. 규칙은 명제나 표현적 상징과는 달리 공존과 갈등의 변화하는 상황에서도 불변하는 의미를 유지한다. 예를 들어, "우측으로 운전하시오"라는 규칙과 "좌측으로 운전하시오"라는 규칙은 의미가 다의적이지도 않고 명백하게 서로 반대되지만, 둘 다 구속력이 있다. 이를테면 하나는 영국에서, 다른 하나는 미국에서 구속력을 갖는다. 혹은, 하나는 보통의 교통 상황에서, 다른 하나는 충돌을 피해야 하는 상황에서 구속력을 갖는다. 따라서 규칙 사이의 대립은 어떤 경우 해결될 수 있다. 하나를 바꾸거나 둘 다 바꿈으로써가 아니라, 언제 어디서 규칙을 적용할지를 구체화하거나 어느 규칙이 우선하는지를 규정함으로써 해결될 수 있다. 성만찬의 예로 돌아가도 비슷하다. 실체변화와 적어도 이와 모순으로 보이는 몇몇 교리들은 어떤 역사적 맥락에서는 충돌을 피할 수 없고 어쩌면 해결될 수 없는 성례전적 사유와 실천 규칙을 포함한 것으로 해석될 수 있으나, 다른 상황에서는 각각의 영역, 용도, 우선순위를 적절하게 구체화함으로써 조화될 수 있다. 요컨대 교리가 규칙으로 기능하는 한, 역사적으로 대립한 입장들이 모든 경우는 아니더라도 어떤 경우에는 입장 자체가 변하지 않더라도 서로 화해할 수 있는 방식을 이해하는 데 아무런 논리적 문제가 없다(우리는 이를 4장에서 자세히 논할 것이다). 교리가 명제를 표현적 상징으로 이해할 때 발생하는 것(충돌)과는 달리, 여기서는 굴복 없는 교리적 화해가 일관성 있는 개념이다.

이러한 설명이 에큐메니컬적 일치, 특히 주님의 만찬에 대한 에큐메니컬적 일치에서 종종 발견되는 사고 패턴과 유사하다는 점은 입증될 수 있다. 이러한 일치에서 교리는 마치 명제나 어떤 경우에는 비추론적 상징처럼 들릴 수도 있지만, 규칙 내지 규제적 원리인 것처럼 다루어지고 있는 것이다.[6]

다음으로 교회 교리가 규칙과 유사하다는 통찰이 새로운 것이 아님을 주목해야 한다. 신앙의 규준들(regulae fidei)이라는 개념은 이미 초기 교회에 있었다. 종종 역사가와 조직신학자들은 공동체 안에서 권위적(또는 간단히 말하자면 교리적) 역할을 하는 종교적 가르침이 작동하는 논리가 규제적이라는 점을 각기 다른 분량으로 인식해 왔다. 그들은 교리의 과제 중 적어도 일부는 특정한 범위―여러 범위 중에서―의 명제적 발언이나 상징적 활동을 권하거나 차단하는 것임을 인식했다.[7] 현재 제안하는 내용에서 획기적인 것은 이런 규제가 교리가 교회의 가르침이라는 역할을 수행하면서 하는 유일한 일이 된다는 점이다.

이것은 교리적 정형문구가 하는 다른 기능들이 안 중요하다는 의미가 아니다. 니케아 신조를 일제히 읊는 일은 신조가 담고 있는 명제적 의미나 규제적 의미를 이해하지 못하는 사람들에게조차 신앙의 총체성을 보여 주는 대단히 힘 있는 상징일 수도 있다. 톨스토이

---

**6**   이 책은 이 문제를 자세하게 다루지 않는다. 그러나 만일 내가 그렇게 하기를 원했다면, 위 각주 1의 성만찬(Eucharist)에 대한 두 가지 보고서가 제공하는 것 같은 자료를 이용할 것이다.

**7**   칼 라너의 다음 논문은 이것을 보여 주는 현대의 좋은 예다. Karl Rahner, "Pluralism in Theology and the Unity of the Creed in the Church," in *Theological Investigations*, Vol. 11 (Seabury Press, 1974), pp. 3-23, 특히 14 이하.

는 놀랍게도 러시아 농부들 사이에서 이 사실을 발견했다.[8] 그러나 이와 달리 니케아 신조의 표현적인 상징적 역할 또는 예전적 역할에는 별로 의미를 두지 않지만, 그것의 교리적 의미를 가장 중요하게 생각하는 그리스도인도 있다. 예를 들어, 옛 칼뱅주의자들은 성만찬에서 니케아 신조를 노래하지 않았지만, 니케아 신조는 자신들과 유니테리언을 구별하는 핵심 수단이었다. 그들이 니케아 신조를 상징적이 아니라 교리적으로 사용했다고 말할 수 있다.

어떤 신조가 규제적으로(교리로) 기능하면서도 명제로 기능하지 않을 수 있다는 점은 인정하건대 덜 분명하다. 니케아 신조가 공동의 교리로 역할 할 때 일차적 진리 주장을 하는 것이 아니라는 생각은 이상해 보인다. 하지만 이것이 내가 다투어 보고자 하는 점이다. 교리는 어떤 것은 거부하고 어떤 것은 허용함으로써 진리 주장을 규제하지만, 교리가 공동체에서 권위 있게 작용하는 용법의 논리는 무엇이 주장되어야 하는지를 긍정적으로 규정하지 못하게 막거나 방지한다.

그러나 이는 앞서나간 것이다. 이 문제에 대한 이 이상의 논의는 뒤로 미루어야 한다. 우리는 다만 여기서 종교에 대한 문화-언어적 접근과 교리에 대한 규제적 관점의 에큐메니컬적 취지가 충분히 나타날 만큼 이야기했고, 따라서 우리는 현대 종교 이론의 흐름 중에서 이 접근이 위치한 자리로 갈 수 있다.

---

8    톨스토이가 무즈힉(muzhik)의 종교를 실천하려 한 짧막한 시도에 대해서는 다음을 보라. N. Weisbein, *L'évolution religieuse de Tolstoi* (Paris: Cinq Continents, 1960), pp. 140-145.

# II. 심리사회적 상황

현대에 이르러, 종교에 대한 명제적 이해는 오랫동안 수세에 몰렸고, 경험-표현적 이해가 우세했다. 문화-언어적 접근은 가장 최근에 나타났지만, 비신학적 입장의 종교학 연구에서는 점점 통상적인 방식이 되고 있다. 반면 종교적으로 종교에 관심하는 이들은 대체로 이 접근법을 무시했다. 우리는 여기서 왜 그런지를 물을 것이다. 우리는 문화-언어적 관점에 비해 경험-표현주의가 종교적·신학적으로 매력적인 역사적 이유와 심리사회적 이유에 관심을 기울일 것이다. 그러나 원인에 대한 고찰이 진리나 옳음의 문제를 해결할 수 없다는 점도 염두에 둘 것이다. 종교를 한쪽으로만 바라보게 하는 상황의 압박이 심할 수 있지만, 이것 자체가 경험적, 개념적, 신학적 타당성의 문제를 결정하는 것은 아니다. 마치 어떤 진화 모델에서 자연 선택이 색맹인 사람보다 대다수의 사람이 세상을 더 풍부하게 구별하고 더 많은 정보를 얻는 방식으로 본다는 점을 확실하게 하는 것처럼, 근대성이 종교에 관심 있는 사람들을 길들여서 종교를 바라보는 다른 대안들보다 대체로 더 만족스러운 특정 방식들을 선호하게 되었을 가능성도 있다. 하지만 그렇다면, 아마도 종교 문제에서 문화가 초래한 암점(scotoma) 증상을 겪는 사람은 근대인일 것이다.[9] 지금 단계에서는 이 문제에 대한 판단을 내리려 하지 않을 것이다. 여기서는 그저 이렇게 조건 지어진 것의 본질을 간략히 그리는 것이 목적이다.

경험-표현주의를 선호하도록 조건 짓는 요소 중 일부는 우리의 문화적·사회적 상황에 내재된 것이지만, 또 다른 요소들은 상대적으로 우연적이다. 문화-언어적 대안의 새로움은 우연적 요소에 속한다. 문화-언어적 접근에서 문화적 측면은 그 뿌리가 마르크스, 베버, 뒤르켐으로 거슬러 올라가고,[10] 언어적 측면은 비트겐슈타인에게 뿌리를 둔다.[11] 그러나 이것이 종교학에 대한 하나의 프로그램적

**9**   이것은 각주 5에서 언급한 *Cross Currents*에 실린 논문에서 발전된 것이다.

**10**   마르크스(Marx)는 인간 자신이 인간이 생산한 것의 산물이라는 점을 강조하기 위해 헤겔의 변증법을 사용했다. 막스 베버(Max Weber)는 특별히 사회적 산물과 과정의 특히 문화적인(즉, 의미 있는 또는 의의 있는) 성격을 강조했다. 에밀 뒤르켐(Emile Durkheim)은 사회적으로 구성된 현실의 객관성을 강조했다(예를 들어, 국가는 산 못지않게 객관적인 것으로 경험되고, 대부분의 목적상 산보다 더 중요한 것으로 경험되었다). 그리고—목록을 추가하자면—미드(G. H. Mead)는 사회적 현실의 내면화를 통한 개인의 정체성 구조를 강조했다. 종교는, 그것이 그 외에 어떤 것이든 무엇을 하든 간에, 인간이 사는 사회적으로 구성된 세계를 통합하고 정당화하는 포괄적인 준거 틀을 제공한다. 종교에 대한 문화적 관점의 일반적 특징을 기술하는 이러한 방식에서, 나는 다음의 저술에 신세를 졌다. Peter Berger and Thomas Luckmann, *The Social Construction of Reality* (Doubleday & Co., 1966); Peter Berger, *The Sacred Canopy: Elements of a Sociological Theory of Religion* (Doubleday & Co., 1967).

**11**   W. D. Hudson, *Wittgenstein and Religious Belief* (London: Macmillan & Co., 1975).

접근이 된 것은 겨우 최근에 아주 드물게 일어난 일이다. 철학자 피터 윈치[12]와 인류학자 클리퍼드 기어츠[13]에게서 이런 예를 볼 수 있다. 또한 지식 사회학자 피터 버거,[14] 비판적 종교철학자 니니안 스마트[15]와 윌리엄 크리스천[16]도 종교에 대한 문화적 그리고/또는 언어적 관점(다른 이름하에 연구된 것이더라도)에 대한 이 책의 이해에 도움을 주었다. 그러나 이들의 연구는 최근 몇십 년 동안 이루어졌고, 이

**12**  Peter Winch, *The Idea of a Social Science and Its Relation to Philosophy* (London: Routledge & Kegan Paul, 1958); "Understanding a Primitive Society," in *Ethics and Action* (London: Routledge & Kegan Paul, 1972); "Language, Belief and Relativism," in *Contemporary British Philosophy: Personal Statements*, ed. by H. D. Lewis (London: George Allen & Unwin, 1976).

**13**  Clifford Geertz, "Religion as a Cultural System," in *The Interpretation of Cultures* (Basic Books, 1973), pp. 87-125. 「문화체계로서의 종교」, 『문화의 해석』, 문옥표 옮김(서울: 까치글방, 2009), pp. 111-156.

**14**  각주 10을 보라.

**15**  Ninian Smart, *Reasons and Faiths* (London: Routledge & Kegan Paul, 1958).

**16**  William A. Christian, Sr., *Meaning and Truth in Religion* (Princeton University Press, 1964); *Oppositions of Religious Doctrines* (Herder & Herder, 1972). 종교 교리 체계의 내적 논리를 분석하는 크리스천의 관심은 종교를 기호론적(혹은 덜 엄밀하게는 언어학적) 체계와 비슷한 것으로 보는 기어츠의 관심과 동일하지는 않더라도 유사하다. 두 경우 모두, 관심의 초점은 주로—기어츠의 용어로—"그 종교를 고유하게 구성하는 상징들 안에 구현된 의미 체계의 분석"에 있다(*The Interpretation of Cultures*, p. 125[156]). 또 다른 과제, 즉 "이들 체계를 사회-구조적·심리학적 과정과 연결시키는"(앞의 책) 과제는 첫 번째 과제가 진지하게 추구되지 않으면 바르게 수행될 수 없다. 내가 종교에 대한 "문화-언어적" 접근이라고 부르는 것을 한쪽으로 더 치우친 문화적 접근과 구별시켜 주는 것은 바로 이렇게 종교의 내적 논리 내지 문법을 상대적으로 더 강조한 점이다. 크리스천과 비슷하게 접근하는 또 다른 저자는 보헨스키다. J. M. Bochenski, *The Logic of Religion* (New York University Press, 1965). Cf. William A. Christian, Sr., "Bochenski on the Structure of Schemes of Doctrines," *Religious Studies* 13 (1977), pp. 203-219.

렇게 (종교와 관련되는) 특별한 경우 비신학적이라는 자기의식을 가지고 진행되었다. 피터 버거는 특히 비신학적 측면에서 흥미롭다. 왜냐하면 그는 자신의 문화적 종교 모델에서[17] 자신이 "방법론적으로 무신론자"라고 공언했기 때문이다. 그러나 그가 종교에 대한 변증을 쓸 때, 그의 이론은 슐라이어마허와 매우 유사한 기본적으로 경험-표현주의적인 것이었다.[18] 피터 버거는 자신의 문화 이론을 신학적으로 활용하지 못했는데, 그 이유는 문화 이론이 본유적으로 종교적 목적에 사용될 수 없기 때문이 아니라(그는 그렇게 여긴 듯하다), '무신론적으로' 사용된 경우를 제외하면 이전에는 거의 사용되지 않았던 종교에 대한 사유 방식이기 때문일 것이다.

　그러나 이것은 사실이라 하더라도, 등한시한 것에 대한 온전한 설명은 아니다. 현대 사상가들이 그저 익숙하지 않은 목적을 위해 검증되지 않은 방식으로 개념을 사용하는 데 어려움을 느끼고 있어서 그런 것은 아니다. 긍정적인 측면에서, 그들은 오랫동안 주목할 만한 경험적 전통에서 개발된 강력한 개념들에 매력을 느끼기도 한다.[19] 어떤 의미에서 경험적 전통은 칸트에게 그 기원을 두고 있다.

---

17　각주 10에 인용된 작품들을 보라.

18　피터 버거는 슐라이어마허에게 동조한다. Peter Berger, *The Heretical Imperative: Contemporary Possibilities of Religious Affirmation* (Doubleday & Co., 1980), p. 166. 또한 피터 버거의 다음 책도 보라. Peter Burger, *Rumor of Angels: Modern Society and the Rediscovery of the Supernatural* (Doubleday & Co., 1969).

19　피터 버거는 다음 책에서 슐라이어마허로부터 유래된, 자유주의의 경험-표현적 전통에 대해 간략하고 생생하게 설명한다. *The Heretical Imperative*, pp. 114-142.

왜냐하면 그는 이전에 지배적이었던 인지-명제적 관점의 형이상학적·인식론적 토대를 뒤집음으로써, 경험적 전통이 출현하기 위한 기반을 닦는 데 도움이 되었기 때문이다. 그리고 후대에 이르러 교육받은 사람들이 과학 발전과 역사 연구로 이러한 기반을 닦는 작업이 완성되었다. 과학 발전은 창조 같은 성경적 교리에 대한 문자적인 명제적 해석을 점점 받아들이기 어렵게 만들었고, 역사적 연구는 모든 교리가 시대의 조건에 따라 상대적임을 암시했다. 하지만 칸트는 자신이 약화시킨 종교관을 더 적절한 종교관으로 대체하지 않았다. 칸트는 하나님을 도덕의 초월론적 조건(필요한 조건이긴 하지만)으로 축소했는데, 대부분의 종교적인 사람들의 감성에는 칸트가 종교를 참을 수 없을 만큼 황폐하게 한 것으로 보였다. 이렇게 갈라진 틈은 슐라이어마허로부터 시작하여 내가 "경험-표현주의"라고 부르는 것으로 메워졌다. 물론 다양한 형태로 나타났고 다양한 이름이 붙을 수 있지만 말이다. 슐라이어마허의 경우를 생각해 보면, 모든 종교의 원천이 "절대 의존의 감정" 안에 있다는 점이 기억날 것이다.[20] 그러나 기본적인 종교 경험을 상이하게 기술하는 여러 중요한 방식이 있다. 슐라이어마허로부터 루돌프 오토(Rudolf Otto)를 거쳐 미르체아 엘리아데(Mircea Eliade)와 그 후에 이르기까지 일련의 영향력 있는 종교 이론들에 나타나 있듯이 말이다. 그러나 어떻게 변형이 되었든지 간에, 경험적 전통의 사상가들은 모두

---

**20**　Friedrich Schleiermacher, *The Christian Faith* (Edinburgh: T. & T. Clark, 1928), #4.4, pp. 16-18.

종교에 가장 중요한 것(그것이 무엇이든)과의 궁극적으로 중요한 접촉을 전(前)반성적 자기 경험의 심층에 위치시키고, 종교의 외적 특징 또는 공적 특징을 내적 경험이 나타나고 떠오르도록 객관화한 것(즉, 비추론적 상징)으로 간주한다. 거의 200년 동안 경험적 전통은 종교적 삶에 대해 지적으로 뛰어나고 경험적으로 인상적인 설명을 제공해 왔다. 이러한 설명은 칸트의 혁명적인 "주체로의" 코페르니쿠스적 "전환"[21] 이후 줄곧 서구 문화의 인문주의적 측면을 지배해 온 낭만주의, 관념론, 현상학-실존주의라는 흐름과 양립할 수 있었다―실제로 종종 이 흐름의 핵심에 있었다. 중요한 유산은 타당한 이유가 없으면 폐기하지 말아야 한다. 그러나 타당한 이유가 있다고 하더라도, 포기하는 것은 힘든 일이다. 이렇게 자라난 사고의 습관은 근대 서구의 정신에, 아마도 특히 신학자들의 정신에 깊이 배어 있다.

그러나 투쟁은 단순히 한쪽의 새로움과 다른 한쪽의 습관의 힘 사이에서 벌어지는 것이 아니다. 문화-언어적 접근을 거부하고 경험-표현적 접근을 선호하는 심리사회적 압박도 존재한다. 기본 문제를 특징짓는 한 방식은, 토마스 루크만(Thomas Luckmann)과 피터 버거가 그랬던 것처럼, 종교와 교리의 '탈객관화'(deobjectification)에 대해 말하는 것이다. 탈객관화는 지식 사회학의 관점에서 볼 때, 근대 사회의 개인주의, 급격한 변화, 종교 다원주의의 필연적 결과이

---

**21**　이 문구에 대해서는 다음의 책을 보라. Bernard Lonergan, *The Subject* (Marquette University Press, 1968).

다.[22] 이러한 탈객관화는 그 지적 배경을 제공하는 경험적 이론들과 상당히 별개로 일어난다. 현대인은 점점 더 특정한 종교 전통에 깊이 들어가거나 특정한 종교 공동체에 속속들이 참여하지 않는다. 이로 인해 현대인은 객관적이고 불변적인 참된 명제 모음으로 받아들이듯이 인지주의적 방식으로 종교를 지각하거나 경험하기 힘들다. 아마 파벌적 교파들이 주로 모집한 사람 중에서도 보기 드문 불안정성과 순진함(naiveté)을 결합한 사람만이 어려움을 느끼지 않고 이를 해낼 수 있을 것이다. 그러나 이러한 요인들은 또한 종교를 갖게 되는 과정을 문화를 습득하고 언어를 배우는 과정—즉 다른 사람이 만든 관점을 내면화하고 다른 사람이 연마한 기술을 익히는 과정—으로 생각하기 어렵게 만든다. 때때로 종교를 갖는 것이 임의로 전혀 변경할 수 없는 외국어의 문법 유형과 어휘들에 능숙해지는 것과 꽤 비슷할 수 있다고 그저 생각하는 것만으로도 소외감을 주고 억압하며, 자유와 선택을 침해하고, 창조성을 부정하며, 근대의 가장 소중한 가치들을 모두 거부하는 것처럼 보인다. 우리 시대에는 종교적 관심이, 개인적 의미를 찾는 개인적 추구라는 경험-표현적인 형태를 취하는 편이 훨씬 더 쉽다. 이는 신학적 보수주의자 사이에서도 마찬가지다. 예를 들어, 경건주의와 부흥 운동의 후예들은 회심 체험을 강조한다.

---

**22** 위의 각주 10과 18에서 인용된 작품과 더불어 다음 책을 보라. Thomas Luckmann, *The Invisible Religion* (Macmillan Co., 1967). 또한 나의 논문을 참조하라. "Ecumenism aud the Future of Belief," *Una Sancta* 25/3 (1968), pp. 3-18; "The Sectarian Future of the Church," in Joseph p. Whelan (ed.), *The God Experience* (Newman Press, 1971), pp. 226-243.

근대성의 구조는 우선 개인이 자기 영혼의 심연에서 하나님을 만나게 하고, 그런 다음, 아마도 개인적으로 맞는 것을 찾은 경우, 어떤 전통의 일부가 되거나 교회에 등록하게 한다. 그들의 실제 행동은 이모델과 일치하지 않을 수 있지만, 그래도 그것은 그들 자신이 경험하는 방식이다. 이와 같이 서구인들은 이런 종교적 사유와 실천의 전통으로 사회화되었을 가능성이 크기 때문에, 종교가 매우 사적이고 개인적인 문제라는 자신들의 확신의 사회적 기원을 잘 보지 못한다.

이러한 유형은 이미 19세기 미국 개신교 안에 잘 형성되어 있었다. 그러나 과거에 보수주의자와 자유주의자는 모두 대개, 개인의 종교적 의미 추구가 폭넓은 범위의 여러 다양한 그리스도교 안에서 일어난다고 생각했다. 그러나 우리가 (통계적으로는 아니더라도) 문화적으로 탈그리스도교적인(post-Christian) 시대로 넘어가면서 점점 더 많은 사람이 모든 종교를, 내적 자아의 경험을 표현하고, 명확하게 하고, 체계화하기 위해 취사선택할 수 있는 상징의 원천으로 간주하고 있다. 종교들은 초월적 자기-표현과 자기-실현을 위해 필요한 어떤 단일한 상품을 구할 수 있는 다양한 형태의 공급자로 여겨진다. 이러한 요구를 충족시키는 것이 직업인 신학자와 목사, 그리고 누구보다도 대학에서 종교를 가르치는 사람들은 종교의 경험 표현적 측면을 강조하는 이러한 상황으로부터 큰 압박을 받고 있다. 따라서 이들은 이러한 상품을 가장 쉽게 시장에 내놓을 수 있다.[23]

23  시장에서 팔 수 있는 상품으로서 종교 개념에 대해서는 다음을 보라. Peter Berger, *The Sacred Canopy*, pp. 137-138.

그러나 문화적 호소가 이 맥락에서 반드시 평범함을 함의하는 것
은 아니다. 미르체아 엘리아데, 토머스 캠벨(Thomas Campbell), 존 던
(John S. Dunne) 같이, 세계 종교의 상징적 자원을 관심 있는 사람들
이 이용할 수 있도록 경탄할 만한 작업을 해낸 탁월한 저자들이 있
다. 더욱이, 우리는 또한 개인의 종교적 비전을 구성하기 위한 자료
에 대한 욕구가 의미, 질서, 초월에 대한 뿌리 깊은 필요에서 나오
며, 또한 저속한 형태뿐만 아니라 고상한 형태를 취할 수도 있다는
점을 기억해야 한다. 마지막으로, 이러한 필요를 충족시키고자 하는
욕구에 의해 자신의 과업이 형성되는 신학자들은 대개 종교가 특정
전통 및 공동체와 분리될 수 없다는 점을 잘 인지하고 있다. 그들은
"종교는 개인이 자신의 고독을 가지고 하는 것이다"[24]라는 화이트
헤드의(그리고 플로티노스의) 견해를 공유하지 않는다. 비록 우리가 자
신의 고독으로 하는 것이 종교에 결정적으로 영향을 받는다는 상당
히 다른 명제에는 동의한다 하더라도 말이다. 그럼에도 불구하고,
사적인 것을 중시하는 문화와 사회적 환경에서 자신들의 메시지를
전해야 하는 요건 때문에, 공적이고 공동체적인 전통을, 내면화되어
야 하는 규범적 현실을 담고 있는 것으로서 권하기보다 개인의 자
기-실현에서 사용할 선택적 보조물로서 권하게 된다.

경험-표현적 모델이 매력적인 또 다른 이유는 어떤 독자들에게
는 객관적으로 더 설득력 있어 보일 수 있기 때문이다. 특히 이 모델

---

**24**  Alfred North Whitehead, *Religion in the Making* (Macmillan Co., 1926), p. 16.
『종교란 무엇인가』, 문창옥 옮김(고양: 사월의책, 2015), p. 33[여러 국역본이 있다].

은 분열되고 위축된 이 세계에 꼭 필요한 종교 간 대화와 협력의 이론적 근거를 제공하기에 알맞다. 경험-표현적 접근이 제안하는 이론적 근거는, 반드시 그런 것은 아니지만, 다양한 종교는 궁극적인 것에 대한 동일한 하나의 핵심 경험을 다양하게 상징화한 것이며, 따라서 종교는 서로 존중하고 배우며 상대방을 풍요롭게 할 수 있다는 것이다. 이러한 접근의 몇몇 형태에 의하면, 종교가 점점 더 한 점에 수렴될 것이라고 예상해 볼 수 있다.[25] 이와 대조적으로 문화-언어적 접근에서는, 문화나 언어가 갖는 보편적 경험의 본질은 단일하나 이 단일한 것이 개별 종교에서 ― 혹은 문화나 언어에서 ― 다양하게 표출 또는 변형된다고 생각하기 어렵듯이, 종교에 대해서도 그렇게 생각하기 어렵다고 본다. 이 관점에서는 (실정 언어가 아닌) 언어 일반으로 언어 행위를 할 수 없듯이, 종교 일반으로 종교에 헌신할 수 없다.[26] 따라서 이 관점은 종교에서 보편적인 것들(universals)이나 종교 조합 및 변형이 아니라 구체적인 종교에 초점을 둔다. 이 특수성의 결실들은 단일한 종교 내부에서 일치를 촉진하는 에큐메니컬 목적에는 제한적으로 유용할지 모르나, 모든 종교의 일치를 추구하

---

25 경험-표현적 접근은 이러한 견해를 직접적으로 수반하지 않는다. 일부 종교는 심층적 차원으로 갈수록 수렴되는 게 아니라 오히려 갈린다고 주장할 수 있다. 그러나 현상학적으로 접근하는 종교 이론가들은 대체로 수렴을 강조한다. 예를 들어, 다음 책에 나오는 루돌프 오토(Rudolf Otto), 요아킴 바흐(Joachim Wach), 미르체아 엘리아데(Mircea Eliade), 윌프레드 칸트웰 스미스(Wilfred Cantwell Smith)의 간략한 논의를 보라. Ninian Smart, *The Science of Religion and the Sociology of Knowledge* (Princeton University Press, 1973).

26 이것은 기어츠가 정확한 인용 문헌을 표시하지 않고 산타야나(Santayana)의 말을 풀어쓴 것이다. Geertz, *The Interpretation of Cultures*, p. 87[111].

는 더 넓은 목적에는 유용하지 않을 것이다.

이러한 심리사회적 고려 사항뿐만 아니라, 문화-언어적 접근의 종교적 혹은 신학적 사용을 불리하게 하고, 따라서 자동적으로 경험-표현적 접근을 선호하게 하는 이론적 내지 개념적 난제들이 있다. 이 문제 중 하나는 언어와 문화는 진리 주장을 하지 않으며 특정 시대와 장소에 상대적이라는 점, 그리고 그 기원이 이 세상이 아니라 초월에 있다고 생각하기 어렵다는 점이다. 언어와 문화는, 전통 해석에 따라 스스로를 참되고, 보편타당하며, 초자연적으로 계시되었다고 주장하는 그리스도교와 같은 종교의 유사물 역할을 하기에 별로 적합해 보이지 않는다. 고전적 이해에 따라 종교를 과학이나 철학에 비견하는 분명히 구시대적인 명제적 이론들이 이러한 종교적 주장을 설명하기에 더 적합해 보이지만, 경험-표현적 모델 역시 이 목적에 쉽게 부응할 수 있다. 표현적 모델에 따른 종교의 발원지인 심층적 경험은 초월적 실재와의 교제 또는 초월적 실재에 대한 개방과 관련하여 쉽게 묘사될 수 있다. 이는 종교가 모종의 신적 진리를 담고 있는 것이라고, 그리고 그 종교의 통상적 측면에서 보편적 타당성을 지닌다고 말할 수 있게 한다. 이와 반대로 문화와 언어는 적어도 우리 시대의 사람 대부분에게는, 내적 자아의 심층을 경험하는 것보다 훨씬 더 현세적인 것으로 보인다. 그렇다면 최근 들어 사회에 종교를 권하는 데 관심 있는 사람들 대부분이 진정한 종교성의 원천이자 중심으로서 내적 성찰의 형태에 호소하는 것도 당연하다.

이를 상쇄할 만한 경향도 분명 있다. 예를 들어, 고전적 명제주의는 결코 사라지지도 완전히 불신당하지도 않는다. 현대에도 철학적 정교함을 갖춘 위대한 사상가들이 있다. 이를테면, 종교의(혹은 적어도 그리스도교의) 인지적 차원을 강조하고, 교회 교리가 무엇보다 객관적 실재에 대한 진리 주장이라고 여기는 피터 기치(Peter Geach) 같은 사람이 있다.[27] 이런 유의 전통주의자들은 결코 근대성에 무지하지 않았고, 종종 근대성을 가장 실질적으로 비평하기도 했다. 금세기에 가장 유명한 3인의 변증가 G. K. 체스터턴(Chesterton)과 C. S. 루이스 (Lewis)와 말콤 머거리지(Malcolm Muggeridge)는 비록 정통성을 지닌 정도는 다르지만, 종교와 교리에 대해 분명한 인지주의적 관점을 갖고 있다. 둘째, 소위 신정통주의 운동의 한 줄기(틸리히나 불트만[Bult-mann]과는 다른 바르트의 신정통주의)는 주체를 향하는 경험-표현적 접근을 피한다(마지막 장에서 간략히 제시하겠지만, 바르트의 방법과 문화-언어적 접근 사이에는 다른 유사점이 있기는 하다). 셋째, 일부 신학계는 비트겐슈타인에게 강한 영향을 받았다. 이 흐름은 이 책이 관심을 기울이고 있는 교리의 불변성과 변화, 일치와 불일치 문제에 아직 영감을 주지 못한 것으로 보이겠지만, 나의 사고에 주요한 자극을 주었다(비록 비트겐슈타인에 대해 더 많이 아는 사람들이 인정할 만한 방식이 아닐 수도 있지만 말이다).[28]

27  예를 들어 다음 책을 보라. Peter Geach, *Providence and Evil* (Cambridge University Press, 1977).

28  나는 특별히 나의 동료 폴 홀머(Paul Holmer)가 비트겐슈타인과 관련하여 신학적으로 중요하다고 여긴 것으로부터 많은 도움을 받았다. 그가 전달하려고 수년 동안 노력한 통찰의 일부는 그가 쓴 다음 논문에 실려 있다. Paul Holmer, "Wittgenstein and Theology," in D. M. High (ed.), *New Essays on Religious Language* (New York: Oxford University Press, 1969).

그러나 앞에서 이미 언급했듯이, 일차원적인 경험-표현적 교리관에 대한 현재의 주요 대안은 라너와 로너간 같은 로마 가톨릭 신학자들이 제공하였다. 그들은 주체를 향한 칸트의 전환과 문화적·역사적 상대성에 관한 근대의 인식을 수용한다. 그리고 여기에 어떤 경험적 표현주의의 형태가 요구된다는 점을 인정한다. 그러나 그들은 또한 이것 자체로는 일부 종교에서 주장하는 지속적 자기 동일성과 통일성을 설명할 수 없다고 주장한다. 따라서 그들은 라너가 모든 종교의 "초월론적인" 경험적·계시적 원천이라고 부른 것 이외에도, 적어도 일부 종교의 "정언적인"(그리고 부분적으로는 명제적인) 계시적 원천이 있다고 상정한다. 이러한 관점에서, 모든 종교가 계시로 표현되는 진리를 어느 정도 갖고 있으나, 지속적 규범으로 받아들여진 진리들(예컨대, 성경의 진리들)만이 추가로 명제적 진리를 갖는다고 간주될 것이다.[29] 이러한 접근은 그 난점이 무엇이든 간에, 종교와 교리를 개념화하는 근대적 방법과 전통적 방법을 화해시키기 위해 지금까지 만들어진 것 중 가장 포괄적인 성과를 가져왔다. 그러므로 또 다른 길을 택하는 사람은 누구든지 이 접근을 신중하게 고려해야 한다. 특히 로너간이 아주 영향력이 있다는 점은 다음 장들에서 입증될 것이다.

그러나 이렇게 상쇄할 만한 경향이 어떠하든지, 종교 이론의 발

---

**29** Karl Rahner, "Christianity and Non-Christian Religions," in *Theological Investigations*, Vol. 5 (Seabury Press, 1966), pp. 115-134. 초월론적 계시와 범주적 계시 사이의 구분에 대한 간략한 설명으로는 특히 다음의 글을 보라. Karl Rahner and Joseph Ratzinger, *Revelation and Tradition* (Herder & Herder, 1966), pp. 9-25.

전에서 가장 두드러진 점은 신학적 접근과 비신학적 접근 사이의 틈이 점점 더 벌어진다는 것이다. 경험-표현주의는 대부분 신학교와 종교학과와 같이 흐름을 역행하는 곳을 제외하면 모든 곳에서 설 자리를 잃었다.[30] 역사가, 인류학자, 사회학자, 철학자는 (일부 현상학자를 제외하고) 점차 문화-언어적 접근이 알맞다고 생각하는 것 같다. 이렇게 틈이 벌어진 이유는 경험-표현주의가 근대성의 종교적 요구에 적합한 반면, (나중에 더 자세히 설명하겠지만) 문화적·언어적 접근은 비신학적 종교 연구에 더 잘 어울리기 때문이다.

문화-언어적 접근이 이렇게 학계의 지배적 위치를 점한 것이 종교 연구에 국한된 일이 아님을 유의해야 한다. 그것은 오히려 종교적 현상 못지않게 비종교적 현상을 다룰 때 인문학 일반의 특징이 되었다. 우리는 이미 이 흐름의 영향을 받은 역사가, 인류학자, 사회학자, 철학자에 대해 말했고, 또한 귀인 이론(歸因理論, attribution theory)이 점점 더 중요해지는 심리학자에 대해 언급할 수 있다.[31] 상위 분야뿐

---

**30**  나는 다른 곳에서 북미에서 종교 연구에 대한 (대부분 경험-표현적 모델을 사용하는) "포괄적"(generic) 접근이 점차 지배적이라는 것을 논의했다. 다음을 보라. *University Divinity Schools: A Report on Ecclesiastically Independent Theological Education* (Rockefeller Foundation, 1976), 특히 pp. 1-6, 35-41.

**31**  점차 늘어나는 경험적 증거는 (아드레날린의 투입에 의해 유발될 수 있는 것 같은) 특이한 생리학적 상태들이 광범위한 육체적 느낌이 돌리는 원인에 따라 (다른 말로 하면 사용하는 해석적 개념에 따라) 사랑, 증오, 시기, 기쁨 등과 같은 매우 다른 감정으로 경험될 수 있다는 것을 보여준다. 다음을 보라. Wayne Proudfoot, "Attribution Theory and the Psychology of Religion," *Journal for the Scientific Study of Religion* 14 (1975), pp. 317-330. 웨인 프라우드푸트는 곧 출판하는 책에서 종교적 경험의 이해를 위한 귀인 이론의 의미를 더 자세히 설명하고 있고, 내 생각에 2장의 논증을 크게 강화할 것이다.

만 아니라 하위 분야도 이러한 영향을 받았다. 아무거나 하나만 예를 들면, 범죄학은 19세기에 분명히 개인의 성격적 특성에 집중했다가, 그다음 학자들이 사회적, 경제적, 심리적 요인에 몰두하던 단계를 지나, 현재는 선과 악, 현실과 비현실, 일탈과 정상의 문화적 정의에 점점 관심을 두는 경향으로 뚜렷하게 발전해 왔다.[32] 이 연구가 명확하게 종교적인 이해관계와 무관하다면, 종교학에서도 이와 유사한 발전이 일어날 것으로 예상된다.

현시점에서는 이러한 발전이 좋은 것인지 나쁜 것인지를 열린 문제로 남겨 두어야 한다. 그러나 종교적 관심을 가지고 수행하는 종교 연구가 우리 시대의 가장 생산적인 지적 흐름으로부터 고립되는 것이 손해라는 점은 분명하다. 이러한 고립은 신학을 게토화하기 쉽고, 신학이 비신학에서 최상의 사고와 밀접하게 관련됨으로써 오는 활력을 빼앗는다. 다른 한편으로, 경험-표현주의가 매우 '현실 상관성'이 있고 현대적 감성에 잘 어울리므로, 문화-언어적 접근의 우월성에 대한 비신학적 논거와 신학적 논거는 매우 강력해야 할 것 같다. 종교와 교리에 대한 접근 방식으로 채택될 기회가 실제로 닥치기 전에 말이다. 이제 우리가 다음 두 장에서 다룰 것은 이러한 논거들이다.

---

**32**    Marvin E. Wolfgang, "Real and Perceived Changes of Crime and Punishment," *Daedalus* 107/1 (1978), pp. 143-157, 특히 149-151.

Religion and Experience: A Pretheological Inquiry

I  경험-표현적 모델
II 문화-언어적 대안
III 비교의 비결정성

I  An Experiential-Expressive Model
II A Cultural-Linguistic Alternative
III The Inconclusiveness of the Comparison

# 2

## 종교와 경험

전(前)신학적 탐구

이번 장의 과제는 비신학적 입장에서 종교와 종교적 교리에 대한 문화-언어적 접근의 근거를 모색하는 것이다. 문화-언어적 관점이 인지적 방식과 경험-표현적 방식으로 현상을 그려 내는 것보다 더 나은 점은 무엇인가? 우리가 이미 언급한 것이 세속적 종교 모델로 보인다는 의구심으로 인한 신학적 문제들을 다음 장에서 다루기 전에, 우리는 이 물음을 다루어야 한다. 만일 문화-언어적 모델이 다른 대안보다 인류학적, 역사적 자료를 비롯한 여타 비신학적 자료를 더 잘 다룰 수 없다면, 이 모델이 종교적으로 유용할 수 있을까를 물을 이유가 없다. 우리는 종교를 신적인 것(또는 자아나 세계)에 대한 깊은 체험의 산물—우리 대부분은 이런 체험을 유달리 종교적인 것으로 생각하는 데 익숙하다—로 그리는 표현주의적 방식이 개념적으로나 경험적으로 더 나은지, 아니면 종교가 경험을 생산해 낸다는 정반대의 논지를 선택해야 하는지를 상세히 살펴볼 것이다. 그런데 이것이 종교를 연구할 수 있는 유일한 시각이 아니라는 점을 기억하는 것이 중요하다. 종교에는 여러 측면이 있다. 우리가 주로 관심을 기울이고 있는 인지적, 심미적(cf. 경험-표현적), 문화-언어적 측면뿐만 아니라, 법적, 도덕적, 의례적, 제도적, 심리적 측면도 있다. 이 각각의 차원은 자기가 이해한 종교의 모든 측면을 특정한 목적에 맞게 체계화하려 한다는 면에서 종교 이해 모델의 원천이 될 수 있다. 이 장에서 주장하고자 하는 바는, 만일 종교와 경험의 관계를 비신학적으로 설명하는 것이 목적이라면, 문화-언어적 접근이 전통적인 인지적 접근이나 경험-표현적 접근보다 더 낫다는 것이다.

이 논증은 주로 경험-표현적 접근과 문화-언어적 접근을 폭넓게 비교하는 것이다. 나는 문화-언어적 대안이 지적으로나 경험적으로나 가장 적절하다는 것을 보이고자 한다. 이 접근은 확실한 개념적 난점들을 피하고, 다른 접근보다 종교의 여러 측면을 더 광범위하게 설명한다.

앞 장에서 말한 대로, 경험-표현주의는 현대 신학에 굉장히 널리 퍼져 있고 또 너무 다양하므로 어느 한 저자를 선택하여 표본을 보여 주기가 어렵다. 그럼에도 나는 버나드 로너간을 선택했다. 왜냐하면 이 영역에서 로너간의 주장은 매우 간명할 뿐만 아니라, 그의 이차원적 접근은 다양한 신학적 고찰, 특히 로마 가톨릭의 신학적 고찰을 고려하고 있기 때문이다. 이는 이 책의 제안이 에큐메니컬적으로 유용한지를 묻는 다음 장들에서 우리의 주요한 관심사가 될 것이다.

문화-언어적 측면에는, 이 접근을 발전시킨 비신학적 저자들이 이 모델의 신학적 용도에 관심이 없었고, 따라서 이 책의 목적에 어울리는 방식으로 자신들이 제시한 내용을 구성하지 않았다는 문제가 있다. 그래서 나는 비록 대부분이 빌려온 요소이긴 하지만, 그런 요소들을 가지고 나 자신의 스케치를 그렸다.

# I. 경험-표현적 모델

로너간이 자신의 종교 이론을 요약한 여섯 가지 논제[1] 가운데 네 가지 또는 어떤 점에서 다섯 가지가 경험-표현주의의 일반적 특징을 보여 준다. (1) 각기 다른 종교는 공통적인 핵심 경험을 다양하게 표현 내지 객관화한 것이다. 이들 종교를 종교로 여기게끔 하는 것이 바로 이러한 경험이다. (2) 이 경험은 의식되고 있으면서도, 자기의식적 성찰의 수준에서는 인식하지 못할 수 있다. (3) 이 경험은 모든 인간 안에 현전한다. (4) 이 경험은 대부분 종교에서 객관화의 원천이자 규준이다. 객관화에 타당성이 있는지 또는 없는지는 이 경험과 관련하여 판단하는 것이다.

다섯 번째 사항(원래 로너간이 센 바로는 네 번째)은 원초적 종교 체험을

---

**1**    Bernard Lonergan, *Method in Theology* (Herder & Herder, 1972), pp. 101-124. 『신학 방법』, 김인숙·이순희·정현아 옮김(서울: 가톨릭출판사, 2012), pp. 149-180.

'하나님의 사랑의 선물'[2]로, 또는 충만하게 현전한다면 "대상 없이" 그리고 "제한 없이 사랑 안에 머무는 역동적 상태"[3]로 특징짓는다. 이러한 경험은 다른 방식들로도 묘사될 수 있다. "그것을 알지 못한 채로 의식하는 한, 하나님의 사랑의 선물은 거룩한 자에 대한 경험이고, 루돌프 오토가 말한 '매혹적이면서도 두려운 신비'(*mysterium fascinans et tremendum*)의 경험이다. 그것은 폴 틸리히가 궁극적 관심에 사로잡힌 존재라고 명명한 것이다. 그것은 칼 라너의 설명대로, 로욜라의 이냐시오(Ignatius of Loyola)가 말한 원인 없는 위로에 해당한다."[4] 이 논제에서 분명 로너간은 단순히 종교 이론가가 아니라 그리스도교 신학자로서 말하고 있다. 여섯 번째 논제에서도 마찬가지다. 여섯 번째 논제를 따르면, 최소한 성경적 종교들의 객관적 현실들(objectivities)은 단순히 경험을 표현한 상징들이 아니라 하나님의 계시적 의지에서 또 다른 원천을 갖는데, 이는 그 현실들이 경험에 대한 적절하고 규범적인 상관관계를 구성한다는 점을 보장한다. 이 이론에서 신학적으로 흥미로운 측면에 대해서는 다음 장에서 더 많이 언급할 것이다.

2    Lonergan, *Method in Theology*, p. 105[155-157]. [편집자 주: 이 원서의 105면은 '하나님의 사랑 안에 머무는 것'을 다루고 있고, '하나님의 사랑의 선물'이라는 주제는 106면부터 나오며, 위 본문에 해당 내용은 107면에서 다루는 듯하다. 또한 단어 배열도 린드벡이 쓴 것과는 달라서 작은따옴표로 표기했다.]

3    Lonergan, *Method in Theology*, pp. 122, 120[175]. [편집자 주: 원서의 122면에는 "대상 없이"(without an object)라는 표현이 없다. 이 표현은 로너간이 라너를 인용한 p. 106n4[157n4]에 나온다.]

4    Lonergan, *Method in Theology*, p. 106[156-157].

현재 우리는 대부분의 경험-표현주의적 신학자들이 그러하듯이 로너간도, 종교적 현상 전반에 관한 학문적 연구가 종교적 경험의 기본적 일치에 대한 핵심 확언을 뒷받침한다고 추정하고 있음을 주목해야 한다. 그는 종교 경험이 "모든 문화, 계층, 개인의 차이에 따라 다양하다"[5]는 점을 확실히 인정한다. 그리고 "내 생각에, 종교 경험이 내가 제시한 모델에 들어맞는다는 점을 보여 줄 분명하고 명쾌한 증거는 없다"라고 말한다.[6] 그럼에도 불구하고 그는 경험적 모델이 어떤 다른 모델보다 더 좋은 증거를 담고 있다는 점을 당연시한다. 그가 이런 취지로 프리드리히 하일러(Friedrich Heiler)의 생각을 끌어오는 구절이 있는데, 이는 나중에 다룰 것이다.

로너간에게는 종교적 경험의 근저에 있는 일치를 주장할 신학적인 이유들(나중에 우리가 관심을 둘 부분)도 있었다. 그러나 비신학적 입장에서 볼 때, 이것은 다른 데서와 같이 그의 경험-표현적 이론에서 가장 문제 되는 요소다. 이 핵심 경험이 다양한 종교에 공통적이라고 말하기 때문에, 그 경험의 독특한 특징들을 구체적으로 명시하기는 어렵거나 불가능하다. 그러나 명시하지 못한다면, 공통성에 관한 주장은 논리적으로나 경험적으로나 텅 빈 주장이 된다. 로너간 자신도 그것이 논리적으로 이상하다는 점을 인정한다. 그는 그것을 사랑

---

5   Bernard Lonergan, *Philosophy of God, and Theology* (London, Darton, Longman & Todd, 1973), p. 50.

6   Lonergan, *Method in Theology*, p. 108[160]. 다음 장에서 보겠지만, 로너간은 이 모델을 받아들일 만한 신학적 이유들이 있다고 분명하게 주장한다.

의 경험이라고 부르고, 또한 내적·비감각적 경험들 가운데 오직 그 경험만이 모든 개념화나 인식보다 선행하는 것 같다고 고백한다. 많은 저자들이 이야기했듯이, 그것은 주체와 객체의 구분에 선행한다. 혹은 칼 라너의 표현으로는, "의미된 바와 의미된 바의 〔원래〕 경험이 아직 하나인"[7]경험이다. 이렇게 특징지음으로써 문화-언어적 접근이 피하고자 하는 여러 문제의 근간이 형성된다.

---

**7**   Karl Rahner, *Foundations of Christian Faith* (Seabury Press, 1978), p. 17. 『그리스도교 신앙 입문: 現代 가톨릭 神學 基礎論』, 이봉우 옮김(칠곡: 분도출판사, 1994), p. 34.

# II. 문화-언어적 대안

내가 지금부터 간단하게 소개할 문화-언어적 대안에 대한 기술은 궁극적으로 현재 탐구 중인 신학적 관심에 따라 형성된 것이다. 하지만 나는 그것이 인류학적, 사회학적, 철학적 연구와 서로 통한다고 믿는다. 실제로 이 대안은 대체로 이런 연구들로부터 영감을 얻었다. 나는 앞으로 설명할 내용에서 종교를 신화나 이야기 속에서 구체화되고 장중한 의례 안에 구현된 포괄적 해석 도식으로 볼 것이다. 이 해석 도식은 자아와 세상에 대한 인간의 경험과 이해를 구조화한다. 그러나 우주적 이야기를 언급하는 모든 이야기가 종교적인 것은 아니다. 종교를 이야기할 때는 으레 특정한 목적이나 관심이 수반된다. 윌리엄 크리스천의 제안을 차용하면, 종교는 분명 "우주에서 다른 어떤 것보다 더 중요"[8]하다고 여겨지는 것을 식별하고

---

**8**　William A. Christian, Sr., *Meaning and Truth in Religion* (Princeton University Press, 1964), pp. 60 이하. 만일 크리스천처럼, 술어(예를 들어 "가장 중요한")가 한

기술하기 위해, 그리고 이와 관련시켜서 행동과 믿음을 비롯한 삶의 모든 것을 조직화하기 위해 사용된다. 만일 가장 중요한 것에 관심하지 않은 채 이런 해석 도식이 사용되거나 이야기가 전개된다면, 그것은 종교적 기능을 그친 것이다. 틀림없이 종교는 계속해서 개인과 집단의 태도와 감정과 행위를 다양한 방식으로 형성할 것이다. 다시 말해, 종교는 더 이상 명시적으로 신봉되지 않더라도, 계속해서 사람들이 자신과 세계를 경험하는 방식에 거대한 영향력을 행사할 것이다.

더 전문적으로 서술하자면, 종교는 삶과 사고 전체를 형성하는 일종의 문화적 그리고/또는 언어적 틀이나 매개로 볼 수 있다. 종교는 칸트의 선험적인 것(a priori)처럼 기능한다. 물론 이 경우는 선험적인 것이 일련의 획득된 기술이기에 서로 다를 수 있지만 말이다. 종교는 주로 참된 것과 선한 것에 관한 신념 모음이나(비록 이런 것들을 포함하고 있지만), 근본적인 태도, 느낌, 감정(비록 이런 것들이 발생하겠지만)을 표현하는 상징이 아니다. 오히려 종교는 실재를 기술하고 믿음을 진술할 수 있게 하며 내적 태도·느낌·감정을 경험할 수 있게

편으로 감정이나 경험도 아니고 다른 한편으로 종교적 대상(객체)의 속성이나 성격도 아니라, 오히려 기능을 가리킨다고 주장한다면, 종교를 얼마나 정확하게 규정하는가 하는 문제는 우리가 비교하고 있는 두 가지 접근을 대조할 때 중요한 것이 아니다. 이러한 규정이 존재하는 이유는 보통 종교라고 부르는 것에 모두 적용되는 공통의 경험이나 속성이 없는 것 같기 때문이다. 데이비드 리틀(David Little)과 섬너 트위스(Sumner B. Twiss)는 *Comparative Religious Ethics* (Harper & Row, 1978)에서 크리스천의 종교 정의를 개선하려 했으나(p. 56), 그들의 제안은 "성스러운"(sacred)에 경험적 혹은 속성적 의미를 부여하기보다 기능적 의미를 부여함으로써 이 단어의 일상적 용법에서 유리되는 단점을 갖고 있다(pp. 59-60).

하는 어법(idiom)과 비슷하다. 종교는 문화나 언어와 마찬가지로, 주로 개인의 주관성이 나타난 것이기보다는 개인의 주관성을 형성하는 공동체적 현상이다. 종교는 추론적 상징과 비추론적 상징의 어휘를 구성한다. 여기에는 이 어휘를 의미 있게 배치한다는 면에서 특유의 논리나 문법도 포함된다. 마지막으로, 언어가(또는 비트겐슈타인의 문구를 사용하면 "언어 게임"이) 삶의 형식과 관련되듯이, 그리고 문화에 인지적 차원과 행동적 차원이 있듯이, 종교 전통의 경우도 마찬가지다. 종교의 교리, 우주적 이야기와 신화, 윤리적 지침은 종교가 실행하는 의례, 종교가 불러오는 감정이나 경험, 종교가 권하는 행동, 종교가 발전시킨 제도적 형태와 오롯이 관련된다. 이 모든 것이 종교를 문화-언어 체계와 비교하는 일에 관련된다.

이제 종교와 경험의 관계를 더 자세하게 논의해 보자. 종교와 경험의 관계가 일방적이지 않고 변증법적이라는 데 주목해야 한다. 종교가 경험을 낳는다고 말한다면(앞에서는 그렇게 말했지만) 지나친 단순화다. 인과관계가 상호적이기 때문이다. 기성 종교에 낯선 경험 유형은 그 종교에 심오한 영향을 줄 수 있다. 야만적인 튜턴족 전사와 일본인 전사의 정신은 본래 평화적인 그리스도교와 불교에 큰 변화를 일으켰다. 그리스도교와 불교는 군국주의 사회의 가치를 인정하는 데봉사하도록 강요받았고, 그 과정에서 대개 변형되었다. 그러나 이들 종교는 고대의 유형에 새로운 정당성을 부여하면서 또한 고대의 유형을 수정하였다. 짐작건대 선 사무라이(Zen samurai)나 그리스도교 기사의 행동 규범뿐만 아니라 내적 경험도 그들의 이교도 선조나 불교가 전래되기 이전의 선조들의 것과는 현저하게 달랐을 것이다. 그럼에도 이 사례가 보여 주듯이, '내적인' 경험과 '외적인' 종교적·문화적 요소의 상호작용에서 후자가 전자를 주도한다고 볼 수 있으며, 문화 그리고/또는 언어 분석가들이 선호하는 것이 바로 이런 견해다.

따라서 종교에 대한 언어-문화적 모델과 경험-표현적 모델 사이의 대조점 중에 가장 쉽게 생각해 볼 수 있는 부분은 언어-문화적 모델이 내적인 것과 외적인 것의 관계를 뒤바꿨다는 점이다. 내적 경험으로부터 종교의 외적 특징을 끌어낸 것이 아니라, 오히려 내적 경험을 파생된 것으로 여긴다.

따라서 언어-문화적 모델은 인간 경험이 문화-언어적 형식에 의해 형성되고 주조되는 측면, 어떤 의미에서는 구성되는 측면을 강조하는 관점의 일부이다. 적절한 상징체계를 사용하는 방법을 배우지 않으면 생각할 수 없는 수많은 사상이 있고, 느낄 수 없는 수많은 감정이 있으며, 인식할 수 없는 수많은 현실이 있다. 헬렌 켈러와 이른바 늑대 소년의 경우가 생생하게 보여 주듯이, 우리는 어떤 언어를 익히지 않으면, 생각하고 행동하고 느끼는 우리의 특정한 인간적 능력을 발휘하지 못하는 것 같다.[9] 마찬가지로 종교인이 되는 것에는 언어, 즉 기성 종교의 상징체계에 능숙해지는 것이 포함된다. 그리스도인이 된다는 것에는 이스라엘과 예수 이야기의 측면에서 자기 자신과 자신이 몸담고 있는 세계를 해석하고 경험할 수

---

**9** Susanne Langer, *Philosophy in a New Key* (Pelican Books, 1948), pp. 50-51, 83 이하.

있을 만큼 그 이야기를 배우는 것이 포함된다. 무엇보다도 종교는 선재하는 자아나 선개념적 경험을 표현하는 것 내지 이를 논의화하는 것이라기보다, 자기 자신과 자신의 세계를 주조하고 형성하는 외적 언어(*verbum externum*)이다. 내적 언어(*verbum internum*, 이는 전통적으로 그리스도인들이 성령의 활동과 동일시한 것이다)도 결정적으로 중요하다. 그러나 이 모델을 신학적으로 사용할 때, 내적 언어는 (경험-표현적 모델이 주장하는 대로) 다양한 종교 안에 다양하게 표현된 공통의 경험이라기보다는 참된 종교, 즉 참된 외적 언어를 듣고 받아들이기 위한 능력으로 이해된다.[10]

앞에서 말한 대로, 문화-언어적 관점의 한 가지 장점은 다른 두 접근 방식의 독특하고 종종 서로 경쟁하는 강조점을 수용하고 결합할 수 있다는 점이다. 예를 들어, "종교는 문화의 실질이고 문화는 종교의 형식이다"[11] —즉, 궁극적 관심이란 의미에서 종교는 모든 의

---

10     외적 언어의 우선성은 16세기 신령주의자(spiritualists)에 반대하여 개신교 종교개혁자들이 아주 강조한 것이었으나, 그것은 또한 종교개혁 이전의 전통의 일부였다. 예를 들어, 아퀴나스는 구원하는 믿음이 들음에서(*ex auditu*) 온다(롬 10: 17)고 주장했다. 따라서 라너 같은 일부 현대 해석자들과 반대로, 아퀴나스에게 "암묵적 신앙"(implicit faith)이라는 개념은 내적 언어(즉, 신적인 것에 대한 경험으로, 주제화되지 않은 선개념적 경험)를 가리키는 것이 아니라, 외적 언어로 어느 정도 명시되는 신앙을 전제로 하는 것이었다. 다음을 보라. Joseph DiNoia, "Implicit Faith, General Revelation and the State of Non-Christians," *The Thomist* 47/2 (1983), pp. 209-241. Cf. George Lindbeck, "*Fides ex Auditu* and the Salvation of Non-Christians: Contemporary Catholic and Protestant Positions," ed. by V. Vajta, *The Gospel and the Ambiguity of the Church* (Fortress Press, 1974), pp, 91-123.

11     Paul Tillich, *Systematic Theology*, Vol. 3 (University of Chicago Press, 1963), pp. 248 이하. 이것은 틸리히가 이 주제를 다룬 여러 내용 중 마지막이다. 『조직신학 4』, 유장환 옮김(서울: 한들출판사, 2008), p. 366 이하.

미 있는 문화적 성취에 활력을 주는 원천이다—라는 폴 틸리히의 경험-표현적 공식으로 대표되는, 그리고 인지적 관점과는 이질적인, 통찰을 생각해 보자. 문화-언어적 대안은 이 점을 부인하지 않지만, 강조점이 바뀐 더 복잡한 공식을 제공한다. 우리는 종교가, 의미 있는 문화적 성취들이 흘러나오는 경험적 기반에 형태와 강렬함을 부여하는 문화의 궁극적 차원(가장 중요하다고 여겨지는 것과 관련되기 때문에)이다고 말할 수도 있다. 이 공식의 기본적 이미지는 틸리히가 영향받은 셸링이나 헤겔의 관념론보다는 아리스토텔레스의 질료형상론(hylomorphism)에 더 가깝다. 두 경우 모두 '형상'은 경험의 '질료'와 분리될 수 없겠지만, 어떤 질료형상 모델에서는 형상이 우선성을 갖는다. 왜냐하면 경험은 질료처럼 형상을 갖는 경우에 한해서만 존재하기 때문이다. 반대로 관념론 모델에서는 모종의 경험(즉, 정신 [Spirit, *Geist*])이 우선적 실재를 갖고, 객관적인 문화적·종교적 형태로 자신을 필연적으로 표현하고 실현한다. 두 모델은 모두 종교적 경험에 문화를 형성하는 힘이 있음을 인정한다. 비록 한 경우에서는 경험이 파생된 것이고, 다른 경우에서는 경험이 근원적이지만 말이다.

이렇게 종교의 내적 차원과 외적 차원의 관계를 뒤집는 것과 관련하여, 언어적·문화적 접근은 외적인(즉, 명제적으로 진술할 수 있는) 믿음을 일차적으로 보는 인지적 이론과 유사하지만, 인지적 이론의 주지주의는 없다. 실존의 모든 차원을 구성하는 데 사용되는 포괄적 도식 내지 이야기는 주로 믿어야 하는 명제 모음이 아니라, 우리가 그 안에서 활동하는 매개이고, 자신의 삶을 영위할 때 사용하는 일런의 기량이다. 그 상징 어휘와 그 구문법(syntax)은 여러 목적으로 사용될 수 있으며, 그 목적 중 하나만이 실재에 대한 진술을 정형화하는 것이다. 따라서 종교의 진리 주장은 종종 (그리스도교의 경우처럼) 종교에 가장 중요하지만, 그럼에도 불구하고 종교가 할 수 있는 진리 주장의 종류를 결정하는 것은 개념 어휘와 구문법 내지 내적 논리이다. 인지적 측면이 종종 중요하기는 하지만 가장 우선적인 것은 아니다.

이렇게 기호화된 것(예컨대, 명제적으로)보다 기호 체계에 대한 강조로 인해, 문화-언어적 접근은 인간 실존의 비반성적(unreflective) 차원에 대한 경험-표현적 접근의 관심을 인지적 관점이 할 수 있는 것보다 훨씬 잘 수용할 수 있다. 종교는, 명시적으로 알려진 명제나 지침을 믿고 따르기로 하는 주로 선택의 문제인 인지적(그리고 주의주의적) 방식으로 그려질 수 없다. 종교인이 되는 것은—문화나 언어에 능숙해지는 것 못지않게—실천과 훈련을 통해 일련의 기술을 내면화하는 일이다. 우리는 명시적으로 표현할 수 있는 것보다 풍부하고 미묘한 것을 내적 구조 속에 지니는 종교 전통에 따라 느끼고 행동하고 생각하는 법을 배운다. 근원적 지식은 종교에 **관한** 것도 아니며, 종교가 이렇게 저렇게 가르치는 **것**도 아니며, 다만 이러저러한 식으로 종교적인 사람이 되는 **방식**이다. 종교의 신념이나 행동 규범을 명확하게 정형화한 진술들이 배우는 과정에서는 때때로 유익할 수 있으나, 항상 유익한 것은 아니다. 통상적으로는 의례, 기도, 모본이 훨씬 더 중요하다. 이와 같이—경험-표현적 모델이 경험과 지식을 대조시킴으로써 '방법을 아는 것'(knowing how)과 '내용을 아는 것'(knowing that)의 차이를 비교할 수 있는 만큼—문화-언어적 모델은 비록 방식은 다르지만 표현적 모델 못지않게 종교의 경험적 측면 내지 실존적 측면을 강조한다.

그래서 결과적으로 표현적 측면을 위한 여지도 있다. 종교의 미학적 차원과 비추론적인 상징적 차원—예를 들어 시, 음악, 미술, 의례—은 명시적으로 진술할 수 있는 믿음과 계율의 딱딱한 핵심을 보다 대중 친화적으로 만들려고 고안한 그저 외적인 장식품이 아니다. 비록 명제적 인지주의에는 그런 함의가 있지만 말이다. 오히려 종교의 기본 패턴이 내면화되고, 나타나고, 전달되는 것은 바로 이러한 것들을 통해서다. 그리스도인들은 이렇게 말할 수도 있는데, 즉 복음의 선포는 우선 이야기를 들려주는 것이지만, 이는 공동체의 삶과 행동이라는 총체적 형태(gestalt) 속에 구현되는 한에서 힘과 의미를 얻는다.

더욱이 내면화된 기량, 즉 성도의 기량은 종교의 진정한 객관화와 그렇지 않은 객관화, 효과적인 객관화와 그렇지 않은 객관화를 '직관적으로'(비추론적으로) 식별하는 능력으로 나타난다. 성도는 주어진 전통에 의해 내적으로 형성됨으로써—예를 들어 바울이 말한 대로 "그리스도의 마음"을 가짐으로써(고전 2:16)—종교적인 일에서 토마스 아퀴나스가 "공동본성적 지식"(connatural knowledge)[12]이라고 부

---

**12**    Thomas Aquinas, *ST* II-II.45.2; cf. I.1.6, ad 3.

른 것과 뉴먼이 말하는 "추론 감각"(the illative sense)[13]을 갖는다. 이는 훈련받은 신학자의 반성적·이론적 지식과 매우 다르다(신학자는 선과 악, 참과 거짓을 구분하기 위해 공적으로 평가할 수 있는 규칙과 절차를 사용한다). 오히려 그것은 호머 같은 시인이 가진 문법적 또는 수사적 지식과 비슷하다. 호머는 문법이나 수사학에서 어떤 단일한 규칙을 설명하진 못하겠지만, 그리스 언어의 정신, 즉 뚜렷하게 설명되지 않는 불문의 규칙에 부합하는 것과 그렇지 않은 것을 누구보다 잘 감지할 수 있었다. 이러한 관점에서, 종교가 일단 내면화된 다음 기능하는 방식은 인지주의적 측면보다 표현주의적 측면에서 더 잘 기술된다.

그렇다면 경험-표현적 모델에 못지않게 문화-언어적 모델에도 경험 및 표현이 중요하다는 뜻이다. 그럼에도 불구하고, 경험의 본성 및 경험과 표현·전달의 관계를 서로 상당히 다르게 이해한다. 여기서 우리는 두 모델 사이의 주요한 차이를 개념화할 수 있다. 이에 대해 우리는 앞서 "내적인 것과 외적인 것의 관계의 반전"이라는 미술적 방식으로 말했다.

내적 경험을 표현 및 전달보다 앞선 것으로 그린다면, 당연히 가장 기본적이고 원초적인 형태의 경험이 개념화나 상징화에 앞선다고 생각할 것이다. 반대로 언어적이든 비언어적이든 표현하고 전달하는 상징체계가 일차적이라면, 비반성적 경험은 당연히 있겠지만, 해석되지 않고 도식화되지 않은 경험은 없다. 이러한 관점에서 보

---

13    John Henry Newman, *An Essay in Aid of a Grammar of Assent* (London, 1870).

면, 전달 및 표현 수단은 경험을 가능하게 하는 전제 조건, 즉 일종의 유사-초월론적(quasi-transcendental, 즉 문화적으로 형성된) 선험관념(a priori)이다. 우리는 기호와 상징을 사용하지 않은 경험으로서의 경험을 식별하고 기술하고 인식할 수 없다. 이런 수단들은 심층 심리학에서 "무의식적" 또는 "잠재의식적" 경험이라고 말하는 것에도 필요하고, 현상학자가 전(前)반성적 경험이라고 말하는 것에도 필요하다. 간단히 말하면, 어떤 경험을 갖기 위해서는 그 경험을 표현할 수단이 필요하며, 우리의 표현 체계와 언어 체계가 풍부할수록 우리의 경험은 더 미묘하고 다양할 수 있고, 더 섬세하게 구별될 수 있다.

이것은 복잡한 주제이고, 이 주제를 충분히 논의하는 것은 이 책의 범위를 넘어서는 일이다. 그러나 이와 관련된 문제를 대강 설명한다면 유용할 것이다. 예를 들어, 녹색과 파란색을 구별하는 언어가 없는 부족이 있는데, (몇몇 관찰자에 의한 잘못된 보고이기는 하지만)[14] 이 부족민들은 두 색의 차이를 인식하는 데 어려움이 있다고 한다. 그들은 색맹이 아니다. 생리학적으로 그들의 망막과 시신경은 우리와 마찬가지로 빛의 파장 차이에 따라 다르게 반응하지만, 이러한 자극의 차이를 경험할 언어적 범주가 없다. 문화적 지역주의를 피하기 위해 반대로 말하자면, 우리는 그들의 시각적 경험을 체험할 언어적 선험관념(a priori)이 없다.

이러한 특별한 예시가 사실이든 아니든, 단지 언어 이전이 아니라

14    B. Berlin and P. Kay, *Basic Color Terms* (University of California Press, 1969). Cf. M. Sahlins, "Colors and Cultures," *Semiotica* 16 (1976), pp. 1-22.

경험 이전으로 보통 여겨지는 인간 현실의 영역(예컨대, 자신이 주체라고 해서 특권적으로 접근할 수는 없고 다만 외부에서 자신이나 타인을 관찰함으로써만 인식할 수 있는 생리학적 감각 과정)에 언어가 영향을 주는가 하는 문제가 제기된다. 감각이나 지각에 앞서 자극을 선택하고 구성하는 것조차도 전적으로 전언어적이지는 않다는 점은 분명해 보인다. 언어에 내재된 분류 방식과 범주 유형은 일단 습득하고 나면 우리의 감각에 밀려오는 그 자체로는 경험이 아닌 무질서한 혼란을 질서 있게 하는 데 도움이 된다. (노암 촘스키가 이론 언어학에 근거하여,[15] 클리퍼드 기어츠가 인류학적-진화론에 근거하여 그랬던 것처럼[16]) 인간 존재는 언어를 습득하지 않고는 다른 동물들처럼 생리적으로 잘 발달할 수 없고 유난히 감각과 신체적 능력이 미성숙한 상태로 머물 만큼, 인간은 언어를 사용하도록 철저하게 프로그램되어 있다는 주장도 아주 개연성 있다. 게다가 일단 언어를 배우고 나면, 언어는 의식적인 경험과 활동의 전경험적인 신체적 기초를 형성한다. 따라서 언어는 경험에 앞선 인간 실존과 행위의 영역을 형성하는 것으로 보인다. 이는 인간이 심신 통일체(psychosomatic unity)라는 말의 의미 중 하나다.

그러나 언어가(혹은 보다 일반적으로는, 몇몇 개념적 그리고/또는 상징적 해석 도식이) 종교적 경험의 조건이라는 입장은 이렇게 경험적으로 반

---

**15**  Noam Chomsky, *Language and Mind*, extended ed. (Harcourt Brace Jovanovich, 1972).

**16**  Clifford Geertz, "The Growth of Culture and the Evolution of Mind," *The Interpretation of Cultures* (Basic Books, 1973), pp. 55-86[「문화의 성장과 정신의 진화」, 76-108].

박될 수도 있는 사변에 근거할 필요가 없다. 다시 말해, 이 입장은 방금 언급했던, 공적 언어 범주가 전(前)경험적 활동까지 형성할 가능성에 의존하지 않는다. 우리는, 어떤 경험(즉, 전반성적으로 혹은 반성적으로 의식하는 어떤 것)은 일정한 방식으로 상징화되지 않는 한 불가능하며, 모든 상징체계는 인간관계와 사회적 상호 작용에서 비롯된다고 주장할 수도 있다. 순전히 사적인 (경험의) 상징화에 대해서 말하는 것은 개념적 혼동이다.

이를 주장하는 방식은 다양하다. 가장 야심찬 것은 사적 언어가 논리적으로 불가능하다는 비트겐슈타인의 주장이다.[17] 만일 그렇다면, 어떤 특정 언어 게임과 관계없다고들 하는 사적인 종교 체험(이를테면, 아무런 제약 없이 사랑에 빠져 있는 역동적 상태와 같은 경험)에 대해서도 똑같이 말할 수 있다. 여기는 이 주장을 평가하는 자리가 아니다. 단지 나는 공적·상호주관적 형식으로 하지 않으면 경험이 표현될 수 없음을 인정하는 경험-표현주의자—이를 테면, 로너간(혹은 칼 라너와 데이비드 트레이시)—마저도 경험과 언어의 기원에서 일종의 사적인 차원을 주장하는 듯하다는 점을 지적하는 것인데, 비트겐슈타인이 옳다면, 이는 상당히 의심스러운 주장이다.[18]

---

17  비트겐슈타인의 산발적 언급들에 관한 포괄적 설명으로는 다음을 보라. Robert J. Fogelin, *Wittgenstein* (London: Routledge & Kegan Paul, 1980), pp. 153-171.

18  칼 라너는 "존재에 대한 선취"(*Vorgriff auf esse*)의 경험을 주장하는데, 이는 그 경험의 범주적, 개념적, 언어적 도식화와 (분리될 수는 없어도) 구별될 수 있고, 모든 인간의 지식과 의지의 초월론적 조건이다. 다음을 보라. Karl Rahner, *Spirit in the World*, tr. by William Dych (Herder & Herder, 1968), pp. 132-230. 자신의 입장

이 아퀴나스의 입장과 일치한다는 라너의 주장에 대해서는 다음을 참고하라. George Lindbeck, "The *A Priori* in St. Thomas' Theory of Knowledge," in Robert E. Cushman and Egil Grislis (eds.), *The Heritage of Christian Thought* (Harper & Row, 1965), pp. 41-63.

데이비드 트레이시의 입장도 구조상 비슷하다. 비록 라너와 달리 그의 논증의 세세한 부분은 마레칼(Marechal)보다 로너간에게 더 영향을 받았지만 말이다. 트레이시는 질문하고, 결정하고, 행동함의 궁극적 의미 또는 가치에 우리가 헌신하는 근거가 되는 기본적 확신 또는 신뢰라는 "인간 공통의 경험"에 대해 말한다. 종교적 언어와 상징은 자기-의식적 믿음의 차원에서 이러한 기본적 경험을 다소 적절하게 "재-현하고"(re-present) 재확인한다. 다음을 보라. *Blessed Rage for Order: The New Pluralism in Theology* (Seabury Press, 1975). 특히 pp. 97-103을 보라.

라너나 트레이시와는 달리, 로너간은 인간의 앎과 의지(질문, 성찰, 숙고)의 초월론적 조건의 '경험'에 대해 말하지도 않고, 종교를 '인간 공통의 경험'의 상징화로 말하지도 않으며, 오히려 하나님의 사랑의 선물에 대한 특별한 종교적 경험에 대해 말한다(이것은 철학적 고려보다는 신학적 고려에 기초하여 상정한 것이다). 따라서 트레이시나 라너와는 달리, 로너간에게는 상호주관적 의사소통의 체계(intersubjective communicative systems)가 종교적이든 비종교적이든 독특한 인간 경험의 산물이라기보다는 오히려 그 원천이라는 이 책의 논지를 거부하기 위한 신학적 이유만 있는 것 같다.

로너간은 그가 사적 언어에 대한 비트겐슈타인의 견해라고 여긴 것을 공격했다(*Method in Theology*, pp. 254-256[352-355]). 이를 고려하면, 로너간은 전언어적 경험에 헌신하고 있는 것으로 생각된다. 그러나 내가 제대로 이해했다면, 로너간의 공격은 사적 언어에 대한 부정이 정신 활동에 대한 부정을 수반한다는 오해에 근거한 것이다. 피터 기치에 따르면, 길버트 라일(Gilbert Ryle)은 정반대의 실수를 한다. 라일은 정신적 행위에 대한 긍정이 사적 언어에 대한 긍정을 수반한다고 생각한다. 반대로, 아퀴나스는 사적 언어를 부정하면서도 정신적 행위를 긍정한다. Peter Geach, *Mental Acts: Their Content and Their Objects* (London: Routledge & Kegan Paul, 1971), pp. 130-131. 만일 그렇다면, 전언어적 경험을 반대하는 사적 언어 논쟁은 아퀴나스에게 충분히 받아들여질 수 있는 것이지만, 트레이시와 라너는 받아들일 수 없는 것이고, 로너간은 더 좁은 수준에서 받아들일 수 없는 것이다.

결정적인 철학적 문제는 인간의 앎과 의지의 필요조건에 대한 초월론적 추론의 타당성이다. 만일 초월론적 논증을 통해 그런 조건을 상정하는 것이 타당하다면, (비록 분리될 수 없더라도) 언어적 개념 체계나 다른 개념 체계로 주제화하기 전에 이것(예를 들어 *Vorgriff auf esse*)을 경험할 수 있다고 말하는 것은 합당하다. 내가 아는 한 반박되지 않은, 초월론적 추론을 반대하는 간결한 진술에 대해서는 다음을 보라. Stephan Körner, *Fundamental Questions in Philosophy* (Penguin Books, University Books, 1971), pp. 213이하.

보다 온건한 주장도 있다. 즉, 주제화되지 않았으나 의식적인 경험의 불가능성을 입증하려 하지 않고, 오캄의 면도날(Ockham's razor)을 사용하여 이러한 가설이 필요 없다고 결론 내리는 것이다. 이를테면 중세의 고전적 방식을 사용하여 제1지향과 제2지향을 구별하는 것이다. 대상에 적용할 때(*intentio objectiva*), 제1지향에서 '동물'은 이 생물 또는 저 생물이거나, 피도(Fido) 또는 소크라테스(Socrates)이거나, 혹은 그 고유의 현실태 또는 가능태에서 상상의 존재 또는 현실의 존재이다. 반면 제2지향에서 '동물'은 인간과 개와 같은 많은 유를 포괄하는 종개념이다. 정신 활동에 적용할 때(*intentio formalis*), 제1지향은 우리가 대상을 파악하는 행동인 반면, 제2지향은 일차적인 형태가 있는 지향을 파악하거나 생각하는 반성적 행동이다. 의식에 관한 현대 철학의 용어로 말하자면, 우리는 제1지향의 활동에 참여하는 동안 그것을 주제화되지 않은 상태로만(폴라니[Polanyi]의 용어로는 "암묵적으로"[19]) 알고 있다. 우리의 주의는 대상에 있지, 대상을 인식하는 것과 관련된 주관적 경험에 있지 않다. 우리가 이 경험에 주목하는 것, 즉 우리가 암묵적이 아니라 초점을 맞춰서 경험을 인식하는 것은 오로지 제2지향에서만 하는 일이다. 그러나 이는 제1지향

19 일차적 지향에서 암묵적인 것이 이차적 지향에서 주목된다고 말하기 위해 폴라니의 용어를 사용하는 발상은 다음 책을 읽는 동안 머리에 떠올랐다. Robert E. McInnis, "Meaning, Thought and Language in Polanyi's Epistemology," *Philosophy Today* (Spring 1914), pp. 47-67과 "Polanyi's Model of Mental Acts," *The New Scholasticism* 47/2 (1973), pp. 141-180. 그러나 폴라니도 매킨니스도 나와 생각이 아주 비슷하지는 않다.

의 경험, 예를 들어 피도에게 주의를 기울이거나 동물 개념의 논리적 성격에 주의를 기울이는 경험이 전언어적이라거나 언어적 구조가 없다는 생각으로 이어지지 않는다. 종교적 경험에 대해서도 똑같이 말할 수 있다. 종교적 경험은 언어적으로 또는 개념적으로 구조화된 (제1지향적이기 때문에 우리가 직접적으로 인식할 수 없는) 인지적 활동의 부산물로 해석될 수 있다. 루돌프 오토가 말한 성스러운 것에 대한 감각은 문화적으로 습득한 성스러움의 개념을 주어진 상황에 적용하는 암묵적 또는 비주제화된 인식으로 해석될 수 있다. 피아니스트는 피아노를 연주하는 동안 의식을 손가락에 집중하면 연주를 망친다고 말하지만, 그럼에도 불구하고 그들의 연주는(때때로 황홀경을 경험하는 연주도) 그들의 손가락 움직임에 의존한다. 가장 경제적인 가설은 종교적 경험과 주어진 문화, 언어, 삶의 양식의 관계가 유사하다고 가정하는 것인 듯하다. 내가 제1지향과 제2지향을 적용한 것이 맞다면, 이것은 토마스 아퀴나스를 비롯한 중세의 아리스토텔레스주의자는(중세의 아우구스티누스주의자의 경우 모두 그렇지는 않다)[20] 로너간과 라너 같이 토마스주의자를 자처하는 몇몇 사람들과 반대될 뿐만아니라 데카르트 이후 의식 철학을 주장하는 사람들과 반대로 비트겐슈타인에게 동의한다는 주장이 된다. 아리스토텔레스주의자에게 정서적 경험(거룩한 것에 대한 감각이나 절대적 의존의 감각도 포함될 것이다)은 항상 대상에 대한 사전 인식에 의존하고, 이 세상에서 사는 동안

---

**20**    위 각주 18에서 인용한 나의 논문을 참고하라.

우리가 인식하는 대상은 모두 개념적으로나 언어적으로 구조화된 감각 경험으로부터 해석된(중세의 용어로는 '추상된') 것이다.

종교에 대한 통상적인 사고방식의 여러 변화는 종교의 원천이 경험에 있다는 생각을 버리는 것에서 비롯되는데, 나는 두 가지만 언급하고자 한다. 첫째, 종교적 변화와 혁신은 새로운 경험에서 나오는 것이 아니라 상황의 변화와 문화-언어적 체계의 상호작용에서 비롯된다고 이해해야 한다. 종교 전통은 자아, 세계, 하나님에 대한 느낌이 새로운 방식 또는 다른 방식으로 치솟기 때문에 변모되고, 폐기되고, 교체되는 것이 아니다. (항상 그렇듯, 종교적 실천과 믿음에 구현된) 종교적 해석 도식이 새로운 맥락에 적용되면서 변칙들을 낳기 때문에 변모되고, 폐기되고, 교체되는 것이다. 이는 여러 변칙 중에서도 부정적 효과와 부정적 경험을 낳는데, 심지어 종교 고유의 규범이 낳은 것이다. 예언자적 인물은 어떻게 물려받은 믿음, 실천, 의례의 패턴이 수정된 틀로 재생산되어야 하는지를(또한 어떻게 재생산될 수 있는지를) 생생하게 파악한다. 그들은 변칙들을 제거할 개념을 발견한다. 느낌, 감정, 정서라는 의미에서의 종교적 경험은 새로운 개념적 패턴의 원천이 아니라 산물이다.

따라서 이러한 설명을 따른다면, 루터가 탑의 체험[21] 때문에 이신

---

21    이런 일이 있었다고 가정한다면 말이다. 논란이 많은 탑의 체험에 관한 진실이 무엇이든 상관없이, 이러한 설명은 도움이 된다. 우리의 목적을 위해 중요한 것은 루터의 개혁적 돌파의 핵심이 주해적 통찰이었다는 주장이다. 다음을 보라. George Lindbeck, "Erikson's *Young Man Luther*: A Historical and Theological Reappraisal," *Soundings* 16 (1973), pp. 210-227, reprinted in Donald Capps et al, (eds.),

칭의 교리를 창안한 것이 아니라, 오히려 성경에서 그 교리를 발견 (혹은 발견했다고 생각)함으로써 탑의 체험이 가능해졌던 것이다. 확실히 루터의 주해가 야기한 이신칭의의 경험은 새로운 표현적 상징체계(symbolisms)를 다양하게 만들어 냈다. 그중에서도 루터 교인들이 특히 언급하고 싶어 하는 요한 세바스찬 바흐의 음악 같은 것을 말이다. 그러한 강력한 경험과 그에 대한 효과적 표현이 없었다면, 루터교 전통은 시작되지도 지속되지도 않았을 것이다. 그러나 인과적으로는 아니더라도 논리적으로는 종교적 경험과 그에 대한 표현은 언어-문화적 모델에서 이·삼차적이다. 먼저 종교와 종교의 언어·교리·예전이라는 객관적인 현실과 행동 양식이 나오고, 그다음 이를 통해 감정들이 종교적 경험이라고 불리는 다양한 것으로 형성된다.

이러한 관점의 둘째 귀결은, 이것이 모든 인간과 모든 종교에 공통적인 하나님에 대한 내적 경험이 있다는 개념의 의미와 관련한 문제를 제기한다는 점이다. 이는 우리의 당면 목적에 특히 중요하다. 종교가 일으키고 형성한 경험은 종교가 구체화한 해석 도식만큼이나 다양하므로, 핵심 경험은 있을 수 없다. 다양한 종교의 추종자들은 동일한 경험을 다양한 주제로 표현하는 것이 아니라, 오히려 각각 다른 경험을 한 것이다. 불교의 자비, 그리스도교의 사랑—준종교적 현상을 언급하자면—프랑스 혁명의 박애는 인간의 단일한 근본 인식, 감정, 태도나 정서가 다양하게 변형된 것이 아니라, 자아와 이웃

*Encounter with Erikson* (Scholars Press, 1977), pp. 7-28.

과 우주를 경험하고 향하는 철저하게 구분되는(즉, 뿌리부터 다른) 방식이다. 이 종교들이 공유하는 감정적 특징은 이를테면 이 감정들의 원재료 일부이며, 옆 동료들과 가까움을 느끼는 감정의 기능이다. 이는 나치와 살인 청부업자를 포함한 모든 인간에게 공통적이다. 이와 유사하게, 경험-표현적 전통이 대체로 종교의 특징으로 보는 거룩한 것 내지 성스러운 것에 대한 감각은 공통의 특질이 아니라, 일종의 가족 유사성이다. 이런 감각이 거의 또는 전혀 중요하지 않은 종교도 있을 것이다. 바로 이런 이유로 이 감각을 강조하는 사람조차도 서로 비슷할 필요가 없다. 이 종교들을 같은 분류에 넣는 것은 사과, 인디언, 모스크바 광장 등 온갖 붉은 사물이 동일한 자연종에 속한다고 주장하는 것과 같은 실수다. 신비 경험도 마찬가지다. 신비 경험에서 공동적인 것은 매우 자연주의적인 방식으로 쉽게 이해될 수 있다. 예컨대 프로이트가 "대양적 느낌"(oceanic feeling)이라고[22] 말한 것이 자연주의적으로 구성되어 있듯이 말이다. 확실히 문화-언어적 관점에서는 (프로이트와 달리) 이러한 감정이 서로 다른 지각적 범주(예컨대, 종교적이든 비종교적이든, 유신론적이든 무신론적이든)와 실천 형식(예컨대 약물 복용, 요가, 관상기도와 같은)에 의존하는 세계, 자아, 하나님—신자라면—에 대한 다양하고 폭넓은 경험의 재료가 된다고 덧붙일 것이다.[23] 따라서 신비주의를 포함하여 종교는 개인의 심연에서 나와서

---

**22** Sigmund Freud, *Civilization and Its Discontents* (W. W. Norton & Co., 1961), pp. 11-20. 『문명 속의 불만』, 김석희 옮김(파주: 열린책들, 2020). pp. 243-245.

**23** 다양한 신비적 경험에 대해서는 다음을 보라. R. C. Zaehner, *Mysticism, Sacred*

특정 신앙 안에 다양하고 불충분하게 객관화된 보편적인 무언가로 기술될 필요가 없다. 종교는 최소한 어떤 경우에는 우리의 깊은 감정·태도·인식을 상이하게 형성하고 낳는 일련의 다채로운 문화-언어적 체계의 분류명으로, 적어도 그럴듯하게 이해될 수 있다.

요약하면, 대안적 모델은 종교를 가장 중요한 것—삶과 죽음, 옳고 그름, 혼돈과 질서, 의미와 무의미 같은 궁극적 문제들—을 다루는 어법으로 이해한다. 이는 종교가 그 고유의 이야기, 신화, 교리에서 다루는 문제들이다. 종교는 의례, 가르침, 사회화 과정을 통해 의식적 마음뿐만 아니라 개인적·문화적 잠재의식에 그들의 답을 각인시킨다. 그래서 부분적으로는 힌두교적이고 부분적으로는 애니미즘 세계관이 내포된 의례 체계에 의해 형성된 발리인은, 오랫동안 성경의 일신론 전통의 영향을 받은 서구인을 격렬한 활동에 빠뜨리는 자극의 형태에 직면하면, 긴장성 무아지경(a catatonic trance)에 빠질 수도 있다.²⁴ 궁극적으로 선하고 참된 것을 규정하는 특정한 정의에 관한 예전의 반복은 수 세기 동안 이 두 가지 문화적 유형을 형성해

---

*and Profane* (Oxford: Clarendon Press, 1957)과 Steven Katz, "Language Epistemology, and Mysticism," *Mysticism and Philosophical Analysis*, ed. by S. Katz (London: Sheldon Press, 1978), pp. 22-74.

**24** 발리인에 대한 참고는 랑다-바론스 성전 드라마에 대한 것이다. 우리는 이것에 대한 간략한 묘사를 기어츠의 다음 책에서 발견한다. Geertz, "The Growth of Culture and the Evolution of Mind," in *The Interpretation of Cultures*, pp. 180-181. [편집자 주: 린드벡의 표기와는 달리 "'Internal Conversion' in Contemporary Bali"라는 제목의 장에 나오는 내용 같다. [「현대 발리에서의 "내적 개종"」, pp. 217-218]] Cf. Geertz, "The Impact of the Concept of Culture on the Science of Man," ibid., pp. 33-55[「문화 개념이 인간 개념에 미친 영향」, pp. 51-53].

왔기 때문에, 그들이 기본적으로 반응하는 태도에 차이를 가져왔다. 종교 전통에 대한 믿음 또는 명백한 지식이 없는 경우에도 그렇다. 이러한 예들을 볼 때, 종교들이 기본적으로 같은 경험을 다양하게 객관화한 것이라는 주장은 부당해 보인다. 반면, 서로 다른 종교는 많은 경우 인간적인 것이 무엇인지에 대해 근본적으로 다른 깊이의 경험을 불러일으키는 것 같다. 경험적으로 취할 수 있는 정보들은 종교와 경험의 관계에 대해 경험-표현적 이해보다는 문화-언어적 이해를 지지하는 것 같다.

# III. 비교의 비결정성

그러나 우리가 비교하는 이론들 사이에서 내리는 결정이 경험적 근거만으로 이루어질 수 있다고 생각해서는 안 된다. 우리는 종교가 무엇인가에 대해 모든 것을 아우르는 근본적으로 서로 다른 개념들에 직면하게 되었고, 이 개념들은 무엇이 그 고유의 진리에 찬성하거나 반대하는 적절한 증거인지에 관한 견해를 각각 형성한다. 이것은 고등 종교들이 초월에 관한 동일한 뿌리 경험으로부터 유래한다는 견해를 지지한, 로너간이 다른 저자들보다 훨씬 많이 인용한, 프리드리히 하일러를 참조하여 설명될 수 있다. 하일러에 따르면, 그리스도교, 유대교, 이슬람, 조로아스터교, 힌두교, 불교, 도교는 다음과 같은 주장을 고수한다. "어떤 초월적 실재가 있다. 그 실재는 인간의 마음 안에 내재한다. 그 실재는 최고의 아름다움, 진리, 의로움, 선함이다. 그 실재는 사랑, 긍휼, 자비이다. 그 실재에 이르는 길은 회개, 자기 부인, 기도이다. 그 길은 자기 이웃을 사랑하고 심지어 원수까지도 사랑하는 것이다. 그 길은 신을 사랑하고 신과 연합하여 그 안에 용해되는 것이다."[25] 하일러는 박식한 사람이다. 그는, 어떤 사람이 세계 주요 종교 안에서 유사성을 찾기를 원하면서 **동시에** 그리스도교의 눈으로 바라볼 경우, 이것이 세계 종교의 공통적 요소 목록이라고 주장할 만한 그럴듯한 사례를 보인 것이다. 그러나 동양 종교의 신자가 비슷한 작업에 착수한다면 도교나 불교를 그리스도교처럼 보이게 하기보다 그리스도교를 도교나 불교처럼 보이게 하는 아주 다른 목록을 만들 것 같다.

이는 문화-언어적 모델 이론가들이 모든 종교가 기본적으로 비슷하다는 점을 보이려는 노력에 매력을 느끼지 않는 이유다. 그러나 또 다른 이유도 있다. 우리는 두 가지 언어가 중첩되는 발음을 사용하거나 공통의 지시 대상을 갖는다는 점을 보임으로써(예를 들어, 어머니, 아이, 물, 불, 그리고 더 두드러진 것으로는 인간이 공유하는 세상에 있는 사람과 대상) 두 언어가 비슷하다고 결론 내리지 않는다. 언어 사이의 유사성을 결정하는 데 중요한 점은 문법 유형, 언급 방식, 의미론적 구조와 구문론적 구조이다. 적어도 간접적인 측면에서는 종교의 경우에 대해서도 비슷한 것을 말할 수 있다. 모든 종교가 가장 중요하게 여기는 것('하나님')을 향한 '사랑'이라고 할 만한 무언가를 권한다는 점 보는 모든 언어가 말해지고 있다(또는 있었다)는 사실만큼이나 진부

---

25  Lonergan, *Method in Theology*, p. 109[160]. 이 인용은 로너간이 프리드리히 하일러(Fridrich Heiler)를 요약한 것이다. "The History of Religion as a Preparation for the Cooperation of Religions," in Mircea Eliade and Joseph Kitagawa (eds.), *The History of Religions* (University of Chicago Press, 1959), pp. 142-153.

하다. 중요한 것은 '사랑'과 '하나님'에 대해 특수하고 때로는 모순적 의미를 부여하는 이야기, 믿음, 의례, 행동의 독특한 유형이다.

그러나 이러한 답변은 경험-표현적 이론에 공감하지 못하는 사람들에게 굉장히 인상적으로 보일지 모르지만, 그렇다고 결정적인 것은 아니다. 이는 기껏해야 경험-표현적 입장이 증명될 수 없다는 점을 보여 줄 뿐이지, 그 입장이 거짓임을 입증하지는 않는다. (예컨대) 기쁨이라는 혹은 슬픔이라는 동일한 감정이 각기 다른 사람에 관한 이야기들이나 다양한 화풍과 주제의 그림들을 통해 상징적으로 표현되거나 환기될 수 있는 것처럼, 종교의 심층적 경험도 마찬가지라는 주장은 여전히 가능하다. 이 논쟁과 관련된 쟁점들은 물리학에서 이에 견줄 만한, 가장 포괄적인 이론들에 관한 문제보다 분명한 결정을 내리기가 더 어렵다. T. S. 쿤을 비롯한 사람들의 말을 따른다면, 이는 최종적으로 결정할 수 없는 쟁점이다. 이론이 폐기되는 것은 (그 이론의 방식대로) 반박되기 때문이라기보다, 다양한 이유로 관련 과학자 집단이 흥미를 갖는 새로운 또는 다른 문제에 유익하지 않은 것으로 드러났기 때문이다. 옛 이론은 그 이론이 주로 적용되는 영역에서 여전히 완벽하게 유효할 수 있다. 예를 들어, 역학은 아인슈타인의 상대성 이론에 의해 수정되지 않고, 오늘날까지도 오롯이 뉴턴 역학으로 남아 있다. 비슷하게, 경험-표현주의는 과학적 종교 연구에서는 열등한 이론이면서도 동시에 다른 목적(예컨대, 신학적 목적)에서는 우월한 이론일 수 있다. 이것이 실제로 그러한지 여부가 다음 장에서 우리가 다룰 문제다.

Many Religions and the One True Faith

I 무비성
II 종교의 상호 관계
III 구원과 다른 신앙들
IV 종교와 진리에 대한 부록

I Unsurpassability
II The Interrelationships of Religions
III Salvation and Other Faiths
IV Excursus on Religion and Truth

# 3

여러 종교와 하나의 참된 신앙

어떤 비신학적 종교 이론은 어느 한 신앙의 우월성에 찬성하거나 반대하지 않는다. 그러나 그 이론이 종교적으로 유용하려면, 어느 한 신앙이 우월할 가능성을 허용해야 한다. 다시 말해, 종교 이론은 종교가 자기 종교에 대해 내세우는 주장을 배제하지 않아야 하고, 또한 그 주장이 의미하는 바에 대해 어느 정도 해석을 제공해야 한다. 만일 이렇게 할 수 없다면, 종교 이론은 기껏해야 순전히 학문으로만 종교를 연구하는 학생에게나 흥미로울 뿐이고, 신학자를 비롯하여 종교적으로 관심하는 사람에게는 쓸모없을 것이다.

이미 언급한 바와 같이, 신학이 문화-언어적 접근에 관심을 기울이지 않는 이유 중 하나는 이 접근이 언뜻 보기에 이런 요구를 충족시키기에 별로 적합하지 않아 보이기 때문이다. 한 언어나 문화를 다른 것보다 '더 참되다'고 생각하지 않는 것이 일반적이며, 더구나 최고라고 생각하는 것은 말할 것도 없는데, 그럼에도 이는 일부 종교가 주장하는 바다. 최종성(finality)은 유대교든 그리스도교든 이슬람이든 서구의(더 정확하게는 중동의) 유일신론에 널리 퍼져 있는 주장이고, 불교와 일부 형태의 힌두교(비부족적인 보편 종교로 기능하는 한)도 적어도 암묵적으로 주장하는 것 같다. 이러한 무비성(無比性, unsurpassability)* 주장 중 어느 것이 참으로 인정될 가능성이 있는가? 혹은 더 정확하게 말하자면, 이러한 주장은 무엇을 의미할 수 있는가? 이러한 주장은 서로 개종시키려 하지 않는 종교 간 대화와 협력을 바랄 수 있는 방식으로, 또한 하나의 진정한 신앙(그런 것이 있다면) 밖에서도 구원의 가능성(구원을 한정하더라도)을 허용하는 방식으로 해석될 수 있는가? 이미 우리는 서로 개종시키려 하지 않는 종교 간 대화와 비신자들의 구원 가능성이 우리 시대의 많은 사람에게 매우 중요하다는 점에 주목했다. 실제로, 가장 큰 종교 단체인 로마 가톨릭교회는 이 두 가지 내용을 제2차 바티칸 공의회에서 공식적으로 확언하였다.[1] 문화-종교적 접근이 이러한 주장들을 최소한 다른 대안 이론만큼 이치에 닿게 설명할 수 없다면, 당연히 신학적으로 흥미롭지 못한 것으로 여겨질 것이다.

---

●   unsurpassability는 '더 뛰어날 수 없음'을 의미한다. 이 책에서 이 말은 시간의 흐른 뒤에도 더 뛰어난 것이 등장할 수 없다는 의미를 함의한다. 한자로 '능가불가능성'(凌駕不可能性) 내지 '불능가성'(不凌駕性)으로 옮길 수도 있겠으나, 새로 조어하기보다 표준국어대사전에 "아주 뛰어나서 비길 데가 없다"로 정의되어 있는 기존 단어인 '무비하다'를 사용하여 '무비성'으로 옮겼다.

1   이 사안에 대한 제2차 바티칸 공의회의 선언을 해석한 다음을 보라. George Lindbeck, *The Future of Roman Catholic Theology* (Fortress Press, 1970), 특히 pp. 27-38.

이 장의 처음 세 부분은 종교 간 문제—무비성, 대화, '다른 신앙인'의 구원 문제—를 다룰 것이고, 그다음 문화-언어적 맥락에서의 '진리' 개념에 대해 다소 전문적인 논의가 이어질 것이다. 4장과 5장도 신학적 문제를 계속 논하겠지만, 종교 간 문제보다는 그리스도교라는 단일 종교 내부의 교리적 다양성 및 가르침의 권위 문제와 관련하여 논할 것이다. 의제는 그리스도교적 관심에 따라 형성될 것이다. 불교도나 무슬림이라면 다른 주제를 선택했겠지만 말이다. 이는 명확히 그리스도교적 측면에서 문화-언어적 접근의 유용성에 초점을 두지만, 여기에서 언급된 내용의 상당 부분은 다른 종교에도 적용될 수 있다.

# I. 무비성

우리는 사용하는 모델에 따라 각 종교의 명제적 진리, 상징적 효과, 범주의 정확성이라는 측면에서 종교를 비교할 수 있다. 이러한 측면들과 관련된 서로 다른 무비성 개념을 다루기에 앞서, 이 측면들 각각을 살펴본다면 유용할 것이다.

어느 정도 전통적인 정통 신앙을 가진 사람은 종교적 진술에 명제적 진리가 있다고 보고, 명제적 진리를 존재론적 상응 기능 또는 "앎의 구조와 알려진 것의 구조"의 "동형"(isomorphism)[2]으로 이해한다. 각각의 명제나 판단 행위가 상응 여부에 따라 영원히 참이거나 영원히 거짓이다. 즉, 명제적 진리에는 정도나 변화가 없다. 그럼에도 종교는 참인 진술과 거짓 진술의 혼합일 수 있으므로, 전통적 정통주의에서 고전적인 인지적 접근 방식으로 종교를 비교할 때 주

---

**2**    Bernard Lonergan, *Insight* (Harper & Row, 1978), p. 399.

된 문제는 어떤 신앙이 가장 중요한 실제적 진리 주장을 하면서도 가장 적은 거짓 주장을 하는가에 관한 것이다.

반대로 경험-표현적 접근에서 '진리'는 상징적 효과의 기능을 수행한다. 종교는, 비교해야 한다면, 모든 사람에게 공통적이라고 주장되는 신적인 것(혹은 어쩌면 '무조건적인' 것)에 대한 내적 경험을 얼마나 효과적으로 표현 또는 재현하여 전달하는가 하는 측면에서 비교될 것이다. 정의상 모든 종교는 이러한 비추론적, 상징적 의미에서 올바르게 기능할 수 있지만, 각 종교의 잠재적 또는 현실적 진리의 정도(즉, 효과)에 따라 서로 다를 수 있다.

마지막으로 문화-언어적 관점에서 종교들은 주로 실재를 이해하고, 경험을 표현하고, 삶에 질서를 부여하는 서로 다른 어법(idioms)으로 여겨진다. 진리의 문제를 고려할 때, 범주(또는 '문법' 혹은 '게임의 규칙')의 측면에서 진리 주장이 만들어지고 표현적 상징이 사용된다는 점에서, 관심의 초점은 범주에 있다. 따라서 종교를 비교할 때 제기되는 문제들은 무엇보다도 종교의 범주가 적절한지와 관련된다. 적절한 범주는 실재한다고 여겨지는 것에 적용할 수 있는 것들이며, 또 명제적, 실천적, 상징적 진리를 보장해 주지는 못하더라도 이것들을 가능하게 한다. 이러한 범주가 있다고 여겨지는 종교를 "범주적으로 참되다"라고 할 수 있다.

범주적 적절성이나 범주적 진리 개념을 종교에 적용한다는 것은 다소 새롭기에 약간의 설명이 필요하다. 이를테면 종교는 수학 체계와 비교될 수 있는데, 왜냐하면 수학 체계 자체는 존재론적 의미에서 명제적으로 참이나 거짓이 아니며, 수학 체계는 실재의 양적 측면과 관련하여 일차적(또는 제1지향적) 진리와 거짓을 진술할 수 있는 오로지 어법으로만 구성되어 있기 때문이다. 예를 들어 크기라는 범주 개념이 없다면, 이것이 저것보다 크다고 말하는 것은 무의미하다. 그런데 범주의 적절성은 명제적 진리를 보장하는 것이 아니라, 의미 있는 진술을 가능하게 할 뿐이다. 어떤 것이 정량화될 수 있다면, 그것의 크기에 대한 진술은 의미는 있지만, 반드시 진리인 것은 아니다. 마찬가지로 범주적으로 참된 종교는 이를테면 가장 중요한 것에 대해 그 종교 안에서 의미 있게 말할 수 있다. 그러나 유의미성은 명제적 참뿐만 아니라 거짓도 가능하게 한다는 점을 기억해야 한다.

둘째, 종교 간 차이는 경우에 따라 실재에 대한 수학적 기술과 비수학적 기술—예컨대 양적 기술과 질적 기술—의 차이와 유사하다. 다시 말해, 한 언어나 종교에서 다른 언어나 종교의 핵심 용어에 상응하는 등가물을 발견할 수 없듯이, 마찬가지 방식으로 종교들은 서로 비교될 수 없다. 예를 들면, '더 큰'(larger)을 '더 붉은'(redder)으로 바꿔 쓸 수 없는데, 왜냐하면 붉은 깃발이 모스크바의 붉은광장보다 더 빨개서 더 크다는 말처럼 무의미한 기술이 되기 때문이다. 마찬가지로, 서구 종교와 서구 종교에 영향을 받은 문화에는 불교의 열반(Nirvana)을 직접적으로 가리킬 수단이 없고, 따라서 서구의 맥락에서 최소한 초기에는 어떻게 열반에 대해 참된 것이나 거짓된 것을 말하거나 열반을 의미 있게 부정할 수 있는지 갈피를 잡지 못한다. 많은 그리스도인은 아브라함, 이삭, 야곱, 예수에 대한 이야기가 성경의 종교에서 사용하는 '하나님'이란 단어의 지시적 의미의 부분을 이룬다고 주장한다. 따라서 이 이야기들을 언급하지 않는 철학자를 비롯한 다른 사람들은 '하나님'이라는 단어로 무언가 다른 것을 의미한다고 결론 내린다.[3] 철학자의 하나님은 존재할 수도 있고 존재하지 않을 수도 있으며, 어떤 면에서 성경의 하나님과 비슷할 수도 있고 비슷하지 않을 수도 있다. 그러나 이러한 견해에 따르면, 성경의 하나님에 대한 신앙은 이 문제에 대한 철학의 논증들과 논리적 관련이 없다.

요약하면, 문화-언어적 접근은 다양한 종교 그리고/또는 철학이 진리, 경험, 범주의 적절성에 대해 비교 불가능한 개념들을 각각 가지고 있을 가능성, 따라서 가장 중요한 것(즉, '하나님')이 무엇을 의미하는지에 대해서도 비교 불가능한 개념들을 가지고 있을 가능성에 열려 있다. 문화-언어적 접근은 다른 관점들과는 달리 종교를 비교할 때, 이를테면 명제주의자의 진리 개념이 제공하는 틀이나, 표현주의자의 경험 개념이 제공하는 틀 같은 공통의 틀을 제안하지 않는다. 따라서 다른 범주의 종교나 철학의 틀에서 나온 확언이나 개념이 기성 종교의 관점에 도입될 때, 이것은 단순히 헛소리거나, 아

---

3  파스칼의 전통에 있는 사람들뿐만 아니라 토마스 아퀴나스도 이러한 주장을 지지하는 것으로 인용될 수 있다. "불신자들은 하나님의 존재를 믿는 것이 신앙의 행위로 간주될 수 있다는 의미에서 '하나님의 존재를 믿지' 않는다. 그들은 신앙이 규정하는 조건하에 하나님이 존재한다는 것을 믿지 않는다. 따라서 그들은 하나님이 존재한다는 것을 진정으로 믿지 않는다"(ST II-II.2.2, ad 3). 아퀴나스의 사유에서 '파스칼적' 계기를 강조하는 해석에 대해서는 다음을 보라. Victor Preller, *Divine Science and the Science of God* (Princeton University Press, 1967).

니면 시적인 글에 사용된 수학 공식처럼 원래의 배경에서와는 전혀 다른 기능과 의미가 된다.

우리가 구분해 온 '참'의 세 가지 의미는 어떤 기성 종교가 무비하다는 주장에 대해 세 가지 대조되는 해석을 낳는다. 전통적으로 가장 익숙한 이런 주장의 형태는 명제적이다. 명제적 형태에 따르면, 최종적 종교에는 오류가 없어야 한다(그렇지 않으면 다른 종교가 비교 우위를 차지할 수 있기 때문이다). 그리스도교에서는 보통 원래의 '신앙의 유산'(deposit of faith)에 이러한 명제적 무오성(inerrancy)이 있다고 본다. 비록 성경과 교회 교리의 신앙조항(de fide)에도 이런 무오성이 있다고 봐 왔지만 말이다. 무비적 종교에 논리적으로 필요한 또 다른 요건은 아퀴나스가 "계시 가능한 것"(revelabilia)이라고 부른 것의 극치(즉, 인간이 경험하는 시공간의 세계 안에 계시될 수 있는 종교적으로 중요한 진리들)를 포함해야 한다는 것이다.[4] 그렇지 않으면 전부 참되더라도 불완전하게 참된 것일 수 있고, 따라서 다른 종교가 비교 우위차지할 수 있기 때문이다. 이것은 이스라엘 종교에 대한 그리스도교의 전통적 태도다. 그리스도교에 따라 이해한다면, 구약의 종교는 거짓을 포함하고 있지 않으나, 그보다 더 높은 진리가 계시될 수 있다(그리고 실제로 계시되었다). 그러나 종교는 대부분 진리와 거짓의 혼합물로 여겨진다. 그럼에도 부분적으로 거짓을 포함하고 있는 종교

---

**4**   'revelabilia'에 대한 설명으로는 다음을 보라. Per Eric Persson, *Sacra Doctrina: Reason and Revelation in Aquinas*, tr. J. A. R. Mackenzie (Oxford: Basil Blackwell, 1970).

들이 종속적이지만 중요한 성격의(최고의 종교 안에 처음에 존재하지 않았기에 최고의 종교를 더 풍성하게 할 수 있는) 진리들을 포함할 수 있다는 것은 논리적으로 불가능하지는 않다. 비록 전통적으로 이러한 주장이 강조되지 않았지만 말이다.[5]

종교가 명제적으로 참이라기보다 표현적으로 참이라고 간주될 때, 이러한 상호 보충과 풍성화의 가능성은 증가하지만, 또한 '무비적 참'이라는 개념에 분명한 의미를 부여하기도 어렵게 된다. 우리가 앞서 언급했듯이 (경험-표현적 접근에서는) 다양한 종교들이 동일한 근본 경험의 객관화로 간주되어서 주변적 문제뿐만 아니라 공통된 핵심에 대해서도 서로 가르칠 수 있으므로 종교적 상보성이 증가한다. 경험-표현적 틀에서 '무비적 참'의 의미를 구체화하기 어려운 것은 '미학적 기쁨을 비할 데 없이 탁월하게 불러일으키는'이나 '비할 데 없이 탁월하게 강한', '비할 데 없이 탁월하게 붉은'이 지시하는 바를 확인하기 어려운 것과 비슷하다. 이러한 비교의 요지는 진리를 상징적 효과의 측면에서 이해할 때, 진리가 논리상 본유적인 상한선이 없는 가변적 성질을 가진다는 것이다(비록 실제로는 진리에 그러한 상한선이 있더라도 말이다). 더 강렬한 붉은색, 더 큰 강함, 더 천상의 아름다움, 더 적절하고 효율적인 상징을 투사하는 것은 물리적으로는 아니더라도 개념적으로는 항상 가능하다. 둘째로, 상징적 능력을 포함하여 이러한 성질들이 실제 최고 수준으로 나타나는, 동등하면서도

---

5    물론 교부 시대와 중세의 저자들은 '애굽인의 것을 약탈하라'고 권했지만, 그들은 이를 이방 종교가 아니라 철학에서 차용하는 것이라 생각했다.

별개인 여러 사례가 많으년 안 되는 본유적인 이유는 없다.

확실히 표현적 진리는 무비적일 수 있으나, 오직 약한 의미에서만 무비적일 수 있다. 만일 실제로 최고인 종교가 현존하고 있고, 그 종교가 추월당하기 전에 인간의 역사가 끝난다면, 그 종교는 추월되지 않은 종교가 될 뿐만 아니라 추월될 수 없는 무비적 종교가 될 것이다. 이것은 우리가 아는 것처럼 시간의 종말과 관련되어 있다는 의미에서 순전히 종말론적 최종성이고, 따라서 그저 역사적 우연이다. 모리스 와일스(Maurice Wiles)는 초기 그리스도인이 그리스도교에 부여한 것은 오직 이러한 종류의 최종성이었다고 표현주의적 방식으로 주장한다. 즉, 그들은 역사가 곧 끝난다고 믿었기 때문에 예수 그리스도를 통해 매개된 것보다 신에 대한 더 큰 경험을 기대하지 않았다는 것이다. 그래서 와일스에 따르면, 예컨대 니케아가 호모우시온(ὁμοούσιον, '아버지와 동일 본질')이라는 용어로 그리스도에 대해 주장한 명제적 또는 존재론적 무비성은 본래 그 전제였던 파루시아의 임박성이 사라진 후에도 최종성을 유지하고 싶어 한 욕망의 부당한—또는 적어도 이제는 구속력이 없는—산물이며, 원래의 무비성과는 상당히 다르다는 점이 도출된다.[6] 이러한 표현주의적 해석이 처음 몇 세기의 삼위일체론과 그리스도론의 발전으로 확고해진 그리스도교의 무비성에 대한 최고의 또는 가장 그럴듯한 이해 방식인지의 문제는 다음 장에서 다시 다룰 것이다.

**6**    Maurice Wiles, "Looking Into the Sun," in *Working Papers in Doctrine* (London: SCM Press, 1976), pp. 148-163, 특히 pp. 156-157.

범주적 형태로 무비적 진리를 주장하는 것은 표현적 형태로 하는 것보다 비교할 수 없을 만큼 더 강력할 수 있지만, 다른 측면에서는 명제적 주장보다 더 강할 수도 있고 더 약할 수도 있다. (강력한 형태를 먼저 다루면) 종교적 대상, 즉 우주에서 가장 중요한 것을 가리킬 수 있게 해 주는 개념과 범주를 유일하게 가진 단 하나의 종교가 있을 수 있다. 그러면 이 종교는 어떤 형태든 명제적인(그리고 생각건대 표현적이기도 한) 종교적 진리나 거짓이 그 안에 존재할 수 있는 유일한 종교일 것이다. 범주적으로는 다른 종교를 거짓이라고 말할 수도 있겠지만, 명제적으로나 표현적으로는 참도 거짓도 아닐 수 있다. 이것들은 종교적으로 무의미할 수 있는데, 마치 '무게'의 개념이 없을 때 가벼운 것과 무거운 것에 대해 말하는 것이 무의미한 것과 마찬가지다. 이는 표현적 측면뿐만 아니라 명제적 측면에서 힐 수 있는 것보다 더 강력한 무비적 진리에 대한 주장이다. 종교를 인지적 방식으로 생각할 때, 종교는 적어도 거짓일 수 있다는 점에서 충분히 의미가 있고, 가장 악마적인 종교도 설령 마귀가 있다는 믿음에 불과하더라도 희미하게나마 진리의 빛을 약간 포함할 수 있다. 이와 대조적으로 범주적 해석에 의하면, 사탄 숭배에서 사탄에 대한 믿음은 참도 거짓도 아닐 수 있고, 다만 사각형 원에 대한 믿음처럼 (끔찍하긴 하겠지만) 난센스일 것이다.

그러나 우리가 말했듯이, 어떤 의미에서는 범주적 무비성과 진리가 명제적 다양성보다 약할 수도 있다. 범주적 진리는 명제적 오류를 배제하지 않는다. 오히려 범주적 진리는 진리뿐만 아니라 오류도

가능하게 한다. 하나님을 가리킬 수 있는 유일한 종교가 있다고 하더라도(그런 존재가 있다면), 그 종교는 하나님에 대해 확언하는 가운데 온갖 종류의 거짓된 주장에도 열려 있을 것이다. 이는 전통적으로 경건한 사람에게는 아주 거슬리는 소리다. 유일하게 참된 종교이기 위해서는 그 종교가 자신의 명제 안에서 신적 실재와 온전하고 신실하게 상응해야만 한다는 것이 일반적인 생각이다.

이것이 문제로 보이는 이유는 부분적으로, 로너간이 의식의 조직적 차별화라고 부른 것에 영향받은 문화에서[7] 일반 상식조차도 상응에 의한 진리는 명제적이어야 한다고 상정하고 있기 때문이다. 성경 무오성(inerrancy)을 주장하는 개신교인과 이와 쌍을 이루는 로마 가톨릭의 전통주의자는 그리스 철학에서부터 내려와서 데카르트와 뉴턴의 과학으로 강화된 데카르트 이후의 합리론을 거치며 통속화된 형태의 합리론이라는 병에 걸렸을 공산이 크다. 그러나 초기 몇 세기의 교회에서 상응에 의한 존재론적 진리는 명제주의에 국한되지 않았었다. 근본주의의 문자주의는 경험-표현주의처럼 근대의 산물이다.

이러한 언급에는 상응으로서 진리가 명제적 진리보다 주로 범주적 진리를 가진 종교에 대해서도 중요성을 가질 수 있다는 의미가 상정되어 있다. 어떤 종교가 문화 체계와 견줄 만한 것으로, 삶의 형태와 관련된 일련의 언어 게임으로 여겨진다면, 그 종교 전체는 유

---

**7**　Bernard Lonergan, *Method in Theology* (Herder & Herder, 1972), p. 304[417].

신론자가 하나님의 존재와 의지라고 부르는 것에 상응할 수도 있고, 그렇지 않을 수도 있다. 실제 그랬던 것처럼, 종교는 하나의 단일하고 거대한 명제로 그려질 수 있다. 종교는 종교의 객관적 현실을 신봉자들의 실존의 다양한 차원에서 궁극적 실재 및 사물의 핵심에 놓여 있는 선(善)에 다소간 일치하도록 하는 방식으로, 집단과 개인이 객관적 현실을 내면화하고 연습하는 만큼 하나의 참된 명제다. 종교는 이런 것이 일어나지 않는 만큼 거짓된 명제다.

우리는 이번 장의 끝부분에서 범주적, 명제적, 존재론적 진리의 관계를 더 체계적인 방식으로 다룰 것이다. 그러나 먼저 지도 제작의 비유를 들어 보자.[8] 어떤 지도는 실제 여행 도중에 사용될 때만, 한 장소에서 다른 장소로 여행하는 방법에 대한 명제, 주장이 된다고 규정해 보자. 지도 자체가 아무리 정확하더라노 지도는 오독되고 오용되는 만큼 거짓 명제의 한 부분이다. 반대로 비록 지도의 거리, 비율, 지형 표기에 여러 가지 오류가 있다 하더라도, 지도가 여행자를 바르게 인도한다면 참된 명제를 구성하게 된다. 그러나 가상 공간에 대한 지도는 (범주적으로 거짓이기 때문에) 존재론적으로 참되거나 거짓된 명제를 형성하는 데 사용될 수 없고, 다만 무의미한 명제일 뿐이다. 무관한 장소에 대한 지도(예를 들어, 예루살렘에 가야 하는데 남태평양을 보여 주는 지도)는 참으로 현실에 상응할 수 있겠지만, 길을 찾는 데 좋은 안내도 나쁜 안내도 제공하지 않는다. 반면 알맞은 공간

---

**8**  존 보우커는 종교를 "길을 찾는 활동"(route-finding activities)이라고 말한다. John Bowker, *The Sense of God* (Oxford: Clarendon Press, 1973), pp. 82 이하, 86 이하.

에 대한 지도는 명제적으로 참일 수도 거짓일 수도 있다. 어떤 지도는 고의로 잘못된 길로 인도할 수 있는데, 이는 무관한 장소에 대한 지도보다 나쁠 수 있다. 예를 들어 예루살렘으로 가는 길을 표시하지 않아서가 아니라 반대 방향으로 표시해서, 여행자가 예루살렘이 아니라 뉴욕이나 모스크바 같은 데로 갈 수 있기 때문이다. 다른 지도는 비록 완전성과 정확성에서 매우 다르더라도 참이 될 여지가 있다. 어떤 지도는 처음에는 순례자를 대체로 올바른 방향으로 인도하지만, 예루살렘에 접근할수록 모호할 수도 있다. 마지막으로, 세부 사항과 정확성은 조금씩 다르지만 (바르게 사용된다면) 여행자가 길을 잃지 않을 만큼 목적지와 길을 충분히 알아볼 수 있는 최종적이고, 완전하고, 타의 추종을 불허하는 형태의 지도가 있다. 이중 일부는 세부 내용이 부정확한 약도인 반면, 다른 지도는 지도 제작자의 기술로 만든 걸작품일 수 있으나, 이 양극단의 상황에서 핵심 요인은 지도를 사용하는 방식이다. 부정확한 약도가 꼼꼼하고 유능한 사람을 올바로 인도하기에 충분할 수도 있고, 반면 최고의 지도가 외고집에 부주의한 유랑자가 잘못된 방향임에도 불구하고 가장 마음에 드는 길을 택하는 것을 정당화하는 데 사용될 수도 있다. 이 비유에서 교훈을 얻자면, 마찬가지로 범주적으로 참되며 비할 데 없는 종교가 올바르게 사용될 수 있고, 생각과 열정과 행동을 궁극적 실재에 상응하는 방식으로 인도할 수도 있고, 따라서 존재론적으로(또한 '명제적으로') 참일 수 있지만, 항상 그렇게 사용되는 것은 아니며, 심지어 통상적으로도 그렇게 사용되지 않을 수도 있다.

# II. 종교의 상호 관계

종교 간의 대화에 대한 함의들을 다루기 전에, 종교의 다양성에 대해 비유적으로 설명했으니, 이제 약간 건조한 방식으로 여러 가능한 종교들의 관계를 열거하는 것이 좋을 것이다. 첫째, 불완전과 완전, 약속과 성취의 관계가 있다. 유대교에 대한 그리스도교의 관계가 이렇다는 그리스도교의 전통적 주장과 다소 비슷한 방식으로 유대교와 그리스도교 모두가 자신들과 이런 관계라는 이슬람의 주장에 대해 어떤 생각을 가지고 있든지, 이것은 적어도 논리적으로 가능한 관계다. 둘째, 경험-표현적 모델이 내비치듯이, 몇몇 종교의 어떤 측면들은 동일하거나 비슷한 경험을 다양하게 객관화한 것일 수 있다. 예를 들어, 신비적 합일에 대한 마이스터 에크하르트(Meister Eckhart)와 샹카라(Shankara)의 기술은 동일한 경험적 실재를 가리키고 있는 듯하나, 한 명은 이를 예루살렘으로 가는 길 위에 위치시키고 있고, 다른 한 명은 우주에 대한 베단타 힌두교의 지도 안에 위치시키고 있다.

결과적으로, 실천에 대한 함의는 서로 현저히 다르며, 특히 문화-언어적 관점을 취할 경우 신비적 경험 자체도 그들의 기술이 나타내는 것보다 더 차이 난다고 의심할 만한 이유가 있다.[9] 셋째, 종교들은, 서로 다르지만 양립할 수 있는 존재의 여러 차원으로 안내한다는 의미에서 상보적일 수 있다. 예를 들어, 아마 불교도는 명상에 대해 더 잘 알고 그리스도인은 사회적 행동에 대해 더 잘 알므로, 아마 그들은 이러한 영역에서 서로 배울 수 있을 것이다. 가장 중요한 것에 대해 범주적으로 서로 다른 개념들을 그대로 간직한 채 말이다. 넷째, 정면으로 대립하는 관계도 가능하다. 종교들은 서로 다른 영역의 지도를 그린다는 의미에서뿐만 아니라, 서로 공통되는 혹은 중첩되는 유사한 지형의 지도에 정반대의 목표와 길을 표기함으로써, 서로 반대 방향을 제시할 수 있다. 예컨대 고등 종교들이 나치주의나 사탄주의와 공공연하게 대립하는 점(적어도 다양성을 가장하기보다 심각하게 여긴다는 점)이 그렇다. 다섯째, 정합적인 것과 비정합적인 것의 관계, 또는 진정한 것(the authentic)과 그렇지 않은 것의 관계가 있다.[10] 어떤 종교는 비일관성, 꾸밈, 피상성 없이는 따를 수 없는 지도를 제시할 것이고, 모든 종교는 비록 최고의 종교라 하더라도 개인과 집단 안에

---

9  Rudolf Otto, *Mysticism East and West* (Macmillan Co., 1932). 이 책은 에크하르트와 상카라 사이의 유사성에 대한(정도는 다르지만, 차이점에 대해서도) 여전히 탁월한 설명이다.

10  나는 여기서 '진정성'(authenticity)이라는 말을, 그것이 근대 사상에서 갖는 '자기-초월'(self-transcendence)이라는 전문적 의미와 관계없이 사용했다. Cf. Lonergan, *Method in Theology*, p. 104[153].

서 조직적으로 이러한 질병을 일으키는 변형을 낳을 수 있다. 그래서 불교도든 마르크스주의자든 성경 종교인이든 상관없이 진정한 신자들은 종종 서로에게서, 자기 전통 안의 수많은 신자에게서 느끼는 것보다 실존적으로, 도덕적으로 더 가까움을 느낄 수 있다. 그들의 언어는 라이프니츠의 미적분과 셰익스피어의 소네트만큼이나 서로 달라서 서로의 언어로 통역할 수 없을 수도 있으나, 그들은 각자 자기 방언을 사랑한다는 점과 자기 방언을 민감하고 정확하게 사용한다는 점을 통해 서로 결속될 수 있다. 마지막으로, 대부분 종교는 이러한 여러 관점 중 하나 이상의 관점에서 서로 비교될 수 있다. 확실히 종교들은 그들 각자의 관점에서 완전함과 불완전함의 관계, 비슷한 경험에 대한 상이한 표현의 관계, 상보적 관계, 대립 관계, 진정성과 비진정성의 관계로 서로 관련될 수 있다. 또한 이러한 방식 가운데 오직 한 방식으로만 서로 관계될 수도 있다.

이러한 상호 관련성을 고려할 때, 종교 간 대화에 대해 무슨 말을 할 수 있을까? 종교 간 대화를 긍정하려는 욕구는 다른 종교 신자들의 구원 가능성(다음 단원에서 더 자세히 다룰 주제)에 대한 바람과 마찬가지로 경험-표현적 접근이 인기를 얻는 주원인이다. 문화-언어적 대안은 어떻게 이러한 욕구를 수용할 수 있을까?

문화-언어적 접근은 종교 간 대화에 강력한 논거를 줄 수 있으나, 어떤 단일한 형태의 종교 간 대화를 위한 논거를 제시하지는 않는다. 공통의 경험을 협력하여 탐구한다는 것이 현재 가장 선호되는 이유인데, 이것이 완전히 배제되지는 않지만 지배적일 것 같지는 않다. 종교 간 토론을 해야 하는 정당한 이유는 국제 관계에서 토론을 해야 하는 이유만큼이나 다양하다. 세계가 좁아지고 있어서, 국가 못지않게 종교도 서로 의사소통하는 법을 점점 더 배워야 하는 상황이다―그런데 종교들의 깊은 경험과 헌신이 어쨌든 기본적으로는 같다는 생각이 종교가 서로 의사소통을 하는 데 도움이 될까? 이런 대화 이론은 문제와 동기의 다양성을 감출 위험이 있지 않을까?

이러한 물음이 어떤 식으로든 대답 되더라도, 종교들이 핵심 경험을 공유한다고 전제하지 않고 각 종교가 다 다르다고 간주하면서도 대화에 임할 수 있는 또 다른 신학적 토대도 가능하다. 예를 들어, 그리스도교 교회가 회심을 진척시키는지 여부와 무관하게 사심 없이 이웃을 섬김으로써 자신들의 주님을 본받도록 부름받았다는 점은 여러 다양한 방식으로 주장될 수 있다. 이는 또한 아모스 9:7-8과 같은 성경 구절이, 이스라엘이 아닌 다른 나라들도―더 나아가, 성경의 종교 말고 다른 종교들도―하나님의 세계 안에서 자기 고유의 임무를 수행하기 위해 선택된(또한 실패한) 백성이라고 주장하도록 권위를 부여해 준다. 만일 그렇다면, 그 나라의 도래와 관련된 모든 것이, 예루살렘이 무엇이며 어디 있는지 알며 (신자들이 희망하는 대로) 간헐적이더라도 예루살렘을 향해 행군한다는 명백한 증거를 가진 사람들에게만 위탁된 것은 아니다. 그러므로 그리스도인은 다른 운동과 다른 종교들이 종말을 위한 준비에 그들 자신의 특별한 기여를 하도록 도울 책임이 있는지도 모른다. 물론 그들의 기여는 그리스도인의 기여와 매우 다를 수 있다. 때때로 그리스도인의 선교적 과제는 마르크스주의자가 더 나은 마르크스주의자가 되도록, 유대인과 이슬람교도가 더 나은 유대인과 이슬람교도가 되도록, 불교 신자가 더 나은 불교 신자가 되도록 고무하는 것일 수도 있다(비록 '더 나은 마르크스주의자' 등이 무엇인지에 관한 그리스도인의 개념은 그리스도교의 규범에 영향을 받겠지만 말이다). 분명한 것은 이러한 일은 아주 많은 주의를 기울이는 매우 고된 대화와 협력이 없이는 이루어질 수 없다는 점이다.

이것이 새로운 제안이라고 생각해서는 안 된다. 이것은 이미 대체로 주요 교회들의 공식 정책이다. 예를 들어 제2차 바티칸 공의회의 비그리스도교에 관한 선언(Declaration on NonChristian Religions)은 대화의 목적이 회심이 아니라 다른 종교를 유익하게 하는 것일 수 있다는 점을 분명히 했다.[11] 공의회에서 이에 대해 완전히 발전된 신학적

---

11  "그리스도인들이 자신의 신앙과 삶의 방식을 증거하는 한편, 비그리스도교인 사이에서 발견되는 정신적·도덕적 진리를 시인하고 보존하고 격려하게 하라"(*Nostra Aetate* [Declaration on the Relation of the Church to Non-christian Religions] 2, *The Documents of Vatican II*, ed. by Austin p. Flannery [Pillar Books, 1975], p.739. 「우리 시대」,『제2차 바티칸 공의회 문헌』, 서울: 한국천주교중앙협의회, 2007, pp. 642-643). 가능한 도움(assistance)의 성격은 다양한 종교들 사이의 관계에서 차이점들 때문에 다양할 것이라는 점을 강조해야 한다. 예를 들어, 성경 이야기의 논리는 (보통 그리스도교 역사에서 부인되었으나) 이스라엘과 이방인 그리스도교가 하나님의 한 백성의 부분이고 종말 때까지 그들 각자의 정체성을 유지할 것(롬 9-11)이라는 결론으로 이어진다는 점이 널리 주장되고 있다. 이방인 교회의 과제는 '이스라엘이 경쟁심을 느끼도록 휘젓는 것'(롬 11:11)이며, 그리고 때로 유대인들이 이방 그리스도인들과 비슷한 역할을 할 수 있다고 추측할 수 있다. 이러한 관계의 유비는 또한 다른 비그리스도교 종교와의 관계에도 존재할 수 있지만, 이는 대부분의 신학적 틀 안에서 다소 거리가 있는 유비일 것이다. 유대교-그리스도교 관계에 대하여 정치적으로 가장 뚜렷하게 그리스도교 신학적인 견해에 대해서는 다음을 보라. George Lindbeck, "Christians Between Arabs and Jews," *Worldview* 22/9 (Sept. 1979), pp. 25-39.

근거가 제시되지는 않았지만, 그러나 우리가 위에서 말한 관점은 경험-표현적 유형보다 다른 종교에 더 부합하는 존중의 측면에서 이점이 있는 것 같다. 우리가 다른 종교의 신앙을 문화-언어적 체계로 생각할 때, 우리는 하나님이 그리스도교가 아닌 다른 종교에 맡기신 사명의 고유한 독특성을 인정할 수 있다. 우리는 비그리스도교의 신앙을 그리스도교가 잘 객관화한 것을 불충분하게 객관화한 것으로 생각하지 않고(칼라너의 제안처럼) 문화-언어적 체계로 생각할 때, 하나님이 그리스도교가 아닌 종교에 의도하신 사명의 대체 불가능한 독특성을 인정할 수 있다. 문화-언어적 체계 안에서는, 메시아의 증거를 가진 사람들의 시야에는 직접적으로 포착되지 않지만 그럼에도 하나님의 의도하셨고 승인하신 다가오는 그 나라의 면면이 선취된다는 가능성이 현실화될 수 있고 그런 현실이 탐구될 수 있다.[12]

성경 시대에는 종교 간 대화를 생각할 수도 없었고 성경은 어디에서도 이런 대화를 인정하지도 부인하지도 않지만, 이것은 분명 종교 간 대화의 실천을 위한 성경의 논증이다. 이는 명확히 성경적인 고찰에 의존하기 때문에, 비성경적 종교들이 채택하도록 제안될 수는 없다. 비성경적 종교들은 그들 고유의 적절한 포괄적인 문화-언어적 체계 안에 있으므로, 그들은 그들 자신의 논리를 발전시켜야 한다. 그들의 논리는 여기서 그리스도인에게 제안한 바와 비슷하게,

---

**12**  이러한 "종교의 섭리적 다양성"(providential diversity of religions) 개념의 발전에 대해서는 다음을 보라. Joseph DiNoia, "The Universality of Salvation and the Diversity of Religious Aims," *Worldmission* 32 (Winter 1981-82), pp. 4-15.

다른 종교의 안녕에 대한 바람을 포함할 수도 있고 그렇지 않을 수도 있을 것이다. 다시 말해, 서로 다른 종교는 종교 간 대화와 협력을 위한 서로 다른 근거를 가질 공산이 크다. 이러한 공통된 토대의 부재는 약점이기도 하지만 또한 강점이기도 하다. 이것은 한편으로 대화 당사자들이 서로 기본적으로 진정 일치한다는 확신에서 출발하지 않는다는 의미다. 이것은 또한 다른 종교가 더 미흡하게(또는 더 잘) 표현한 공통의 경험을 자신의 종교가 더 잘(또는 더 미흡하게) 표현하는지를 생각하게 되는 딜레마에 빠지지 않는다는 의미다. 그들은 그들 자신을 단순히 서로 다른 것으로 간주할 수 있고, 공통의 핵심 경험이라는 가정이 부추기는 비교에 관여하면서 서로의 심기를 건드릴 필요 없이 서로 간의 일치와 불일치를 계속 탐구할 수 있다. 요약하면, 문화-언어적 접근은 경험-표현적 맥락에서 쉽게 증진될 수 있는 열정과 따뜻한 동료 의식을 총체적으로 보증해 주지 않지만, 종교 간 토론과 협력에 냉철하게 효과적으로 전념하기 위한 강력한 신학적 근거의 개발을 가로막지 않는다.

# III. 구원과 다른 신앙들

그러나 다른 종교에 속한 자들과 비종교인의 구원은 어떠한가? 이들은 하나의 진정한 신앙에 속한 사람들보다 아무래도 구원의 기회가 더 적어 보인다. 혹은 달리 말하면, 종교적으로 그른 것보다 옳은 것이 더 선호된다면, 종교적으로 옳은 것에 어떤 가치가 있어야 한다. 그러나 이러한 확신은 종교가 자신을 존중하기 위해 없어서는 안 되는 것이지만, 대화를 위태롭게 할 것 같다. 다른 신념을 가진 사람들, 즉 우리와 다른 우주 지도를 가진 사람들이 그들의 신념으로 인해 구원에 지장이 생긴다면(혹은 심지어 배제된다면), 가능한 수단을 총동원하여 그들을 참된 길로 회심시키려 하지 않고 운명에 방치해 두는 것은 비인간적인 처사일 것이다. 우월성 또는 무비성을 주장하는 것이 동료 인간을 향한 관심과 결합되면 공식적으로든(예컨대, 제2차 바티칸) 비공식적으로든 현대의 종교인 대다수가 지지하는 타종교에 대한 대화와 협력의 태도가 아니라, 거의 필연적으로 논쟁과 개종 요구로 이어질 것이다. 우리는 이 문제를 미루어 왔지만, 이는 종교 간 관계에서 결정적 문제이다.

각 종교는 이 문제를 공식화하는 고유한 방식을 갖고 있지만―불교도에게 고타마의 가르침과 깨달음의 역할, 유대인에게 토라의 역할, 무슬림에게 코란과 무함마드의 역할―그리스도교 전통에서 문제의 핵심은 오직 그리스도(solo Christo)에 의한 구원이고, 여기서 중요한 딜레마는 이를 비그리스도교인의 구원과 어떻게 조화시킬 것인가 하는 점이다. 여기서 우리는 비그리스도교인의 구원을 부정하는 이들(개신교 및 가톨릭 전통주의자들은 대부분 그렇다)과 관련이 없다. 또한, 우리는 딜레마의 양극단을 고수하면서도 양극단의 양립 가능성에 대한 설명 시도를 거부하는 이들과도 관련이 없다. (이 문제와 관련하여 개신교 신학자들에게는 공동의 수법이 있다. 로마 가톨릭의 요제프 노이너[Joseph Neuner]가 관찰했듯이, 현대의 많은 개신교 신학자들은 이 문제에 부딪혔을 때 "대부분 모른다고 대답할 것이다. 왜냐하면, 그것은 하나님의 일이지 우리의 일이 아니며, 또한 계시는 오직 예수 그리스도 안의 구원에 대해서만 말하기 때문이다."[13]

두 가지 기본적 설명 유형이 제시되어 왔다.[14] 하나는 예수 그리

---

**13**   Joseph Neuner, *Christian Revelation and World Religions* (London: Burns & Oats, 1967), p. 10.

**14**   pp. 168-175(원서에는 pp. 56-59로 표기되어 있는데, 이는 3장 미주 전체와 4장 첫 세 문단에 해당하므로 내용상 가장 가까워 보이는 부분(원서 pp. 46-49)으로 수정함)와 관련된 문헌으로는 다음을 보라. George Lindbeck, *"Fides ex Auditu* and the Salvation of Non-Christians: Contemporary Catholic and Protestant Positions," *The Gospel and the Ambiguity of the Church*, ed. by V. Vajta (Fortress Press, 1974), pp. 91-123.

스도 안에서 일어난 하나님의 구원 사역이 지금 여기, 현재 삶의 범위 안에서 모든 인간에게 효력 있다고 그린다. 반대로 다른 하나는 미래의 이미지 내지 종말론적 이미지를 선호한다. 즉 인간의 영원한 운명은 죽을 때 혹은 죽음 이후에, 다가오는 세상의 생명이신 예수와 마주하면서 결정된다는 것이다. 이 두 가지 주장은 각각 다양한 수준의 설득력을 가지고 초기 성경의 주제 또는 교부들의 주제에 호소할 수 있으나, 대부분의 후대의 그리스도인 특히 서방 그리스도인은 비신자의 구원을 설명하는 이 두 가지 방식을 거부했다. 그 이유는 이제 진리가 예수 그리스도 안에서 최종적으로 계시가 되었기 때문에 삼위일체 하나님에 대한 명시적인 신앙 그리고/또는 가시적 교회의 일원이 되는 것(적어도 '화세'[baptism of desire]를 통해)이 필수이기 때문이다. 복음을 듣지 못한 사람들이 구원을 받는 경우는 아주 드물 뿐이다. 그러나 이런 경우가 발생한다면, 그것은 성경의 메시지를 들을 기회가 없었던 사람들을 향한 어떤 특별한 계시를 통해서라고 통상 설명한다. 그럼에도 불구하고, 이러한 신학적 배타성은 어떤 주요한 그리스도교 전통 안에서도 교리적으로 확정되지 않았고, 현재도 널리 반박되고 있다. 주된 교리적 관심은 그리스도의 유일성(Christus solus)을 보존하는 데 있지, 비그리스도인의 구원 가능성을 부정하는 데에 있지 않다.

이러한 가능성 중 현재 가장 널리 알려진 설명은 첫 번째 유형이며, 칼 라너와 버나드 로너간 같은 이차원적 경험-표현주의자에 의해 가장 온전하게 발전되었다. 그들은 전반성적이고 비표현적인 신에 대한 경험(그들은 이 경험이 모든 종교의 핵심에 있다고 주장한다)을 그리스도의 구원하는 은혜와 동일시한다. 비록 비그리스도인들이 자신들의 내적 구원 경험과 관련된 궁극의 원천이자 유일하게 온전하며 최종적으로 적절한 목표이신 역사적 예수 그리스도를 그리스도인과는 달리 의식적으로 신봉하지 않더라도, 혹은 그와 가시적 성례전으로 연합되어 있지 않더라도, 내적인 부르심에 응답하는 비그리스도인은 그리스도인 안에서 역사하는 것과 동일한 의화<sup>[청역]</sup>와 동일한 구원을 이미 공유한 것이다. 그들의 신앙은 완전히 암묵적이라 할 수 있지만, 라너가 제시한 "익명의 그리스도인"(anonymous Christians)으로 그들을 부를 수도 있다. 왜냐하면 그들이 주관적으로 구원을 전유하는 것은 명시적 신앙을 가진 사람 또는 명백히 하나님의 백성의 일원인 사람의 경우와 같이 이생의 삶에서조차 존재론적으로 진정한 것일 수 있기 때문이다. 따라서 오직 그리스도(*Christus solus*)는 비그리스도인의 구원과 조화될 수 있다.

고전적 인지주의자나 종교를 주로 문화-언어적 측면에서 생각하는 사람은 이러한 설명을 택하지 않는다. 과거에 종종 인지주의자는 구원을 위해 충분하며 또 모든 개별 종교 너머와 그 안에 있는 일반계시 내지 자연신학 내지 이성의 보편종교를 찾으려 했다. 인지주의자는 구원에 필요한 명제적 진리를 가능한 한 적은 수의 '근본 조항'(예를 들어, "믿음이 없이는 하나님을 기쁘시게 하지 못하나니 하나님께 나아가는 자는 반드시 그가 계신 것과 또한 그가 자기를 찾는 자들에게 상 주시는 이심을 믿어야 할지니라"[히 11:6])으로 환원하려 했다. 그런 다음 이러한 진리를 받아들이는 것은 그리스도에 대한 믿음과 동등한 것이며 역사적 계시와 별개로 일어날 수 있다고 주장했다. 그러나 이러한 노력은 교회에서 널리 불신당했다. 왜냐하면 이런 노력은 종종 갖가지 합리주의적 계몽주의의 이신론으로 이어졌기 때문이다. 또한 심지어 역사와 문화의 상대성에 대한 근대의 인식이 모든 종교에 공통되는 명제적으로 진술 가능한 진리 개념을 받아들이기 어렵게 만들었기 때문이다. 우리 시대에 모든 종교의 이면에 보편 종교 또는 보편 계시가 있다고 믿는 사람은 일반적으로 이를 명제적 측면이 아닌 경험적 측면에서 기술한다. 따라서 현재 문화-언어적 경향을 가진 사람이 취할 수 있는 유일한 대안은 전망 이론(prospective theory)이다. 즉, 비록 비그리스도교인은 살아 있는 그리스도교 신앙을 가진 사람과 달리 아직 믿기 시작하지 않았지만, 미래의 구원을 공유할 수 있다는 것이다. 이러한 견해에 따르면, 구원하는 신앙은 전적으로 익명적이거나 전적으로 암묵적일 수 없고, 어느 정도 명시적이어야 한다. 즉 바울이 말한 대로, 구원하는 신앙은 들음에서(ex auditu) 오는 것이다(롬 10:17).

여기서 우리의 물음은 비그리스도교인의 구원을 장래에 '들음에서 오는 믿음'(fides ex auditu)으로 설명하는 것이—이것은 물론 문화-언어적 관점이 내포하는 바는 아니지만, 이 관점과 양립할 수 있다—'익명의 그리스도인' 설명만큼 신학적으로 방어될 수 있는가 하는 점이다. 두 주장은 모두 성경 및 전통과 일관적이면서 종교 간 대화라는 현대의 필요와도 일관적일 수 있을 것으로 보인다. 그 둘 사이에 무엇을 선택할지는 현대의 시대정신(Zeitgeist, 즉 비신학적 요인)에 따라 결정될 가능성이 크고, 따라서 관련된 종교 이론의 그리스도교적 유용성 문제에 영향을 끼치지 않는다.

성경적 쟁점에서는 장래에 '들음에서 오는 믿음'이 비록 결정적이지는 않더라도 유리한 입장에 있는 것으로 보인다. 기본적인 신약성경의 종말론적 그림에 비추어 볼 때, 비그리스도교인(즉 이방인)은 아직 구원의 문제에 직면하지 않은 것처럼 보일 것이다. 그들은 하늘을 향해 가고 있지도, 지옥을 향해 가고 있지도 않다. 그들은 미래를 가지고 있지 않고, 다만 여전히 과거에, 옛 영원(aeon)의 어둠에 갇혀 있다. 오직 다가오는 나라의 메시지, 메시아의 메시지를 통해서만 새 시대, 즉 세상의 진정한 미래가 그들에게 현실이 되고, 그제야 최종 구원이나 최종 형벌이 가능할 것이다. 그러나 이렇게 성경의 종말론적 이미지를 선택한다고 해서 익명의 그리스도교 이론이 상정하는 구원하는 암묵적 신앙을 배제하는 것은 아니다(염두에 두고 있지 않기 때문에). 이 두 가지 견해 사이의 선택은 주해에 따라 결정되는 것이 아니라, 성경 자료를 해석하는 틀인 조직적인 역사적 틀에 따라 좌우되는 것 같다.

성경의 문자가 아니라 비신자들에 대한 초기 그리스도인들의 태도 또는 근본정신에 호소한다면, 동일하게 이런 유보적 결론에 도달할 것으로 보인다. 초기 그리스도인은 교회 밖의 사람에 대해 느슨함과 긴박함이 결합된 기이한 태도를 가진 것처럼 보인다. 한편으로 그들은 자신들이 살던 곳에서 압도적 다수를 차지하는 비그리스도교인의 궁극적 운명에 대해 걱정하지 않은 듯하다. 우리는 그들이 가까운 친구나 친척에게 신자라는 사실을 숨겨야 했으므로 양심의 위기를 겪었다는 이야기를 듣지 못했다. 그리스도인은 스스로를 자신이 경고하지 못한 이방인들의 피에 대해 죄가 있는 파수꾼으로 보지 않았던 것 같다―구약성경은 이방인이 아니라, 이미 선택된 민족의 일원에게 경고해야 하는 의무에 대해 말하고 있다(겔 3:18). 그러나 다른 한편으로 선교자의 선포는 긴박했고, 신앙과 세례는 죽음으로부터 생명을 얻는 것이고, 옛 시대는 새 시대로 넘어가는 중이었다. 이후 대부분의 신학의 관점에서 본다면, 이렇게 이상하게 조합된 태도에 내재된 변칙과 인지 부조화는 유지될 수 없었을 것 같다. 따라서 초기 그리스도인은 하나님이 비신자를 구원하시는 방식에 대한 긴장을 누그러뜨릴 만한 어떤 기록되지 않은 확신을 가지고 있었다고 가정하는 것은 적어도 그럴듯해 보인다. 대부분의 개신교 주석가와 몇몇 가톨릭 주석가가 주장하는 듯이, 아마도 이러한 확신 중 하나는 그리스도가 옥에 있는 영혼에게 선포한다는 언급에 반영되어 있다(벧전 3:19). 다른 확신들은 보편주의적으로 들리는 성경 본문에 제시되어 있다(골 1:20, 엡 1:9 이하, 빌 2:10 이하, 고전 15:28, 요일 2:2, 행 3:21). 그러나 이러한 견해들은 결코 문제가 되지 않았고, 따라서 거의 명시되지 않은 것 같다. 신약성경 시대 전후의 초기 그리스도인들이 이 문제에 대해 언급한 내용은 너무 적어서, 이 두 가지 중 하나를 택하거나 다른 대안을 제시하기 위한 근거가 되지 못한다.

그러나 이생의 경계 너머에서 부활하신 주님과 만나는 구원의 가능성에 대한 교리적 반대가 후대에 있었던 것 같다. 몇몇 19세기 개신교 교의학자가 처음 개발한 어떤 견해는 비신자들에게 소위 "두 번째 기회"로 불릴 수 있는 것이 주어지는 미래 상태의 가능성을 제안한다. 그러나 (가톨릭 진영에서 교의화된) 오랜 전통은 모든 인간의 궁극적 운명은 죽음의 순간에 최종 결정된다고 주장한다. 하지만 칼 라너를 비롯한[15] 로마 가톨릭 저자들은 약간 놀랍게도 장래에 '들음에서 오는 믿음'의 접근법에도 활용될 수 있는 이 견해에 대한 해석을 제안한다.

그 제안은 죽는다는 것 자체가 모든 인간이 궁극적으로 십자가에 못 박히고 부활하신 그리스도에, 복음에 분명히 직면하는 순간으로 그려져야 한다는 것이다. 그때 비로소 그리스도를 영접하는지 반대하는지 최종적 결정이 내려진다. 이것은 비신자뿐만 아니라 신자들에게도 해당하는 것이다. 신앙에 찬성하든 반대하든 이전의 결정은 모두 예비적이다. 최종 주사위는 우리의 시간과 우리의 공간 너머에, 경험적 관찰 너머에, '선한' 죽음 또는 '악한' 죽음에 대한 모든 추측 너머에 던져진다. 한 사람이 이 세상에서의 자기 뿌리를 잃고, 모든 말과 이미지와 사유를 능가하는 형용할 수 없는 초월로 들어갈 때 던져진다. 우리는 비록 알 수 없지만, 이 두렵지만 경이로운 삶의

---

15    Karl Rahner, *On the Theology of Death*, tr. by Charles H. Henkey (Herder & Herder, 1961). 라너의 주장은 그리스도는 그의 죽음—"지옥에 내려가심"—으로 "세계의 중심, 피조물의 가장 깊은 중심"(pp. 71-74)이 되셨다는 것이다. 죽는 행위 자체가 하나님과의 만남으로, 하나님을 선택할 것인가 여부를 결심하는 인간의 결단(육신의 삶을 살아가는 동안 예시된)을 최종적이고 바꿀 수 없는 것으로 만든다(p. 35).

끝이자 절정에서 어떤 사람도 잃어버린 바 되지 않을 것을 신뢰하며 소망해야 한다. 그리고 비록 이전에는 아니더라도, 바로 여기서 구속이 주어진다는 점은 명백하다. 이와 같이 비록 그리스도의 은혜에 대한 원초적, 전반성적 경험의 측면에서 생각하지 않더라도, 그리스도인의 구원만큼이나 비그리스도교인의 궁극적 구원에 대해 소망하고 신뢰하는 것이 가능하다.

이러한 관점은 종교 간 관계와 관련하여, 개방적이고 서로 풍요롭게 하는 대화의 가능성을 파괴하는 자랑과 우월감에 반대하는 방식으로 발전될 수 있다. 우리는 그리스도인의 상황이 어떤 점에서는 비그리스도인의 상황보다 덜 위험한 게 아니라 더 위험하다고 말할 수 있다. 심판은 주의 집에서 시작되고(벧전 4:17), 먼저 된 자가 나중 되고 나중 된 자가 먼저 되는 경우가 많을 것이다(마 19:30). 이 구절과 관련 구절들을 생각할 때, 우리는 교회 밖에는 구원이 없다(*extra ecclesia nulla salus*)는 키프리아누스의 주장과, 적어도 이와 동일하게 강조되는 저주의 시작, 하나님에 대한 고의적 대적의 시작이 오직 교회 안에서만, 하나님의 백성 안에서만 가능하다는 주장 사이에서 성경이 균형을 이루고 있다는 인상을 때때로 받는다. 예수께서 이방인의 도시가 아니라 이스라엘 도시에 화(woes)를 선포하셨다(그리고 눈물을 흘리셨다)는 점이 떠오를 것이다. 이런 관점에서는 교회 밖에는ㅡ구원이 없는 것과 마찬가지로ㅡ저주(damnation)가 없다. 다시 말해, 그 메시지를 충분히 알면서도 거부하여 멸망하기 전에, 신앙의 언어를 배워야 한다.

그러나 아마도 이러한 관점에서 그리스도인의 자랑을 막아 주는 가장 중요한 장벽은 들음에서 오는 믿음이 강조될 때 명시적 신앙이 실존적 깊이를 표현하고 나타내는 것이 아니라 생산하고 형성하는 것으로 이해된다는 점이다. 그리스도인에게, 심지어 성숙한 그리스도인에게도 이 과정은 이제 막 시작되었다. 그들은 예수를 주로 고백하기 시작했을 뿐이다. 그리스도교의 언어, 즉 다가오는 나라의 언어를 말하기 시작했을 뿐이다. 그들의 사고와 의지와 감정은 분명한 아버지의 형상이신 분(히 1:3)께 이제 막 맞춰지기 시작했다. 그들 안에 있는 성령은 미래의 영광에 참여하는 것이 아니라 미래의 영광에 대한 보증이다. 그들은 다른 무엇보다 하나님을 더 사랑하고 이웃을 자신처럼 사랑하는 법을 아직 배우지 못했다. 왜냐하면, 이것은 종말론적 성취의 길 끝에 오는 것이기 때문이다. 그들의 사랑을 비그리스도인의 사랑과 구별해 주는 것은 현재 그들이 가진 사랑의 주관적인 질이 아니라, 그 사랑이 예수의 십자가와 부활의 메시지에 의해 형성되기 시작하고 있다는 사실이다. 오직 이 길 끝에 가서만, 오직 종말론적으로 성취되어야만, 하나님을 다른 무엇보다 더 사랑하고 이웃을 자신처럼 사랑하는 법을 진정으로 배우게 될 것이다.

이러한 관점에서 보면, 암묵적 신앙에 대한 경험-표현주의자들의 기술은 심지어 이를 '들음에서 오는 믿음'에 적용하더라도 과도하게 영광스러운 묘사이며, 정확히 하자면 신앙이 지복직관이 되는 궁극적 완성의 단계에 적용되어야 한다. 오직 그제서야 그리스도인은 깜깜하고 야성적인 존재의 깊은 곳에서, (칼 라너가 말한 대로) 그들이 근거를 두고 있는 심연의 신비를 "불태우는 심판이 아니라 친밀함을 완성시키는 것"으로[16] 경험하고 받아들일 것이다. 혹은 (로너간이 말한 대로) "무제한적으로 사랑 안에 있는 것"으로[17] 경험하고 받아들일 것이다. 요약하면, 새로운 삶의 모든 측면은 소망의 양상으로 존재한다. 이것이 바로 (루터가 말한 대로) "우리는 우리의 선을 실제로(*in re*) 가지고 있는 것이 아니라 믿음과 소망 안에서(*in fide et spe*) 가지고 있는"[18] 이유다. 이것은 또한 그리스도인이라는 자만심이 들어설 자리가 없는 이유다. 구원은 그분 안에만 있으며, 신자는 은혜로 그분에 대해 이제 막 배우기 시작했으나, 신자들의 도덕적 질과 종교적 질은 다른 사람과 비슷하다. 즉, 어떤 사람보다는 더 못하고 어떤 사람보다는 더 낫다.

이러한 관점이 구원을 존재론적 실재가 아닌 순전히 허구 또는 상상으로 만든다는 반대에 대하여 다음과 같은 비유로 대답할 수 있다. 즉 돌아선 사람은 이웃과 어깨를 나란히 하고 서 있으나, 그럼에도 어둠보다는 빛에서, 밤이 아니라 여명에, 옛 시대의 끝이 아니라 새 시대의 시작에 살고 있다. 더 복잡한 측면에서 말하자면, 언어를 배우는 어린아이의 비유가 유용하다. 아장아장 걷는 아이가 말하는 내용은 원시 언어든 현대 언어든 몹시 비슷하다. 두 경우 모두,

---

**16**   Karl Rahner, *Theological Investigations*, Vol. 5 (Helicon Press, 1966), p. 7.

**17**   Lonergan, *Method in Theology*, p. 122[178] 등 여러 곳.

**18**   Martin Luther, *WA* 4.147.23 이하. (시편 101:3에 대한 주석); cf. *Lectures on Romans*, tr. and ed. by Wilhelm Pauck (Westminster Press, 1961), p. 121 (*WA* 56.272.16-17).

아이는 기본적으로 동일한 세계에 대하여 좋아하거나 피하거나, 신뢰하거나 두려워하거나, 동일하게 기초적인 욕구와 반응을 표현한다. 그러나 어떤 언어는 결국 인간 역사의 모든 풍요와 불길하면서도 매우 기대되는 미래의 모든 풍요를 열어 주는 반면, 다른 언어는 아이가 잘 배우면 배울수록 그를 그의 작은 부족과 마을에 가두고 만다. 비문자적 문화에 속한 두 살배기는 아직 공자, 뉴턴, 베토벤이 될 잠재력이 있으나, 스무 살에겐 없다.

이러한 유비로 본다면, 베드로든 바울이든 그리스도 안의 어린아이든 모든 인간은 걸음마를 배우는 아이다. 이에 대한 결정적 문제는 그들이 들음으로써 배우기 시작한 언어가 예수 그리스도의 언어, 즉 참된 인간의 언어인가 아니면 다른 언어인가 하는 점이다. 예를 들자면, 그들이 희미하게 디듬더듬 말하는 사랑, 그들이 이해하고 소망하기 시작한 사랑은 예수의 삶과 죽음과 부활로 규정되는 사랑인가, 아니면 다른 방식으로 규정되는 사랑인가?

어쨌든 그리스도인이 자랑하는 것은 우스운 일이다. 그들은 앵무새처럼 기계적으로 셰익스피어나 『수학의 원리』(*Principia Mathematica*)를 파편적으로 소리 내는 아이와 같다. 그들은 자신들이 말하는 단어의 의미를 드문드문 어렴풋하게 알 뿐이다. 따라서 이러한 관점에서는 구원이 명시적 신앙 없이 암묵적으로 있을 수 있는 경우보다 자랑할 이유가 훨씬 더 적다.

비그리스도교인이 익명으로 그리스도인이라는 개념에 내포된 종교적 자만이나 종교적 제국주의의 유혹을 생각하면, 이러한 추론이 강화된다고 주장할 수 있다. 비신자가 자기 존재의 깊은 곳에서 경험하고 믿는 바를 비신자 자신보다 그리스도인이 더 잘 안다고 가정하는 것, 따라서 대화나 복음 전도의 과제는 그들의 자기-인식을 증진시키는 것이라고 가정하는 것은 어딘가 오만하다. 복음을 전달하는 일은 정신 요법의 형태가 아니라, 하나님이 모든 지체를 증언하는 백성으로 부르시지 않았음을 충분히 자각하는 가운데, 복음에 관심 있는 모든 이에게 자기 자신이 사랑하는 언어—예수 그리스도에 대해 말하는 언어—를 공유하고 제시하는 활동이다.

비그리스도교인의 구원에 관한 이러한 견해는 앞에서 타종교와 대화와 협력의 필요성에 대해 말한 것과 전적으로 양립 가능한 것 같다. 특정한 언어가 존재의 근거, 역사의 목적, 진정한 인간성에 대해 진정으로 말할 수 있는 단어와 개념을 가진 유일한 언어라고 주장하는 것은(왜냐하면 그리스도인은 성경 이야기를 말하고 풀어내는 것을 떠나서는 이러한 것들에 대해 제대로 말할 수 없다고 믿기 때문이다) 다른 종교가 진리를 말하고 실재(심지어 그리스도교가 아직 모르고 있으며 이를 배우면 크게 풍성해질지도 모르는 아주 중요한 진리와 실재)를 가리킬 자원을 갖고 있다는 것을 부인하는 것과 전혀 같지 않다. 예를 들어 헬라화의 오류가 무엇이든 간에, 헬라화는 그리스도인이 고대 이교도 관습과 그 산물인 고대 문화 및 철학으로부터 이루 다 헤아릴 수 없이 가치 있는 것들을 배운 과정으로 보아야 한다. 이러한 배움의 과정은 현대의 비그리스도교 종교 및 문화와 관련해서도 계속될 필요가 있다. 반대로 그리스도인이 이웃을 섬기는 방식 중의 하나는 다른 종교의 신자들이 그들의 유산을 정화하고 풍성하게 만들며 또 그들의 언어를 더 잘 말하도록 돕는 것일 수 있다. 이것이 비그리스도교 종교 안에 역사하고 있는 그리스도의 은혜를 발견하려고 노력하는 것보다 더 건전한 대화의 토대라고 주장할 수 있다. 비그리스도교 종교 안에서 역사하는 그리스도의 은혜를 찾는 시도는 '오직 그리스도'를 부인할 위험이 있는 것이 아니라, 비그리스도교의 진리와 가치를 공정하게 다루지 못할 위험을 안고 있다.

우리는 이제 우리가 검토하는 대안에서 아마도 가장 어려운 문제에 이르렀다. 과학이나 철학 때문에 시간적으로, 객관적으로, 미래의 종말을 주장할 수 없다고 생각하는 사람에게는 이 대안의 전망적 언급이 신화나 비현실적인 것으로 보인다.

그러나 이렇게 주장할 때의 난점은 익명의 그리스도인이 전개념적이고 전언어적인 구원 경험을 가진다는 발상도 문화-언어적 관점에서 생각하는 사람에게는 똑같이 비실재적이고 신화적으로 보인다는 것이다. 앞서 다소 다른 측면에서 말했던 것처럼, 문화-언어적 관점에서 생각하는 사람들은 종교를 기존의 어떤 공동체 내지 집단과 그 구성원 특유의 기본적 사고방식과 감정 및 행동 패턴에 대한 궁극적인 정당성을 제공하며 동기와 행동을 연결하는 담론적 상징과 비담론적 상징으로 이루어진 하나의 체계로 본다.[19] 이들에게 종교란 인간 경험의 초월적 극치와 깊이를 표현한 것이 아니라, 흔히 현대인

---

**19**    Clifford Geertz, *The Interpretation of Cultures* (Basic Books, 1973), p. 90[115].

이 인간에게 가장 심오한 것으로 생각하는 것, 즉 인간의 실존적 자기 이해를 구성하는(구성되는 것이 아니라) 의례, 신화, 믿음, 행동의 패턴이다. 다시 말해, 이러한 인간 모델은 경험-표현적 모델의 반대 방향이다. 인간의 견지에서 현실은 아래에서 위로 또는 안에서 밖으로 구성되는 것이 아니라, 밖에서 안으로, 위에서 아래로 구성된다고 할 수 있다. 언어의 습득은—필연적으로 바깥으로부터 습득한다—"인간이 탄생하게 된 도약"[20]이다. 인간의 지식·신앙·사랑의 모든 높이와 깊이는 인간이 문화적, 언어적 자원을 능숙하게(대체로 의식적 통제 너머에서 습득이 이루어진다) 사용한 결과지, 능숙하게 사용하게 된 원인이 아니다. 이러한 견해를 그리스도교 신학에 적용하면, 개인이 언어를 배움으로써 인간이 되듯이, 인간은 그리스도에 대해 말하는 언어를 듣고 내면화하는 것을 통해 새로운 피조물이 되기 시작한다. 물론 종교가 마음에 새긴 패턴은 이제 원래의 의례와 믿음으로 유지되고 있지 않은 보편화된 태도와 감정의 형태로 공동체나 개인 안에 잠복되어 있을 수 있다. 그리하여 탈그리스도교(post-Christian) 사회도 어떤 의미에서는 여전히 그리스도교적일 수 있으나, 이러한 잠복적 그리스도교는 그 종교의 명시적 형태 외에 다른 기원을 둘 수 없다.[21]

---

20  Wilfrid Sellars, *Science, Perception, and Reality* (London: Routledge & Kegan Paul, 1963), p. 6.

21  폴 틸리히는 '잠복성'(latency)에 대해 약간 다른 견해를 갖고 있다. 틸리히에게 잠복성(잠재성)은 드러난 종교의 결과(의미)일 뿐만 아니라 준비일 수도 있다. Paul Tillich, Systematic Theology, Vol. 3 (University of Chicago Press, 1963), p. 246. 『조직신학 4』, 유장환 옮김(서울: 한들출판사, 2008), p. 363.

이러한 관점에서 볼 때, 다른 종교의 심층에 존재하는 익명적 그리스
도교 개념은 터무니없는 생각이며, 이 개념 위에 세워진 비그리스도
인의 구원 이론은 완전히 비현실적으로 보인다.

　서로를 비현실적이라고 공격하는 두 입장 가운데 하나를 결정하
는 특별한 신학적 방법은 없다. 두 입장은 서로 다른 철학적 성향에
부분적으로 의존한다. 하나는 대륙 전통의 관념론, 낭만주의, 현상
학적 실존주의에 의존하고, 다른 하나는 보다 경험주의적인 영미 전
통에 의존한다(이는 또한 보다 신비주의적인 플라톤과 아우구스티누스적 흐름
보다는 근대 이전의 아리스토텔레스와 토마스적 사고와 유사점들이 있다고 주장할
수 있다). 이보다 더 근본적인 것은 심리사회적인 영향이다. 현실감과
비현실감은 대체로 사회적으로 구성된 것이다. 현대 신학자에게 무
엇이 믿을 만해 보이는지는 혹은 그렇지 않은지는 그들의 학문, 철
학, 신학적 논거보다 그들의 사회적 배경과 지적 훈련의 산물일 가
능성이 크다. 따라서 결론적으로 말할 수 있는 것은, 어느 종교에서
든 신화적 요소(전문적이고 비경멸적인 의미의 '신화')가 필수라는 점과, 종
말론적 미래에서의 비그리스도인의 구원은 적어도 '그리스도의 은
혜'(gratia Christi)에 대한 원초적, 전언어적 경험이라는 신화만큼 신
학적으로 일리 있다는 점이다. 만일 그렇다면, 특정한 신학적 쟁점
에 기초하여 이 두 가지 종교 이론 중 하나를 선택할 이유는 없다.
비그리스도인의 구원 가능성은—'오직 그리스도'를 고수하면서—
익명의 그리스도인의 관점에서든, 종말론적인 미래적 관점에서든,
동등한 타당성(혹은 부당성)을 가지고 주장될 수 있다.[22]

22  테야르 드 샤르댕(Teilhard de Chardin)의 작업은 현대 과학의 우주론들(갖가지 진
동 우주 모델은 제외)이 미래적 종말론과 어울린다는 점에서 그리스도교 역사에서
이전의 모든 우주론(프톨레마이오스와 아리스토텔레스부터 아인슈타인에 이르기까
지)과 다름을 보여 준다. 그러나 이 책 마지막 장이 보여 주듯이, 신학자들은 당연하
게 여겨지는 과학적 증거에 기초하여 신학적 결론을 내리는 일에서 테야르보다 더
신중해야 한다. 과학이나 철학에 종교와 일관된 해석이 주어질 수 있음을 보이려는
시도(예컨대 아퀴나스의 아리스토텔레스 해석)는 때때로 칭송을 받을 만하지만, 그
것은 과학이나 철학을 토대로 삼는 일과는 다르다.

# IV. 종교와 진리에 대한 부록

그러나 다른 중요한 쟁점들이 남아 있는데, 그중 이 장에서 중요한 문제는 종교와 진리 주장의 관계에 대한 것이다. 우리가 종교인의 실제 말과 행동을 정당하게 평가하려면, 무비성에 대한 이전의 논의보다 더 나아가야 한다. 우리는 종교가 상징적으로나 표현적으로 참일 뿐 아니라 범주적으로 참일 가능성을 허용하는 데 그쳐서는 안되고, 또한 명제적으로도 진리일 가능성을 허용해야 한다. 예를 들어, 그리스도인은 일반적으로 "예수 그리스도가 주님이시다"와 같은 확언이 범주적 진리 이상이라는 듯이 행동한다. 예수에 관한 이야기는 주 되심('비마조히스트적' 고난과 순종하는 종이라는 유일무이한 개념을 포함하는)이라는 하나뿐인 개념을 규정할 뿐만 아니라, 이러한 주 되심의 개념만이 ─ 십자가의 신학이 주장하듯이 ─ 현실에서 실제로 가장 가장 주님다운 것에 적절하다. 그리스도인은 상징적 진리(즉 예수의 이야기는 틸리히가 "새로운 존재의 힘"이라고 부른 진정한 주되심을 효과적으로 표현하고 전달할 수 있다는 주장)에서 멈추지 않고, 그리스도가 주님이시라는 것이 명제적으로 참이라는 데까지 나아간다. 즉, 예수 이야기가 말하는 그 특정한 개인은 결정적이고 무비적으로 주님이시고, 주님이셨으며, 주님이실 것이라고 주장한다. 인지-명제적 종교 이론의 큰 장점은 순수 경험-표현적 이론과 달리, 그러한 진리 주장의 가능성을 순수하게 인정한다는 점이다. 또한 인지-명제적 이론이 문화-언어적 접근에 가하는 결정적인 신학적 도전은 문화-언어적 접근도 진리 주장을 할 수 있느냐 하는 것이다. 이 도전에 대한 논의는 불가피하게 어느 정도 전문적일 수밖에 없을 것이다.

첫째, 우리는 내가 '체계 내적'(intrasystematic) 진리 진술이라고 부른 것과 '존재론적' 진리 진술이라고 부른 것을 구분할 필요가 있다. 전자는 정합적인 진리이고, 후자는 실재에 상응하는 진리이다. 여기서 실재는, 인식론적 실재론자에 따르면, 일차 명제(first-order propositions)에 귀속시킬 수 있는 것이다. 발언은 관련된 전체 맥락과 정합적일 때 체계 내적으로 참이다. 관련된 전체 맥락은 종교의 경우 문화-언어적 측면에서 보면, 단지 여러 발언으로만이 아니라 서로 상관되는 삶의 형태로 이루어져 있다. 마찬가지로 그리스도인에게 "하나님은 셋이면서 하나시다" 또는 "그리스도는 주님이시다"라는 발언은 오직 말하고, 생각하고, 느끼고, 행동하는 전체 패턴의 부분으로서만 참이다. 이런 발언들은 패턴 전체가 하나님의 존재와 의지에 대해 확언하는 바와 비일관적으로 사용되면 거짓이다. 예를 들어, "그리스도는 주님이시다"(Christus est Dominus)를 외치는 십자군의 함성은 (비록 다른 상황에서는 참된 발언일지라도) 이교도의 두개골을 절단하는 일의 정당성을 공인하는 데 사용될 때 거짓이다. 이렇게 사용될 때, 저 발언은 이를테면 그리스도인이 주님을 고난받는 종을 체현한 분으로 보는 이해와 모순된다.

이 모든 것은 종교 영역뿐만 아니라 비종교적 영역에서도 정합성이 진리에 필요하다는 단순한 말이다. 예를 들어, 십자군의 외침이 거짓인 것과 형식적으로 동일한 이유로, 평행선이 결국 만난다는 것을 함축하는 증명은 유클리드 기하학에서 거짓임이 틀림없다. 즉 두 경우 모두 진술들이 각각 체계 내적으로 비일관적이다. 차이점은 그리스도교의 경우 체계가 공리, 정의, 추론에 의한 완전히 지적인 측면으로 구성되지 않고, 세상 속에 살며 해석하는 데 명시 가능한 방법으로 사용되는 일련의 이야기로 구성된다는 것이다. 문화-언어적 관점에서 볼 때, 주로 인지-명제적인 종교 이론의 오류는 이러한 차이를 간과한 것이다. 인지-명제적 종교 이론은 종교 체계가 형식을 갖춰 구성된 일련의 명시적 진술보다 자연 언어에 더 가깝다는 사실, 그리고 이 언어를 알맞게 사용하면 수학 언어와는 달리 특정한 행동 방식과 분리될 수 없다는 사실을 제대로 다루지 못한다. 하지만 일단 이러한 차이점이 고려된 다음에는 종교가 수학적 체계와 마찬가지로 전체적 정합성을 갖추려 한다는 점, 이에 따라 특정 발언이 체계 내적으로 참인지 거짓인지는 이 전체적 정합성 안에서 근본적으로 의미 있다는 점을 기억하는 것이 중요하다.

인식론적 실재론자에게 체계 내적인 진리 또는 거짓은 그것이 두 번째 종류의 진리(존재론적 상응의 진리)에 대한 충분조건은 아니어도 필요조건이라는 의미에서 근본적이다. 다시 말해, 어떤 진술이 체계 내적으로 참이 아닌 경우에는 존재론적으로도 참일 수 없지만, 존재론적으로 참인 경우가 전제되지 않더라도 체계 내적으로는 참일 수 있다. 체계 내적으로 참인 진술은, 만일 그것이 관련되는 실재를 가리키는 개념이나 범주가 없는 어떤 체계의 일부라면 존재론적으로 거짓이지만―혹은 더 정확히 말하면 무의미하지만―만일 그것이 그 자체로 범주적으로 참인(적절한) 체계의 일부라면 존재론적으로도 참이다. 여기서 또 기하학의 유비를 적용해 볼 수 있다. 실제로 공간이 리만 기하학이나 로바체프스키 기하학보다 유클리드 기하학적이라면, 평행선 공리에 의존하는 진술은 존재론적으로 참이다 (상대성 이론의 영향으로 우리는 이제 일반적으로 그렇지 않다고 생각하고 있긴 하다). 마찬가지로 그리스도교 이야기를 바르게 사용함으로써 형성된 삶의 형태와 세상에 대한 이해가 실제로 하나님의 존재와 의지에 상응한다면, '그리스도가 주님이시다'는 말의 적절한 사용은 체계 내적으로도 존재론적으로도 참이다. 전적으로 비일관적이지 않은 종교 내에서의 발언은 이러한 점에서 체계 내적으로 참일 수 있지만, 이는 결코 그 말의 존재론적 진리나 의미를 보장하는 것이 아니다. 마찬가지로 비슷한 예를 들면, "덴마크는 햄릿이 살았던 나라다"라는 진술은 셰익스피어 희곡의 맥락 안에서 체계 내적으로 참이지만, 이는 이 희곡을 역사로 간주하지 않는 한 존재론적 진리나 거짓에 대해 아무것도 함의하지 않는다. 반복하자면, 체계 내적 진리는 존재론적 진리의 필요조건이지만 충분조건은 아니다.

종교적 발언의 존재론적 진리는, 종교적 발언의 체계 내적 진리와 비슷하게, 다른 영역의 담론에 적용되는 것과 유사하기도 하고, 또 다르기도 하다. 우리가 상술 중인 관점에서 종교적 발언이 실재에 상응한다면, 이는 발언 자체에 대해 고려할 때 발언이 지니는 속성이 아니라, '가장 중요한 분', '궁극적으로 실재하는 분'에 상응하는 삶의 양식과 존재 방식을 구성하는 역할을 하는 기능일 뿐이다. 중세 스콜라학자들은 진리를 정신과 사물의 일치(adaequatio mentis ad rem)라고 말했으나, 종교적 영역에서 이러한 아는 것과 알려지는 것의 정신적 상응(isomorphism)은 자아가 하나님께 일치하는 더 넓은 맥락의 요지로 볼 수 있다. J. L. 오스틴(Austin)의 "수행적"(performatory) 언어 사용 개념으로도 같은 주장을 할 수 있다.[23] 즉, 종교적 발언은 존재론적 상응을 만들어 내도록 거드는 수행, 행동, 행위일 때만 존재론적으로 상응하는 명제적 진리를 포착한다고 말할 수 있다.

이것은 비종교적인 수행적 발화에서는 일어나지 않는다. 비종교적 수행적 발화에서는 적어도 일반적으로는 발언이 수행적인 동시에 명제적으로 기능할 수 없다. 예를 들어, 혼인 서약이 수행적이라는 것, 즉 결혼의 현실을 창조한다고 말하는 것은 혼인 서약이 명제적이라는 것, 즉 선재하는 결혼의 현실에 상응한다는 것을 부인하는

---

**23** John L. Austin, "Performative Utterances," in *Philosophical Papers*, 2nd ed. (Oxford: Clarendon Press, 1970), pp. 232-252. Cf. Austin, *How to Do Things with Words* (Oxford: Clarendon Press, 1962). 『말과 행위』, 김영진 옮김(서울: 서광사, 1992).

것이다. 그러나 진부하게 표현해도 된다면, 결혼은 하늘에서 진정으로 성립된 일이고, 지상의 약속은 하나의 현실과 또 다른 현실을 '명제적으로' 상응시키는 일이다. 이 예시에서 취할 만한 것이 있다면, 그것은 진술이 객관적 실재에 대한 존재론적 진리 주장이라는 명제적 실효성(propositional force)을 갖는다고 생각할 수 있는 한 가지 방식을 내비친다는 점이다. 비록 '정신과 사물의 일치'라는 고전적 명제 모델과는 어울리지 않지만 말이다.

여기서 종교의 진리 주장이 제기하는 논리적 쟁점을 자세히 다룰 필요는 없다. 그러나 우리가 스케치한 그림이 종교적인 사람들이 주장하는 바를 공정히 다루고 있는지 여부를 묻는 것은 우리의 논의에서 매우 중요하다. 예를 들어 바울은 어떤 사람도 성령에 의하지 않고서는 "예수는 주시다"라고 말할 수 없다고 했다(고전 12:3). 루터도 종종 비슷한 방식으로, 내가 그렇게 말하면서도 그리스도를 "나의 주님"으로 삼지 않는다면 나는 그리스도가 "주님"이라고 진정으로 확언할 수 없다고 자주 주장했다.[24] 만일 인지주의자처럼 명제의 의미, 진리, 거짓이 그 발화자의 주관적 성향과는 별개라고 주장한다면, 이러한 진술들은 수용되기 힘들다. 하지만 "예수는 주시다"와 같은 진술의 종교적 의미를 발화자의 내적 경험 또는 실존적 지향을 상징하는 역할로 환원하는 경험-표현주의자들의 대안적인 해석도 적어도 똑같이 받아들이기 어려워 보인다. 적어도 바울과 루터는

---

**24**   이러한 "나를 위한"(*pro me*)의 특별한 용법에 대해서는 다음을 보라. Ian Siggins, *Martin Luther's Doctrine of Christ* (Yale University Press, 1970), pp. 181-182.

그리스도의 주 되심이 저 말을 듣거나 말하는 사람의 신앙 유무에 관계없이 객관적으로 실재한다고 분명하게 믿었다. 그들은 이 진리를 단언하는 유일한 방법이 그 진리에 관한 무언가를 하는 것, 즉 어떤 삶의 방식에 헌신하는 것임을 주장하는 데 관심이 있었다. 이러한 관심은 종교적 발언이 오직 수행적 사용을 통해서만 명제적 실효성을 얻는다는 제안과 전적으로 부합하는 것 같다.

그럼에도 이렇게 자아를 하나님께 수행적으로 일치시키는 것은 인식론상 실재론적인 방식으로도 나타낼 수 있다. 즉 정신이 신의 현실에 상응하는 식으로 설명될 수 있다. 이러한 상응을 이를테면 토마스 아퀴나스처럼 제한된 방식으로 생각하면, 어쨌든 이것은 참이다. 다시 말해, 문화-언어적 종교 이론이 적어도 몇몇 고전적 유신론자들(아퀴나스가 좋은 예다)로 대표되는 온건한 인지주의나 명제주의를 (함의하지 않지만 그럼에도) 배제해야 할 이유는 없는 것 같다.

아퀴나스는 비록 하나님에 관한 진술에서 인간의 의미 양태(*modus significandi*)는 신적인 존재 안에 어떤 것과도 상응하지 않지만, 의미된 것(*significatum*)은 상응한다고 주장한다.[25] 예를 들어 우리가 하나님은 선하시다고 말할 때, 이는 우리가 지닌 어떤 선 개념(의미 양태)이 하나님께 적용된다는 주장이 아니며, 우리가 이용할 수 없는 선 개념, 즉 하나님의 선에 대한 하나님의 이해가 하나님께 적용된다는 주장이다. 다시 말해, 우리는 '하나님은 선하시다'의 의미를 알지 못

---

**25** Aquinas, *ST* I.13.3; *CG* I.30.

하지만, "'하나님은 선하시다'는 의미 있고 참되다"라고 주장하고 있는 것이다.[26] 다소 비슷하게, 상대성 이론을 이해할 만큼의 수학적 지식이 없는 비물리학자는 '시공간은 4차원의 연속체다'라는 진리를 올바로 주장할 수 있지만, 이 진술이 어떤 의미에서 참인지 또는 유의미한지를 알지 못한다. 비물리학자와 신학자는 모두 잘못된 해석을 배제하기 위해 유비를 사용할 수 있지만, 이 술어들이 어떻게 실재에 상응하는지가 아니라, 어떻게 상응할 수 없는지(혹은 근대인이라면 '그것들이 어떻게 반증 가능한지'라고 말할 수도 있다)에 대해서만 구체적으로 말할 수 있을 뿐이고, 따라서 의미 양태를 포함하여 그것들을 긍정할 수 없다. 그러나 이렇게 정보상으로는 공허하더라도, 의미된 것은 주장될 수 있다. 즉 '하나님은 선하시다' 또는 '시공간은 4차원의 연속체다'라는 지적 판단이 객관적 실재를 가리키거나 객관적 실재에 상응한다고 주장하는 것이 가능하다. 비록, 이를테면 하나님의 선하심이나 4차원적 시공간 연속체에 대한 반증 가능한 기술을 제공함으로써 그 의미 양태를 구체화할 수 없더라도 말이다.

그러나 그들이 인지한 내용이 방금 제시한 만큼 최소한의 것이라면, 하나님에 대한 진리 주장의 기능은 무엇인가? 우리가 하나님이 선하신 방식(즉, 그 의미 양태)을 알지 못한다면, 우리는 하나님이 선하

---

**26**   이와 비슷한 아퀴나스 해석에 대해서는 다음을 보라. David Burrell, *Aquinas: God and Action* (University of Notre Dame Press, 1979), pp. 8-10 등 여러 곳; David Burrell, *Analogy and Philosophical Language* (Yale Unversity Press, 1973), pp. 136-139. 또한 위 각주 3번의 빅터 프렐러를 참고하라. 프렐러의 해석의 배경에는 윌프리드 셀라스(위 각주 20번)의 연구가 있다.

시다는 주장으로부터 동어 반복이 아닌 결론을 끌어낼 수 없다. 여기서 제안될 수 있는 것은 고전적 유신론자들이 그들의 목적을 위해 앞서 언급한 종교적 발언의 수행적 기능에 호소할 수 있다는 점이다. 그들은 정보상으로는 공허하더라도 하나님 자체가 참으로 선하다는 주장은 매우 중요하다고 말할 수도 있는데, 왜냐하면 이 주장은 신자의 생각과 행동을 형성하는 창조, 섭리, 구속의 이야기들이 보여 준 방식으로 하나님이 선하시다는 듯이 반응할 수 있도록 정당성을 부여하기 때문이다. 같은 내용을 다른 방식으로 표현하자면, 저 이야기들이 보여 준 방식으로 하나님이 우리와의 관계에서(*quoad nos*) 선하시다는 듯이 생각하고 행동하는 것은 하나님 자체가(*in se*) 정말로 선하시다고 주장하는 것을 필요로 한다. 정경 본문들이 증거하듯이, 비록 하나님 자체가 선하다는 주장은 인간의 이해를 완전히 넘어서지만 말이다.

비슷하지만 논리적으로 더 복잡한 경우를 예로 들면, 예수가 참으로, 객관적으로 죽은 자 가운데서 살아났다는 주장이 지시하는 것(*significatum*)은, 부활 이야기의 지시 양태를 구체적으로 말하는 것이 불가능함을 인정하더라도, 부활 이야기가 권고하는 방식으로 행동할 근거를 제공한다.[27] 첫 번째 예는 그렇지 않지만, 인정하건대 두 번째 예는 아퀴나스가 말한 것을 넘어선다. 그러나 지시 양태

---

**27** 이런 식으로 부활을 바라보는 방식에 관한 추가적인 해설에 대해서는 다음을 보라. George Lindbeck (G. Baum 및 R. McBrien과 함께) in John Kirvan (ed.), *Infallibility Debate* (Paulist Press, 1971), pp. 132-133.

(*modus significandi*)와 지시 대상(*significatum*)의 구분 및 유비적 지식 개념을 하나님의 존재 자체뿐만 아니라 부활(그리고 창조, 종말 등)에 적용하지 않을 이유는 없어 보인다. 어쨌든 명제주의는 토마스 아퀴나스의 '불가지론적' 읽기처럼[28] 겸손해지면, 문화-언어적 접근법과 어울리는, 종교 진리에 관한 '수행-명제적인' 신학적 이론과 더 이상 양립 불가능하지 않다.

이러한 밑그림을 완성하기 위해, 문장은 명제와 동일한 것이 아니라는 진부한 내용을 간단히 부연하는 것이 바람직할 것이다. 서로 다른 문장은 실재에 대해 하나의 동일한 주장을 펼 수 있다. 또한 우리가 당면한 목적에 더 중요한 점은 동일한 문장이 명제적으로도, 비명제적으로도 사용될 수 있다는 것이다. 예를 들어 "이 차는 빨갛다"라는 문장이 이 페이지에서 발화된다면 명제일 수 없다. 왜냐하면 저 문장은 특정 자동차와 특정 시각을 명시하지 않고 있기 때문이다. 자동차는 시간에 따라 다른 색일 수 있다. 이 문장은 참도 아니고 거짓도 아닐 수 있다. 필요한 부분을 약간 변경하면(*mutatis mutandis*) 종교적 문장에 대해서도 같은 것을 말할 수 있다. 종교적 문장은 오직 확정적인 상황에서만 일차적 또는 존재론적 참이나 거짓 값을 갖기에 충분할 만큼 지시적 구체성을 얻을 수 있다. 신학 논문이나 교리 논의 과정에서는 이런 구체성을 갖는 경우가 있을 수는 있겠으나 거

---

28  충실한 전통적 토마스주의자들은 토마스의 '불가지론'(agnosticism)에 대해 말하는 사람들 사이에 있어 왔다. 예를 들어, 다음을 보라. Antonin Sertillanges, *S. Thomas d'Aquin* (Paris: Alcan, 1925).

의 없다. 이를테면 "그리스도는 주님이시다"라는 문장의 신학적, 교리적 사용은 중요하지만(우리는 이에 대해 다음 두 장에서 더 길게 관찰할 기회가 있을 것이다), 이는 명제적 사용이 아니다. 그리스도교 신학의 목적상, 이 문장은 개인과 공동체를 그리스도의 마음에 합하게 만드는 경배, 선포, 순종, 약속-경청, 약속-준수의 행위 속에서 사용될 때만, 존재론적 진리 주장을 할 수 있는 일차적 명제가 된다(비관념론자라면 이렇게 말할 것이다).

그렇다면 여기에는 신앙의 언어에 숙달되지 않은 사람은 "예수는 주님이시다"를 긍정할 수 없을 뿐만 아니라 부정할 수도 없다는 의미가 있다. 그 이유는 발화 상황―예컨대, 저 주차장, 명확히 지시된 자동차, 특정 시간―을 모르면 "이 차는 빨갛다"라는 진술을 부정할 수 없는 것과 형식상 유사하다. 말하자면 관련된 맥락 안에 있어야 한다. 이는 종교의 경우, 종교적 주장의 명제적 의미가 거부 가능할 만큼 충분히 명확해지려면 먼저 그 언어를 사용하며 그 삶의 방식을 실천하는 기술을 가지고 있어야 한다는 의미다.

이러한 명제에 관한 논의는, 말할 필요도 없지만, 앞서 논한 타종교 신자의 구원에 대한 신학적 제안을 지지한다. 비신자는 아직 구원 문제를 정면으로 마주하지 않았는데, 왜냐하면 종교적 발언을 진정으로 거부할(또는 받아들일) 만큼 발언의 충분히 의미를 파악할 수 있으려면 그 발언이 명제적 실효성을 얻는 명확한 배경에 어느 정도 익숙해져야만 가능하기 때문이다. 비슷한 방식으로, 이는 왜 배교가 신앙을 거절하는 것보다 일반적으로 더 심각한 것으로 여겨지는지를 설명하는 데 도움을 줄 수 있다. 비신자가 어떤 종교의 상징적 어휘와 개념적 구문에 대해 아무리 잘 알고 있다고 하더라도 실제로 실천이 없는 경우라면, 그 종교의 명제적 주장들을 이해하지 못한 상태일 것이라고 추정해 볼 수 있다. 하지만 배교자에 대해서 이와 비슷하게 추정하기는 더 어렵다.

결론적으로 종교는 인지주의적 이론뿐만 아니라 문화-언어적 이론에서도 존재론적으로 참된 주장을 담을 수 있는 것으로 해석될 수 있다. 문화-언어적 접근에서는 인식론적 실재론과 진리대응론을 거부(또는 수용)하라고 요구하지도 않는다. 신자들은 "그리스도는 주님이시다" 같은 문장을 올바르게 사용할 때 자신들이 참된 일차적 명제를 발언 중이라고 확신하는데, 대부분의 신학 전통에 따르면 진리대응론은 이러한 확신에 암묵적으로 전제되어 있다.

그럼에도 불구하고 인지주의적 접근과 문화-언어적 접근에서 각각 명제가 발화될 수 있는 조건은 매우 다르다. 각각은 아주 다른 언어층(linguistic strata)에 위치한다. 인지주의자에게 명제적인 것은 주로 전문적 신학과 교리인 반면, 대안적 모델에서 명제적 참·거짓은 일상적 종교 언어가 기도, 찬양, 설교, 권면을 통해 삶을 형성하는 데 사용될 때 그 언어의 성격을 나타낸다. 오직 이러한 일상적 언어의 차원에서만, 인간은 자신의 진리나 거짓을 언어적으로 드러내고, 그것들이 궁극적 신비에 상응하는지 여부를 언어적으로 드러낸다. 반대로 전문적 신학과 공식 교리는 종교적 언어의 제1지향적 사용에 관한 이차적인 담론이다. 일반적인 가정과는 반대로, 이차적 담론은 존재론적 의미를 담은 주장을 성공적으로 하는 경우가 드물고, 오히려 그러한 주장이 때때로 일어나는 예전적, 선포적(kerygmatic), 윤리적 발화 및 행동 양식을 설명하고, 옹호하고, 분석하고, 규제하는 데 관여한다. 문법 자체는 언어가 사용되는 세계에 대해 참이나 거짓을 주장하지 못하고 오직 언어에 관한 주장만 하듯이, 신학과 교리는 이차적 활동인 만큼 하나님과 하나님의 피조물과의 관계에 대해 참이나 거짓을 주장하지 못하고, 오직 그러한 주장에 대해서만 말할 뿐이다. 그러한 주장은 종교적으로 말할 때를 제외하고는 이루어질 수 없다. 즉 예배와 약속과 순종과 권면과 설교를 통해 우주에서 가장 중요하다고 여기는 것에 자기 자신과 다른 이들을 수행적으로 맞추려 할 때에만 그러한 주장이 가능하다.

이는 우리를 다음 장에서 다룰 중요한 문제, 즉 교회의 교리 문제로 이끈다. 이 장에서 우리는 문화-언어적 접근이 무비성, 종교 간 대화, 비그리스도교인의 구원, 종교적 주장의 명제적 진리에 관한 약한 입장들뿐만 아니라 확고한 입장들과도 양립할 수 있다고 주장했지만, 여전히 문제는 남아 있다. 즉 대부분의 그리스도교 전통이 역사적으로 교회 교리에 부여한 역할이 위태로워진 것 같다. 교회 교리가 일차적 명제가 아니라면, 교회 교리는 무엇인가? 교회 교리는 교리의 영속성과 규범성을 인정하고, 또한 교회가 가르치는 역할의 무류성을 인정하면서 동시에 비명제적으로 해석될(문화-언어적 관점은 그래야 한다고 제안한다) 수 있을까? 이 물음과 이와 유사한 물음은 대부분 종교에서 긴박한 문제가 아니지만, 그리스도교 안에서는 매우 중요한 문제다. 문화-언어적 접근의 에큐메니컬적 유용성은 대개 이 질문에 성공적으로 대답할 수 있는지 여부에 달려 있다. 우리가 다음 두 장에서 다룰 내용이 이 문제들이다.

I 교리와 교리 문제
II 문법과 교리, 연속성과 변화
III 교리의 분류

I Doctrines and Their Problems
II Grammar and Doctrine, Continuity and Change
III A Taxonomy of Doctrines

# 4

고리에 관한 이론들

교회 교리에 관한 이론은 문화-언어적으로 종교에 접근하는 방식들이 신학적으로, 에큐메니컬적으로 유용한지를 시험하는 비평적 시금석을 제공한다. 이러한 접근들은 교리가 규범적일 뿐만 아니라 영속적이라는 개념에 어떤 종류의 의미를 부여할 수 있는가? 대부분의 그리스도교 전통은 자신들의 교리가 이런 성격을 갖는다고 주장해 왔다. 더욱이 로마 가톨릭교회는 자신의 교도권으로 신앙에 관하여 (*de fide*) 선언할 때 무류하다고 주장한다. 만일 문화적·언어적 모델에 적합한 규제 이론 또는 규칙 이론이 이러한 규범성, 영속성, 무류성 주장을 배제한다면, 수많은 신학자에게 이 이론은 신학적으로 쓸모없을 것이며, 에큐메니컬적으로는 모두에게 쓸모없을 것이다.

　예상했겠지만 이 장은 규칙 이론이 교리적으로 가능할뿐더러 다른 입장들보다 여러 장점이 있다고 결론 내릴 것이다. 인정하건대 그 증거가 엄밀하지는 않다. 근본이 다른 관점 간의 논쟁이 대개 그렇듯이, 어떤 중립적 관점에서 서로 간의 차이에 대해 판결을 내릴 수는 없다. 관점 자체가 기준을 형성하고, 자기 관점에 유리하게 증거를 왜곡한다. 그러나 나는 적어도 규칙 이론이 비신학적 종교학자뿐만 아니라 역사적으로 그리스도교 주류인 신학자에게도 진지한 대안이라는 점을 보여 주기를 바란다.

첫 번째 과제는 교리 이론이 고려해야 하는 문제들을 밝히는 일일 것이다. 둘째, 우리는 종교적·교리적 불변성과 변화의 문제와 특히 관련지어 규칙 이론에 관해 설명할 것이다. 셋째, 우리는 서로 다른 교리 유형을 다룰 것이다. 다음 장에서는 논란이 되는 교리 가운데 몇 가지 예를 선택하여 규칙 이론을 적용하고, 규칙 이론이 다른 해석들과 상이한 주요 차이점을 논할 것이다.

# I. 교리와 교리 문제

교리에 관한 간단하면서도 만일 가능하다면 논란의 여지가 없는 어떤 설명은 교리 이론들이 다루어야 하는 문제를 제기하는 데 충분할 것이다.[1] 교회 교리는 집단의 정체성 또는 안녕에 대한 문제에서 본질적인 것으로 여겨지는 믿음과 실천에 관하여 공동체에서 권위를

---

1 '교리', '교의', '신조', '신앙고백'을 비롯하여 이와 관련된 용어들의 의미에 관한 광범위한 문헌은 내가 아래에서 목록화한 '비논쟁적' 특징들에 대해 대개 동의한다. 그러나 그것은 우리가 검토 중인 '문화-언어적' 관점과 다른 관점에서 저술되었고, 따라서 직접적으로 지지해 주는 것으로 인용될 수 없다. 야로슬라프 펠리칸은 그리스도교 교리를 "예수 그리스도의 교회가 하나님의 말씀에 근거하여 믿고, 가르치고, 고백하는 것"이라고 특징지었는데(Jaroslav Pelikan, *The Christian Tradition: A History of the Development of Doctrine*, Vol. 1 [University of Chicago Press, 1971], p. 1), 이는 현재 논의의 목적이 바라는 만큼 교회 교리와 신학을 예리하게 구분하지 않는다. 반면 버나드 로너간은 나와 거의 같은 지점에 교회 교리와 신학적·방법론적 교리 사이에 선을 긋는다(*Method in Theology* [Herder & Herder, 1972], pp. 296-297). 여기서 제시한 교리 이해의 먼젓번 형태에 대해서는 다음을 보라. George A. Lindbeck, "Creed and Confession," *Encyclopaedia Britannica*, 15th ed. (1974), Macropaedia 5, pp. 243-246.

갖는 가르침이다. 교회 교리는 공식적으로 진술될 수도 있고 비공식적으로 작용할 수도 있으나, 여하튼 교리는 무엇이 공동체에 대한 충실한 신봉을 이루는지를 보여 준다. 감리교 교리, 퀘이커교 교리, 로마 가톨릭 교리에 동의하지 않는 것은 그 사람이 '좋은' 감리교인, '좋은' 퀘이커교도, '좋은' 로마 가톨릭 신자가 아님을 보여 준다. 예를 들어, 평화주의에 반대하는 사람은 친우회(Society of Friends) 회원의 모습을 완전히 갖추었다고 여겨질 수 없을 것이다. 만일 이렇게 결론 내릴 수 없다면, 평화주의에 대한 믿음은 공동체적으로 형성되는 일과 무관해졌다는 점이 분명하며, 따라서 그것이 여전히 형식적 또는 공식적인 교리라 하더라도 더 이상 실제 작용하고 있는 교리는 아니다. 어쨌든 작용 중인 교리는 공식 교리가 아니더라도 공동체의 정체성에 필요한 것이다. 종교 단체는 그 정체성을 식별해 주는 믿음 그리고/또는 실천이 없으면, 고유한 특성이 확인되는 집단으로 존재할 수 없다.

이러한 설명이 함의하는 바를 좀 더 분명히 하려면, 몇 가지 점을 자세히 설명해야 한다. 첫째, 교리의 불가피성과 관련하여 말하자면, 수많은 집단(예를 들어, 수많은 퀘이커교도와 그리스도 제자단[Disciples of Christ]을 비롯하여)이 공언하는 "신조 없는 그리스도교"는 진정으로 신조가 없는 상태가 아닌 것 같다. 신조가 없다는 점을 단체의 정체성을 나타내는 하나의 표지로 주장한다면, 그 자체가 의미상 작동하는 신조인 것이다. 실제로 흔히 이는 최소한 반(半)공식적인 것이 된다. 일부 개신교인이 "신조가 아니라 성경을"이라는 슬로건을 사용할 때처럼 말이다. 이 금언이 반대하는 바는 교리 일반이 아니라 성경 이후의(postbiblical) 교리들—혹은 더 정확하게는 이 교리들이 갖는 공식적 지위—이다(예를 들어, 대부분의 성경주의적 개신교인은 실제로 성경 이후의 교리인 삼위일체론을 지지한다. 그들은 니케아 신조가 가르치는 바를 부인하지 않지만, 신조 자체는 무시하면서 신조가 가르치는 바는 자명하게 성경적인 것처럼 행동한다).

자세한 설명이 필요한 두 번째 점은 실제 작용하는 교리와 공식적 교리의 구분이다. 바로 앞에서 본 대로 일부 성경주의적 개신교의 경우처럼 니케아의 삼위일체론이 계속 교리로서 작용하고 있으면서도 공식 교리는 아닐 수 있다. 반대 경우 또한 있을 수 있다. 상당수의 자유주의 개신교가 그러하듯이, 그것이 여전히 공식 교리이면서도 사실상 교리로 작용하지 않을 수도 있다. 게다가, 상당히 많은 교리가 공식 교리가 된 적이 없음에도 교리로 작용하고 있다. 이는 그런 교리들이 너무 자명하여 어떤 교회도 교의화할 필요를 못 느꼈기 때문이거나(예를 들어 그리스도교에서 '하나님은 사랑이시다'), 더 큰 종교 도식 안에 암묵적으로 있지만 공인되지 않았기 때문일 것이다(그리스도교의 노예 제도 반대는 오랜 세기 동안 사실이었지만, 비교적 최근에 공동체 안에서 의무적인 것으로, 그리고 교리적 지위를 갖는 것으로 널리 인정된 것처럼 말이다).

세 번째는 암묵적 교리가 명시적 교리가 되고 작용만 하던 교리가 공식 교리가 되는 일반적 수단이 논쟁이 된다는 점이다. 대부분, 공동체는 무엇을 가르치고 실천하도록 허용해야 할지에 대한 논쟁이 발생할 때만 집단 지성을 마련하여 공식적으로 교리적 결정을 내린다. 1854년과 1950년의 마리아 교의는 이런 일반화에서 거의 유일하게 명백한 예외지만(마리아 교의가 공표될 당시 로마 가톨릭교도들이 그 교리의 진리성에 대해서가 아니라 정의 가능성에 대해서만 공개적으로 논쟁했기 때문에), 여기에서조차 주된 유발 요소로서 당시 특히 위협적인 세계로 보였던 것에 맞서 로마 가톨릭의 독특성을 강조하려는 열망이 있었다고 할 수도 있다. 어쨌든 공식적 교리가 갈등의 산물인 한, 두 가지 중요한 귀결이 따른다. 첫째, 교리는 그것이 반대하는 것과 관련하여 이해되어야 한다(대개 교리가 긍정하는 것보다 부정하는 것을 명시하는 일이 훨씬 더 쉽다). 둘째, 한 공동체의 공식 교리는 그 공동체에서 가장 중요하며 변함없는 지향점이나 신념을 제대로 반영하지 못할 수 있다. 왜냐하면 변함없는 신념이더라도 심각하게 도전받은 적이 없었거나(따라서 공식적으로 규정된 적도 없다), 혹은 대부분 상황에서는 사소한 문제인 것들이 간혹 때에 따라 생사가 걸린 문제가 될 수도 있기 때문이다.

이 마지막 논점은 오랫동안 인식되어 온 것으로 주목할 가치가 있다. 예를 들어, 루터는 언젠가 이렇게 말했다. "만일 내가 하나님의 진리의 모든 부분을 큰 소리로 명확한 설명까지 곁들여 선포하되, 그 당시 세상과 마귀가 공격하고 있는 바로 그 작은 문제만 정확히 제외하고 선포한다면, 나는 그리스도를 고백하고 있는 것이 아니다. 아무리 용감하게 그리스도를 고백하고 있다 하더라도 말이다. 전투가 벌어지는 곳에서는 군인의 충성이 증명된다. 만일 전선에서 주춤한다면, 전선이 아닌 모든 곳에서 보인 한결같음도 그저 도피이

자 망신일 뿐이다."[2]

루터보다 다소 장황하고 추상적이긴 하지만 뉴먼 추기경도 군사적(militaristic) 비유를 사용하여 동일한 통찰을 다음과 같이 표현했다. "주님의 식탁에 무릎 꿇거나 세례 때 십자가를 사용하는 등의 의례나 의식을 고수할지 포기할지를 두고 벌어지는 논쟁에 조소를 보내는 것만큼 경솔하고 철학 없는 소행도 없다. 작은 지역에 대한 두 장군의 작전을 빈정대는 것도 마찬가지일 것이다. 루비콘은 좁은 개울이었다. 흔히 약간의 우위를 얻는 것은 최후 승리의 조짐이자 척도가 된다. 가장 낮은 지점에서 사태를 보면 정치 정파들은 가장 사소한 것으로 단결된다. 우연적 표식, 또는 비일관성이 원리를 구현하고 한 정파의 삶의 자리일 수도 있다. 체계는 하나의 전체로서 보아야 하고, 그러면 하나의 개체를 다루듯이 수정 내지 변경을 거의 허용하지 않을 것이다. 우리는 우리 몸의 관절 하나를 더 좋은 것으로 바꿀 수 없고, 혈관 하나를 무사히 절개할 수도 없다. 물론 이 유비를 너무 극단으로 몰아가면 안 되지만, 이 시대의 이론가들이 믿고자 하는 것보다 훨씬 더 도덕과 정치에 잘 적용된다. 우리의 가장 중요한 습관의 창고와 보고가 얼마나 감추어져 있고 하찮게 여겨지고 있는지 놀라울 따름이다."[3]

정치와 도덕의 역사뿐만 아니라, 교리의 역사도 뉴먼의 논지를 보

---

2    Martin Luther, *WA-BR*, Vol, 3, pp. 81-82.

3    다음 책에서 인용함. Garry Wills, *Bare Ruined Choirs* (Doubleday & Co,, 1972), pp. 64-65.

여 주는 예로 가득하다. 기번(Gibbon)은 니케아의 동일본질(ὁμοούσιος) 을 반(半)아리우스파의 유사본질(ὁμοιούσιος)과 구분하는 이오타(ι)를 비웃었다.[4] 그는 이오타의 사소함만 보았을 뿐, 이오타의 부재가 (정통 신앙에서) 신앙의 "가장 중요한 습관의 창고와 보고" 중 하나를 나타낸다는 점을 보지 못했다. 16세기 예복과 성상에 대한 투쟁도 비슷한 역할을 했다. 그리고 우리 시대에는 하나님에 대해 오로지 남성 대명사만을 사용할 것인가 하는 문제가 옳든 그르든 아주 중요한 문제가 되고 있다. 이것들이 그 자체로는 사소한 문제일 수 있다. 하지만 이러한 문제들에 관한 결정은 "중요한 습관", 즉 종종 암묵적으로 작용하는 교리 때문에 아주 핵심적인 의미를 지닐 수 있다. 이 문제들은 암묵적으로 작용하는 교리를 담고 있는 창고다.

이러한 고찰은 우리를 네 번째 점인 신학과 교리의 구분으로 이끈다. 신학과 교리가 서로 다르다는 것은 분명하다. 공동체가 교리적으로 합의한 틀 안에서 신앙에 대한 신학적 설명, 전달, 옹호가 다양하게 있을 수 있다. 명시적으로 공식화한 교리에 대해서는 서로 일치하는 사람들이 그 교리를 해석하고 정당화하고 옹호하는 방법에 대해서는 날카롭게 불일치할 수 있다. 반대로 상당한 신학적 합의가 고백적 차이[교파적 분열]를 가로지를 수 있다. 확실히 신학과 교리는 일반적으로 상호 연관되어 있다. 그럼에도 예를 들어 가톨릭 신자와 개신교인이 성례와 교회 직제에 대해서는 교리적으로 분열

---

**4**    Edward Gibbon, *The History of the Decline and Fall of the Roman Empire*, ed. by J. B. Bury (London, 1896-1900), Vol. 2, p. 352.

되어 있으면서도, 에라스무스식의(또는 거의 반대 극단인 바르트 식의) 신학적 관점을 공유하는 것은 가능하다.[5] "교회 교리" 또는 "교회 교의학"이라는 제목이 붙은 대부분의 책은 우리가 사용하는 좁은 의미의 교회 교리에만 관심하는 책이라기보다는 사실 광범위한 신학적 논문들이다. 이런 책들은 일반적으로 공동체에서 필수적인 것으로 기능하는 것만 다루지 않고, 가르치기에 바람직한 모든 것을 다룬다. 이런 책들이 제시하는 교리에 대한 설명, 정당화, 옹호는 공동체적으로 규범적인 내용이라기보다는, 선택의 여지를 두는 신학 이론들이다. 대개 개신교인보다 로마 가톨릭 교인이 신학과 교회 교리에 대한 이러한 구분을 더 많이 언급한다.[6] 그러나 그것 자체가 논쟁을 일으키지는 않는다. 앞에서 언급한 세 가지 쟁점—신조 없는 종교 공동체의 불가능성, 실제 작용하는 교리와 공식 교리의 구분, 교리 형성에서 논쟁의 역할—과 마찬가지로, 네 번째 쟁점은 교리에 대한 독특한 이론이라기보다, 교리가 무엇인지에 관하여 일반적으로

5　적어도 다음 책을 보면 한스 큉이 로마 가톨릭 '바르트주의자'(Barthian)의 한 예라 할 수 있다. Hans Küng, *Justification: The Doctrine of Karl Barth and a Catholic Reflection* (Thomas Nelson & Sons, 1964; Westminster Press, 1981). 반면 상당수의 성공회 신학은 제레미 테일러(Jeremy Taylor, -1667)의 시대부터 자의식적으로 '에라스무스주의자'(Erasmian)였다.

6　다음을 보라. Karl Rahner, "Was ist eine dogmatische Aussage?" in *Catholica* 15 (1961), pp. 161-184; Wolfhart Pannenberg, "Was ist eine dogmatische Aussage?" in *Kerygma und Dogma* 8 (1962), pp. 81-99. '교의'(dogma)라는 말의 의미사에 대해서는 다음을 보라. Karl Rahner and Karl Lehmann, "Kerygma und Dogma," in J. Feiner and M. Loehrer (eds.), *Mysterium Salutis* (Einsiedeln: Benzinger, 1965), pp. 622-703, 특히 639-661.

받아들여질 만한 내용의 일부를 기술한 것이다.

교리의 본성에 대한 이론적 물음으로 넘어가기 전에, 우리는 오늘날 이런 문제들을 이해하려 할 만큼 충분히 교리를 진지하게 여기기 어렵다는 점에 대해 간단히 짚고 넘어가야 한다.

현대의 분위기는 공동체적 규범이라는 개념 자체에 반감이 있다.[7] 지식 사회학자들의 연구대로, 이러한 반감은 종교적, 이데올로기적 다원성과 사회적 유동성 같은 요소들의 산물로 이해될 수 있다. 인간은 갈등하고 변화하는 관점들에 지속적으로 노출되면 어떤 관점에 대해서도 신뢰를 상실하는 경향이 있다. 교리는 더 이상 객관적 실재를 재현하지 않고, 그 대신 개인적 선호의 표현으로 경험된다. 즉, 어떤 사람은 불교를 좋아하고, 어떤 사람은 그리스도교를 좋아하며, 어떤 사람은 가톨릭을, 또 어떤 사람은 개신교를 좋아하지만, 각 사람이 솔직하고 진심이기만 하면 어떤 신앙을 갖든지 별다른 차이가 없다. 필연적으로 이러한 분위기에서 공동체에 대한 충성은 약해지고, 그 대신 개인의 자유와 자율과 진정성이 강조된다. 공동체가 구성원의 자격 조건으로 믿음과 실천의 기준을 주장할 권리를 갖는다는 제안은 자아의 자유에 대한 참을 수 없는 침해로 느껴진다. 이러한 반발은 교육, 매스 미디어, 개인 간 연락으로 전달되는 더 넓은 사회의 지배적인 가치와 전통적 기준 사이의 충돌이 잦아지면서 더 강해진다. '교리'나 '교의' 같은 단어 자체가 게토 냄새를

---

7    이 문단은 1장 II에서 이미 언급한 것을 약간 다른 관점에서 되풀이한 것이다.

풍기고, 이 단어들을 진지하게 여기면 자신을 더 넓은 세상으로부터 단절시키는 것 같다. 이 딜레마를 피하는 한 가지 방법은 (현대의 관점에서) 터무니없는 과거의 교리가 결코 그 자체로 중요한 것이 아니라, 보다 깊은 경험과 지향을 상징으로 표현한 것일 뿐이며, 이제 이런 것들이 다른 방식으로, 더 현대적인 방식으로 표현되어야 한다고 주장하는 것이다.[8] 따라서 종교에 대한 경험-표현적 접근은 시대의 사회적 압력이 조성한 종교의 사유화와 주관주의를 정당화하는 데 필연적으로는 아니지만, 쉽게 사용될 수 있다. 이런 일이 일어날 때, 무비판적으로 모든 역사적 교리가 낡은 미신의 쓰레기 더미로 취급되는 경향이 있다. 1960년대에 몇몇 '사신'(死神) 신학자들이 그랬듯이, 자신을 그리스도인으로 생각하는 사람 중에서도 하나님 자체를 폐기 가능한 하나의 아이템으로 여기는 경우가 있다. 이렇게 유독 극단적인 입장은 인기를 상실했으나, 그것이 드러낸 문화에 대한 적응은 현재의 종교적 사유에서도 여전히 강력하게 남아 있다. 비록 지금은 적응주의(accommodationism)가, 부분적으로는 동방으로부터 온 새로운 복음들의 영향으로 인해, 십 년 내지 이십 년 전보다 더 친종교적이고 덜 세속적인 경향이 있긴 하지만 말이다.

사람들은 현대의 반(反)교리주의가 과거에 있었던 특정 교회와 교리에 대한 집착만큼이나 사회적 과정의 산물이라는 사실을 인식함

---

**8** Gregory Baum, *Faith and Doctrine, A Contemporary View* (Paulist Press, 1969)는 로마 가톨릭에서 그러한 예다. 그러나 신학자답게도 바움은 여기서 언급한 대중적 결론을 내리지 않는다.

으로써, 적응의 압박에 부분적으로 대응할 수 있다. 더욱이 공동체의 교리에 대한 무시를 수반하는 개인주의와 주관주의는 사회적 공동체(*Gemeinschaften*)의 약화로 이어진다. 사회적 공동체는 혼돈을 비롯하여 혼돈을 억제하기 위한 전체주의적 활동을 막아 내는 주된 보루다. 다시 말해, 다소 불가지론자였던 몇몇 미국 건국자들이 그랬듯이, 열린 사회는 개방성을 유지하는 데 필요한 도덕적·신조적 절대성을 심어 주기 위해, 교리적으로 헌신된 종교 공동체가 필요하다고 주장할 수 있다. 그러나 시대정신(*Zeitgeist*)이 지금처럼 교리에 비우호적일 때, 소수의 지식인만이 그러한 생각에 많이 영향받을 것으로 예상된다. 많은 사람에게 교리의 중요성을 납득시키려면 다른 방안이 필요하다.

내가 다른 상황에서 "사회학적 종파주의"(sociological sectarianism)라고 부른 것이 어느 정도 필요한 것 같다.[9] 통념과 매우 다른 확신을 비우호적인 환경에서 유지하고자 하는 종교 집단은 그런 이질적인 신앙을 유지하는 데 필요한, (피터 버거의 용어로) 심리사회적 "설득력 구조"(plausibility structures)를 공급할 수 있는 친밀 집단을 개발해야 할 것 같다. 이들 집단은 아미쉬나 하시딤 유대인 식으로 사회학적 게토에 틀어박힐 필요는 없으나, 초기 그리스도교 운동(혹은 최근에는 국제 공산주의 운동) 같은 모임(cell)을 형성하거나, 수도원 운동이나 초기 경건주의나 일부 현대 은사주의 운동과 유사한 '교회 안의

---

**9**  이 문단의 논증에 대해서는 1장 각주 22에서 인용한 나의 논문을 보라. 나는 마지막 장 마지막 부분에서 이 주제를 다시 다룰 것이다.

작은 교회들'(ecclesiolae in ecclesia)을 발전시킬 수 있다.

교리적 표준에 대한 현대의 혐오를 극복하고 이를 올바른 교리에 관한 관심으로 되돌리는 것은 이 책이 관심하는 이론적 문제의 해결보다 사회적·교회적 발전에 훨씬 더 의존하지만, 그럼에도 이론이 감당해야 할 역할이 있다. 권위 있는 가르침에 대한 전통적인 명제적 개념은 그 개념적 어려움들로 인해 교리적 기획 전체의 신뢰성을 떨어뜨리는 데 기여했다. 이 어려움들은 실천에 있어 불필요할 뿐만 아니라 역효과를 낳는 경직성을 정당화하는 데 일조했다. 왜냐하면 첫째, 명제주의는 시간의 흐름에 따라 어떻게 새 교리가 발전하며,[10] 어떻게 옛 교리가 잊히거나 주변으로 밀려날 수 있는지 이해하기 어렵게 만들기 때문이다.[11] 둘째, 어떻게 옛 교리가 새로운 환경에 맞게 재해석될 수 있는지에 대한 명제주의적 설명은 설득력이 없기 때문이다. 명제주의적 설명으로는 변하는 것과 동일하게 남아 있는 것을 구별하기 어렵다.[12] 셋째, 명제주의적 설명은 특히 에큐메

---

[10]   교리 발전 개념에 대한 개신교도와 가톨릭교도 모두의 저항은 다음에 잘 설명되어 있다. Owen Chadwick, *From Bossuet to Newman: The Idea of Doctrinal Development* (Cambridge: Cambridge University Press, 1957).

[11]   잊힌 교리 개념에 대해서는 다음을 보라. Karl Rahner, "Forgotten Truths Regarding the Sacrament of Penance," *Theological Investigations*, Vol. 2 (Helicon Press, 1963), pp. 155-170.

[12]   생각할 수 있는 거의 모든 교의의 (종종 과격한) 재해석에 대한 현대 로마 가톨릭의 논쟁은 성만찬의 임재(eucharistic presence), 무류성, 그리스도론과 관련하여 가장 날카롭게 벌어졌다. 마지막 주제는 또한 비로마 가톨릭 진영에서도 많이 논의된다. 그러나 성공회와 주류 개신교 교파는 대부분 명시적으로 교리적인 선을 긋는 시도를 포기했다. 예를 들어, 다음을 보라. *Christian Believing: The Nature of the Christian Faith and Its Expression in Holy Scripture and Creeds: A Report of the*

니컬 문제, 즉 어떻게 서로 충돌했던 교리들이 다시 화해하면서도 각자의 정체성을 유지할 수 있을까 하는 문제를 적절하게 다루지 못한다. 교리를 비담론적 상징으로 환원하는 경험-표현주의에는 정반대의 어려움들이 있다. 각각이 지닌 근저의 문제는 영속성과 변화, 통일성과 다양성에 관한 것이다. 한 종교가 과거에나 현재에나 그렇게 많은 형태를 취한다면, 어떻게 (어떤 의미에서는 모든 종교가 그렇듯) "성도들에게 단번에 전해진 그 믿음"(유다서 3절)을 보존하고 있다고 주장할 수 있을까?

이러한 고려에 대한 한 가지 반응은 상대주의적인 반응이다. 성도들에게 단번에 전해진 신앙은 없다는 것이다. 자기-동일적으로 수 세기 내내 지속된 핵심 내용은 없으며, 필연적으로 발전할 수밖에 없으며, 대개 경쟁하는 서로 다른 전통들 안에서도 존속되는 동일성이 없다. 모든 것이 유동적이다. 그리스도교에는(다른 종교도 마찬가지겠지만) 역사적 연속성으로 나타나는 항구성과 통일성 같은 것만 있다.[13] 이러한 관점은 근대의 역사 인식과 문화적·개인적 차이에 대한 인식으로 촉진되었다. 이는 지식인층에서 일반적으로 인정되는 지혜의 일부가 되었고, 이에 도전하려는 시도는 대개 신뢰받지 못한다.

이에 대한 정반대의 극단이 개신교 쪽에서는 성경주의고, 가톨릭

---

Doctrinal Commission of the Church of England (London: S.P.C.K., 1976).

**13** 다음 책은 이 점을 길게 논한다. Wilfred Cantwell Smith, *The Meaning and End of Religion: A New Approach to the Religious Traditions of Mankind* (Macmillan Co., 1963).

쪽에서는 전통주의다. 이 두 경우는 모두 과거의 말과 행동을 가능한 한 문자 그대로 재생산함으로써 정체성을 유지하려는 시도다.[14] 이러한 전술의 결점은 문자와 정신을 혼동하는 것이다(바울, 아우구스티누스, 루터라면 그렇게 말했을 것이다). 전례와 발언은 상황에 의존한다. 새로운 상황에서 옛 형태를 반복하면 원래의 의미와 정신을 배반하게 되는 경우가 다반사다. 부모, 배우자, 자녀, 이웃을 사랑하는 유일한 방법이 각 대상에게 알맞은 개별적인 방식으로 행동하는 것이듯, 동일한 메시지를 전달하는 유일한 방법은 대개 그것을 다르게 선포하는 것이다. 누구나 이것을 직관적으로 알고 있지만, 때로는 상대주의적 무질서에 대한 두려움 때문에 종교 공동체들은 자신들이 존중한다고 고백하는 과거에 충실하지 못하고, 오히려 과거에 대한 충실함을 심각하게 훼손하는 경직성에 빠진다.

교리와 교리 이론은 변화하는 형태 중 어느 것이 추정상 영속적인 실체에 충실한지를 확인하는 일에 작게 이바지할 수 있을 뿐이다.[15] 이 문제를 가장 잘 판단할 수 있는 사람은 바로 종교를 효과적으로 내면화한 사람이다(이는 우리가 이미 지나가는 말로 언급했고, 교도권에

---

**14**  여기서 내가 생각하고 있는 것은 대중적 태도다. 지식이 있고 지적으로 책임감 있는 어떤 신학자도, 아무리 그가 보수적이라도, 어떤 종류의 변화가 필요하다는 사실을 부인하지 않는다. J. 그레샴 메이첸(Gresham Machen)과 추기경 오타비아니(Cardinal Ottaviani)도 이를 부인하지 않는다.

**15**  "신앙의 광산이라는 고대 교리의 실체와 그것을 나타내는 방식은 전혀 별개의 것이다." (John XXIII; *The Documents of Vatican II*, ed. by W. M. Abbott [Herder & Herder, 1966], p. 715.) 요한 23세는 제2차 바티칸 공의회의 개회 연설에서 이렇게 교리의 '형식'과 '실체'를 구분했다.

대한 논의에서 더 길게 살펴볼 것이다). 그들은 구체적인 용법들이 정신<sup>영</sup>, 즉 신앙의 내적 규칙에 부합하는지 선천적으로 알고 있고(아퀴나스라면 이렇게 말했을 것이다[16]), 공식 교리의 어설픈 지도가 필요 없다. 그러나 또한 어설픈 지도를 위한 자리도 있다. 성인과 예언자는 드물고, 교리적 결정과 그 결정에 대한 반성은 영감에 대한 빈약한 대용품이더라도 영감도 반성도 없는 편견보다는 그런 대용품이 낫다. 따라서 이론가들은 어떻게 교리가 굳건하면서도 유연하고, 영속적이면서도 적응 가능한지를 보여 줄 수 있다면 종교 공동체에 약간의 수수한 도움이 될 수 있을 것이다. 그들이 그렇게 할 수 없다면, 그들의 이론은 신학적으로나 목회적으로나 열매 없는 것이다.

---

16    2장 각주 12를 보라.

# II. 문법과 교리, 연속성과 변화

우리의 목적을 위해 진지하게 고려할 필요가 있는 교리 이론은 오직 규칙 이론과 수정된 명제적 이론뿐이다. 상징 이론들은 아마도 현재 가장 인기 있지만, 여기에서는 그저 지나가는 말로 언급할 것이다. 이미 말했듯이, 상징 이론들은 교리의 전통적 특징을 선험적으로 배제하는 경향이 있다. 예를 들어, 부활을 원칙적으로 다른 방식으로도 표현하거나 불러일으킬 수 있는 특정한 유형의 경험(이를테면 새로운 존재의 능력으로서 그리스도의 영적 임재)을 상징하는 것으로 본다면,[17] 부활에 대한 확언은 믿음과 실천에 대한 공동체의 영구적 규

---

**17** Paul Tillich, *Systematic Theology*, Vol. 2 (University of Chicago Press, 1957), pp. 154-158, 특히 157. 『조직신학 3』, 유장환 옮김(서울: 한들출판사, 2005), pp. 236-242. 틸리히는 "나사렛 예수상은 새 존재의 현실과 불가분리하게 결합된다"라고 말하지만, 이 자리에서 그 반대의 관계를 주장하지는 않는다. 그리스도의 종결성에 대한 틸리히의 견해를 더 충분히 논한 것으로는 다음을 보라. George Lindbeck, "An Assessment Re-assessed: Paul Tillich on the Reformation," *Journal of Religion* 63/4 (1983), pp. 376-393, 특히 391-392.

범이기 어렵다. 이와 유사하게, 로너간이 "고전적인" 명제적 교리 이론이라고 부른 것도 무시될 것이다.[18] 고전적인 명제적 이론들은 교리에 대한 특정한 정형문구(예컨대, 부활에 대한 특정한 설명)를 객관적 내지 존재론적 내포를 담은 진리 주장으로 여기는 경향이 있고, 그 래서 동일한 교리에 대한 현저하게 다른 정형문구가 나올 가능성을 상상하기 어렵다. 그러나 현대의 몇몇 명제주의 형태는 교리가 존재 론적으로 주장하는 바와 이 주장을 담을 수 있는 다양한 개념 내지 정형문구를 구별함으로써 이러한 결함을 극복하려 한다.[19] 그래서 이것은 교리에 불변하는 측면과 변화하는 측면이 모두 있을 가능성 을 열어 둔다. 규제적 이론 내지 규칙 이론도 마찬가지다. 비록 규칙 이론으로 양 측면을 분석하면 부분적으로 매우 다르지만 말이다.

　여기서 한 가지 혼동할 수 있는 원인을 명확하게 할 필요가 있다. 교리가 규칙이라고 말한다고 해서 교리가 명제를 포함한다는 점을 부인하는 것은 아니다. 예를 들어, 언어학자나 논리학자가 정형화하 여 표현한 규칙은 언어나 사고가 실제 작동하는 방식에 대한 명제 적 확신을 표현하고 있다. 그러나 이것은 일차적 명제라기보다 이차 적 명제이고, 언어 바깥의 현실이나 인간 바깥의 현실에 대해 아무

---

**18**　Bernard Lonergan, *Doctrinal Pluralism* (Marquette University Press, 1971).

**19**　이러한 진전은 라너나 로너간 같은 로마 가톨릭 신학자에게 국한되지 않는다. 개
　　　신교 진영에서 에큐메니컬적으로 중요한(seminal) 논의에 대해서는 다음을 보라.
　　　Edmund Schlink, "The Structure of Dogmatic Statements as an Ecumenical
　　　Problem," *The Coming Christ and the Coming Church* (Fortress Press, 1968),
　　　pp. 16-84.

것도 주장하지 않는다. 요약하면, 규칙 이론에 의하면 교리로서의 교리(doctrines qua doctrines)는 일차 명제가 아니며, 이차 명제로 이 해되어야 한다. 앞 장의 마지막 부분에서 이야기했듯이, 교리는 존 재론적 진리 주장을 하기보다는 체계 내적인 진리 주장을 한다.

우리가 방금 지적한 바와 같이 우리가 교리로서의 교리에 대해 말하고 있다는 것은 이런 맥락에서 상기해야 한다. 이렇게 제한하는 것은 중요한데, 왜냐하면 교리적 문장은 상징으로 기능하거나 일차 적 명제로 기능할 수도 있기 때문이다. 앞에서 말한 대로[20] 교리 문 장이 이렇게 다른 방식으로 사용되는 한, 우리는 교리 문장을 공동 체의 믿음이나 실천에 관한 하나의 규범으로 이해할 수 없고, 그렇 게 이해할 필요도 없다. 즉, 교리 문장이 교회 교리로 사용되고 있지 않은 것이다.

우리가 다음에 관찰해야 할 규칙 이론은 종교에 있어 지속적으로, 교리적으로 의미 있는 측면을 명제적으로 정형화된 진리에서 찾지 않고, 내적 경험에서는 더더욱 찾지 않으며, 종교가 들려주는 이야기 에서, 그리고 그 이야기가 들려지고 사용되는 방식을 특징짓는 문법 에 찾는다는 점에서 참신하다. 문화-언어적 시각에서 볼 때, 종교는 무엇보다도 포괄적인 해석의 매개이거나 범주적인 틀이다. 그러니 까 모종의 경험과 모종의 주장이 이런 틀 안에서 이루어진다. 그리 스도교의 경우, 어떤 구체적인 방식으로(예를 들어 그리스도를 중심으로)

---

**20**　1장 I을 보라.

서로 연관된 성경의 이야기가 이러한 틀을 제공한다. 우리는 언어의 유비를 살펴볼 때 어휘와 문법을 구분할 수 있을 것이다. 상징, 개념, 의례, 명령, 이야기의 어휘는 부분적으로 매우 가변적이다. 그럼에도 어휘적 요소에는 비교적 고정적인 핵심 요소도 있다(대략적으로 기초 영어에 상응한다고 할 만한 것). 이 어휘적 핵심은 대부분 정경 안에서 발견된다. 모든 것이 성경에 들어 있는 것은 결코 아니지만 말이다(성경의 다양한 부분에 대한 강조의 차이가 증명하듯이). 성경 이후의 전통도 이 기초 어휘(예컨대 삼위일체론 언어)에 약간 기여할 수 있다. 비록 이는 가톨릭과 개신교가 종종 서로 다르게 해석하는 점이긴 하지만 말이다. 어쨌든 교회 교리는 주로 종교 어휘가 아니라 종교 문법을 반영하고 있다. 일부 교리, 이를테면 정경의 범위를 정하고 성경과 전통의 관계를 밝히는 교리는 어휘 결정을 돕는다. 다른 교리들(혹은 때때로 같은 교리들)은 세계, 공동체, 자아를 해석하는 일에 이러한 어휘 자료를 사용하도록 지도하는 구문론적 규칙을 예시하고, 또 다른 교리는 여전히 의미론적 지시 대상을 규정한다. 예를 들어, '예수는 메시아다'라는 교리가 어휘적으로는 정경에 신약 문헌을 추가하는 일에 대한 근거로 기능하고, 구문론적으로는 예수 그리스도를 구약 약속의 성취로(구약은 예수 그리스도를 가리키고 있다고) 해석해야 한다는 해석학적 규칙으로 기능한다. 또한 의미론적으로는 "메시아" 같은 칭호의 지시적 사용과 관련하여 하나의 규칙으로 작용한다.

이러한 관점에서 볼 때, 교리는 종교 문법과의 관계에서 실효성을 얻는다. 교리가 정죄하거나 권면하는 특수한 용법은 ain't보다 am not을 선호하거나 Chink보다 Chinese를 선호하는 것처럼 때때로 사소해 보이지만, 우리가 앞서 언급했듯이 경우에 따라 이 사소함은 단지 겉보기에만 사소한 것일 수 있다. 예를 들어, 그리스도인이 안식일을 토요일로 기념하든 일요일로 기념하든 전혀 문제 되지 않을 수 있지만, 어떤 상황에서는 이것이 아주 결정적으로 중요할 수 있다. 그리스도교의 몇몇 교리, 이를테면 '오직 은총'(*sola gratia*)이나 '오직 신앙'(*sola fide*) 같은 교리는 일반적인 규제적 원리에 대한 명시적인 진술이지만, 대부분의 교리는 바른 용법을 규정하기보다 바른 용법을 예시한다. 대부분의 교리는 규칙을 적용하는 모범적인 사례 내지 전형(paradigm)이다. 그러한 교리에 충실하다는 것이 반드시 그것을 반복한다는 것을 의미하지는 않는다. 더 정확히 말하면, 어떤 새로운 정형문구를 만들 때, 그것을 처음 만들었을 때 관여했던 것과 동일한 지침을 고수해야 한다는 의미다. 니케아 신조 같은 고대 신조에 충실하려면 해석되어야 한다는 것은—내가 나중에 논하겠지만—이런 것이다. 마찬가지로 라틴 문법의 예를 들면, "*amo, amas, amat*"는 이 말을 앵무새처럼 반복해야 한다고 고집할 때가 아니라, 이를테면 "*rogo, rogas, ragat*"라고 말할 때, 하나의 전형으로 작동하는 것이다.

교회 교리는 문법책에 있는 문법보다 훨씬 불완전할 뿐만 아니라, 종교 내부의 근본적인 상호 관련성에 대해 종종 오해하게 만드는 안내자다. 부분적으로 이는 모든 정형화된 규칙에는 문법학자나 신학자가 인지한 것보다 더 많은 예외가 있기 때문이다. 어떤 규칙은 표층 문법에 한때 있었던 특징을 반영할 수도 있고, 자의적으로 도입한 것일 수도 있다(라틴어의 패턴을 현대어에 강요하려고 하던 시절처럼). 언어의 심층 문법은 탐지되지 않을 수도 있다. 왜 몇몇 중요한 용법은 옳고 아름다우며 다른 용법은 위험하고 틀렸는지를 보여 주는 규칙을 발견하는 것은 불가능할 수도 있다. 때때로 전문가들은, 이런 것은 옳고 저런 것은 틀렸음을 그냥 아는 언어에 능숙한 연사의 더 우월한 지혜에 머리를 숙여야 한다. 설령 이들의 지혜가 전문가가 정형화해 놓은 규칙에 어긋난다고 하더라도 말이다.[21] 그러나 이러한 부족함에도 불구하고, 문법이나 교과서의 교리를 통해 안내받는 것은 불가피하다. 특히 언어를 배우고 있는 사람들, 언어를 완전하게 정복하지 못한 사람들, 그리고 어떤 이유에서든 언어를 무의미하게 변질시킬 위험이 있는 사람들에게 불가피하다.

문법과 교리를 비교할 수 있는 방식을 이런 식으로 계속 설명하면 지루하기도 하고 무익할 것이다. 이제 다음으로 우리가 관찰할 필요가 있는 것은 이 모델에서 한 종교의 인지적 차원과 경험적 차원이 어떻게 교리적으로 중요한 문법적 핵심과는 대조적으로 가변적인가 하는 점이다.

종교의 일차적 진리 주장은 인간이 거주하는 변화하는 세상에 해석적 도식을 적용함으로써 그 주장이 발생하는 한 변한다. 현실로

---

21　언어적으로 "능숙한" 사람들의 "직관"에 호소하는 개념은 촘스키에게서 유래하였으나, 나는 이 용어를 완전히 전문적인 촘스키 이론에서의 의미로 사용하는 것이 아니라, 이를테면 다음 책에 설명된 보다 일반적 의미로 사용한다. John Lyons, *Noam Chomsky* (Viking Press, 1970), pp. 38-39, 96-97.

여겨지는 것은 대부분 사회적으로 구성된 것이고, 따라서 시간이 흐르면서 변화한다. 고대 근동의 우주는 그리스 철학의 우주와 매우 달랐고, 이 두 세계는 모두 현대적 우주와 비슷하지 않다. 필연적으로, 이러한 다양한 세계상을 그리스도교화한 형태들도 동일하지 않다. 선과 실재, 신과 인간에 대한 고유한 정의를 가지고 있는 서로 다른 세계를 동일한 성경 이야기의 틀로 다시 기술할 때, 각각은 서로 다른 세계로 계속 남아 있는다. 예를 들어, 한 세계는 사물의 기원을 바빌론 신화의 측면에서 그리고, 다른 세계는 플라톤의 티마이오스 이야기의 측면에서 그리며, 또 다른 세계는 우주의 진화라는 과학적 설명의 측면에서 그린다. 따라서 하나님을 만물의 창시자로 설명하는 기술도 그에 상응하여 변한다. 우리가 앞에서 사용한 아퀴나스의 용어로 말하면, 계속 동일하게 남아 있는 것은 '의미 양태'(*modus significandi*)가 아니라 기껏해야 '의미 대상'(*significatum*)이다.[22]

이런 식으로 말하면 그 강조점이 보통의 방식과 달라진다. 세계관이 변화함에 따라 주로 재해석되는 것이 종교일 필요는 없다. 오히려 그 반대다. 변화하는 세계관들이 하나의 동일한 종교에 의해 재해석될 수 있다. 분명 해석 도식에서도 조정이 발생한다. 우리는

---

[22] 인지적 접근에서는, 개념적 형식은 변하는 반면, 그 명제적 실체(예: 무로부터의 창조 [*creatio ex nihilo*])는 변하지 않는다고 말할 수도 있다. 그러나 이 책 3장 IV에서의 분석을 수용한다면, '표현 방식'(*modi significandi*)으로부터 그 '실체'(*significatum*)— "하나님은 무로부터 창조하신다"를 포함하여—를 분리하려는 모든 노력은 실패할 수밖에 없다. 하나님이 무로부터 창조하신다는 확언은 신자들이 말하고 행동하는 방식을 안내하는 역할을 할 수 있다. 그러나 그것이 명제적 실효성을 갖고 있는지 여부는 (더 신화적인 창세기의 언어가 그렇듯이) 그것이 발화되는 '일상 언어' 맥락에 의존한다.

이미 (일상 언어에서는 아니더라도) 창조자 또는 창시자에 대한 이론적 내지 신학적 개념에서의 변화에 대해 말했다. 그리스도론에서도 마찬가지다. 예를 들어, 예수 그리스도가 어떤 배경에서는 주로 메시아로 확언되었고, 다른 배경에서 성육신한 로고스로 확언되었으며, 어쩌면 또 다른 배경에서는 본회퍼(Bonhoeffer)의 "타자를 위한 인간"이나 바르트의 "하나님의 인간성"으로 확언되었다. 그럼에도 이러한 그리스도론적 확언에서의 변화 및 그에 상응하는 예수 그리스도에 대한 경험에서의 변화 가운데도, 수난과 부활의 이야기 및 기본적인 그 사용 규칙은 동일하게 남아 있다. 신학적·종교적 변혁은 (불변성이 명제적인 것이거나, 상징적인 것이거나, 경험적인 것으로 상정될 때) 변함없는 정체성을 부인하는 상대주의로 이어지지만, 규칙 이론을 채택한다면, 저 변혁이 자기-동일적인 이야기와 새로운 세계들(이 세계 안에서 이야기가 말해지고 다시 말해진다)의 융합으로 보일 수 있다.

이 불변성과 관련하여 특별히 그리스도교적인 것은 없다. 초자연적 설명은 매우 불필요하다. 이 불변성은 언어와 종교에 있는 것으로 관찰되는 그저 일종의 안정성일 뿐이다. 정도는 덜 하지만 문화에도 있다. 언어·종교·문화는 인간이 변화하는 세상을 보는 렌즈이거나[23] 인간들이 자신들의 설명을 담아내는 매개다. 렌즈와 매체가 동일하게 남아 있는 동안에도, 세상과 세상에 대한 설명은 엄청나게 변할 수 있다. 또는 비유를 바꾸면, 유전 암호와 컴퓨터 프로그램이

---

[23]    렌즈 또는 "안경"의 은유는 칼뱅이 사용한 것이다(비록 성경에 대한 구체적인 언급과 함께 사용한 것이지만). 『기독교 강요』(*Institutes*) I.6.1을 보라.

동일하게 남아 있는 동안에도 입력값과 상황에 따라 놀랄 만큼 다른 산물이 나올 수 있는 것처럼, 문화·언어·종교의 기본 문법도 마찬가지다. 이것들의 소산이 변하는 동안에도 기본 문법은 유지된다.

종교가 만들어 낸 경험은 이러한 관점에서 볼 때 세계에 대해, 하나님에 대해 명제적으로 진술 가능한 설명만큼이나 가변적이다. 이는 종교적으로 규범적이며 영속적인 것을 내적 자아의 심층에서 찾는 표현주의 모델과 대조적이다. 그러한 모델은 이를테면 사랑의 경험이 진정으로 그리스도교적인 것을 식별하게 해 준다고 제안할 수도 있다. 그러나 규칙 이론에서 그리스도교인에게 진정한 사랑이 무엇인지 식별하게 해 줄 수 있는 유일한 것은 그리스도교의 이야기다. 사랑의 경험은 심리적·문화적 요인에 조건 지어지면서 가변적일 수 있지만, 예수 이야기에 의해 진정으로 형성되는 한 그리스도교적이다. 경험 자체는 가변적인데, 왜냐하면 경험은 변화하는 환경 속에서 변화하는 자아들이 동일한 이야기와 상호 작용하는 상관적인 것이기 때문이다.

그리스도교의 사랑에 특징적인 정서, 느낌, 분위기, 감정은 어떤 의미에서 수 세기 동안 기본적으로 동일할 수 있다. 그러나 찬송과 예술 형태의 증거를 보면 그럴 것 같지 않다. 확실히 불교의 토양에서는 그뤼네발트(Grünewald)의 〈십자가형〉(*Crucifixion*)에 나타난 고통의 몸부림을 선함의 이미지로 상상할 수 없다. 그리고 그리스도인의 입장에서 보면 고타마 동상에 구현된 내면을 응시하는 관조적 고요를 핵심으로 삼을 수 없을 것이다. 다시 말해, 어느 정도 불교적 특성이 있는 감정·태도와 그리스도교적 특성이 있는 것을 구분할 수 있다. 그러나 이러한 극단적 경우를 제쳐놓더라도, 그뤼네발트의 그리스도와 비잔틴의 판토크라토르(Pantocrator) 사이의 거리는 너무 멀어서 공통의 경험적 핵심을 식별하는 것이 현상학적으로 불가능해 보인다. 어쨌든 문화-언어적 접근에서는 그렇게 해야 하는 압박이 없다. 이것들이 어떤 구체적인 그리스도교적 특수성을 갖든, 다양한 형태의 사랑을 부여하는 것은 느껴지는 어떤 분위기의 공통성이 아니라 그것들 공통의 대상이다. 중요한 것은 그리스도인들이 창조에서 시작하여 예수의 수난과 부활에서 정점에 달하며 종말에 이르는 일련의 성경 이야기가 자신들의 문화적 조건과 매우 다양한 감정을 형성하도록 허용한다는 점이다. 그러나 이러한 형성 과정에서 경험이 낳는 산물은 끝없이 다양할 것이다. 이 과정이 작용하는 감정적 재료가 다양하기 때문이다.

우리가 지금 다루고 있는 접근법에서, 내적 경험 안의 변화들은 확신 안에서의 변화처럼 연속성에 대립하는 것이 아니다. 이는 오히려 살아 있음의 흔적이다. 오직 죽어 있거나 불완전하게 알려진 언어와 종교 안에서만 새로운 말을 사용하지 않고, 새로운 진리를 발언하지 않으며, 새로운 감정을 표현하지 않는다. 이러한 다양성이 정체성<sup>동일성</sup>을 손상시킬 필요도 없다. 플로리다 해변과 북극 툰드라 지대에서 같은 언어가 사용될 수 있고, 콘스탄티노플과 카타콤 지하 묘지에서 동일한 종교가 실천될 수 있다. 비록 확언한 것들, 경험한 감정들이 기상천외하게 다를 수도 있지만 말이다.

이러한 관점에서 볼 때, 객관적 설명이나 내적 경험의 차원에서 종교에 항구적 요소를 두는 일이 어려운 까닭은 종교의 규범적 형태를 특정 세계(콘스탄티노플이든 카타콤이든, 플로리다든 북극이든)에 알맞은 경험이나 진리 주장과 동일시하는 결과를 초래하는 경향이 있기 때문이다. 그렇다면, 그리스도교인이 되기 위해 우리는 아마도 중세 스콜라 신학자나 현대 자유주의자처럼 생각하거나, 아니면 예수의 태도 같은 실존주의적 태도를 취해야 한다. 수 세기 동안 연속성과 통일성을 유지한 것은 그리스도인이 경험한 것도 아니고, 그들이 알고 있다고 생각한 것도 아니며, 그들이 인식하고 경험하는 틀과 매개라는 개념을 파악하는 일은 더 어려운 일일 수도 있다. 그럼에도 이것이 경험적으로, 역사적으로, 교리적으로 더 이치에 맞는 것 같다. 종교는 언어와 비슷할 정도로, 확언과 경험이 어마어마하게 변화하는 중에도 동일한 것으로 분명하게 남아 있을 수 있다. 교리가 명제나 표현적 상징보다 문법 규칙과 닮았다고 여겨지면, 교리의 정형문구가 다양하게 변함에도 불구하고 교리의 영속성과 통일성이 더 쉽게 설명될 수 있다는 점은 이런 식으로 말할 때 거의 자명해 보인다(우리가 언급했듯이, 비록 규칙들을 담은 동일한 문장들이 이런 다른 방식들로도 기능할 수 있겠지만 말이다).

# III. 교리의 분류

이러한 일반적 고찰은 실제로 교리가 규칙에 비견될 수 있는 것으로 여겨질 수 있는가 하는 물음에 대해 단지 예비적인 것이었다. 이 단원에서는 이를 본격적으로 살펴보고자 한다. 우리는 명제적 해석과 자주 비교할 기회를 가질 것인데, 왜냐하면 명제적 해석은 교리에 대한 상징적 관점과 달리, 대부분의 종교 전통이 주장하는 것처럼 교리가 믿음과 실천의 규범으로 정당하게 기능할 수 있는 가능성을 인정하기 때문이다.

실천적 교리(정의상 진리 주장이라기보다 규칙인)에 대한 믿음보다 무엇이 존재론적으로 참인지에 대한 믿음을 중심으로 의견이 갈린다. 이러한 이유로 먼저 실천적 교리에서 출발하여 규칙들이 항구적으로 타당할 수 있는 다양한 방식을 고려하는 것이 바람직하다. 그런 다음 우리는 믿음에 관여하는 교리가 규제적인 것으로 납득할 만하게 이해될 수도 있는지를 묻는 더 어려운 문제로 넘어갈 것이다.

그리스도교에서 '사랑의 법' 같은 몇몇 실천적 교리는 무조건 필요하다고 여겨진다. 이런 교리들은 신앙의 문법 내지 신앙의 논리를 이루는 부분으로 없어서는 안 된다. 예를 들어, 그리스도인이 하나님 혹은 이웃을 사랑하지 말라는 명령을 받는 상황은 없다. 그러나 다른 규칙들은 조건에 따라 필수적이다. 대부분 교회가 그리스도인의 전쟁 참여 금지를 해석하는 방식도 조건에 따라 필수로 여겨진다. 전쟁 참여 금지 규칙은 초창기 교회에 적용되었고, 특별한 소명을 가진 평화주의자 개개인에게 의무일 수 있고, 아마 핵무기 시대에는 공동체적 의무이고, 다시 한번 의무가 될 것 같다. 그러나 대부분의 그리스도교 역사 중 지배적인 상황에서는 보통 평화주의가 필수로 여겨지지 않았다. 그래서 대부분의 교회가 주장하는 바에 따르면, 평화주의는 조건에 따라 필수일 수 있겠으나, 그리스도교의 사랑의 규칙에서 무조건 도출되는 필연적 결과는 아니다.

무조건적으로 본질적인 교리는 모두 영속적인 반면, 조건에 따라 변하는 것들은 영속적일 수도 있고 일시적일 수도 있다. 만일 어떤 조건이 항상 갖춰진다면, 그 조건과 관련된 교리적 규칙은 그 종교가 존속하는 한 비록 조건적 규칙이라 하더라도 계속 작용한다. 예를 들어, "가난한 자에게 음식을 대접하라"는 비록 조건적 명령이지만, "가난한 자들은 항상 너희와 함께 있을 것이다"라는 말이 실제로 어김없이 지속된다면, 영속적인 명령이다. 성 윤리 영역에서 현재 진행되는 대부분의 논쟁은 어떤 전통적인 도덕 교리를 적용하는 조건이 영구적인지, 아니면 과학·기술·사회·문화의 발전으로 인해 그 조건이 폐지되는지에 대한 논쟁으로 분석될 수 있다.

결국 일시적인 조건적 교리는 가역적 교리와 불가역적 교리로 세분화될 수 있다. 이미 언급한 전쟁에 대한 견해들은 가역적 교리의 실례일 것이다. 반면, 어떤 역사적 변화가 불가역적이라면, 이 변화로 인해 발생한 교리 자체도 불가역적이다. 이제 모든 주요 그리스도교 전통에서 적어도 비공식적으로 교리의 지위를 갖는 노예 제도에 대한 정죄가 한 예인 듯하다. 그리스도인들은 처음에 노예 제도가 불가피한 제도라는 고전 문화에 공통된 인식(consensus)을 받아들였다(비록 그들이 노예 제도를 비본래적인 것, 죄의 결과로 생각한 점에서 다른 많은 사람과 달랐지만 말이다). 그러나 역사적 발전이 노예를 재산으로 보는 제도가 없는 사회도 가능하다는 것을 가르쳐 주자, 그리스도인들은 성경에 그런 명령이 없음에도 불구하고 성경 이야기의 논리가 노예를 인간으로 대하도록 요구할 뿐만 아니라 노예 제도 자체에 맞서 싸울 것을 요구한다고 생각하게 되었다. 노예 없는 사회가 가능하다는 인식이 사라지지 않을 만큼 역사가 충분히 누적된다고 가정하면, 그리스도인이 노예 제도를 반대해야 한다는 의무는 비록 조건적이더라도 불가역적이다.

마지막으로 교리는 무조건적으로나 조건적으로 필요한 것이 아니라, 그저 우연히 필요한 것일 수도 있다. 기성 관습은 경우에 따라 다른 관습으로 형성될 수 있었겠지만, 일단 확립되면 그 관습을 바꾸는 것은 무의미해지거나 불가능할 정도로 어려워진다. 우리 사회에서 운전할 때 우측통행할지 좌측통행할지 문제를 결정한 것은 우연적이지만, 아주 영구적인 규칙이 될 가능성이 크다. 통행 규칙은 표준이 되지 않았다면 지금이라도 얼마든지 다른 식일 수 있다. 그러나 그것은 이미 우리 삶에 깊이 들어왔기 때문에, 강력한 변화의 압박(이를테면 영국은 대부분의 국가들과 달리 좌측통행을 해서 변화의 압박을 받을 수 있다)이 없다면 바꾸지 않고 그대로 두는 것이 사람들의 복지를 위해 가장 좋다. 일요일과 성탄 기념일처럼 성경 이후에 발전한 예전도 그러한 예가 될 수 있다. 더 논란이 될 수 있는 문제지만, 일부 개신교 신학자들은 교황제도도 이런 식으로 우연적인 것이지만 영속적인(비록 원리상으로는 가역적이나) 규범성을 지닐 수 있다는 가능성을 인정하는 듯하다. 반대로 로마 가톨릭 신학자들은 대개 교황 수위권에 대한 이해와 관행은 바뀔 수 있더라도, 교황제와 더불어 어떤 식으로든 제도적으로 계속되어 온 교회 안에서의 보편적 교도권은 불가역적 발전이라고 본다.[24] 어쨌든 이와 같은 분류 도식의 목적은 특정 교리의 본성이나 위치에 대한 실질적 문제를 해결하는 것이 아니라, 형식적 가능성을 보여 줌으로써 의미 있게 논의하고 토론할 기회를 늘리는 것이다.

이제 믿음을 제시하는 교리가 규칙으로 여겨진다면, 교리에도 동일한 도식이 적용될 수 있다. 우리는 교리를 무조건적으로 필요한 것과 조건적으로 필요한 것, 영속적인 것과 일시적인 것, 가역적인 것과 불가역적인 것으로 볼 수 있다. 예를 들어, 역사적으로 사도신

---

24  George Lindbeck, "Papacy and ius divinum: A Lutheran View," in Paul C. Empie et al. (eds.), *Papal Primacy and the Universal Church* (Augsburg Publishing House, 1974), pp. 193-207.

경의 조항들, 고대 니케아와 칼케돈의 삼위일체론적이고 그리스도론적인 신앙 고백들은 무조건적으로 그리고 영속적으로 본질적인 것이라고 여겨질 수 있다. 반면 영혼 불멸 같은 교리는 아마도 조건적·일시적·가역적인 것으로 분류될 수 있다. 우리는 신자들이 고전적 영육 이원론의 측면에서 생각할 때만 그리스도교 신앙이 오롯이 유지되는 데 영혼 불멸 교리가 필요하며, 신자들이 히브리적 인간론이나 현대적 인간론을 취할 때는 이 교리가 필요 없다고 주장할 수도 있다.[25] 마리아 교리 같은 세 번째 부류의 신념들은 전통적으로 로마 가톨릭 신자들이 조건적으로 필요한 것이라고 보았지만(이런 교리들이 항상 본질적인 것으로 고려되지는 않았으며, 심지어 광범위하게 거부되기도 했기 때문에), 그럼에도 불가역적이다. 나는 그 누가 (우연히 필요한 관행과는 달리) '우연히' 필요한 합당한 교리적 믿음이 있다고 생각할 수 있을지 의심스럽다. 적어도 나는 그럴듯한 예를 생각하지 못했다.

이러한 일시적이고 가역적인 교리 개념에 대해 취할 수 있는 가능한 반대 중 고수될 수 있는 것은 하나도 없는 것 같다. 그것은 모든 교회 교리는 영속적이라는 로마 가톨릭의 공식적 입장과 직접적으로 모순되지 않는다. 현실에서 일시적으로 필요한 것이 조건적이

---

25  이것은 엥겔란트가 취한 노선이다. H. Engelland, *Evangelisches Kirchenlexikon* Vol. 3 (Göttingen: Vandenhoeck & Ruprecht, 1962), cols. 1579-1580. 반면에 J. 스플렛(Splett)은 영혼 불멸의 교리의 실질이, "진리와 선에 대한 무조건적 요구의 경험 속에서 경험되는 자유 자체에 대한 내재적 근본 경험"에 근거를 둠으로써 이제는 매우 다른 (칸트 이후의) 개념적 형태로 주어져야 하겠지만 그럼에도 유지될 수 있다고 주장한다(*Encyclopedia of Theology*, ed. by Karl Rahner [Seabury Press, 1975], p. 689.)

나 영구적으로 필요한 것이 될 수도 있다. 그리스도인이 항상 고전적 영육 이원론의 측면에서 생각한다면, 영혼 불멸을 주장하는 것이 그리스도인에게 영구적으로 필요할 수도 있다. 그러나 히브리적 인간론이나 근대적 인간론을 취한다면 고전적 영육 이원론이 필요 없다. 이 특정 사례에 대해 어떤 생각을 갖고 있든지 간에, 그것은 조건부로 영속적인 교리의 논리적 가능성을 보여 준다. 이런저런 조건이 지배적이면 이런저런 교리가 적용되는 것이다. 따라서 일시적인 것 또는 '개혁 가능한 것'은 교리가 아니라 조건이다. 제1차 바티칸 공의회의 주교들은 '영속적이나 조건적인' 교리의 가능성을 상상하지 않았고, 따라서 이를 수용한 적도 거부한 적도 없었지만, 그러한 교리가 공의회가 정의한 완전한 의미에서(DS 3074) **개정될 수 없는 것**으로 불리지 못할 이유는 없는 듯하다. 공의회의 정의는 분명히 이 점에 관하여 규칙 이론과 다툼을 일으킬 필요가 없다.

그러나 우리는 앞에서 언급한 믿음들이 여기에서 한 것처럼 개연성 있게 분류될 수 있는지 물어야 한다. 사도신경의 조항들과 영혼 불멸의 교리는 거의 문제를 일으키지 않는다. 사도신경은 사실상 거의 사전적 위상을 가진다. 그것은 아버지, 아들, 성령이신 하나님에 대한 성경 이야기에서 중심 요소들의 불가결성을 인증해 주고, 따라서 무조건적으로 필요한 것으로 쉽게 받아들여질 수 있다. 전문적 의미에서 영혼 불멸은 성경이 나온 이후 그리스 철학에서 유입된 것이 분명하고, 따라서 조건적 교리가 될 만한 좋은 후보다.

그러나 한편으로 니케아와 칼케돈의 고전적 삼위일체 교리 및 그리스도 교리와 관련하여, 또 다른 한편으로 마리아 교의와 관련하여 문제가 발생한다. 주류 그리스도교 전통은 전자가 무조건 영속적인 것이며, 성경의 본질적 가르침을 새로운 언어로 재진술한 것이라고 역사적으로 주장해 왔다. 그러나 특히 현대에는 전자가 조건적인 교리이며, 아마도 가역적인 교리라는 주장도 널리 제기되었다(물론 저 교리가 정형화될 당시에도 그것들이 그저 부당하며, 단순히 오류라는 극단적 견해가 있었다는 점은 말할 것도 없다). 마리아 교의에 대한 논의는 이 교리의 정당성을 받아들이는 사람들 사이에서도 꽤 다르다. 마리아 교의는 교회 교리적 형태에서는 분명 조건적이다(왜냐하면 교회 역사에서 마리아 교의가 존재하지 않았을 때도 많았기 때문이다). 문제는 규칙 이론이 마리아 교의를 불가역적인 것으로 이해하도록 허용하는지(단, 요구하는 것은 아니다) 여부다.

마지막으로 무류성에 대한 주장도 살펴볼 필요가 있다. 무류성에 대한 주장은 교회 교리의 본성 자체에 관한 문제가 아니라, 이를 주장하는 종교 공동체가 이 주장에 정당하게 부여할 수 있는 일종의 확신과 관련된, 논리적으로 구분되는 질서에 관한 문제를 제기한다. 그럼에도 교리를 규칙으로 이해하는 방식의 에큐메니컬적 유용성과 고백적(교파적) 중립성을 검토할 때는 이러한 인식론적 차원도 고려되어야 한다. 따라서 다음 장에서는, 고전적 그리스도론의 확언과 삼위일체론의 확언에 무조건성을 부여하고, 마리아론의 발전에 불가역성을 부여하며, 신앙에 관한(de fide) 선언에 무류성을 부여하는 일이 의미 있는지(그 적절성[correctness]과는 별개로)에 대해 간략하게 논함으로써 규칙 이론을 시험해 볼 것이다.

Testing the Theory: Christology, Mariology, and Infallibility

I 니케아와 칼케돈
II 마리아 교의
III 무류성
IV 규제적 관점의 우월성

I Nicaea and Chalcedon
II Marian Dogmas
III Infallibility
IV The Superiority of a Regulative View

5

# 규칙 이론에 대한 시험

그리스도론, 마리아론, 무류성

이번 장의 목적은 교리의 규칙 이론이 어려운 사례들—고전 그리스도론적(그리고 삼위일체론적) 확언들의 무조건성, 마리아론 발전의 불가역성, 교도권의 무류성과 관련된—에서 작동하는지 살펴봄으로써, 규칙 이론이(그리고 함축상, 이와 관련된 종교에 대한 문화-언어적 이해가) 신학적으로 그리고 에큐메니컬적으로 유용한가를 시험하는 것이다. 이번 장의 처음 세 부분에서는 이러한 주제들을 다룰 것이다. 규칙 이론은 이 교리들을 받아들여야 하는지 여부에 관한 실질적 쟁점에 대해서는 판단을 내리지 않으면서도, 이 교리들이 이치에 닿게 할 수 있는가? 규칙 이론은 무조건성, 불가역성, 무류성에 공허하지 않은 어떤 의미를 부여하면서도, 이 술어들이 올바로 붙여진 것인지에 대한 문제에는 여전히 열려 있을 수 있는가? 만일 그럴 수 있다면, 규칙 이론은 성공한 것이다. 즉, 진정으로 의견을 달리하는 사람들 사이의 논의에 비환원적인 틀을 제공한 것이다.

이번 장의 논쟁은 3장의 마지막 부분에서처럼 기본적으로 교리에 대한 규제적 관점과 명제적 관점 사이의 논쟁이다. 우리는 순전히 표현-상징적인 해석을 논외로 둘 수 있는데, 왜냐하면 (이미 언급했고 또 언급하겠지만) 그것은 무조건성, 불가역성, 무류성이라는 역사적 교리의 확언을 무의미하게 만들어서 논의할 것을 남겨 두지 않기 때문이다. 따라서 네 번째 단원과 마지막 결론 단원에서, 나는 규제적 접근과 명제적 접근을 간단히 비교하고, 규칙 이론이 다른 이론들보다 역사적 변화 속에서 교리의 영속성을 더 그럴듯하게 설명해 줄 뿐만 아니라 교회 교리를 실천과 더 밀접하게 관련시킴으로써 교리를 규범적으로 더 효력 있게 만든다는 (전통적인, 그러나 현대적으로 들리는) 이유로, 규칙 이론이 더 우월하다고 제안할 것이다. 이러한 주장은 이 책의 주요 논지에 꼭 필요한 것은 아니지만(이 책은 교리의 규칙 이론 및 이와 관련된 종교의 문화-언어적 관점이 우월한지가 아니라, 그저 유용한지에 관심한다) 전체 논증이 암시하는 결론(a conclusion)으로 보일 것 같다.

# I. 니케아와 칼케돈

고대의 삼위일체론적 신조와 그리스도론적 신조의 무조건성과 영속성을 성공적으로 주장하기 위해, 한편으로 교리들을, 다른 한편으로 교리를 정형화하여 담아낸 용어 및 개념을 구분할 필요가 있다. 앞 장에서 언급했듯이, 이는 명제주의자들이 인정하는 점이고, 교리에 대한 규제적 견해나 상징-표현적 견해를 택하는 것에 의존하지 않는다. 이들 신조가 사용한 몇몇 핵심 개념, 이를테면 '본질'(οὐσία), '위격'(ὑπόστασις), '두 본성에서'(ἐν δύο φύσεσιν) 같은 개념은 성경이 있은 다음 새로 들어온 것들이다. 만일 이 특수한 개념들이 필수적이라면, 이들 신조의 교리는 명확히 조건적이며, 후기-헬레니즘 세계에 의존하는 것이다. 더욱이 이것들의 불가역성은 이것들을 조건 지은 환경의 불가역성, 즉 그리스 철학의 불가역성에 의존하는 것으로 보인다. 여하튼 이는 반대자들이 주장하는 방식으로 4세기에 시작된 것인데, 현대의 반대자들은 더욱 이런 식으로 주장한다.[1] 교리와 정형문구, 내용과 형식을 구분하지 않는다면, 이런 주장이 매우 설득력이 있다.

다른 종교에서는 어떨지 몰라도, 그리스도교의 경우에는 이러한 구분이 요구되는 것 같다. 그리스도교는 그 출발점에서부터 동일한 신앙, 동일한 가르침, 동일한 교리를 다양한 방식으로 표현할 가능성에 충실했던 것으로 보인다. 신약성경의 다양한 그리스도론적 칭호들이 이를 잘 보여 준다. 어떤 특정한 단어나 특수한 해석적 개념도 독보적으로 신성불가침한 것이 아니다. 예수의 핵심적 중요성에 대한 근본적 확신은 히브리어를 읽는 회중과 헬라어를 읽는 회중에 따라 각각 크리스토스(χριστός)와 퀴리오스(κύριος)로, 메시아 되심과 주 되심으로 표현되었다. 그리스도인들의 거룩한 경전은 수 세기 동안 폭넓고 다양한 저자에 의해 만들어졌기 때문에, 그들에게는 정경의 통일성을 유지하기 위해서 문자주의에서 벗어나야 한다는(형식과 내용을 어느 정도 구별한다는 의미에서) 이례적인 압박이 있었다.

명제적 해석이나 규제적 해석을 채택하지 않는 한, 이렇게 구별하면서 동시에 주어진 교리의(또는 종교의) 고유성을 보존하기는 힘들다. 교리를 표현한 이미지와 교리가 동일시되는 상징적 관점에서, 교리의 형식과 내용 사이의 구분은 말하자면 교리 내부의 구분이 아니라 교리와 경험 사이의 구분이다. 예술에서든 종교에서든 비논

1    최근에 가장 광범위하게 논의된, 고대 신조의 교리에 대한 공격에 관해서는 다음을 보라. John Hick (ed.), *The Myth of God Incarnate* (Westminster Press, 1977). 이에 대한 비평적 검토로는 다음을 보라. George Lindbeck, *Journal of Religion* 60/2 (1980), pp. 149-151.

증적 상징을 담는 형식이 변하면, 상징이 전달하거나 표현하는 경험도 일반적으로 그에 따라 변한다. 따라서 현재 고전 성육신 교리를 가장 활발하게 공격하는 사람 중 다수가 성육신 교리를 하나님이 내려와서 인간의 육체를 입었다는 그림(또는 그들은 일반적으로 "신화"라고 한다)과 사실상 동일시하는 게 놀라운 일은 아니다. 그들은 이러한 신화가 위계적이고 권위적인 태도를 불러일으키고 강화한다고 생각하면서, 때때로 이런 태도에 반대한다. 이러한 반대에 대한 한 가지 답변은 맥락 또한 상징이 불러일으키는 의미를 결정하는 데 이바지한다는 점이다. 성육신의 신화는 몇몇 문화적 상황 또는 심리적 상황에서는, (다른 맥락에서처럼) 윗사람이 친히 내려오셨다는 생색내기를 정당화하는 것이 아닌, 짓밟히고 억압받는 사람들의 자기-존중을 강화하기 위한 기능을 할 수 있다.[2] 그럼에도 불구하고 본래의 문제는 그대로다. 형식이 맥락과 함께 취해지면, 비논증적 상징에서는 형식과 내용(즉, 경험)이 분리될 수 없게 되고, 그 결과 형식이나 맥락이 바뀌면 상징의(교리가 상징으로 이해되는 한, 교리의) 내용이나 실질도 또한 변한다는 것은 매우 맞는 말이다. 따라서 또 하나 예를 들면, 하나님을 "그"(he)나 "그녀"(she)로 부르는 것이 교리의 내용을 변화시킨다고 주장하는 사람은 몇몇 경험-표현적 관점에서 보면 매우 옳다.

---

2    다른 많은 현대 저자들과 같이, 돈 큐핏(Don Cupitt)은 이러한 상징의 다의성(poly-valence)을 무시하고, 오직 성육신 교리에 대한 부정적인 심리적 의미만을 강조한다 (Hick [ed.], *The Myth of God Incarnate*, pp. 133-147을 보라).

이와 대조적으로, 일차적 명제 및 이차적 명제(즉, 규칙)와 그것들을 담은 형식이 서로 분리될 수 있다는 점은 자명하다. 하나의 동일한 명제가 다양한 개념을 사용한 다양한 문장으로 표현될 수 있다. 아무 개에게 황달이 있다는 사실을 갈레노스(Galen)의 의학 이론의 표현(체액 불균형)으로 주장할 수도 있고, 또는 근대 과학 이론의 표현(바이러스 감염)으로 주장할 수도 있다. 태양이 춘분이나 추분 오전 6시에 그리니치 관측소를 비춘다는 사실은 해가 뜬다는 언어로 진술할 수도 있고, 지구가 돈다는 언어로 진술할 수도 있다. 마찬가지로, 하나의 동일한 문법 구조나 작용이 규제적 의미를 바꾸지 않으면서도 다양한 방식으로 기술되고 재기술될 수 있다. 한 개념이 다른 개념보다 과학적으로 더 만족스러울 수 있으나, 개념 안에서의 변화가 발화되고 있는 진리 주장이나 규칙을 바꿀 필요는 없다.

그러나 동일한 내용이 여러 가지 다른 정형문구로 표현될 수 있는 반면, 독립적으로 그 내용이 무엇인지를 진술할 방법은 없다. 예를 들어, 4진법의 '12'는 10진법의 '6'과 같으나, 수학적 표기법과 별개로 공통의 수를 명시할 장치는 없다. 우리는 오직 다양한 정형문구가 동치임을 봄으로써, 그리고 보통 다음 단계에서 동치인 규칙들을 진술함으로써, 그 형식과 별개로 자기-동일적 내용을 파악할 수 있다. 비슷하게, 니케아와 칼케돈의 교리들이 그것들을 정형화하여 담아낸 개념과 구별될 수 있음을 보이는 유일한 방법은, 형식은 다르지만 그럼에도 동치의 귀결을 갖는 표현으로 이 교리들을 진술하는 것이다.

이것은, 교리를 하나님이나 예수 그리스도의 내적 존재에 대한 일차적 확언으로 여기기보다, 교리를 그리스도교 담론을 위한 이차적인 지침(guidelines)을 표현한 것으로 여길 때, 더 쉽게 할 수 있는 일이다. 교리를 이차적 명제(즉, 규칙)로 이해할 수 있다는 것은 고대의 통찰이다.[3] 삼위일체론과 그리스도론 교의 발전에 관한 자신의 방대한 연구에서,[4] 로너간 자신은 이 교의들이, 하나님과 예수 그리스도에게 적용했으나 아직 체계화되지 않아 혼란스럽고 다양했던 상징, 칭호, 술어를 체계적으로 숙고함으로써 나온 산물이라고 설득력 있게 주장했다. 그리스도인들은 그리스인들에게 명제를 다루는 기술, 명제에 관한 명제를 정립하는 기술을 배웠다. 이렇게 성경과 전통의 자료를 '논리적'('문법적'이라고도 할 수 있겠다)으로 분석한 결과, 예를 들어 아타나시오스는 아들이 아버지가 아니라는 점만 제외하면 아버지에 대한 언급은 곧 아들에 대한 언급(*eadem de Filio quae de Patre dicuntur excepto Patris Nomine*)이라는[5] 규칙의 측면에서 동일본

---

3 　이러한 통찰은 신앙의 규준(*regula fidei*)이라는 용어에 간접적으로 반영되어 있고, 아래에서 인용할 아타나시오스의 금언에서 명시화된다. 신약성경에서부터 신앙의 규준을 거쳐 구로마 신조(old Roman symbol)와 이후의 신조들로 발전한 과정에 대해서는 다음을 보라. J. N. D. Kelly, *Early Christian Creeds*, 3d ed. (London: Longmans, Green, 1972).

4 　Bernard Lonergan, *De Deo Trino* (Rome: Gregorian University Press, 1964). 이 작품의 일부는 영어로 번역·출간되었다(*The Way to Nicea*, tr. by Conn O'Donovan (Westminster Press, 1976). 또한 다음을 보라. Lonergan, "The Dehellenization of Dogma," in *A Second Collection* (London: Darton, Longman & Todd, 1974; Philadelphia: Westminster Press, 1975). *Method in Theology* (Herder & Herder, 1972), pp. 307[422] 이하.

5 　Lonergan, *Method in Theology*, p. 307[422].

질의 의미를 표현했다. 이와 같이 니케아의 최종 승리에 가장 큰 영향을 미친 이 신학자는 니케아 교리를 존재론과 관련된 일차적 명제가 아니라, 이차적인 발화 규칙으로 생각했다. 그에게 이 교리를 받아들인다는 것은 어떤 특정한 방식으로 말하는 것에 동의한다는 의미였다. 그를 비롯한 다른 초기 교부들이 일차적 해석을 부정하지 않았지만, 로너간에 따르면 일차적 해석은 처음에 단지 "발원 단계"(incipient)에 불과했다.[6] 나중에 중세 스콜라 신학에 가서야 교리의 형이상학적 의미가 주장되었다.[7] (하지만 이것이 로너간이 추정한 것처럼 바람직한 발전이었는가 하는 점은 우리도 나중에 살펴보겠지만 논쟁의 여지가 있는 문제다.)

고대 신조들의 기원에 대한 명제적 해석이 아닌 규제적 해석의 역사적 증거를 검토하는 일은 이 글의 범위를 넘어선다. 그러나 그러한 규제적 해석이 어떤 것일지 설명하는 일은 쉽다(사실, 진부하다). 최소한 세 가지 규제적 원리[8]가 분명히 작용하고 있었다. 첫째, 유일신론의 원리가 있다. 즉 오직 한 하나님, 아브라함과 이삭과 야곱과 예수

---

6    Lonergan, *Method in Theology*, p. 308[423].

7    Lonergan, *Method in Theology*, 309[424]. 이 단락에 대한 보다 충분한 논의는 "De-hellenization," in *A Second Collection*, pp. 23 이하를 참고하라.

8    나는 이어지는 내용에서 '원리'(principle)와 '규칙'(rule)을 상호 교환적으로 사용한다. 왜냐하면, 우리가 여기서 말하고 있는 세 가지 교리적 규칙은 예컨대 인과성의 원리처럼 기능을 하기 때문이다. 후자는 정상적으로 사용될 때 진리 주장을 하지만("모든 것은 원인을 갖는다"), 어떤 의미로든 시험해 볼 수 있는 명제인 진리 주장이라기보다 탐구를 위한 근거와 지시로 기능하는 진리 주장이다. Cf. John H. Whittaker, *Matters of Faith and Matters of Principle: Religious Truth Claims and Their Logic* (Trinity University Press, 1981).

의 하나님이 있다는 것이다. 둘째, 역사적 특수성의 원리가 있다. 즉 예수의 이야기는 특정한 시간과 공간에서 태어나서 살고 죽은 진짜 인간에 관한 이야기라는 것이다. 셋째, 그리스도론적 최대주의(maxi-malism)라고 부적절하게 불릴 수 있는 원리가 있다. 즉, 앞의 규칙들과 비일관적이지 않다면, 모든 가능한 의의(importance)를 예수에게 부여할 수 있다는 것이다. 이 마지막 규칙은 인간이 경험하는 시공간의 세계 안에서, 예수 그리스도가 하나님에 대한(즉 최대한의 중요한 것에 대한) 최고의 가능한 실마리라는(비록 피조물의 눈에는, 죄인의 눈에는 종종 어렴풋하고 애매한 실마리지만) 그리스도교의 핵심적 확신에서 나온다.

이 세 규칙 중 첫 번째 규칙만이 내가 사용해 온 용어와 같은 것으로 초대 교회에서 정형화되었으나, 세 규칙 모두 신약성경 시대에도 분명하게 작용하고 있었다. 처음 4세기 동안의 삼위일체론 및 그리스도론의 발전을 이 세 가지 규칙이 공통으로 담고 있는 논리적 압박(다른 방식이 아닌 특정한 방식으로 예수 그리스도를 하나님과 연관시킬 수 있는 개념적·상징적 자료들을 사용하도록 그리스도인들을 제약하는 것)의 산물로 분석하는 것은 어렵지 않을 것이다. 가현설, 영지주의, 양자론, 사벨리우스주의, 아리우스주의, 네스토리오스주의, 단성론은 각각 거부되었는데, 왜냐하면 그리스도교 공동체의 구체적 삶과 예배에서, 이런 사상들이 저 세 규칙의 상호작용으로 규정된 용납할 수 있는 것의 한계를 넘은 것으로 느껴졌기 때문이다. 아리우스주의는 제외할 수 있겠지만,[9] 끝내 가톨릭 정통이 된 교리가 이단으로 거절된 교리보다 이 세 규칙의 압력과 인지 부조화를 덜 일으키도록 조정된 것이라는 점은 거의 자명해 보인다. 따라서 니케아와 칼케돈의 정형 문구는 가장 이른 시기 층위의 전통에서 이미 작용하고 있었던 규제적 원리에 부합하는 방식으로, 그리스도교의 담론을 고대 후기의 고전적 세계에 적응시키는 과정에서 나올 수 있는 몇 안 되는 가능한 결과 중 하나(어쩌면 유일하게 가능한 결과)였다고 주장할 수 있다. 이들 신조는 그리스도인이나 비그리스도인에게나, 주류 그리스도교의 정체성을 형성하는 데 처음부터 지속적으로 중요했던 교리적 규칙들을 보여 주는 전형적인 예로 이해될 수 있다.[10]

9  아리우스주의는 평가하기 힘들다. 왜냐하면 일부 아리우스주의자들이 동일본질 (ὁμοούσιον)을 부인한 이유가 그들이 하나님의 초월과 일치(oneness)에 대해 반대 파보다 더 헬레니즘적인 견해를 갖고 있었기 때문이 아니라, 하나님의 아들이 인간의 조건에 온전히 참여했음을 더 고집했기 때문이라는 증거가 늘어나고 있기 때문이다. (Marcel Richard [ed. and tr.], *Thirty-One Homilies of Asterius* [1956]. 이와 관련하여 나는 모리스 와일즈(Maurice Wiles)의 미출간 논문 "Early Arianism Revisited"에 빚지고 있다.) 그렇다면, 전통적 해석에 반하여, 아리우스가 성경 메시지와 이질적인 형이상학이 아니라 성경의 구원론에 관심을 두었다고 주장할 수 있다. 이는 아리우스주의와 그 적대자들이 하나님의 초월과 무감수성이라는 성경적으로 용납될 수 없으며 또한 '호모우시온'과 후에 루터가 '십자가 신학'(*theologia crucis*)이라고 부른 것을 유지할 수 없게 만드는 견해를 공유했다는 가설을 내비친다. 오직 신인 일치와 초월에 관하여 비성경적으로 상정한 것들을 포기할 때에만 아타나시오스의 관심과 아리우스의 관심(으로 추정되는 것)이 결합될 수 있다. 아리우스주의에 대한 전통적 해석을 이렇게 수정하는 것이 필요한 것으로 증명될지 여부를 말하기에는 아직 너무 이르다. 예를 들어 펠리칸(J. Pelikan)은 *The Chrisrian Tradition*, Vol. 1 (University of Chicago Press, 1971)에서 계속해서 옛 견해를 내세우고 있다.

10  이는 초기 몇 세기의 그리스도인들이 세 가지 원리를 의식하며 판단을 내렸다는 주장이 아니다. 자연 언어를 사용하는 사람들이 의식적으로 문법 규칙을 따르는 게 아닌 것처럼 말이다. 그러나 두 경우 모두, 규칙을 정형화하려는 시도의 적절성은, 주어진 공동체에서 받아들여질 수 있는 용법들과 없는 용법들, 특히 획기적인 용법들을 기술하거나 '예견'하는지 여부로 시험할 수 있다. 따라서 내가 제안하는 원칙은 시험할 수 있는 역사적 가설의 지위를 갖는다. 예를 들어 우리는 시대적 맥락에서, 칼케돈

다시 반복하겠지만, 전형(paradigms)은 단순히 복제되어야 하는 것이 아니라, 새로운 정형문구를 만들 때 따라야 하는 것이다. '한 본질 세 위격' 또는 '두 본성'이라는 용어와 개념은 없을 수 있으나, 만일 원래의 전형이 형성되도록 지도한 동일한 규칙들이 새로운 정형문구를 구성하는 데 작용한다면, 이 정형문구는 동일한 교리를 표

의 "두 본성 안에 있는 한 인격" 같은 것 말고, 예수 그리스도가 참 하나님이자 동시에 참 사람인 한 존재라고 주장하는 더 그럴듯한 방법이 있는지를 물을 필요가 있다. 모리스 와일즈가 주장했듯이, 그리스인들이 하나님의 전적인 무감수성을 매우 강조했기 때문에 이러한 정형문구가 필요했을 수도 있다(Maurice Wiles, *Working Papers in Doctrine* [London: SCM Press, 1976], pp. 38-49, 특히 p. 47). 그러나 이러한 강조가 그 자체로 논의나 결정의 대상이 되기보다 모든 사람이 전제하는 것이므로, 그것은 (와일즈가 채택한 관점과 반대로) 현재의 관점에서 그 자체로 확언되는 4번째 원리라기보다 규칙을 적용할 때 조건이 되는 요인이라고 간주할 수 있다. 확실히 그러한 문제에 관하여 더 자세한 역사적 연구가 필요하다. 그러한 역사적 연구가 없는 동안, 나는 우리가 접근할 수 있는 역사적 자료들이 내가 열거한 세 가지 원리의 측면에서 그럴듯하게 해석될 수 있다는 나의 인상을 단순히 기록한다. 어쨌든, 내가 기술한 원리의 수와 성격에 대해 의심이 일어난다고 하더라도, 문법적 원리나 압력 같은 것에 관한 개념이 초기 그리스도교 사상을 특징짓는 불연속성 가운데의 연속성을 개념화하기 위해 필요한 것은 분명한 것 같다. 와일즈 같은 저자는 연속성에 관해 말하려고 "목적"(objective)과 "목표"(aim) 같은 단어를 사용했다(Maurice Wiles, *The Making of Christian Doctrine* [Cambridge: Cambridge University Press, 1967], pp. 172-173). 그러나 그런 단어들은 의식적 의도의 언어에서 나온 것이라는 단점이 있고, 그 결과 지속적 요소가 단순히 "교회의 성경, 예배, 구원 경험을 해석하는 동일한 과제의 연장"으로 이루어지게 된다(같은 책, p. 181). 이렇게 정형화된 것에 받아들여질 만한 해석이 제시될 수는 있으나, 그 상태로 그것은 역사적으로 시험할 수 있는 가설을 제시하기에 너무 모호하다. 그리고 "목표"와 "목적" 같은 용어와 결합될 때, 그것은 일종의 어떤 집단적 목적을 제안한다는 결점을 갖는다. 보다 비개인적인 용어가 필요하다. 신학의 맥락이 아니더라도, 세속 역사의 맥락에서 오랫동안 그리스도교적 사고를 특정한 교리적 방향으로 움직인 공동체적인 의지가 있는 것처럼 말하는 것은 오류일 수 있다. 이러한 방향이 성경과 예배에 예시된 종교적 언어의 일정한 논리적 특징으로 설명될 수 있는지 묻는 것이 경험적으로 더 타당하다. 발전을 인도한 것은 적극적인 집단적 갈망이라기보다 인지 부조화를 피하는 것이라고 말할 수 있을 것이다.

현한 것이다. 그렇다면, 니케아와 칼케돈의 이미지와 언어가 신학, 통상적 예배, 설교, 기도(devotion)에서 사라졌을 때조차도, 고전적 삼위일체론과 그리스도론에 완전히 충실할 수 있을 것이다.

그러나 이는 새로운 상황에 맞게 신조들이 다시 작성되어야 함을 반드시 의미하지는 않는다. 우선 한가지 이유는 교회 전체가 수용한 교리적 패러다임이 아주 드물고 어려운 성과이기 때문이다. 특히 니케아 신조는 대부분의 그리스도교 세계에서 교리적 용도보다 어떤 면에서 더 중요한 예전적·표현적 기능을 갖게 되었다. 수백만 명의 그리스도인에게 니케아 신조를 암송하는 일은 시공간 안에서의 교회 일치를 강력하게 상징한다. 마지막으로, 그리고 다소 이상하게도, 고풍스럽고 심지어 불가해한 개념은 일반 규칙들을 진술하는 데 현대적 의미로 북적이는 언어보다 어떤 면에서 더 적합할 수 있다. 익숙하지 않은 개념이 더 쉽게 대체 가능하다고 여겨질 수 있다. 익숙하지 않은 개념은, 주어진 상황에서 가장 효과적인 상징적 내용이나 지적 내용이 채워질 수 있는 'x'나 빈칸이나 열린 변수로 기능한다. 반대로 최신식으로 개정한 신조는 신자들이 자신들의 언어로 예배하고, 선포하고, 신앙을 고백하도록 초청할 가능성이 원래의 것보다 적은 것 같다.

하지만 고대의 정형문구가 지속적인 가치를 지니더라도, 그것들이 규칙 이론을 기반으로 교리적 권위를 갖는 것은 아니다. 그 권위는 오히려 신조의 정형문구들이 예시하는 규칙에 속한 것이다. 만일 이런 규칙들이 앞서 제시했듯이 유일신론, 역사적 특수성, 그리스도론적 최대주의 같은 규제적 원리라면, 니케아와 칼케톤이 주류 그리스도교의 정체성에 무조건적이고 영속적으로 필요하나 역사적으로 조건 지어진 교리의 정형문구들을 나타낸다는 주장은 적어도 설득력 있다. 요약하면, 규칙 이론은 주요 그리스도교 전통이 이들 신조에 귀속시킨 지위를 이들 신조에 부여할 수 있게 하지만(이렇게 할 것을 요구하지는 않더라도), 이들 신조가 맹종적으로 반복해야 하는 공식이 아니라 영속적으로 권위 있는 전형이라는 이해와 더불어 그렇게 한다.

# II. 마리아 교의

원죄 없는 잉태(Immaculate Conception), 성모 승천(Assumption) 같은 마리아 교리(Marian beliefs)는 또 다른 유형의 문제를 대표한다. 마리아 교리는 우리가 지금까지 논한 교리들과 두 가지 방식에서 다른데, 이 방식들은 우리의 목적을 위해 특히 중요하다. 첫째, 바로 로너간이 말했듯이,[11] 마리아 교리는 추정상 무조건적인 삼위일체론 및 그리스도론이나 또는(덧붙이자면) 영혼 불멸론 같은 조건적 교리만큼 체계적으로 숙고한 결과이기보다, 종교적 숭배와 감수성의 발전에 따른 산물에 가깝다. 둘째, 그럼에도 불구하고 마리아 교리를 지지하는 사람들은 일반적으로 마리아 교리를 불가역적인 것으로 간주한다. 그들의 관점에서 볼 때, 마리아 교리는 이전에 그리스도

---

**11**     Lonergan, *Method in Theology*, p. 320[439].

교 신앙에 암묵적으로만 내재되어 있던 것에 관한 새로우면서도 지속적으로 타당한 발견 내지 통찰에 해당한다. 우리가 묻고자 하는 바는 규칙 이론이 성경 시대 이후 이렇게 특수한 형태의 발전에서 발생한 불가역성의 가능성을 어떻게 설명할 수 있는가 하는 점이다.

우리는 이 물음이 형식에 관한 것이지, 내용에 관한 것이 아님을 기억해야 한다. 우리는 규제적 접근이 신학적 선택지를 열어 두는지, 그래서 불가역성뿐만 아니라 가역성(개신교에서 대개 마리아 교리들을 그저 적법하지 않은 것으로 본다는 점은 분명하며, 규칙 이론은 이런 관점도 허용한다)까지도 담아낼 수 있는지를 묻는 중이다.

불가역성과 가역성을 모두 옹호하는 경우는 원죄 없는 잉태와 관련하여 가장 쉽게 논의할 수 있다. 물론 성모 승천 교리에서도 비슷한 유형의 논의가 개발될 수 있지만 말이다.[12] 불가역성의 가능성을 지지하기 위해, 모든 어법에는 그 어법으로 말할 수 있는 것과 없는 것을 한정하는 숨겨진 제약이 있다는 점을 지적할 수 있다. 때때로 이것이 무엇인지에 대해 아주 새로운 발견이 이루어질 수 있다(예를 들어, 괴델의 정리[Gödel's theorem]). 수학이나 자연 언어 못지않게 종교에서도 이 제약들에 관한 탐구는 끝없는 과업이다. 우리는 오직 새로운 것을 말하려고 시도함으로써, 그리고 실패하거나 성공함으로

---

**12** Karl Rahner, "The Immaculate Conception," in *Theological Investigations*, Vol. 1 (London: Darton, Longman & Todd, 1961), pp. 201-214; "Interpretation of the Doctrine of the Assumption," 같은 책, pp. 215-228. 위 논문에서 라너가 마리아 교의에서 가능한 교리적 의미를 깊이 숙고하면서 보인 자유는 다음 문단의 원천이라기보다 영감이다.

써만 그 제약이 무엇인지 발견한다. 이것은 다양하고 종종 정도에서 벗어나는 마리아 신심(piety)의 발전에서 일어났던 일이다. 마리아에 관한 새로운 합의가 이루어진 후에야, 제약과 허용의 문법적 원리 또는 논리적 원리를 식별할 수 있게 되었다. 그제야 정확하고 올바른 질문이 정확하고 올바른 방법으로 제기될 수 있어서 근저의 구조가 드러나게 된 것이다. 마리아 공경(devotion)이 아우구스티누스의 원죄 교리와 결합하고 하나님이 피조물의 자유를 존중하신다는 점에 관한 예리한 인식과 결합하여 오랫동안 천천히 자란 다음에야 원죄 없는 잉태 문제가 적절하게 제기될 수 있고 대답될 수 있었다. 그리스도인의 감수성이 마리아 인생의 첫 순간에조차 그녀에게 죄가 귀속될 수 없다고 반발했기 때문에 이 문제에 대한 적극적인 답변이 이루어졌다. 그리스도인들이 마리아에게 죄를 귀속시키는 개념에 혐오를 느끼는 것이 정당화되는 이유는, 비록 신학적 사변으로 증명될 수 없더라도 생생한 신심의 차원에서 저 개념은 마리아가 테오토코스(Θεοτόκος [하나님의 어머니])가 되기로 한 자유와 양립할 수 없고, 또 더 결정적으로는 하나님이 피조물적인 "예"(yes)로 섬기며 자신을 낮춘 겸손(물론 하나님이 친히 은혜롭게 정하신 것)과 양립할 수 없기 때문이다. 그리스도인들은 이와 같이 자신들의 신앙 문법이 초기 세대에 숨겨진 방식으로 우리 주님의 어머니에게 죄가 없다고 말하도록 요구한다는 점을 발견했다.

하지만 동일한 교리가 가역적인 것으로 해석될 수도 있다는 점은 거의 자명하다. 예를 들어, 오직 의문의 여지가 있는 서방의 신학과 죄의식[13]의 맥락에서만, 우리 주님의 어머니가 천사의 무서운 발표에 "예" 하신 자유(하나님이 주시고 하나님 의존적인 자유)가 보호되기 위해 그녀가 모든 타고난 오염으로부터 면제될 필요가 있다고 말할 수도 있다. 이는 저 교리를 부정하는 것이 아니다. 우리가 앞서 들었던 더 단순한 예인 영혼 불멸의 경우에서처럼, 원죄 없는 잉태를 영속적으로 필수적인 규칙들을 특정한 상황에서 타당하게 적용한 것으로 볼 수도 있다. 차이점은 여기서 근저의 규칙들이 무엇인지를 구체적으로 밝히는 것이 영혼 불멸의 경우보다 훨씬 더 어렵다는 것이다. 어쩌면 근저의 규칙이 신적 자유와 인간 자유의 상호 작용에서 성문화할 수 없는 측면과 관계있다고 말하는 것으로 만족해야 할지도 모른다. 더욱이 비록 원죄 없는 잉태를 적극적으로 확언하는 것이 일시적이거나 가역적일지라도, 마리아가 원죄 가운데 태어났다는 부정적 주장이 개정 불가능하게 틀렸다는 점은 여전히 유지될 수 있다. 이는 사실상 무의미할 것인데, 왜냐하면 문제시되는 것은 서방 전통의 원죄 개념이기 때문이다. 따라서 원죄 없는 잉태 교리가 삼위일체 교리나 그리스도론 교리와 달리 가역적인 것으로 쉽게 이해될 수 있는 이유는 이 교리의 발생과 관련된 일부 규칙들(즉, 죄에 관한 어떤 특정한 신학과 연관된 규칙들) 자체가 일시적인 것으로 보이기 때문이다.

13    죄에 대한 서방의(아우구스티스의) 가르침에 문제를 제기하는 것에 대해서는 다음을 보라. Piet Schoonenberg, *Man and Sin: A Theological View* (University of Notre Dame Press, 1972); George Vandervelde, *Original Sin: Two Major Trends in Contemporary Roman Catholic Reinterpretation* (Amsterdam: Rodopi, 1975).

만일 이러한 분석이 옳다면, 규칙 이론은 역사적 주류 그리스도교가 필요로 하는 보다 분명한 교의적 요건을(특히 굽힘 없는 로마 가톨릭교회의 교의적 요건까지도) 충족시킬 수 있다. 규칙 이론은, 교리가 신앙 공동체에 조건적으로 필수적이든 혹은 무조건 필수적이든 '개정될 수 없으며', 조건적 교리조차도 어떤 경우에는 불가역적일 수 있다고 주장할 수 있게 해 준다. 더욱이 규칙 이론은 구체적인 교리의 지위에 관한 실질적 문제를 결정하지 않으며, 따라서 교리가 발전할 여지뿐만 아니라 '후퇴'할 여지까지, 가톨릭이 교의 증식에 열려 있을 여지뿐만 아니라 종교개혁의 욕망이 과잉 생산된 것을 쳐내고 싶어 할 여지까지도 함께 남겨 둔다. 하지만 우리는 이 이론의 범위가 교도권 무류성 주장의 유의미성도 허용할 수 있는지를 아직 시험해 보지 않았다. 이제 이 문제를 다루어야 한다.

# III. 무류성

무류성은 교리의 본성보다는 교회의 본성과 더 관련 있기 때문에, 우리가 지금까지 논의해 온 교리적 문제와 논리적으로 구별된다. 무류하다고 일컬어지는 것은 교리가 아니라, 공동체 내부에서 가르치는 자들의 교리적 결정 또는 공동체의 교리적 결정이다. 그에 반해서 교리는 무류한 것이 아니라, '개혁할 수 없는' 것이다(다만 교리의 정형문구들이 변화될 수 없다는 의미에서가 아니라, 정형문구들이 원래의 상황에서 옳았고 따라서 관련 측면이 충분히 비슷한 상황에서라면 항상 고수될 수 있다는 의미에서 그렇다).[14]

---

[14] 참고문헌 목록을 포함한 무류성에 대한 논의로는 다음을 보라. George Lindbeck, *Infallibility* (Marquette University Press, 1972); in J. J. Kirvan (ed.), *The Infallibility Debate* (Paulist Press, 1971), pp. 107-152; "The Reformation and the Infallibility Debate," in P. and C. Empie and A. Murphy (eds.), *Teaching Authority and Infallibility in the Church* (Augsburg Publishing House, 1980), pp. 101-119. 마지막에 제시한 책은 전체가 관련된다. 종종 나와 비슷한 결론에 이르지만 보다 '로너간적인' 노선을 통해 결론에 이르는 이 문제에 대한 로마 가톨릭의 연구

무류한 결정은 생각할 수 있는 모든 결점으로부터 면제된 결정이
아니라(이는 하나님께만 해당하는 것이므로), 특정한 종류의 결점으로부터
면제된 결정이다. 칼 라너 같은 무류성 교리의 현대적 옹호자의 관
점에서 보면, 무류성은 궁극적으로 심각한 오류로부터 면제되는 것,
즉 교회를 예수 그리스도와 분리하는 오류로부터 면제되는 것이
다.[15] 따라서 앞서 분석한 측면에서, 무류한 교회 또는 무류한 교도
권은 그 공동체의 정체성 또는 안녕에 어떤 믿음과 실천이 매우 필
수적인지 —또는 치명적인지 —에 관하여 결정적인(즉, 교의적인) 잘
못을 범하지 않을 교회 또는 교도권이다. 이는, 두 가지 대안이 있으
며 둘 다 나쁘지만 어느 한 쪽이 더 나쁜 상황에서 때로는 하나를
결정해야 할 가능성을 포함한다.[16] 이때 교도권의 무류성은 덜 악한
것을 선택함으로써 발휘될 것이다.

규칙 이론의 측면에서 이러한 관점의 무류성을 설명하면 특별한
어려움이 따르지 않는다. 교리적 정의들은 특정한 어법이 맞는지
그렇지 않은지에 대한 문법적 결정과 비교하여 생각해 볼 수 있다.
교리적 정의는 한 종교의 언어 구조에 대한 총괄적인 개괄을 수반
할 필요가 없으며, 존재론적 실재에 대해서도 마찬가지다. 무류성
을 긍정한다는 것은 단순히, 교회가 그리고/또는 교회의 교도권이

로는 다음을 보라. Peter Chirico, *Infallibility: The Crossroads of Doctrine* (Sheed,
Andrews & McMeel, 1977).

**15**    Karl Rahner, *Theological Investigations*, Vol. 6 (Helicon Press, 1970), p. 308.

**16**    개신교인들은 때때로 이를 토대로 종교개혁자들의 이중 예정론을 옹호하고, 가톨릭
교인들은 제1차 바티칸 공의회의 교황 무류성의 정의를 옹호한다.

교회의 정체성이나 안녕에 필수적인 특정한 쟁점에 관하여 엄숙한 결정을 내릴 때 신앙의 문법에 치명적으로 어긋나지 않음을 긍정한 다는 것이다.

교리적 결정과 문법적 결정의 유사성을 강조함으로써 얻는 장점 하나는 무류성 교리에 부분적으로 경험적인 의미를 부여하는 일이 가능해진다는 점이다. 앞으로 보게 되겠지만, 이것은 성령이 교회를 오류에서 지킬 때 어떻게 영향을 미치는지에 관한 설명을 제공해 준 다. 이 교리에 대한 규제적 형태들은 명제적 형태만큼 쉽게 무의미하 다고 비난받을 수는 없다. 더욱이 로마 가톨릭이 아닌 신자들은 무류 성을 이렇게 이해하면 무류성을 완전히 반대할 필요가 없다(비록 제1 차 바티칸 공의회가 무류성을 교회의 합의에서 도출하지 않고[*non ex consensu ecclesiae*] 교황의 정의에 귀속시킨 점은 로마 가톨릭이 아닌 신자들이 받아들일 수 있는 점과 화해될 수 없더라도 말이다).

우리는 더 나아가 이러한 접근 방식으로 무류성에 부여될 수 있는 경험적 의미를 탐구하면서, 문법적 문제에서 그리고 (문제를 바꿔서) 교리적 문제에서 무류에 가장 가깝도록 누구에게 또는 무엇에 호소 할 수 있을지 질문할 것이다. 가장 확실한 대답은 신학 전통이 신자 들의 일치(*consensus fidelium*) 또는 교회의 일치(*consensus ecclesiae*)라 고 부르는 것이다.

현대의 언어학자는 문법을 기술적으로 규칙화한 것을 시험할 때, 해당 언어를 능숙하게 구사하게 하는 사람이 일상 언어에서 이 규 칙의 결과들을 수용할 수 있는지를 보고 판단한다. 이와 마찬가지로 종교학자도 교리적 정형문구의 결과들을 해당 종교에 능숙한 실천가들(practitioners)의 판단에 맡긴다. 유명한 격언을 인용하면, "그것이 경건한 귀에 거슬리는가?" 하고 묻는 것이다.

그러나 그리스도교처럼 매우 형형색색인 종교에 이러한 절차를 적용하는 데는 특별한 어려움이 있다. 누가 능숙한 실천가인가? 누가 경건한 귀를 갖고 있는가? 아리우스파인가, 아타나시오스파인가? 가톨릭 신자인가, 개신교 신자인가? 관습적으로 교회 나가는 대중들인가, 엘리트 성도나 신학자인가? 자연 언어의 능숙도는 확인하기 쉽다. 해당 언어를 모국어로 사용하는 사람과 모국어는 아니더라도 효과적으로 의사소통할 수 있는 소수가 그 언어를 능숙하게 사용하는 것이다. 그 언어의 경계는 외국어를 배우듯이 방언을 익히지 않으면 의사소통이 불가능할 정도로 사투리의 변화가 심해지는 지점이다. 그러나 그리스도인 중에도 서로 이해할 수 없는 방언을 구사하는 것 같은 집단이 많이 있다. 이는 몰몬교, 여호와의 증인, 크리스천 사이언스 같은 소수 종파에만 해당하는 것이 아니라, 아리우스파와 아타나시오스파, 라틴 그리스도교와 그리스 그리스도교, 가톨릭과 개신교 같은 주요 집단에도 해당한다. 진정한 그리스도교 언어를 구사한다고 주장하는 이들 중 누구의 말에 주의를 기울여야 하는가?

비신학적 연구자라면 이러한 질문에 답하기 위해, 신학자에게도 익숙한 시험 수단을 자기 방식으로 사용할 것 같다. 연구자는 가능한 한 널리 합의된, 가능한 한 포괄적인 대표적 단면으로부터 표본을 얻고자 할 것이고, 따라서 전통에, (전통 및 공통된 인식의 목소리로서)

교도권의 발표에, 진정한 그리스도교(또는 이슬람교, 불교, 유대교) 발화의 전형으로 널리 인정된 정경 문서에 주목할 것이다. 이러한 표준들은 능숙한 실천가들의 표본을 얻는 문제에서 주류 집단의 범위를 정할 수 있게 해 준다.

그러나 추가적인 시험이 필요하다. 주류 공동체의 일원이라는 점이 능숙함을 보장해 주지 않는다. 다른 종교, 특히 문화적으로 동질적인 원시 종교에 해당하는 것들이 무엇이든지 간에, 그리스도교 역사를 통틀어 대부분 그리스도교인은 자신들의 공식적인 언어(official tongue)를 매우 서투르게 구사했다. 그리스도인의 공식 언어는 모국어가 되지 못했다. 즉 그리스도인들이 생각하고, 느끼고, 행동하고, 꿈꾸는 주요 매개가 되지 않았다. 대부분의 그리스도인은 자신들의 공식 언어에 서투르기 때문에, 문화-언어적 관점에서 볼 때 교리적 제안을 시험하기 위한 비교 대상인 '신자들의 일치'의 일부일 수 없다.

이렇게 능숙함을 요구하는 것은 교리의 시험대 중 하나로 성령(the Spirit)을 강조하는 것과 경험적으로 동등하다. 문화-언어적 범주에서는 성령의 역할이 인지적 범주에서보다 더 쉽게 강조될 수 있고, 경험적 접근에서보다 열광주의나 광신(Schwärmerei)에 영향을 덜 받는다. 문화-언어적 범주는 성령 충만을 식별하기 위해 적어도 부분적으로는 객관적인 시험대를 제시한다. 요컨대 언어적으로 능숙한 사람은 널리 소통하는 일에 관심이 없는 내부 지향적 종파나 고립된 변두리에서보다 주류에서 발견되어야 한다. 다시 말해, 이들은 초기 수 세기 동안 '가톨릭' 또는 '정통'이라는 말로 의미하던 것,

그리고 요즘 우리가 '에큐메니컬'이라고 하는 것에 해당해야 한다. 더욱이 그들의 능숙함은 어느 정도 경험적으로 인식될 수 있어야 한다. 자연 언어를 모국어로 사용하는 사람들처럼, 그들은 고정된 공식에 얽매이지 않으며, 오히려 전에 없던 상황을 다루기 위해 옛 어휘와 새 어휘를 모두 사용하며 창의적일 수밖에 없는 무한히 다양한 방식들 사이에서도 이해할 수 있고, 말할 수 있고, 차이를 구별할 수 있다. 그들은 정규 신학 훈련을 받지 않았더라도, 성경 그리고/또는 예배의 언어가 몸에 배어 있을 것 같다. 우리는 그들을 유연하면서 독실하다고 할 수도 있을 것이다. 그들은 자기 종교의 문법을 매우 잘 내면화하였기에 신뢰할 만한 재판관인데, 직접적으로 교리의 정형문구를 판단하는 재판관이 아니라(왜냐하면 이 정형문구들은 그들이 이해하기에 너무 전문적일 수 있다), 이 정형문구의 결과들을 일상적인 신앙생활과 종교 언어로 받아들 수 있는지 아닌지를 판단하는 재판관이다.

그들이 교리 문제에서 일치하는 것이 믿을 만하면, 이를 무류하다고 불러도 부적절하지는 않을 것이다. 이런 제안은 신앙의 확언으로 의도된 것이 아니라, 경험의 기술로 의도된 것이다. 그것이 그리스도교 영역 바깥에서(우리가 약간 거리를 두고 그 질문을 바라볼 수 있는 곳에서) 무엇을 의미할지 한번 생각해 보자. 유연하면서도 경건한 전 세계의 주류 이슬람교도들이 한때 코란 교리를 두고 벌어졌던 논쟁에서 사실상 만장일치로 지속적인 일치를 이루는 것은, 이슬람과 거리가 있는 비이슬람 학자의 관점에서, 그 교리가 이슬람의 내적 논리와 모순이 아님을 보여 주는 경험적 증거일 것이다. 물론 그러한 합의의 존재를 검증하는 실제적 어려움이 아주 클 수 있다. 그럼에도 불구하고 문법의 경우처럼, 이전에 해결되지 않은 교리적 문제와 관련해서도 일종의 흔들리지 않는 경험적 확실성이 이론상 가능하며, 점차 접근 가능할 수 있다. 이것에 대해 이상한 점은 없다. 왜냐하면 우리는 동쪽에서 해가 뜨는 것이나 무거운 물체가 방해받지 않는 한 항상 지표면에 떨어지는 것은 물론이고, 역학, 운동, 중력의 법칙 같은 다른 형태의 경험적 지식에 대해서도 비슷하게 확신하기 때문이다. 이러한 원리가 불완전하게 정형화되었더라도 무류하며 또한 무류하게 알려진다고 말하는 것은 심리적으로나 수사적으로나 이상하지 않다. 종교 교리에 대해서도 이와 유사한 확실성을 부정할 이유가 없다. 문화-언어적 접근에서는 종교 교리도 경험적 지식의 문제다. 종교 교리는 무류하게 '그리스도교적인 것'으로 인식될 수 있고, '존재론적으로는' 참이 아니더라도 '체계 내적으로'는 참일 수 있다(전자, 즉 존재론적인 확실성은 논리적으로 다른 종류의 것인데, 왜냐하면 종교 교리는 그리스도교 메시지에 대한 신앙이지, 그에 대한 지식이 아니기 때문이다[17]).

이제 이 논의의 결론을 내리면서 이러한 분석이 함의하는 바를 고려하면, 두 가지 질문이 제기된다. 첫째, 이렇게 교리에 부여된 확실성은 신학적으로 충분한가? 둘째, 무류성의 자리, 즉 교리를 보증하는 권위의 자리는 어떤가?

---

17    체계 내적 진리와 존재론적 진리의 구분에 대해서는 3장 IV를 보라.

확실성과 관련하여, 문제는 경험적으로 기술할 수 있는 다양한 것이 아무리 강력하더라도 종교적으로 충분하냐는 점이다. (다른 수많은 문제까지 말할 것도 없이) 노예 제도 반대, 그리스도론적 결정과 삼위일체론적 결정, 펠라기우스주의 거부, 유아 세례의 가능성 수용 문제에서 교회가 오류를 범하지 않는다는 확신에 대해 '자연 이성'이 줄 수 있는 것보다 더 큰 확신이 신자들에게 필요하지 않은가? 신자들은 '신자들의 일치'가 치명적으로 오류를 범할 수 없다는 경험에 기초한 확신보다, 성령이나 성경이나 교도권의 무류한 증언에 의존하지 않는가?

이 반대는 부분적으로 이해의 실패, 근대적 편견, 신학적 오류에서 비롯되지 않나 싶다. 이 실패는 우리가 구별해 온 문법적(또는 체계 내적) 진리와 존재론적 진리를 구별하지 못한 데서 비롯된 실패다. (우리가 다루어 온) 문제는 "무엇이 그리스도교적인가?"이지, "그리스도교는 진리인가?"가 아니다. 문제는 이차적 물음이지, 요즘 유행하는 식으로 실존주의적 헌신이라고 부르는 것과 전통적으로 초자연적 신앙이라고 칭한 것에 대한 대답을 요구하는 일차적 물음이 아니다. 확실히 그리스도교가 자신에게 진리인 사람들, 그리스도교의 언어로 말하고 살아가는 데 능숙한 사람들은 실제로 무엇이 그리스도교적인지를 비그리스도교인보다 더 잘 안다. 그러나 교리의 그리스도교적 특성과 비그리스도교적 특성을 판단하는 것은 비신자도 능숙하게 할 수 있는 일이다. 마찬가지로 영어 구사력이 떨어지는 사람도 원어민이 어떤 규칙을 따르는지 결정할 때 원어민보다 더 나은 전문적 문법 지식을 발휘할 수 있다.

내가 마음에 두고 있는 근대의 편견은 데카르트적인 것이다. 데카르트는 확실성이 보편적 의심을 극복할 수 있어야 한다고 상정했다. 그러나 많은 사상가가 하나같이 가르쳐 주었듯이,[18] 실제로는 확실성이 항상 처음에 온다. 그것은 의심의 전제 조건이다. 만일 의심할 만한 분명한 이유가 없다면(예를 들어, 증거나 권위의 불일치 같은), 일반적으로 받아들여진 것을 의심하는 것은 비현실적이고 비합리적이며, 감정 혹은 병이다. 무신론자는 교회 사람들과 마찬가지로 사도신경의 확언이 그리스도교에서 공인된 믿음이라는 점에 동의한다. 이러한 동의는 특정 조항에 대해 문제를 제기할 만한 명확한 이유가 없는 한, 사도신경이 규범적으로 그리스도교적이라는 점에 대한 의심을 어리석게 만든다.[19]

우리가 명제에 의문을 갖게 하는 신학적 오류는 추측할 수 있듯이 잘못된 종류의 초자연주의다. 이성과 본성, 경험적 확실성과 신앙의 확신—이것들은 물샐틈없이 날카롭게 나뉘는 구획이 아니다. 신앙의 내적 논리에 대한 교리적 결정이 올바른지를 신학적으로 판

---

18  보편적 의심 방법의 결점을 잘 설명한 다음을 보라. Bernard Lonergan, *Insight* (Harper & Row, 1978), pp. 408-411. Cf. *Method in Theology*, pp. 41-47[70-79].

19  이러한 언급은 예를 들어 "동정녀 마리아에게서 태어남"에서 '동정녀'가 확언으로 기능한다기보다 식별을 위한 명칭으로 기능한다는 주장의 정당성에 이의를 제기하려는 것은 아니다. 어쨌든 여기에서의 주장은 그리스도교 믿음에 권위를 갖는 전집(authoritative corpus)에서 어떤 교리의 자리에 대해 유보적인 사람들이 일반적인 비평적 태도 때문이 아니라 구체적인 이유(예를 들어, 동정녀 탄생과 관련하여 복음서의 유아 시절 이야기의 문학적 성격)로 그렇게 해야 한다는 것이다.

단하는 일은 어떤 면에서 문법학자들이 자기 전공에서 하는 판단만큼이나 경험적인 판단이라고 말하는 것은 결코 하나님이 활동하고 계심을 부인하는 것이 아니다. 하나님의 인도를 간구하는 신학자에게 하나님은 자신의 인도를 보류하지 않을 것이고, 아마 기도하지 않는 일부 신학자에게도, 문법학자에게도 하나님의 인도를 보류하지 않을 것이다. 이 모든 이유로, 신자들은 규준들(regulae)의 진정성에 대한 무류한 지식을 한편으로 자연적인 것으로 분석할 수 있지만, 또한 동시에 그것이 초자연적인 것, 즉 대가도 공로도 없이 받은 은총의 선물임을 인정할 수 있다.

우리의 모델은 무류성의 자리가 한 언어를 능숙하게 말하는 공동체 전체라고 제안한다. 이는 전통적인 개신교나 전통적인 로마 가톨릭의 입장보다 동방 정교회의 입장에 가깝게 들릴 것이다.[20] 정교회에서 무류성은, 교회가 성령에 열려 있으며 또한 성경 시대부터 현재까지 모든 신실한 증인들과 시공간적으로 연합되어 있는 한, 하나의 전체로서의 교회에 속한 것이다. 정교회는 개신교식으로 성경에 특권적 위치를 부여하지 않으며, 가톨릭이 말하듯 공식 교도권에 특별한 위치를 부여하지도 않는다. 에큐메니컬 공의회조차도 그 자체로는 무류하지 않으며, 오직 교회들이 공의회의 교령을 받아들인 경우에만 무류하다. 그렇다면 이는 한편으로 '오직 성경'(sola scriptura)이,

---

**20**  동방 정교회가 무류성을 다루는 방식에 대해서는 다음을 보라. Nicolas Afanassieff in O. Rousseau and J. J. von Allmen (eds.), *L'Infaillibilité de l'Eglise* (Gembloux: Chevetogne, 1963), pp. 183-201.

다른 한편으론 교황 및 공의회의 무류성이 그야말로 교리의 규칙 이론과 양립할 수 없다는 의미인가? 규칙 이론은 결국 어떤 신학적 선택지를 배제하는가?

이러한 결론을 도출하는 것은 상황의 중요성과 조건적 교리의 가능성을 잊었기 때문일 것이다. 정교회의 관점은 교회가 나뉘지 않을 때 적절하고, 반면에 로마 가톨릭과 개신교는 교회가 분리되어 있을 때 효과적으로 작용할 수 있는 권위, 곧 궁극적인 최종 법정을 규정하려 했다. 이는 로마 가톨릭과 개신교의 유리한 점이었다. 그들은 동방 정교회와 같은 정도로 전통주의적 부동성(깨어진 크리스텐덤에 알맞은 최종적 권위에 관한 이론이 없다는 사실과 관련 없지 않은 부동성)의 상태로 굳어지지 않았다. 따라서 우리의 교리적 유형의 측면에서, 배타주의적인 '오직 성경'과 로마 가톨릭의 공식 교도권에 대한 강조는 조건적으로 필요하나 가역적인 교리로 볼 수 있다. 하나의 전체로서의 교회가 최종 법정으로 기능할 수 없을 때—이렇게 주장될 수 있다—정교회가 사실상 그랬듯이 새로운 문제를 결정할 방법이 없다고 말하기보다는, 무류성을 성경이나 교도권 안에 두는 것이 더 작은 악이다(확실히, 로마의 권위주의와 개신교의 분열 증식은 정교회가 겪는 교리적 무능력에서 벗어나기 위해 치른 과한 대가라고 그들은 항상 대답할 수 있다).

게다가 이러한 교리들은 재해석될 수 있다. 개신교인들은 최종 권위를 갖는 성경에 귀 기울여야 한다고 말할 수 있지만, 성경의 이야기를 진지하게 받아들이는 모든 시대와 장소에 있는 사람들과 더불어 그렇게 말할 수 있다. 만일 귀 기울이는 사람들에게 귀 기울이지 않는다면 사실 진정으로 귀 기울이는 게 아니다. 가톨릭은 교황이 "그리스도가 교회에 부여한 무류성"(DS 3074)을 행사할 수 있는 조건이 완전히 정해지지 않았다고 말할 수 있다. 그리고 아마도 언급되지 않은 조건 중 하나는 바로 교황이 교회 일부가 아니라 교회 전체의 대변인이 되기를 진지하게 추구한다는 것이라고 말할 수 있다. 개신교와 가톨릭 모두, 실제 사용되는 차원에서 작동하는 결과는 교회의 재연합일 정도로 정교회가 권고하는 바와 일치할 것이다. 무류성에 관한, 즉 어떻게 교리적 문제에서 올바름이 보장되는지에 관한 세 가지 이론은 이와 같이 동일한 규칙에 대한 다양한 정립, 아니면 적어도 양립 가능한 행동 규칙에 대한 다양한 정립이 될 것이다.

이것은 교황 무류성과 성경 무류성에 대한 갈등을 해결할 수 있는 매우 쉬운 방법처럼 보일 수도 있겠으나, 교묘한 술책은 아니다. 만일 교리가 규칙이라면, 명제적 진리들이 서로 확고부동하게 대립하는 상황에서도 교리는 종종 화해할 것이라는 점이 뒤따른다. 이것은 (헤겔이 셸링을 평하듯) 모든 소가 검게 보이는 저 밤 같은, 즉 모든 차이가 모호하고 흐릿하게 용해되는 식의 평화주의(irenicism)가 아니다. 규칙은 영국과 미국의 교통 규정이 상충하듯이 동일한 상황에 적용될 때 때때로 충돌을 피할 수 없지만, 규칙의 적용 영역이 구분될 때는 충돌하지 않는다. 이는 단순히 규칙의 논리와 명제의 논리가 다르다는 말이다.

무류성에 대한 제1차 바티칸 공의회의 정의는 그러한 충돌을 포함하고 있으며, 교회가 다시 연합되지 않는 한 충돌은 계속될 것이다. 아무리 최소주의적으로 해석한다고 하더라도, 무류성의 가르침은 규칙 이론에서조차 최소한 로마 가톨릭교회의 교의적 결정이 돌이킬 수 없을 만큼 잘못된 것이 아님을 의미한다. 아무리 가톨릭교회의 교의적 결정이 형편없어 보이더라도, 그것은 최선을 향해 모이거나, 그렇지 않더라도 어쨌든 교회와 신앙을 분리하지 않을 것이다. 따라서 이러한 무류성 교리를 받아들인다는 것은 아무리 로마 가톨릭교회의 교리 중 일부가 못마땅하더라도 로마 가톨릭의 친교(communion) 안에 머무를 권한이 있고 의무가 있다는 것이다. 누군가는 이러한 교리를 가능한 한 최선의 방식으로 이해하려고 노력하고 있으며(비록 이것이 경우에 따라 두 가지 악 중에 덜한 것일지라도), 그 결점을 극복하려고 어쩌면 가시적인 성공이 없이 소망만으로 노력을 기울이고 있다. 이것은 '내키지 않는'(contre coeur) 신뢰일 수 있으나, 그래도 신뢰는 신뢰다. 이것은 개신교가 가지고 있지 않은 신뢰일 뿐만 아니라, 개신교가 개별 교회나 교회 직분에서 교리적으로 제외된 신뢰다. 개신교는 아마도 '성경 및 교부들의 일치'(consensus scripturae et patrium)에서와 미래의 다시 연합된 교회에서 이에 필적할 만한 신뢰를 가질 수 있다. 그러나 이것은 너무 모호하여 현재 최종 법정으로 기능할 수 없다.

이를 위해 개신교는 몇몇 형태의 '오직 성경'에 의존하지만, 이는 또한 비록 교도권 무류성의 어려움과는 다르더라도 심각한 어려움을 드러낸다. 따라서 무류성에 대한 로마 가톨릭과 종교개혁과 정교회의 입장은 현재 상황에서 계속 화해할 수 없다. 규칙 이론은 무류성에 대한 세 입장을 화해시키지도 않으며, 어느 한 입장이 더 낫다고 제정하지도 않는다.

그러나 이것은 규칙 이론이 다른 종파(communions)의 구성원들뿐만 아니라 로마 가톨릭 신자들에게도 교리적으로 받아들여질 수 있음을 의미한다. 규칙 이론은 주류 역사적 전통의 어떤 교의에도 저촉되지 않는 듯하며, 또한 에큐메니컬적 일치와 불일치를 의미 있게 논할 수 있는 틀을 제공한다. 이러한 결론을 통해 우리는 이 장의 나머지 부분에서 규제적 견해와 현대의 명제적 견해를 비교할 수 있다. 3장의 마지막 단원에서와같이, 여기에서도 전문적 논의를 완전히 피할 수는 없을 것이다.

# IV. 규제적 관점의 우월성

교리의 본성에 관한 규제적 견해와 현대의 명제적 견해 사이의 일치
는 몇 가지 면에서 불일치보다 더 두드러진다. 로너간과 라너를 예로
들면,[21] 그들은 모두 교리가 규칙이라는 점을 부정하지 않는다. 실천
적 교리는 규칙이 아닌 다른 것일 수 없다. 로너간이 마리아 유형의
교리들의 '정서적' 성격에 관해 최근에 쓴 글을 감안할 때,[22] 그는 적
어도 이런 교리들이 명시 가능한 어떤 고정된 명제적 내용을 가진 것
이 아니라 규칙을 보여 주는 예시로 취급하자는 이번 장 II단원에 나
타난 제안에 개방적일 것 같다. 심지어는 초기 신조 부분에서도 (규제
적 이해와의) 상당한 수렴점이 있다. 여기서 라너와 로너간은 일차적인
존재론적 해석 또는 형이상학적 명제적 해석을 내놓고 있으나, 로너
간은 삼위일체론과 그리스도론 교리의 출현에 관한 규제적 설명도

---

**21**    1장 I에서 '혼합적' 또는 '이차원적' 접근에 대한 언급을 보라.

**22**    Lonergan, *Method in Theology*, p. 320[439].

덧붙인다.

이 마지막 사례에서, 로너간 같은 사람으로 대표되는 현대의 명제주의는 다양한 고전 명제주의와 시종일관 규제적인 교리 이론의 중간쯤에 위치한다. 대부분의 중세와 중세 이후의 신학자에게 교리는 단지 그것이 무엇보다 명제이기 때문에 규칙이다. 예를 들어, (우리가 앞서 언급했듯이) 아타나시오스는 아들이 아버지가 아니라는 점만 제외하면 아버지에 대한 언급은 곧 아들에 대한 언급이라고 했는데, 그리스도교 담론이 이런 아타나시오스 규칙을 따라야 하는 이유는 아버지와 아들이 존재론적으로 동일본질이기 때문이라는 것이다. 로너간의 역사적 연구는 이 관계의 순서를 뒤집는다. 규제적 기능이 먼저 명확하게 지각되었고, 그 뒤에야 스콜라주의의 등장과 함께 형이상학적 의미가 온전히 파악되고 주장되었다는 것이다. 따라서 그는 실천적 규범에 대해서만이 아니라 신조의 확언에 대해서도 교리의 권위가 반드시 일차적인 존재론적 지시(reference)에 의존하는 것이 아니라는 규칙 이론에 동의하는 것이다.

의견이 모이는 또 다른 부분도 있다. 앞서 우리는 어떤 상황에서 교회에 필수적인 것이 다른 상황에서는 필수적이지 않다는 취지로 루터와 뉴먼의 말을 인용했다. 이러한 인식은 현대 신학자들 사이에서 강하게 나타난다. 이는 교리적으로 중요한 것이 시대에 따라 달라진다는 의미다. 어떤 상황에서 중요한 것이 다른 상황에서 주변적인 것이 될 수 있고, 그 역도 마찬가지다. 새 교리가 개발되고 옛 교리가 잊힐 수 있다(비록 교리를 명제적 진리로 여기는 논리를 취하면 옛 교리가 잊힌다는 점을 받아들이지 않고 유감스러워하겠지만 말이다). 둘째, 로너간을 비롯한 명제주의자들은 이제 대부분 고전적 입장과 반대로, 교리적 명제가 영속적이더라도 이를 표현하는 정형문구는 시대에 따라, 문화에 따라 매우 달라질 수 있다고 주장한다. 이러한 고려사항들 때문에, 수정된 또는 역사주의적 명제 이론은 규칙 이론 못지않게 역사적 변화와 다양성을 인정할 수 있는 것 같다(비록 유별나게 복잡한 방식으로 그렇게 하겠지만 말이다).

따라서 이론적 논쟁이 흔히 그렇듯이, 불일치의 실제적 결과는 어떤 면에서 사소한 것이다. 속도가 극단적으로 빠르거나 질량이 극단적으로 크거나 작은 경우를 제외하면, 뉴턴 물리학과 아인슈타인 물리학은 동일한 결과를 낳는다. 마찬가지로 비교가 가능해진다면, 명제 이론과 규제적 이론이 역사와 문화에 대한 근대적 관점의 맥락에서 동일한 교리적 자료를 설명하려 할 때, 실제적 쟁점과 관련된 서로의 차이는 미미할 가능성이 크다. 그럼에도 차이는 존재하고, 어떤 목적에서는 이 차이가 중요하다.

우선 주요 이론적 논쟁은 오캄의 면도날을 적절하게 응용하는 데 달려 있다. 규제적 관점에서 보면, 명제주의적 해석은 필요 이상의 해석이다. 만일 니케아 교리 같은 교리가 규칙으로서 영속적인 규범일 수 있다면, 이보다 더 나아가서 존재론적 지시를 고집할 이유가 없다.

이 사안은 한정된 사안이다. 규칙 이론은 그리스도교 언어의 삼위일체론적 유형이 신성의 형이상학적 구조와 상응하는지에 대한 사변을 금지하자는 것이 아니라, 단순히 그 사변이 교리상 필수도 아니며 구속력이 있을 수도 없다고 말하는 것이다. 이는 문장의 주어-술어 구조에 상응하는 유한한 존재들의 실체-속성 구조가 있는가에 관한 논의와 같은 것이다. 아리스토텔레스 같은 일부 철학자는 그런 게 있다고 주장하지만(나 자신은 이에 동의하려는 성향이 있을 만큼 충분히 아리스토텔레스주의자다), 이는 언어학자에게는 무관한 것이다. 우리는 세계를 이해하기 위해 주어-술어의 방식으로 말해야 하는데, 아리스토텔레스가 옳든 그르든 대부분의 목적상 이 방식에는 아무런 차이가 없다. 마찬가지로 삼위일체에 대한 존재론적 해석은 그리스도인이 살고 생각하는 방식에 대한 공동체적 규범이 되지 못하며, 그렇게 되어서도 안 된다.

과학 이론과 비교하는 것도 도움이 될 수 있다. 삼위일체 이론과 그리스도 이론처럼, 과학 이론은 형이상학적 해석이 제시될 필요가 없다. 비록 두 경우 모두 형이상학적 해석을 제시하는 것이 특정 목적에는 정당할 수도 있지만 말이다. 예를 들어, 공간과 시간에 대한 아리스토텔레스의 이론, 뉴턴의 이론, 아인슈타인의 이론은 어느 것이 사물이 실제로 존재하는 방식에 더 가까운가 하는 형이상학적 문제와 상당히 독립적으로 과학적인 평가를 받는다. 만일 상대성이 존재론적으로 참이라면, 아리스토텔레스와 아인슈타인은 공간과 시간을 절대적인 것으로 보는 뉴턴보다 이 점에서 더 우월하다. 그러나 과학적으로는—예를 들어, 예측을 목적으로 할 경우는—뉴턴의 입장이 아리스토텔레스 입장보다 우월하고 아인슈타인의 입장보다 열등하다. 비슷하게, 라너의 이론과 여러 동방 전통이 하는 것처럼[23] 경륜적 삼위일체와 내재적 삼위일체를 식별하는 경향이 있는 신학 이론은 심리적 유비와 실체적 관계의 내재적 삼위일체를 강조하는 (로너간이 좋아하는) 아우구스티누스와 토마스의 이론보다[24] 하나님의 삼위일체적 실재에 더 잘 상응할 수도 있고 그렇지 않을 수도 있다. 이 물음은 종말의 이편에서는 답을 줄 수 없는 문제다. 그것은 또한 신학적 평가와도 무관하다. 어느 이론이 신학적으로 가장 좋은지는 그것이 성경과 전통의 자료를 그리스도교의 예배와 삶에서 사용할 목적으로 얼마나 잘 조직하는가에 달려 있다. 이렇게 구체적인 신학적 기준에서, 삼위일체의 경륜적 측면과 내재적 측면에 관한 존재론적 논쟁의 양쪽에 좋은 이론이 있을 수도 있고 나쁜 이론이 있을 수도 있다. 이론들의 존재론적 지시의 문제는 종종 신학적 평가에 중요하지 않을 수 있다.

이러한 고려사항이 삼위일체 교리에 적용되는 것은 분명하다. 저 교리가 무엇보다도 삼위일체 이론 구성을 위한 규칙 또는 규칙의 결합이라면, 우리가 언급한 두 가지 유형의 이론이 같은 규칙을 따를 때 둘 다 교리적으로 옳을 수 있다. 그러나 만일 교리가 존재론적 지시를 가진 명제라면, 존재론적 지시가 무엇인지에 관해 두 이론이

---

**23** Karl Rahner, *The Trinity*, tr. by Joseph Donceel (Herder & Herder, 1970). 자신의 입장과 그리스인들의 입장의 관계에 대한 라너의 견해에 대해서는 pp. 16-18, 특히 n. 13을 보라. 로너간에 대한 언급을 포함하여 심리적 이론에 대한 라너의 비판에 대해서는 pp. 96-97을 보라.

**24** Bernard Lonergan, *De Deo Trino* (Rome: Gregorian University Press, 1964).

일치하지 않기 때문에 오직 한 가지 형태의 이론만이 참일 가능성을 갖는다.

이것은 단순히 전문적 측면의(technical) 차이가 아니다. 명제적 견해의 실제적 단점은 사소하지 않다. 명제적 견해는 삼위일체에 대한 그리스도교 신학적 사고의 두 가지 주요 흐름 중의 하나가 (교회가 아직 결정하지 않았음에도) 알게 모르게 이단적이라는 암시를 풍긴다. 이러한 심각한 함의를 감안하면, 삼위일체 교리가 규제적일 뿐만 아니라 명제적이라고 말하기 위해서는 매우 타당한 이유가 있어야겠지만, 논쟁 당사자 양쪽 모두 그런 이유를 제공하기 위한 시도라도 해 보았는지가 전혀 분명하지 않다.

아마도 명제적 접근과 규제적 접근의 실제적 차이를 요약하는 가장 좋은 방법은 진리를 해석하는 것과 규칙을 따르는 것의 차이를 대조해 보는 것이다.[25] 예를 바꿔서, 만일 영혼 불멸이 일차적 명제라면, 영혼 불멸이 교리인 전통에 속해 있으나 마음-몸 이원론을 받아들일 수 없다고 생각하는 사람은 영혼 불멸이 나타내는 진리가 어떤 것인지를 알아내야 할 의무가 있다. 비록 영혼 불멸을 원래 정립한 이들의 이원론적 견지에서는 이렇게 알아낸 진리가 아무리 있음

---

25  루트비히 비트겐슈타인은 "규칙을 해석으로 이해하는 방식이 아니라, 우리가 실제적 경우에 '규칙에 대한 순종'과 '규칙에 대한 반대'라고 부르는 것에 나타난 규칙을 이해하는 방법이 있다"고 말한다. Ludwig Wittgenstein, *Philosophical Investigations* (Macmillan Co., 1973), #201. 『철학적 탐구』, 이승종 옮김(파주: 아카넷, 2016), 또는 이영철 옮김(서울: 책세상, 2019). Cf. 더 나아가 이렇게 말한다. "어떤 해석이든 그것이 해석한 바와 마찬가지로 여전히 미결 상태이며, 어떤 지지도 줄 수 없다. 해석 자체는 의미를 결정하지 않는다"(#198).

직해 보이지 않더라도 말이다.[26] 저 의무를 지닌 사람들은 끝없는 사변적 재해석 과정에 돌입할 수밖에 없다. 그리고 이러한 사변적 재해석 과정은 개신교에서든 가톨릭에서든 여러 현대 신학의 흔한 영업 자산이다. 반대로 만일 교리를 규칙으로 간주한다면, 공동체의 구체적 삶과 언어에 관심의 초점이 맞추어진다. 교리는 해석되어야 하는 것이라기보다 따라야 하는 것이므로, 신학자의 과제는 교리가 적용되는 상황(일시적이든 지속적이든)을 구체적으로 밝히는 것이다. 첫 번째 경우(명제적 접근), 비트겐슈타인이 말했을 법한 대로, 언어는 어떤 일도 하지 않고 빈둥댄다. 반면에 두 번째 경우(규제적 접근), 도구(gears)가 현실과 맞물리고, 교리에 대한 신학적 반성이 교회의 실천과 직접 관련된다. 니케아와 칼케돈과 관련하여 제기되는 문제는 그것들이 어떻게 현대적 범주로 해석될 수 있는가가 아니라, 오히려 현대의 그리스도인들 또한 성경 이야기의 예수 그리스도를 성경이 말하는 한 분 하나님께 가는 길로 최대한 넓게 해석함(maximizing)에 있어 어떻게 그것들만큼 또는 더 잘 할 수 있는가이다. 그러한 고려는 규칙 이론이 교리의 권위를 약화시키는 대신, 현대화된 그리고 상대화시키는 명제적 해석보다 교리의 규제적 효과를 높이는 데 더 알맞을 수 있음을 내비친다.

따라서 이 논의의 결과는 우리의 논증이 엄격히 요구하는 것보다 교리의 규칙 이론이 더 높은 평가를 받는다는 것이다. 우리는 규제

---

**26** 이에 대한 전형적인 예(되는대로 제시한 것이긴 하지만)에 대해서는 4장 각주 23을 보라(편집자주: 4장 각주 25를 언급하려 했던 것으로 보인다).

적 견해가 교리의 규범성과 영속성을 가능하게 함에 있어 명제적 견해만큼 만족스러운지를 묻는 것으로 시작했으나, 결론은 규제적 견해가 적어도 규범성에 관해서는 더 우월하다는 것이다. 형이상학에 맞춰진 신학적 사변(반드시 지적 유희이기만 한 것은 아니겠지만)의 교리적 적합성에 반대하는 것, 그리고 실천에 초점을 두는 것은 무엇이 교리에 관하여 규범적인지를 더 쉽게 명시할 수 있게 한다. 따라서 우리는 이제 지금까지 탐구한 종교 이론 및 교리 이론이 신학 작업에 가져올 결과들에 대해 더욱 자세히 논할 때가 되었다.

Toward a Postliberal Theology

I  평가의 문제
II  텍스트 내재성으로서의 충실성
III  미래학으로서의 적용 가능성
IV  기량으로서의 이해 가능성
결론

I  The Problem of Assessment
II  Faithfulness as Intratextuality
III  Applicability as Futurology
IV  Intelligibility as Skill
Conclusion

6

후기자유주의 신학을 향하여

이 마지막 장은 이 책의 주요 논증에 대한 부록이지만 꼭 필요한 것이다. 만일 우리가 검토한 종교 이론이 오직 교회의 교리를 이해하는 데만 유용하고 그 밖의 신학 영역에는 유용하지 않다면, 결국 그 이론은 교리 전문가조차 받아들일 수 없는 것으로 판명될 것이다. 그래서 이 장에서 우리는 근본적으로 유형이 다른 신학들의 충실성, 적용 가능성, 이해 가능성을 평가하는 일의 의미와 어려움에 관한 몇 가지 예비적 관찰에서 시작하여, 종교에 대한 문화-언어적 접근이 신학 방법론에 시사하는 바에 대해 논하고자 한다.

# I. 평가의 문제

일반적으로 서방 그리스도교 세계에서 조직신학이나 교의학은 특별히 충실성(faithfulness)에 관심이 있고, 실천 신학은 적용 가능성(applicability)에 관심이 있으며, 기초신학이나 변증신학은 이해 가능성(intelligibility)에 관심이 있다고 여겨져 왔다. 그러나 모든 신학 영역은 이 세 가지에 모두에 관심을 가진다. 교의학자는 종교의 규범적 특성을 충실하게 설명하려 할 때 적용 가능성과 이해 가능성에도 관심을 기울인다. 이와 유사하게, 실천 신학자와 기초신학자는 종교를 적용하고 이해할 수 있게 하려 할 뿐만 아니라 충실하게 하려고 노력한다.

이 세 용어의 더 구체적인 의미는 사용되는 맥락에 따라 달라진다. 같은 유형의 신학들(자유주의 이전의 명제주의 신학이든, 자유주의의 경험-표현주의 신학이든, 후기자유주의의 문화-언어적 신학이든)이 충실성, 적용 가능성, 이해 가능성을 파악할 때, 형식상으로는 유사하면서 내용상으로는 철저히 차이 날 수 있다. 스페인 종교재판관과 계몽주의 신학자는 신조와 실천에서 철저히 불일치하지만, 명제적 진리가 타당성에 관한 결정적 시험대라는 형식의 면에서 일치한다. 마찬가지로, 『세상의 빛』(*Lux Mundi*)의 저자들 같은 앵글로 가톨릭 신학자와 에를랑겐(Erlangen) 학파의 고백적 루터교인(Lutheran confessionalists)과 일부 '사신'(死神) 신학자는 경험의 우위성에 대한 자유주의적 헌신을 공유하나, 어떤 것이 종교적으로 중요한 경험인가라는 내용적 문제에서는 서로 갈라진다. 유사하게, 종교가 주로 문화-언어적 특성을 갖는다는 후기자유주의적 그리스도교의 합의는 그 자체로 보수와 진보, 페미니스트와 반(反)페미니스트, 가톨릭과 개신교 사이의 실질적 불일치를 극복할 수 없다. 후기자유주의의 논의는 경험적 또는 명제적 고려보다 개념적 또는 문법적 고려에 더 의존하겠지만, 어디에서 적절한 문법을 발견해야 하는지, 누가 능숙하게 종교적 언어를 구사하는지에 관한 불일치도 수반할 것이다. 진보주의는 반발감을 지닌 사람들에게 호소하고, 보수주의는 기성 질서에 호소할 것이며, 가톨릭과 개신교는 성경과 전통의 관계에 대해 계속해서 이견을 보일 것이다. 그럼에도 불구하고, 공통의 틀은 구별되는 다양한 입장들의 상대적 타당성에 대해 진정한 논쟁을, 보장해 주지는 않더라도, 가능하게 할 것이다.

그러나 신학들이 종교에 대해 형식상 서로 다른 견해를 가질 때, 그러한 논쟁은 매우 어렵다. 문제는 각 신학 유형이 매우 포괄적인 개념적 틀 안에 들어가 있어서 각자 나름의 타당성의 기준을 형성하고 있다는 점이다. 그래서 자유주의적인 경험-표현주의자는 진리-거짓의 불변성을 강조하는 명제주의자가 충실하고, 적용 가능하며, 이해 가능하다고 여기는 것을 죽은 정통주의로 치부하며 거부할 소지가 다분하다. 반대로, 명제적 정통주의자는 종교적 표현에서 변화와 다원주의가 이해 가능성·적용 가능성·충실성에 필수라는 자유주의자의 주장에 대해 비합리적으로 상대주의적이며 실제로는 자기 파괴적인 신앙의 배신이라고 공격한다. 후기자유주의자라면 영속적인 교리 문법과 가변적인 신학 어휘를 구별함으로써 전통과 혁신 사이의 양극화를 극복하자고 제안할 수도 있지만, 다른 관점에서 볼 때 이 제안은 두 입장에 대한 최선이 아니라 최악으로 보일 것이다. 이러한 상황에 비추어 볼 때, 이 장에서 할 수 있는 최대치는 충실성, 적용 가능성, 이해 가능성이 후기자유주의 신학들에서 어떻게 이해될 수 있을지를 언급한 다음,[1] 독자들 스스로 이 문제를 평가하게 하는 것이다.

---

1   내가 생각한 형태의 신학은 또한 "포스트모던"(postmodern), "후기수정주의"(post-revisionist), "후기신정통주의"(post-neo-orthodox)로 불릴 수도 있으나, "후기자유주의"(postliberal)가 가장 좋아 보인다. 왜냐하면, 내가 염두에 둔 것은 자유주의 방법의 특징인 경험-표현적 접근 이후에 나온 것이기 때문이다. 이 말을 이렇게 전문적으로 사용하는 것은 일상적 사용보다 훨씬 더 광범위하다. 방법론적 자유주의자는 신학에서 보수주의자나 전통주의자일 수 있고, 사회적 또는 정치적 문제에서 진보를 반대하는 반동주의자(reactionary)일 수 있다(이 장, p. 301에서 친 나치적 독일 그리스도인(*Deutsche Christen*)에 대한 언급이 이를 나타내려고 한 것이다).

## II. 텍스트 내재성으로서의 충실성

기술(교의 또는 조직) 신학(descriptive theology)의 과제는 신봉자에게 있어 종교의 의미에 대해 규범적 설명을 제공하는 것이다. 나는 이 과제를 수행할 때 문화-언어적 접근과 양립할 수 있는 한 가지 방식을 "텍스트 내재적"(intratextual)이라 부를 것이다. 반면에 "텍스트 외재적"(extratextual) 방식은 종교를 명제적으로나 경험-표현적으로 이해하는 사람에게 자연스럽다. 후자는 텍스트가 지시하는 객관적 실재나 텍스트가 상징하는 경험에서, 즉 텍스트나 기호 체계(semiotic system) 바깥에서 종교의 의미를 찾지만, 문화-언어적 접근에서는 의미가 내재적이다. 의미는 특정한 언어와 구분되는 것이라기보다 특정한 언어를 사용함으로써 형성되는 것이다. 예를 들어, '하나님'이란 단어가 의미하는 바를 밝히는 적절한 방법은 이 단어의 명제적 의미나 경험적 의미를 먼저 확립한 다음 그에 알맞게 용례를 재해석하고 재형성하는 것이 아니라, 어떻게 이 단어가 종교 안에서 작용하여 실재와 경험을 형성하는지를 검토하는 것이다. 문화-언어적 방식에서 신학적 기술이 기호 내적(intrasemiotic) 또는 텍스트 내재적이라는 것은 이런 의미에서다.

확장된 또는 비본래적 의미에서 보면, 텍스트 내재성과 같은 것은 종교뿐만 아니라 규칙에 지배받는 여타 형태의 인간 행동(목공과 수학에서부터 언어와 문화에 이르기까지)을 기술할 때의 특징이다. 망치와 톱, 서수와 기수, 윙크와 십자가 성호, 단어와 문장은 외부 요소를 가리킴으로써가 아니라, 그것들이 의사소통 체계나 의도한 행동에 어떻게 어울리는지를 나타냄으로써 이해할 수 있게 된다. 기차의 역사나 제작방식을 기술하거나, 당일 객차·승객·차장 목록을 가지고는 8시 2분 뉴욕행 기차를 식별하지 못한다. 다음 날 객차·승객·승무원 중 어느 하나도 동일한 것이 없을지 몰라도, 기차는 동일하게 8시 2분 발 뉴욕행 기차일 것이다. 그것의 의미, 그것의 실재는 특정한 교통 체계 안에서 그것의 기능이다. 윙크와 십자가 성호에 대해서도 거의 비슷하게 말할 수 있다. 윙크와 십자가 성호는 의미 없이 물리적으로 동일한 눈짓과 손동작이 아니다. 의미 있는 기호로서 그것들의 실재는 그것들이 개별적으로 발생할 때마다 그것들의 텍스트 내재성에 의해, 즉 이야기 안에서 그것들이 위치하는 자리에 의해 전적으로 구성된다.

의미는 목공이나 교통 체계같이 규칙 지배적 인간 행동의 다른 형태들보다 기호 체계(전적으로 해석적, 의사소통적 기호, 상징, 행동으로 구성된)에서 더 완전히 텍스트 내재적이다. 그러나 기호론적 체계 중에서도 텍스트 내재성(여전히 확장된 의미에서긴 하지만)은 (예를 들어, 수학과 달리) 잠재적으로 모든 것을 아우르며 반성적 속성을 갖는 자연 언어, 문화, 종교 안에서 가장 크게 나타난다. 어떤 사람은 프랑스어로, 또는 미국이나 유대인의 관점에서, 모든 삶과 현실에 대해 말할 수 있다. 또한 프랑스 문화를 프랑스어로, 미국 문화를 미국적 언어로, 유대 문화를 유대인의 언어로 설명할 수도 있다. 이는 신학이 텍스트 내재적일 수 있게 한다. 단지 종교를 그 종교 내부에서 설명함으로써만 텍스트 내재적일 수 있는 것이 아니라, 모든 것을 내부적인 것으로 즉 종교에 의해 해석된 것으로 기술한다는 더 강한 의미에서 텍스트 내재적일 수 있으며, 종교적으로 형성된 이차적 개념을 사용하여 모든 것을 기술함으로써 텍스트 내재적일 수 있다.

종교는 그것의 포괄성, 반성성, 복잡성을 고려하면, 클리포드 기어츠가 "두툼한 기술"<sup>중층 기술</sup>(thick description)[2]이라고 말한 것을 필요로 한다(기어츠는 이 말을 길버트 라일에게서 빌려와 문화에 적용하였지만, 종교에 대해서도 적용할 수 있다고 생각했다). 종교는 "그 요소들을 분리해 내서, 요소들 사이의 내적 관계를 밝힌 다음, 어떤 일반적 방식으로— 종교의 중심을 이루는 핵심 상징이나, 종교의 표층 표현을 이루는 기저 구조나, 종교의 근거를 이루는 이념적 원리에 따른 방식으로—체계 전체를 특징지음으로써" 정형화할 수 있는 "상징체계"로

---

2  Clifford Geertz, *The Interpretation of Cultures* (Basic Books, 1973), pp. 3-30 [11-47]. 이 문단에서 뒤이어 나오는 인용은 pp. 17, 21, [14,] 13, 10, 26[30, 35, 25, 24, 20, 41]에서 순서대로 가져온 것이다.

다루어질 수 없다. … 이렇게 밀폐하여 사물에 접근하는 방식은 … 그것의 적절한 대상 및 실제 삶의 비형식적 논리와 동떨어진 분석에 갇힐 위험이 있다." 신학자는 민족지학자처럼 "극히 작은 문제에 대한 폭넓게 확장된 지식들로부터 추상해 낸 분석과 광범위한 해석"에 접근해야 한다. "서로 맞물린, 이해 가능한 기호로서 … 문화는[종교를 포함하여] 힘이 아니다. 즉, 사회적 사건, 행동, 제도, 과정 등의 원인으로 귀속될 수 있는 것이 아니다. 문화는 그러한 것들이 이해 가능하게―즉, 두툼하게―기술될 수 있는 하나의 맥락이다." 우리는 "… 행동이 기호인 상상의 세계를 훤히 알고 있음"으로써만 종교 신봉자들에게 그 행동의 의미를 진단하거나 명시해 줄 수 있다. 신학자가 설명할 필요가 있는 것은 "복잡한 개념 구조의 다양성인데, 그중 다수가 서로 겹치거나 얽혀 있다. 이것들은 이상하고 불규칙적이면서 불명확하다. 신학자는 이것들을 어떻게든 먼저 파악한 다음 표현해 내야 한다." 이것들의 특징을 표현하는 데 필수적인 일은 "추상적 규칙성을 성문화하는 것이 아니라 두툼한 기술을 가능하게 하는 것이고, 개별 사례들 전체에 걸쳐 일반화하는 것이 아니라 각 사례 안에서 일반화하는 것이다." 만일 우리가 이렇게 하지 않는다면, 예를 들어 로마와 유교의 진중함(gravitas; 重)이 거의 동일하다고 생각하거나, 무신론적 마르크스주의가 성경적 유신론보다 무신론적 불교와 더 비슷하다고 생각할 수 있다. 이것은 어형 변화가 없는 영어가 [어형 변화가 있는] 독일어보다 어형 변화가 없는 중국어에 더 가깝다고 추정하는 것만큼 엄청난 오류다.

두툼한 기술은 베이컨의 경험주의와 혼동하지 말아야 하고, 또 현재의 사실을 고수하는 것과 혼동하지 말아야 한다. 오히려 두툼한 기술은 나타날 필요가 있는 해석적 매개의 전체 영역이며, 종교의 경우 이 영역은 잠재적으로 모든 것을 망라하고 있기에 기술에 창의적 측면이 있다. 언어, 문화, 종교가 어떻게 새로운 사고, 현실, 행동의 영역에 의미를 부여하기 위해 사용될 수 있을지를 탐구하는 것보다 더 큰 창의적 상상 능력을 요구하는 것은 사실상 없다. 신학적 기술은 고도로 구성적인 작업일 수 있다.

마지막으로, 다른 어떤 형태의 기호론적 체계보다 종교의 경우, 기술은 그저 은유적으로가 아니라 문자적으로 텍스트 내재적이다. 이것은 세계의 모든 주요 종교에 어느 정도 해당하는 사실이다. 세계의 주요 종교들은 그들이 자신들의 기호로 된 규칙(semiotic codes)을 모범적 또는 규범적으로 예시한다고 여기는 글들을 가려낸, 비교적 고정적인 정경을 가지고 있다. 이들 종교에 얼마나 충실한지는 거룩한 문서에 전형적으로 성문화된 기호적 세계와 기술이 상응하는 정도로 평가될 수 있다.

신학적 충실성에 대한 텍스트와 텍스트 내재성의 중요성은 문자가 없는 사회의 기록되지 않은 종교를 고려할 때 더 분명해진다. 에반스-프리처드(Evans-Pritchard)는[3] 어느 누어(Nuer) 부족민이 자신에

---

**3**　　E. E. Evans-Pritchard, *Nuer Religien* (Oxford: Oxford University Press, 1956), p. 84. 이 '악명 높은 민족지학적 예'는 다음에 인용되었다. T. M. S. Evans, "On the Social Anthropology of Religions," *Journal of Religion*, 62/4 (1982), p. 376.

게 흥분하여 전하기를, 마을의 한 여인이 쌍둥이를 사산했는데 한 아이는 개울에 있던 하마였고 다른 한 아이는 나무에 있던 새였다고 이야기한다. 그 사회에는 의미를 부여하는 더 넓은 맥락 안에서 이 수수께끼 같은 사건의 자리를 찾기 위해 참고할 만한 정경 문서가 없다. 죽은 쌍둥이를 새와 하마와 동일시하는 것이 누어인의 사고와 삶에서 중심적인가, 아니면 주변적인가? 이러한 동일시가 없어지면, 그들의 종교와 문화는 심각한 혼란을 겪을까? 에반스-프리처드에게 정보를 제공한 사람 중 가장 현명한 이도 이 문제를 이해하지 못했을 것이다. 만일 이해했다 하더라도, 이 문제에 대답하면서 어떻게 합의에 이를지는 전혀 모를 것이다. 구전 문화에는 전통에 대한 전문가가 논쟁의 근거로 삼을 만한, 개인을 초월하는 권위가 없다. 이는 관습적 종교와 문화가 역사적, 사회적, 언어적 변화의 압박하에 쉽게 용해되는 이유를 설명하는 데 도움이 된다. 이는 또한 정경 텍스트가 종교의 생존 조건일 뿐만 아니라, 바로 규범적 신학 기술이 가능하게 하는 조건임을 시사한다. 어쨌든 이것이 보편적으로 사실이든 아니든, 기술 신학의 기호 내재적 성격은 세 가지 서구 유신론―유대교, 그리스도교, 이슬람교―에서 텍스트 내재성과 분리될 수 없다. 이 세 종교는 현저하게 그 책의 종교다.

우리는 이제 텍스트를 어떻게 그 내재적 의미의 측면에서―즉 텍스트를 사용하는 것이 언어의 전형적인 활용인 종교 언어에 내재한 의미의 측면에서―해석하는지를 더 자세히 말할 필요가 있다. 비공식적 차원에서 이것은 문제가 아니다. 이것이 문제가 되는 것은 앞으로 보겠지만, 오직 신학이 주어진 문화나 사회에서 자연스러워 보이는 고전(종교 고전이든 비종교 고전이든) 읽기 방식에서 멀어질 때뿐이다.[4] 예를 들어 『오이디푸스 왕』(*Oedipus Rex*)과 『전쟁과 평화』(*War and Peace*) 같은 대작은 그것들 고유의 의미 영역을 떠올리게끔 한다. 이 작품들은 그것들이 직접 그들 이야기 속 사건과 인물에 대해 들려준 것을 통해 고유의 의미 영역을 만든다. 이 작품들을 그 고유의 측면에서 이해하기 위해서, 이를테면 나폴레옹 전쟁을 역사적으로 다룬 것이나 프로이트 이론 같은 외부의 참조점이 필요 없다. 더욱이 그러한 작품은 독자가 작품이 제공한 렌즈를 어느 정도 통해서 영원히 세상을 보게 될 정도로 주의 깊게 읽은 독자의 상상과 인식을 형성한다. 이 책들의 기본적 의미를 기술하는 것은 텍스트 내재적 과제다. 즉, 이 책들의 내용 및 그 내용이 생성한 텍스트 외적 실재에 관한 관점을 설명하는 문제다.[5]

**4**  데이비드 트레이시(David Tracy)의 *The Analogical Imagination* (Crossroad Publishing Co., 1981)와 달리, 나는 '고전'(classic)을 어떤 이유로든 문화적으로 확립된 텍스트를 가리키기 위해 사용한다. 트레이시의 모델은 나와 대조적으로 경험-표현적이다. 그에게 고전은 "우리의 삶에 대한 설득력 있는 진리를 드러내서 우리가 일종의 규범적 지위를 부정할 수 없는 인간 정신에 대한 특정한 표현들"이다(p. 108).

**5**  여기와 이후의 '텍스트 내재성'(intratextuality)에 대한 기술은 해체주의와의 연관을 염두에 두지 않고 쓴 것이다. 그러나 현재 이러한 문학 형태의 두드러진 점을 고려할 때, 오해를 피하기 위해 유사성과 비유사성에 대해 약간의 잠정적인 논평을 하는 것이 바람직할 것이다. 첫째, '텍스트 내재주의'는 해체주의와 마찬가지로, (이제는 구식이 된 "신비평"에서처럼) 본문을 독립된 미학적 대상으로든, 혹은 '말로 된 형상'(verbal icon)으로든, 혹은 모방으로든, 혹은 표현으로든, 혹은 실용적인 것으로든, 텍스트가 해석되어야 함을 강조하는 텍스트에 관한 전통적인 문학적 강조를 공유하지 않는다(이러한 용어들의 의미에 대해서는 다음을 보라. Meyer H. Abrams, *The Mirror and the Lamp: Romantic Theory and the Critical Tradition* [Oxford:

이러한 고찰은 종교 공동체의 정경 문서인 아주 권위적인 텍스트에 훨씬 강력하게 적용할 수 있다. 정경 문서에 깊이 젖어 있는 사람에게는 어떤 세계도 정경이 창조한 세계보다 더 실재적이지 않다. 따라서 경전의 세계는 세계를 흡수하여 동화시킬 수 있다. 이는 신자들이 삶을 영위하고 실재를 이해하는 해석의 틀을 제공한다. 신자가 삶을 영위하고 실재를 이해하는 일은 형식 이론과 매우 별개로

Oxford University Press, 1953]; M. A. Tolbert, *Religious Study Review* 8/1 [1982], p. 2에 인용되어 있다). 그 대신 텍스트 내재주의는 텍스트를—이전 장들에서 언어에 사용된 문구를 사용하면—"해석의 매개"로 간주하며, 따라서 본문을 그 안에서 모든 것이 해석되는 또는 해석될 수 있는 세계(또는 어떤 세계)를 구성하는 것으로 보는 해체주의적 강조를 공유한다. 둘째, 이는 크리스토퍼 노리스가 폴 드 만(Paul de Man)에 대해 말하면서 "형상화된 언어의 게임"(the play of figural language), "비유의 문법"(the grammar of tropes), "본문 연행의 수사학"(the rhetoric of textual performance)이라고 부른 것에 대한 공통의 관심(나중에 명백해질 것이다)과 관계가 있다(Christopher Norris, *Deconstruction: Theory and Practise* [Methuen & Co., 1982], pp. 106, 108). 셋째, 그러나 큰 차이점은 해체주의자에게는 단일한 특권적 표현 방식(idiom), 텍스트, 텍스트가-구축한 세계가 없다는 것이다. 그들의 접근은 텍스트 내재적(intratextual)이 아니라 텍스트 **상호적**(*inter*textual)이다—즉 그들은 모든 작품을 하나의 단일한 전체로 본다. 말하자면 모든 본문이 서로를 해석하고 있다는 것이다. 그로 인한 한 가지 결과는 과거에 알레고리로 생각되었을 것이 그들에게 받아들여질 만한 해석 방식이 된다는 점이다. 반대로, 텍스트 내재적인 종교적 또는 신학적 읽기에는 (이 장에서 나중에 자세히 언급하겠지만) 거룩한 문서로 간주되는 것(그게 무엇이든 간에)으로부터 다른 모든 것에 이르는 특권적인 해석 방향이 있다. 쉬라 울로스키가 데리다와 탈무드의 해석 방식의 관계를 다룬 다음 글에 유사성뿐만 아니라 그 밖의 차이점들이 논의되어 있다(Shira Wolosky, "Derrida, Jabes, Levinas: Sign Theory as Ethical Discourse," *Journal of Jewish Literary History* 2/3 [1982], pp. 283-301). 그러나 부수적으로 언급하자면, 이 논문에서 제시된 그리스도교의 해석 방법에 대한 데리다의 이해는 모형론적 접근(typological approach)과 아주 다르다는 것을 말해야 한다. 나는 모형론적 접근이 역사적으로 주류였다고 주장할 것이다. 이러한 문제에서 특질상 그리스도교적인 것에 관한 데리다의 견해는 폴 리쾨르의 경험-표현적 해석학에 영향을 받았을 것이다. 데리다는 한때 리쾨르의 학생이었다.

일어난다. 아우구스티누스가 자신의 연구를 우리가 사용하고 있는 범주로 기술하지는 않았지만, 그의 모든 신학적 산물은 플라톤주의와 펠라기우스 문제에서부터 로마의 함락에 이르는 모든 것을 성경의 세계 속에 포괄해 내고자 하는 점진적인(항상 성공적이진 않더라도) 노력으로 이해될 수 있다. 아퀴나스는 아리스토텔레스주의를 가지고 비슷한 노력을 했고, 슐라이어마허는 독일 낭만주의 관념론을 가지고 비슷한 노력을 했다. 그들이 성경 바깥의 실재와 경험을 기술한 방식은 그들의 형식적 방법론에 의해 정당화되었다기보다 성경적 범주에 의해 형성되었다고 주장할 수 있다.

그러나 아퀴나스의 경우는 특별히 그 형성이 어느 정도 방법론으로 정당화되었다. 전통적인 주해 절차(아퀴나스는 이에 대해 고전적 설명 하나를 제시한다[6])는 경전이 그 고유의 의미 영역을 창조하고 해석의 과제가 저 의미 영역을 실재 전체로 확장하는 것이라고 가정하고 있다. 이를 수행하는 특정한 방법들은 확실히 종교와 종교 텍스트의 성격에 달려 있다. 어떤 해석 기술은 토라가 경전의 중심일 때 적절하고, 다른 해석 기술은 예수의 이야기가 중심일 때 적절하고, 또 다른 해석의 기술은 붓다의 깨달음과 가르침이 중심일 때 적절하다. 우리는 이 점에 대한 우리의 관찰을 대개 그리스도교의 경우로 한정할 것이다.

여기에는 정경을 단일화한 다음 우주를 아우르는 모형론적 장치

---

6    Thomas Aquinas, *ST* I.1.10.

내지 모상적(figural) 장치에 대한 배타적이지는 않지만 특별한 강조가 있다. 모형론(typology)은 히브리 경전을 그리스도에 초점을 맞춘 정경에 편입시킨 다음 성경 바깥의 실재를 포괄하는 데 사용되었다. 예를 들어, 다윗 왕은 몇몇 측면에서 모형론적으로 예수의 전조였으나, 카롤링거 시대에는 샤를마뉴(Charlemagne)의 모형이었고, 종교개혁 시대에는 (심지어 개신교인들의 눈에도) 투르크족과 싸우는 카를 5세(Charles V)의 모형이었다. 이와 같이 신약의 예표를 통해 여과된 구약의 모형이 후대의 왕들에 대한 모델이 되었으며, 샤를마뉴의 경우 서구 문명의 제도적 기원에 자리한 교육 체계와 교구 체계를 조직하도록 문서화할 수 있는 자극을 제공했다. 모형론적 해석은 알레고리적 해석과는 달리, 구약성경 및 성경 이후 시대의 인물들과 그들 고유의 현실에 속한 사건들을 비워 내지 않았고,[7] 따라서 이 인물들과 사건들은 상상을 통해 그리스도 중심적 세계에 모든 존재를 편입시키는 강력한 수단이 되었다.

여기서 해석의 방향에 주목하는 것이 중요하다. 모형론은 성경의 내용을 성경 바깥의 실재에 대한 은유로 만드는 것이 아니라, 그 반대다(성경 바깥의 실재를 성경의 내용으로 만든다). 이는 우리 시대에 흔히 말하듯이 신자들이 자기 이야기를 성경에서 찾는다는 말이 아니다. 성경 이야기를 자기 이야기로 만든다는 말이다. 십자가는 고난에 대

---

7    모형론적 해석에 대한 나의 이해의 구조에 대해서는 (모든 세부 사항을 담고 있지는 않지만) 다음을 보라. Hans Frei, *The Eclipse of Biblical Narrative* (Yale University Press, 1974), 특히, pp. 1-39. 『성경의 서사성 상실』, 이종록 옮김(서울: 한국장로교출판사, 2000), pp. 13-55.

한 비유적 표현으로 볼 수 없고, 메시아의 왕국은 미래의 희망에 대한 상징으로 볼 수 없다. 오히려 고난이 십자가의 형상이어야 하고, 미래에 대한 희망이 메시아적이어야 한다. 더 일반적으로 말하자면, 존재와 진리와 선과 미를 규정하는 것은 성경에 예시된 종교이고, 이러한 성경에 없는(nonscriptural) 현실의 예들은 성경 속 현실의 인물(또는 모형 또는 예표)로 변화될 필요가 있다. 텍스트 내재적 신학은 성경을 성경 바깥의 범주로 번역하기보다, 현실을 성경의 틀 안에서 다시 기술한다. 말하자면, 세계가 텍스트를 흡수하는 것이 아니라, 텍스트가 세계를 흡수한다.

그러나 성경의 세계 안에 삽입된 성경 바깥의 자료 자체가 해석의 기본 틀이 될 위험은 항상 있다. 주류 그리스도교에서 내린 결론에 따르면, 이런 일이 영지주의의 사례에서 일어났다. 영지주의에서 헬레니즘은 해석되는 것이 아니라 해석자가 되었다. 신약성경 이야기에서 십자가에 못 박히고 부활한 메시아인 유대인 랍비는 완전히 성경에 없는 의미를 예시하는 신화적 인물로 변형되었다. 주류 그리스도교도 완전히 이러한 위험에서 벗어나지 못했다. 주류 그리스도교가 신조상으로는 성경이 말하는 예수가 주님이라고 주장하지만, 종종 성경을 너무 헬레니즘적인 방식으로 읽어서 이 예수는 반쯤 이교적인 반신반인(demigod)과 유사해졌다. 교회는 고전 유산을 그리스도교화하려고 성경의 틀로 해석했는데, 성경의 수위성, 신약과 구약의 정경적 지위, 그리스도의 완전한 인성에 대한 교리적 합의만으로는 오롯이 성경적인 틀을 유지하면서 동시에 이 틀로 고전 유산을 해석하기에 충분하지 않았다. 더 나은 신학적·주해적 과정이 필요했다.

종교개혁 때까지, 이러한 필요는 앞서 언급한 모형론적 방법을 통해 부분적으로 충족되었다. 서방에서 아우구스티누스에서 아퀴나스를 거쳐 루터와 칼뱅에 이르는 여정을 보면, 무분별한 알레고리적 해석에 대한 저항이 점점 커졌고, 문자로 특정할 수 있는 텍스트 내재적 의미의 우선성을 강조하게 되었다. 실제 수행 과정에서 어떤 실패가 있었더라도, 또한 그 실패가 많았더라도, 해석의 방향은 성경에서 세계를 향하는 쪽이었지, 그 반대 방향은 아니었다.

종교개혁자들에게, 알레고리 해석에 대한 반대와 텍스트 내재성에 대한 강조(scriptura sui ipsius interpres [성경 자체가 성경의 해석자다])는 약해지지 않았으며, 오히려 선포와 선포된 말씀에 대한 강조가 더 강화되었다. 성경이 그 사용에 의해,[8] 즉 살아 있는 복음의 소리(viva vox evangelii)에 의해 해석되었다고도 할 수 있다. 텍스트 내재적 맥락에서 살아 있는 말씀에 대한 이러한 강조는 성경의 언어·개념·범주를 현대의 현실에 적용하는 것을 포함하며, 종교개혁자들의 하나님 말씀 개념을 경험적인 "말씀 사건"의 측면에서 이해하려고 하는 자유주의의 시도(이 중 에벨링의 시도가 가장 주목할 만하다[9])와 그 지적·실천적·설교적 귀결에 있어 다르다.

---

**8**      Charles Wood, *The Formation of Christian Understanding* (Westminster Press, 1981), pp. 42, 101 외 여러 곳.

**9**      게르하르트 에벨링(Gerhard Ebeling)의 『그리스도교 신앙의 교의학』(*Dogmatik des Christlichen Glaubens*)에 대한 나의 논평으로는 다음을 보라. *Journal of Religion* 61 (1981), pp. 309-314.

한스 프라이의 연구가 보여 주듯이,[10] 최근 몇 세기 동안 상황이 급격히 변했고, 새로운 어려움도 발생했다. 모형론적 해석은 합리론, 경건주의, 역사 비평의 발전이 결합한 맹공격을 받고 무너졌다. 성경은 신학자가 세상을 보는 렌즈로서의 기능을 상실했고, 그 대신 주로 연구 대상이 되었으며, 그 종교적 의미와 문자적 의미는 성경 바깥에 자리하게 되었다. 고전을 고전 고유의 측면에서 읽는 비형식적 방식에 가까운, 과거에 대한 주로 문학적인 접근은 사실성이나 경험에 집착하는 근본주의적, 역사-비평적, 표현주의적 접근으로 대체되었다. 성경의 텍스트 내재적 의미가 비형식적으로는 계속해서 서방의 상상력을 형성했지만(무신론적 마르크스주의자조차도 역사를 궁극적으로 불가피한 결과로 귀결되는 결정된 패턴의 전개로 여긴다), 신학자들은 이러한 텍스트 내재적 의미를 방법론적으로 주요하게 여기지 않았다. 그 대신, 신학자들에게 실존주의적 경향이 있다면, 그들은 예컨대 섭리적 인도 개념을 인생의 우여곡절 속에서 [하나님에 대한] 신뢰를 상징적으로 표현한 것으로 재해석한다. 또는 만일 신학자들이 섭리 개념을 객관화한다면, 테야르 드 샤르댕이 그랬듯이 섭리를 낙관주의적 형태의 진화 과학의 관점에서 해석할 것이다. 명확하게 성경적인 섭리 이해를 되찾는 것이 가능할지 여부는 비문학적 방식이 아니라 문학적인 방식으로 신학적 성경 읽기가 다시금 가능할지 여부에 어느 정도 달려 있다.

---

10    Frei, *The Eclipse of Biblical Narrative*, pp. 39[55] 이하.

예수의 이야기가 실재를 이해하는 열쇠라고 교리적으로 동의하는 사람들도 종종 예수 이야기가 진정으로 무엇에 대한 것이며 그 규범적 의미나 문자적 의미가 무엇인지에 관하여 신학적으로 일치하지 못하고 있는데, 이러한 점을 고려할 때 현재의 위기가 가장 잘 나타난다.[11] 예수 이야기의 문자적 의미는, 몇몇 읽기 방식에 따르면 기록(record)이어야 하는 역사인가? 만일 그렇다면, 이 역사는 근본주의자의 역사인가, 아니면 역사 비평론자의 역사인가? 혹은 진정한 의미, 곧 신학적으로 중요한 의미는 저 이야기가 상징하는 세계 내 존재 방식인가? 아니면 저 이야기가 표현하는 해방하는 행동과 태도인가? 아니면 저 이야기가 예시하는 윤리적 이상인가? 아니면 저 이야기가 예증하는 신-인성(God-manhood)에 관한 형이상학적 진리인가? 아니면 저 이야기가 구현하는 복음의 약속인가? 예수 이야기를 이해하는 각각의 방식은 텍스트에 관한 물음을 명확히 하고 알려진 예수상을 구체화하는 별개의 해석적 틀(역사적, 현상학적, 실존적, 윤리적, 형이상학적, 교리적 틀)에 달려 있다. 이러한 예수상은 모두 니케아와 조화될 수 있다는 의미에서 형식상 정통일 것이다. 그러나 종교적 실천과 이해에 대한 함의는 서로 근본적으로 다르다. 이는 대부분의 목적상 신학적 쟁점이 교리적 쟁점보다 더 결정적이고 흥미롭다는 점(이전 장들에서 지적했던 점이다)을 가장 잘 예시해 준다.

---

11    이 문단에 제시된 성경 해석의 문제를 살피는 일반적 방식에 대해(비록 전체를 자세히 다루지는 않지만), 나는 다음 책에 빚지고 있다. David Kelsey, *The uses of Scripture in Recent Theology* (Fortress Press, 1975).

이 문제를 다루는 텍스트 내재적 방법은 문학적 고찰에 매우 의존한다. 규범적 의미 또는 문자적 의미는 공동체가 중요하다고 여기는 종류의 텍스트와 일관되어야 한다. 그리고 그 의미는 비밀에 싸인 것이 아니어야 한다. 즉, 텍스트 뒤나, 아래나, 앞에 있는 무언가여서는 안 된다. 또한 그 의미는 텍스트가 바깥의 형이상학적, 역사적, 경험적 관심을 가진 사람들에게 계시하거나, 드러내거나, 암시하고 있는 무언가여서는 안 된다. 그 의미는 오히려 텍스트가 공동체의 언어에 대한 하나의 예시라는 측면에서 텍스트가 말하고 있는 것이어야 한다. 율법 문서는 유사-카발라*적(quasi-kabbalistic) 방식으로 일종의 표현적 상징주의로 취급되면 안 된다(비록 부차적으로는 그렇게 다루어질 수 있더라도 말이다). 또한 근본주의적 방식으로 창세기의 창조 이야기를 과학으로 바꾸지 말아야 하며, 또한 사실적 이야기(a realistic narrative, 소설도 사실적 이야기일 수 있다)를 역사로 바꾸지 말아야 한다(또는 그 대신 역사 비평론자의 습성처럼, 역사를 재구성하기 위한 실마리의 원천으로 바꾸지도 말아야 한다). 예를 들어, 만일 예수 이야기의 문학적 성격이, 사실적 이야기들이 보통 그렇듯, 행위자의 정체성 기술을 표현하기 위해 목적과 상황의 상호 작용을 활용하는 것이라면, 문자적으로 그리고 신학적으로 통제된 저 이야기의 의미는 예수의 역사성이나 실존적 의미나 형이상학적 위치가 아니라 그와 같이 표현된 예수의 정체성이다.[12] 예수 그리스도의 형이상학적 위치나

●     편집자 주: 비의적인 중세 유대교의 한 형태.

12     이런 식으로 이 문제를 표현한 것은 다음에 의존한 것이다. Hans Frei, *The Identity*

실존적 의미나 역사적 이력을 밝히는 데 예수 이야기가 함의하는 바는 가지각색으로 신학적 중요성을 지닐 수 있겠지만, 이런 함의는 결정적인 것이 아니다. 신자가 예수 이야기를 듣는 주된 이유는 (한스 큉의 주장처럼) 재구성된 역사의 예수를 따르기 위함도 아니고,[13] (명제주의적 전통이 대부분 그렇듯이) 형이상학적인 신앙의 그리스도를 따르기 위함도 아니며,[14] (스힐레베익스처럼) 하나님에 대한 아바(abba) 경험을 따르기 위함도 아니고,[15] (데이비드 트레이시처럼) 아가페적인 세계 내 존재 방식을 따르기 위함도 아니다.[16] 오히려 이야기에 묘사된 예수 그리스도를 따르기 위함이며, 텍스트 내재적 접근이라면 그렇게 주장할 것이다. 텍스트 내재적 읽기는 텍스트 자체의 문학적 구조로부터, 신학적으로 통제된 의미를 지시하고 있는 해석적 틀을 도출하려 한다.[17]

of Jesus Christ (Fortress Press, 1975).

13    Hans Küng, On Being a Christian, tr. by Edward Quinn, (Doubleday & Co., 1976)과 더불어 다음 글을 보라. "Toward a New Consensus in Catholic (and Ecumenical) Theology," in Leonard Swidler (ed.), Consensus in Theology? (Westminster Press, 1980), pp. 1-17.

14    이것은 다음 책에서 공격의 초점이다. Hick (ed.), The Myth of God Incarnate (Westminster Press, 1977). 5장 각주 1을 보라.

15    Edward Schillebeeckx, Jesus: An Experiment in Christology, tr. by Hubert Hoskins (Seabury Press, 1979).

16    David Tracy, Blessed Rage for Order (Seabury Press, 1975).

17    칼 바르트가 이것을 수행하는 방식은 다음 책에 기술되어 있으며, 또한 비평적이나 공감적으로 평가되어 있다. David Ford, Barth and God's Story (Frankfurt: Peter Lang, 1981). 또한 다음을 보라. D. Ford, "Narrative in Theology," British Journal of Religious Education 4/3 (1982), pp. 115-119.

이러한 형태의 문학적 접근은 예수 이야기뿐만 아니라 성경 전체를 아우르도록 확장될 수 있다. 성경의 정경적 통일성 안에서 성경 전체의 문학적 장르는 무엇인가? 성경은 시, 예언, 법, 예전, 지혜, 신화, 전설, 역사 등 다양한 자료를 포함하고 있는데, 무엇이 이 다양한 자료들을 하나로 뭉치게 하는가? 이것들은 다양한 방식으로(예를 들어 특정 종류의 비유, 소설, 역사적 이야기로) 예시된 사실적 이야기라는 특수한 문학적 특징을 지닌 하나의 포괄적 이야기 안에 모두 담겨 있는 것 같다. 성경은 (데이비드 켈시[David Kelsey]가 바르트의 성경관에 적용한 문구를 사용하면) 마치 "광대하고 느슨하게 구성된 비허구적(non-fictional) 소설" 같다.[18]

더 나아가 정경 이야기의 주요 기능을 명확히 하는 것도 가능하다(이는 또한 모세오경에서 복음서에 이르는 가장 중요한 부분을 이루는 이야기 중 다수의 기능이기도 하다). 그것은 "한 인격을 표현하고, 한 행위자에 대한", 즉 하나님에 대한 "정체성 기술을 제시하는 것"이다.[19] 이는 하나님 자체만 놓고 그가 무엇인지를 말함으로써가 아니라, 끊임없이 변화하는 환경 속에서 하나님의 행위와 목적이 피조물의 행위와 목적과 어떻게 상호 작용하는지를 이야기함으로써 하는 것이다. 이러한 이야기들은 복음서가 부활하고 승천하고 영원히 현전하는 예수 그리스도에 대해 말하면서 절정에 이르렀다. 신-인 행위자로서 예수 그리스도의 정체성은 나사렛 예수의 이야기 안에서 대체 불가능

---

**18**　David Kelsey, *The Uses of Scripture in Recent Theology*, p. 48.

**19**　David Kelsey, *The Uses of Scripture in Recent Theology*, p. 48.

하게 나타났다. 그런데 절정은 선행하는 것과 논리적으로 분리될 수 없다. 복음서의 예수는 셰익스피어의 희곡에서 햄릿이 덴마크 왕자인 것과 동일하게 강한 의미에서 아브라함과 이삭과 야곱의 하나님의 아들이다. 이 두 경우 모두, 더 넓은 맥락과 관련된 칭호는 그 이름의 담지자를 우연적으로가 아니라 대체 불가능하게 식별한다.

이러한 관점에서, 충실성의 형식적 기준이 여전히 동일하더라도 종교에 대한 신학적 기술이 어떻게 실질적으로 다양할 필요가 있는지는 쉽게 알 수 있다. 일차적 초점은 하나님의 존재 자체가 아니다. 왜냐하면 일차적 초점은 텍스트가 무엇에 관한 것인가가 아니라, 이스라엘과 예수의 이야기에 묘사된 대로 행위자로서의 하나님의 성품에 비추어 우리가 삶을 영위하며 실재를 이해하는 방식에 관한 것이기 때문이다. 그러나 카타콤에서의 삶과 우주선 안에서의 삶은 동일하지 않으며, 플라톤주의자와 화이트헤드주의자는 실재를 서로 다르게 이해한다. 카타콤에 사는 사람과 우주 비행사는 각자의 상황을 묘사할 때, 하나님의 성품과 행동에 대한 성경의 이야기의 다양한 측면을 적절하게 강조할 것이다. 카타콤의 그림으로 미루어 보면, 카타콤에 살았던 사람들은 자신들을 목자가 필요한 양으로 보았다. 반면 우주 비행사들은 아마 하나님이 인간을 행성 지구의 청지기로 위임했음을 강조하는 것이 알맞을 것이다. 이와 유사하게, 실재의 본성에 관한 플라톤주의와 화이트헤드주의의 차이는 하나님의 형이상학적 속성을 적절하게 특징짓는 데 대한 첨예한 불일치로 귀결되겠지만, 반(反)형이상학자는 결국 하나님의 속성에 대한 어떤 이론도 성경 속 하나님의 성품과 일치하지 않는다고 주장할 것이다.

그럼에도 이 모든 신학은 하나님이 여러 이야기 속에서 다음과 같은 존재로 적절하게 묘사되었다는 데 동의할 수 있을 것이다. 즉 하나님은 인간이 측량할 수 있는 이성의 범위를 넘어서 우주를 창조하였으나—단순히 자신의 기쁨을 위해, 자신의 선함을 기뻐하려고—호모 사피엔스를 이 우주에서 극미한 부분의 청지기로 임명하였고, 끔찍한 악을 허용했고, 이스라엘과 교회를 증언하는 백성으로 선택했고, 메시아와 임마누엘, 곧 우리와 함께하는 하나님인 예수님을 보낸 존재다. 이들 신학이 성공적이든 그렇지 않은 간에, 그 의도는 모든 경우에 있어 이 이야기들이 하나님에 대해 나타내는 바와 부합하는 방식으로 삶과 실재를 묘사하는 것일 수 있다. 반복하자면, 이들 신학은 서로 실질적으로 불일치함에도 불구하고, 충실성에 대한 공통의 텍스트 내재적 규범을 가질 수 있다.

하지만 텍스트 내재적 신학들도 규범(norm)에 대해 불일치할 수 있다. 그들은 사실적 이야기가 그리스도교 정경 특유의 장르와 해석의 틀을 식별하는 최고의 방법 내지 유일한 방법인지에 대해 논쟁할 수 있다. 만일 그렇다 하더라도, 성경 이야기에서 행동하는 신적 행위자를 어떻게 특징지을 것인가에 대해서도 논쟁할 수 있다. 더 근본적으로, 정경의 범위와 통일성에 대해 불일치할 수 있다. 만일 계시록과 다니엘서가 성경의 중심이라면(스코필드 성경의 전천년주의자들에게 그러해 보이듯이), 하나님의 작인(agency)과 목적에 대한 매우 다른 그림이 나타난다. 더욱이 페미니즘에 대한 현재의 논쟁이 생생하게 보여 주듯이, 과거의 전통이나 현재의 합의는 정경의 연장선으로 역할 할 수 있으며, 성경 전체의 해석에 깊은 영향을 줄 수 있다. 이러한 확장은 때에 따라 명확히 그리스도교적인 영역이나 종교적인 영역 바깥으로 넘어갈 수 있다. 플라톤에서 하이데거에 이르는 철학 전통은 하나님이나 인간의 조건에 대한 서구의 수많은 숙고에 규범적인 자료(canonical corpus)로 작용하고 있다. 그리고 이러한 숙고가 초문화적으로 사용될 수 있는 어법이 아니라 유독 서구적인 어법으로 작동한다고 인식될 때, 그것은 텍스트 내재성의 특징 중 일부를 획득하기 시작한다.[20] 요약하면, 텍스트 내재성은 종교나 전통이 충실하게 기술되고 발전하기 위한 하나의 조건일 수 있지만, 이것의 실질적 영향력 또는 교리적 영향력은 어떤 정경에 호소하느냐에 어느 정도 달려 있다.

비평 이후의 유형이나 후기자유주의적 유형에서 텍스트 내재성은 비평 이전의 갖가지 전통들과 상당히 다르다는 점에 또한 주목해야 한다. 우리는 이제 사실적 이야기와 역사적 또는 과학적 기술을 구분 지을 수 있다(근대 과학과 역사 연구가 발전하기 전에는 이런 구분이 불가능했다). 성경은 '역사일 것 같지' 않을 때조차도 종종 '역사 같은 것' (history-like)이다. 성경은 성경의 역사나 과학이 도전을 받을 때조차

---

20   리처드 로티는 이렇게 텍스트 내재적으로 철학을 하는 가능성을 어느 정도 설명하지만, 철학적 텍스트에 대한 그의 목록이 불가피하게 모호하기에 그는 철학적 형태의 해체주의(deconstructionism)에 가깝다. 다음을 보라. Richard Rorty, *Consequences of Pragmatism* (University of Minnesota Press, 1982), 특히 6장(데리다에 관한 에세이), 8장, 12장과 서문을 보라. 『실용주의의 결과』, 김동식 옮김(서울: 민음사, 1996).

도, 그것의 최우선적인 측면에서는 신적 행위자와 인간 행위자의 성격을 묘사하는 것으로 진지하게 고려될 수 있다. 탕자의 비유와 같은 비유들이 상기시켜 주듯이, 하나님의 성품을 표현하는 일이 언제나 이야기의 사실성(facticity)에 논리적으로 의존하는 것은 아니다.

더욱이 역사 비평은 텍스트의 신학적-문학적 해석에 영향을 준다. 폰 라트의 구약성경 연구에서 어느 정도 발견되는[21] 성경에 대한 비평 이후의 서사적 읽기(narrative reading)는 비평 이전의 읽기와 현저히 다르다. 또는 좀 더 구체적인 예를 인용하여, 요한복음의 "아브라함이 있기 전부터 내가 있다"(요 8:58)는 구절이 부활 이전의 예수가 자신에 대해 묘사한 것이 아니라 공동체의 신앙 고백이라는 역사 비평적 견해가 옳다면, 이 고백을 온전히 받아들이는 사람조차도 예수가 지상에 사는 동안 어떤 존재였는지에 대한 전통적인 신학적 묘사를 수정하고 싶을 것이다. 이들은 교리적으로 칼케돈 신조에 동의하더라도, 대개 칼케돈 신조와 관련된 그리스도론적 영광의 신학(theologiae gloriae)보다 바울의 십자가의 신학(theologia crucis)을 선호할 것이다(영광의 신학은 심지어 루터 같은 십자가 신학의 대표적 주창자에게도 발견된다). 그러나 이 같은 경우에도 텍스트 내재적 접근에서는 정경적 의미를 확정할 때 문학적 고려가 역사 비평적 고려보다 더 중요하다. 저 문제의 진술을 자기-묘사가 아니라 공동체의 고백으로 선

---

21   Gerhard von Rad, *Old Testament Theology*, tr. by D. M. G. Stalker, 2 vols. (Harper & Row, 1962, 1965). 『舊約聖書神學』 1-3, 허혁 옮김(칠곡: 분도출판사, 1993-1996).

뜻 받아들일 수 있는 이유는 바로 요한복음의 문학적 장르가 분명 사실 그대로의 역사(veridical history)라는 장르가 아니기 때문이다.

마지막으로, 보다 일반적으로, 비평 이후에 텍스트 내재적 의미에 관한 관심의 초점은 근대 이전의 해석에서 중요했던 텍스트의 몇몇 측면에 대한 태도 변화를 포함한다. 예를 들어, 시내산에서 일어난 일에 대한 물리적 세부 사항이 전통적으로는 종종 관심을 받았지만, 더 이상 모형론적 또는 비유적 목적으로는 직접적인 관심 대상이 아니다. 그러나 다음과 같은 기본적 물음은 거의 그대로 남아 있다. 토라의 본성과 기능은 무엇인가? 그것은 이스라엘 안에 보관되어 그리스도 안에서 성취된 신약 안에 있지만, 후대의 그리스도교에, 그리고 그리스도교와 유대교의 관계에 대해 함의하는 바는 무엇인가? 토라는 유비적으로 확장됨으로써, 성취가 아직 끝나지 않은 종말 이전의 이 시대의 그리스도교 공동체를 위해 보관되었을 뿐만 아니라 성취되고 있지 않은가? 이것은 그리스도인들이 일반적으로 생각하는 것보다 그리스도인을 유대인과 훨씬 더 가깝게 만들지 않는가? 더욱이 유대인 대학살은 한편으로 시내산과 무슨 관계가 있으며, 다른 한편으로 갈보리산과 무슨 관계가 있는가? 이 질문들이 보여 주듯이, 후기자유주의적 텍스트 내재성은 성경 이후의 세계를 성경의 세계 안으로 편입시키기 위한 상상적, 개념적 근거를 제공한다. 이는 전통이 하는 것과 거의 동일한 방식이다. 그러나 그 결과는 종종 불가피하게 매우 다를 것이다. 이는 모형론적으로 해석되어야 하는 성경 바깥의 현실의 변화 때문이기도 하고, 역사에 대한 비평적 접근으로 인해 필요해진 보다 엄격한 텍스트 내재성 때문이기도 하다.

이 논의의 결론을 내리면서, 텍스트 내재성의 실천이 그저 느슨하게만 명시적 이론과 관련된다는 점을 다시금 언급해야겠다. 훌륭한 문법학자나 수학자가 자신들이 실제 하고 있는 것에 대한 이해가 외고집스럽게 틀릴 수 있듯이, 신학자도 그럴 수 있다. 만일 아퀴나스 같은 명백한 명제주의자나, 혹은 슐라이어마허 같은 의심의 여지 없는 경험-표현주의자가 현실의 실천에서 그들의 이론이 허용했을 법한 정도보다 더욱 텍스트 내재적이더라도 놀랄 이유는 없다. 만일 그들의 종교 이론이 달랐다면, 그들의 결실은 어쩌면 더 향상되었을 것이다. 물론 다른 조건들이 동일한 경우에만 그렇다. 타고난 천재성과 종교적 헌신은 도움이 되지만, 이를 신학적 능력으로 변환하기 위해서는 뒷받침해 주는 환경, 전문가의 지도가 필요하며, 또한 최고의 이론가조차 충분히 특징짓지 못하는 정형화할 수 없는 일련의 복잡한 기술을 꾸준히 실천해야 한다. 이러한 조건들이 뒷받침되지 못하면, 좋은 이론도 결실을 크게 향상할 수 없고, 이러한 조건들이 받쳐 주면, 형편없는 이론도 비교적 무해할 수 있다.

그러나 이러한 관찰이 지닌 함의는 후기자유주의 신학의 미래에 대한 좋은 조짐이 아니다. 만일 그것이 이론적으로 대중화되더라도, 더 많고 더 나은 텍스트 내재적 실천으로 귀결되기보다 주로 텍스트 내재성에 대한 논의로 흐르게 될 것이다. 실천하기 위한 조건은 꾸준히 약해지는 것 같다. 교회와 사회의 무질서는 필요한 기술의 전수를 점점 더 어렵게 만들고 있다. 우리 시대의 높은 지적 문화를 공유하는 사람이 정합적인 종교 언어와 공동체적 삶의 형태로 철저하게 사회화되는 일은 극히 드물다. 이것이 반드시 (엘리트에 의존하지 않는) 종교에 대한 장기적 전망에 불길한 것은 아니나, 지적으로나 학문적으로나 더 넓은 문화와 사회에 상당히 기여할 수 있는 창조적인 작업으로서의 신학에는 불길한 일이다. 더욱이 (종교에 이바지하는 숙고라는 의미에서) 신학은 점차 대학교뿐만 아니라 신학교에서도 종교학으로 대체되고 있다. 종교에 대한, 성경 바깥의 실재에 대한 텍스트 내재적 해석에 대해 호의적인 제도적 환경도 점점 쇠해지고 있다.[22] 아마도 현대 상황의 주요 국면을 확연히 그리스도교적인 측면에서 실질적으로(그리고 어느 정도는 이론적으로) 재기술하는 일을 폭넓게 효과적으로 시도한 마지막 미국 신학자는 라인홀드 니버일 것이다. 짧은 신정통주의의 막간이 지나간 후에(신학적 방법론에 있어서는 신정통주의 자체도 폴 틸리히만큼이나 철저히 자유주의였다), 종교를 성경 바깥의 틀로 재기술하려는 자유주의적 경향이 또 다시 지배적이다. 이는 이해할 만한 현상이다. 종교는 그 고유의 측면에서 읽는 것보다 현재 유행하는 범주로 번역하는 것이 훨씬 쉬운, 낯선 텍스트가 되었다. 따라서 텍스트 내재적인 신학적 충실성을 방해하는 근본 장애물은 학문적 고려사항이나 지적 고려사항에서 비롯되기보다, 심리사회적 상황에서 생겨날 것이다.

22    1장 각주 30을 보라.

# III. 미래학으로서의 적용 가능성

우리는 신학이 충실성뿐만 아니라 적용 가능성으로 평가받는다는 점을 언급하면서 이 장을 시작했다. 신학은 구체적 상황에 얼마나 관련되는지 혹은 얼마나 실제적인지에 따라 판단될 뿐만 아니라, 신학이 기술하고자 하는 문화-언어적 체계의 종교적 사용과 신학이 얼마나 잘 맞는지에 따라 판단된다. 우리는 이번 단원에서 먼저 충실성 판단과 적용 가능성 판단의 관계를 다룬 다음, 오늘날 특별한 관심을 불러일으키는 몇 가지 구체적인 문제를 다룰 것이다.

　모든 것을 포괄하는 해석 체계는 적용 가능성에 대한 자기 고유의 내적 규준을 가지고 있다. 이러한 해석 체계는 그 고유의 기준에 따라 판단될 수 있다. 이는 현재의 현실성(practicality)에 대한 견해가 어떻게 현재 이상의 것을 아우르는 실재에 관한 비전에 의해 형성되는지를 고려하면 아주 명백해진다. 예를 들어, 마르크스주의자와 비마르크스주의자는 현재의 추세에 대한 사실적 기술에 대해 일치할 수 있고, 또한 이 추세가 장기적 결과의 측면에서 평가되어야 한다는 일반 원칙에 대해서는 일치할 수 있으나, 미래에 대한 추정은 서로 날카롭게 대비될 것이다. 한쪽에게 미래의 물결로 보이는 것이 다른 쪽에게는 흘러가는 시간의 강물에서 단지 하나의 역류에 불과해 보일 것이고, 이에 따라 적용 가능성이나 현실성에 대한 판단도 달라질 것이다. 만일 여기서 비마르크스주의자가 역사의 흐름이 종교적으로 무관하다고 보는 아드바이타 베단타주의자(Advaita Vedantist)라면 그 차이는 훨씬 클 것이다. 그러나 시간의 미래에 대한 이러한 식의 평가 절하는 일반적으로 서구 신앙의 특징이 아니다.

미래에 관한 관심은 전통적으로 예언을 가진 성경의 종교와 관련되어 있다. 예언자들은 충실하면서도 주어진 상황에서 적용할 수 있는 것을 선포한다. 그리고 아무리 현실성 있다 하더라도 심판에 이르는 제안이라면 거부한다. 왜냐하면 하나님의 미래에 충실하지 않기 때문이다. 확실히, 성서학자들이 상기시켜 주듯이, 예언적 발언이 일상적 의미의 예측은 아니다. 요나는 니느웨 성에 대한 그의 예언이 성취되지 않아서 실망했으나, 이로 인해 하나님이 말씀하셨다는 점을 의심하지는 않았다. 말하자면, 도시의 파멸을 막은 회개가 예언의 핵심이었다. 이와 유사하게 그리스도의 임박한 재림을 기다렸던 사람들은 임박한 재림에 대한 기대가 성취되지 않았다고 해서, 그것을 그리스도가 다시 오지 않을 증거로 여기지는 않았다. 비슷한 논리가 비종교적 예측에서도 상당히 작동한다. 마르크스주의를 비롯한 여러 세속 사상은 종교가 조기에 소멸할 것이라고 예견했는데,

그 예측이 실패했다고 해서 세속주의의 부당성이 입증되었다고 생각하지는 않는다. 현대 미래학에서 예측의 부적절함은[23] 미래학자들을 낙심시키지 않았다. 이 모든 사례에서, 그 목적은 다가올 일을 예고하는 것이 아니라, 미래에 대한 기대와 소망에 알맞게 현재의 행동을 형성하는 것이다.

이러한 활동의 신학적 형태는 성경의 예언보다 현대의 미래학과 더 비슷하다. 예언과 달리, 미래학은 일차적 영감이나 직관에 의존하는 것이 아니라, "시대의 징조"를 발견하기 위한 노력의 일환으로 모든 경험적 연구에 의존하는 이차적 연구 작업이다.[24] 시대의 징조는 하나의 종합적 해석 유형에서 다른 해석 유형에 이르기까지 — 예를 들어, 마르크스적 관점과 비마르크스적 관점에 이르기까지 — 매우 다양하다. 그리스도교 신학의 경우, 그 목적은 미래를 향한 소망, 즉 다가오는 하나님 나라에 대한 기대 내지 준비로 양성될 수 있고, 양성되어야 하는 현재 상황에서의 가능성들을 분별하는 것이다. 간단히 말해, 신학적 제안은 다가올 것에 대한, 종말론적으로 그리고 경험적으로 변론 가능한 시나리오의 측면에서 현실성 있어 보이는 정도에 따라 그 충실성과 적용 가능성이 판단된다.

그러한 시나리오를 구성할 때, 자유주의와 후기자유주의 사이의 결정적 차이는 그들이 미래의 비전과 현재 상황을 연결하는 방식에

---

**23** 예를 들어, 다음 책은 선구자적 작업이었지만, 지금은 무척이나 시대에 뒤처진 것 같다. *Toward the Year 2000*, ed. by Daniel Bell (Beacon Press, 1969).

**24** 이 장르에서 나의 두 가지 작은 연구(1장 각주 22를 보라)는 이어지는 문단들의 기초다.

있다. 자유주의자는 경험에서, 현재에 대한 설명에서 출발한다. 그런 다음 이에 따라 하나님 나라에 대한 자신의 비전을 조정한다. 반면에 후기자유주의자는 원리적으로 정반대의 방식을 취한다. 첫 번째 방식은 우파의 관점에서든 좌파의 관점에서든 현재의 추세를 쉽게 수용할 수 있다. 나치즘과 스탈린주의와 함께한 그리스도교인 순례자들은 자신들의 입장을 정당화하기 위해 대개 자유주의적 방법론을 사용했다. 반대로, 텍스트 내재적으로 유래한 종말론에 비추어 현재를 살펴보면, 현대적 발전 중 어느 것이 궁극적으로 중요할지에 대해 다른 견해를 갖게 된다. 때때로 서로 비슷한 실제적 제안을 개진할 수도 있겠지만, 서로 다른 신학적 이유로 그렇게 할 것이다. 예를 들어, 후기자유주의자는 전통적 성 규범들이 형성되었을 때와는 상황이 달라졌다거나 그 규범들이 텍스트 내재적으로 충실하지 않다는 이유로, 그 규범들이 개정되어야 한다고 주장할 수도 있다— 그러나 성 해방이 종말론적 미래를 향한 진전이라는 이유로(일부 자유주의자들은 이런 이유로 주장할 것 같다) 전통적인 성 규범들의 개정을 주장하지는 않을 것이다. 후기자유주의는 방법론적으로 전통주의를 따르지도 진보주의를 따르지도 않지만, 그들이 현재의 유행에 저항하다 보면, 현재의 경험을 계시화 하는 일에 저항하다 보면, 종종 결과적으로 보수적 입장이 될 수 있다. 그러나 텍스트 내재적 규범이 새것을 위해 옛것을 거부해야 하는 경우도 매우 많다.

그러나 방법에 대한 이러한 언급은 후기자유주의가 현대 세상에 적절하게 관련될 수 있을지에 대한 문제를 건드리지 않고 있다. 앞

장들에서 비신학적 분야의 지적 추세가 문화-언어적 접근을 뒷받침한다고 말했고, 또 이러한 접근이 경험적-표현주의를 매력 있게 만드는 주된 종교적 관심사 중 일부를 그 고유의 방식으로 담아낼 수 있다고 말했다. 그러나 또한 현재의 심리사회적 상황이 후기자유주의보다는 자유주의에 더 유리하다는 점을 지적했다. 사회학자들은 근대적 삶의 합리주의(rationalization), 다원주의, 유동성이 전통의 유대와 공동체의 유대를 용해했다고 백 년 넘게 말해 왔다. 이로 인해 종교적 갈망을 가진 많은 사람이 초월의 상징들에 대한 그들 자신의 개인적인 추구를 착수하게 되었다. 교회들은 교인들을 정합적이고 포괄적인 종교적 관점과 삶의 형태로 사회화하는 공동체이기보다, 이러한 상품을 조달하는 공급자가 되었다. 사회는 역설적으로 어떻게든 사회적 영향을 받기 이전의 자기됨(selfhood)을 경험하도록 인간을 조건화하고 있고, 동양의 종교와 철학은 문화-언어적 관점에서 볼 때 초월적 자아의 신화(the myth of the transcendental ego)인 것을 지탱하는 데 활용되고 있다. 자기됨은 선물이나 성취라기보다 주어진 것으로 경험되고 있고, 자기실현은 공적 세계에서의 공동체적으로 책임 있는 행동에서 비롯되기보다, 내적 심연을 벗겨 내거나 내적 심연에 들어가는 데서 비롯된다. 문화적 풍조는 이와 같이 전반적으로 후기자유주의와 상반된다.

더욱이 누군가는 경험-표현주의에 우호적인 문화적 흐름이 현실적으로 가까운 장래에 뒤바뀔 가능성도 거의 없는 것 같다고 주장할 수도 있다. 만일 국가들이 핵전쟁이나 환경 파괴를 피하려면, 더욱더 일치를 이루어야 할 것이다. 세계는 무한히 다양화된 종교적 추구를 위한 틀을 제공할 수 있는 매우 일반화된 관점이 필요하게 될 것이다. 심층에서의 일치 가설에 개방적인 경험-표현주의는 특수성을 강조하는 문화-언어적 종교 이해보다 이러한 필요를 더 잘 충족시킬 수 있을 것으로 보인다. 서구의 유일신 종교들은 특히 자격이 없어 보인다. 왜냐하면 텍스트 내재적으로 읽을 때, 유일신 종교들은 스스로 자멸하지 않고서는, 궁극적 존재를 아브라함과 이삭과 야곱의 하나님, 예수의 하나님, 혹은 코란의 신과 동일시하는 것이 보편적이며 무비적인 타당성을 갖는다는 주장을 포기할 수 없기 때문이다. 이러한 견해에서 보면, 미래는 자유주의적 종교 해석과 어울린다.

그러나 미래학의 추측적 영역에서는 쉽게 정반대의 주장을 할 수 있다. 현재의 추세가 무한정 계속되리라는 추정이 의심스러운 진행이라는 점을 지적할 수 있는데, 왜냐하면 주어진 경향이 극단으로 나아가면 그 자체의 존립 조건을 파괴하기 때문이다. 통제로부터의 해방이 혼돈을 낳을 때, 그 결과는 새로운 속박이고, 법과 질서가 다시 한 번 자유의 조건으로 경험된다. 그러나 법과 질서는 제어되지 않을 때 자기 파괴적 씨앗을 품고 있는 경직성을 낳는다. 마찬가지로, 미래의 일치된 세계의 존재 가능성은 근대성이 품고 있는 산(acids)을 중화시키는 일에 달려 있다. 그것은 개인의 권리와 자격보다 타인을 향한 관심을 지지하고 개인적 성취보다 사회적 책임 의식을 지지하는 매우 특수한(particular) 관점으로 구성원을 사회화하는 공동체만의 영역(enclaves)에 달려 있다. 한 종교가 다른 종교와 현저하게 다르고 무비적으로 참이라는 주장을 하지 않는 한, 어느 종교가 이러한 어려운 과제에 필요한 단단함을 가지게 될지는 적어도 열린 문제다. 어떤 종교가 경험-표현적 방식보다 문화-언어적 방식으로 해석된다면 이러한 주장을 진전시키기가 더 쉽다. 따라서 후기자유주의 신학이 자유주의 신학보다 미래의 필요에 더 잘 적용될 수 있다고 해도 무리가 아니다.

세계 질서의 존립 가능성이 아니라 서구의 문화 같은 문화적 전통의 존립 가능성에 무엇이 필요할지를 생각할 때, 이러한 고려는 유효해진다. 만일 성경이 서구의 상상력을 형성해 왔다면(예컨대 노스롭 프라이[Northrop Frye]가 주장했던[25] 정도에 가깝게), 서구의 연속적인 상상적 활력과 창조성은 히브리 성경과 그리스도교 성경을 단순히 여러 고전 중 하나가 아니라 탁월한 정경 문헌으로 여기며 동시에 더 넓은 문화와 밀접하게 접촉하는 집단들의 존재에 달려 있다고 해도 무리가 아니다. 코란과 이슬람 문화에 대해서도 거의 동일한 주장이 진전될 수 있고, 아마도 이만큼 명확히 규정된 현저한 정경이 없음에도 불구하고 극동의 종교와 문화에도 비슷하게 적용될 수 있을 것이다. 대체로 요점은 어떤 종교가 지배보다 섬김을 강조한다는 전제하에, 그 종교가 자유주의적 경험-표현주의와 연관된 동질화의 경향에 굴복하기보다 자기 고유의 특수성과 오롯함을 보존한다면, 인류의 미래에 더욱 기여할 공산이 크다는 것이다.

이러한 결론은 역설적이다. 즉, 길게 보았을 때, 종교 공동체는 무

---

**25**    Northrop Frye, *The Great Code: The Bible and Literature* (Harcourt Brace Jova-
novich, 1982). 『성서와 문학』, 김영철 옮김(서울: 숭실대학교출판부, 1993).

엇이 실제적일지 혹은 현실에 관련될지를 먼저 묻는 것이 아니라, 그 대신 그들 고유의 텍스트 내재적 관점과 삶의 형태에 집중하는 만큼 실질적으로 현실과 관련될 가능성이 크다. 논란이 많은 이론과 실천의 관계에 대한 문제는 신앙에 의한 구원(justification by faith)을 공동체에 유비적으로 적용함으로써 해소된다. 개인에게서 그러하듯이, 종교 공동체의 구원도 행위에 의한 것이 아니며, 신앙(faith)도 실제적 효력을 위한 것이 아니다. 그럼에도 충실함(faithfulness)으로부터 예측할 수 없는 종류의 선행들이 흘러나온다. 성경의 종교가 민주주의와 과학뿐만 아니라 서구가 보배처럼 여기는 다른 가치들이 창출하는 데 도움을 준 것은 의도적인 노력에 의해서라기보다 이렇게 자기 종교에 충실했기 때문이다. 적어도 성경의 종교가 이 같은 서구적 가치의 악마적 타락으로부터 세계를 구원하는 데 도움이 된다면(지금은 서구 문명이 세계 문명이므로), 이와 마찬가지로, 상상할 수도 없었고 계획하지도 않았던 방식으로 될 것이다.

이러한 후기자유주의적 접근의 적용 가능성에 관한 주장은 중립적으로 평가될 수 없다. 종교가 경험의 산물이라기보다는 경험의 원천이라고 생각하는 사람들은 종교적 특수성의 상실을 빈곤해지는 것으로 여길 것이고, 반면에 다른 사람들은 이를 풍요로워지는 것으로 여길 것이다. 포괄적인 해석의 틀은 그 고유의 현실 관련성의 기준을 제공하며, 따라서 자유주의 관점과 후기자유주의 관점은 모두 그들 자신의 현실성을 정당화하는 방식으로 시대의 징조를 읽는 데 어려움이 없다.

# IV. 기량으로서의 이해 가능성

방금 개괄한 적용 가능성에 대한 논거는 아직 불완전하다. 후기자유주의 신학들이 종교를 더욱 잘 이해하고 신뢰하게 하는 데 도움이 될지에 대해서는 아직 논의하지 않는다. 이것은 이론적 문제일 뿐만 아니라 실제적 문제이며, 밀접하게 연관된 두 문제라는 측면에서 정식화될 수 있다. 첫째, 텍스트 내재성은 종교를 자기-폐쇄적이며 비교 불가능한(통상적 기준이 통하지 않는) 지적 게토로 만든다는 주장이 제기될 수 있다는 점에서 완전히 상대주의적인 것 같다. 둘째는 이와 관련된 신앙주의적 딜레마이다. 즉, 종교 간 선택이 순전히 자의적이고 맹목적인 신앙의 문제로 보인다.

이는 공동체의 전통이 비교적 무너지지 않고 신앙이 부모에서 자녀로 대대로 전수되는 또 다른 시대나 장소에서는 치명적 약점이 아닐 수도 있다. 그러나 대체로 종교성이 서로 경쟁하는 대안 중 선택을 수반하는 다원주의적 상황에서는 종교의 생존에 장애물일 수 있다. 우리 시대에는 종교들을 평가할 수 있는 토대 도식을 찾고자 노력하며 또한 전통적 의미를 현재 이해 가능한 언어로 번역할 수 있게 하는 변증적 접근을 취하는 것이 필수인 것 같다. 토대 기획에 대한 후기자유주의의 저항은 이런 관점에서 치명적 결함이다.

신학적 자유주의의 엄청난 장점은 종교를 경멸하는 사람이든 높이 평가하는 사람이든, 교양 있는 사람이든 그렇지 않은 사람이든 상관없이 종교를 경험적으로 이해할 수 있도록 하는 일에 헌신하는 데 있다고 할 수 있다. 전형적으로 자유주의자들은 복음을 이해하지 못하게 된 세계에서 복음을 명확하게 하려고 자신들의 조직신학을 설명할 범주를 선택한다. 그리고 그들은 현대인의 마음에 전달하는 데 성공했는지 여부에 따라 자기 노력의 충실성을 평가한다. 이와 같은 관심은 자유자의자가 보편적 원리나 구조를—형이상학적인 것이 아니라면, 실존적, 현상학적, 해석학적인 원리나 구조를—밝히는 토대 기획에 헌신하는 이유를 설명해 준다. 만일 그러한 보편자들이 없다면, 비단 교회 밖 사람들뿐만 아니라 교회 안의 반쪽짜리 신자들에게, 그리고 특히 신학자들에게, 신앙을 믿을 만하게 만들 수 있을까? 자유주의 프로그램은 일면 문화에 대한 적응이지만, 종종 성경을 토착 언어로 번역하기 위해 위클리프 복음 전도자들을 해외에 파송하는 일에 못지않은 강한 선교적 충동으로 유발된 것이다.

후기자유주의자는 선교에 대해서가 아니라, 변증과 토대에 대해 회의적이기 마련이다. 종교가 언어나 문화와 유사한 만큼, 번역문을 통해 중국어나 불어를 배울 수 없는 것처럼, 종교도 번역문을 통해 배울 수는 없다. 한 언어로 말한 것을 어느 정도 외국어로 옮길 수는 있다. 그러나 그 누구도 번역문을 듣고 읽음으로써 중국어를 이해하고 말하는 방식을 배우지는 못한다. 번역에 대한 반대가 전적으로 변증학을 배제하는 것은 아니지만, 변증학은 신학의 중심에 서 있기보다는 임시변통적이고 비토대적으로 다양해야 한다. 언어 문법처럼 종교의 문법은 경험을 분석함으로써가 아니라 다만 실천을 통해서만 설명될 수 있고 배울 수 있다. 종교적 능숙함과 언어적 능숙함은 경험을 다룰 때도 큰 도움이 될 수 있겠지만, 경험 자체는 능숙함을 습득하는 데 도움이 되기보다 방해가 될 수 있다. 적어도 예수의 비유에 따르면, 어린아이는 어른보다 유리하다. 요약하면, 언어와 같이 종교는 오직 그 고유의 용어로만 이해될 수 있고, 외래어로 옮김으로써 이해할 수 있는 것이 아니다.

그러나 앞 장들에서 지적했듯이, 이러한 접근이 신학적 종교 연구를 지적 게토에 가둘 필요는 없으며, 오히려 다른 학문 분야와 더 밀접하게 교류하도록 신학적 종교 연구를 자유롭게 할 수 있다. 역사, 인류학, 사회학, 철학에서 문화-언어적 성향의 확산은 텍스트 내재성, 즉 종교를 그 내부로부터 기술하는 것에 대한 관심을 증대시킨다. 종교를 다른 개념으로 번역하여 설명하려는 자유주의의 시도는 주로 신학자나 다른 종교인에게 호소력이 있는 것 같다. 현대 문화가 그 종교적 뿌리로부터 멀어질수록 이러한 번역은 종교에 입문하지 않은 사람들에게 부자연스럽고, 복잡하고, 모호한 것이 된다. 상대주의는 점차 늘어나고 있으며, 보편적 사고 구조나 경험이나 실존

(*Existenz*)에 대한 토대적 호소는 설득력을 잃고 있다. 틸리히는 한 세대 전에 광범위한 지성인들과 소통하는 데 성공했으나, 그의 수많은 자유주의 후계자들이 그가 가지고 있던 능력을 지니고 있다 하더라도 그에 필적하는 성과를 거둘 수 있을지 의심스럽다. 종교를 이해하고자 하는 일반 학계의 학자들은 종교의 신빙성이 아니라 종교가 신자들에게 작동하는 방식에 관심한다. 그들의 관심은 변증적 이해 가능성이 아니라 기술적 이해 가능성이라고 할 수도 있다. 그 결과는 역설적이게도 텍스트 내재적 기술에 전념하는 후기자유주의적 접근이 간 학문적 연구에서 더 유리하다 해도 과언이 아닐 수 있다는 것이다. 반면 종교를 더 폭넓게 신뢰할 만하게 만드는 변증에 초점을 두는 자유주의 신학은 점차 20세기 환경에서 19세기의 섬이 되는 것 같다.

그러나 지금까지의 고려들은 우리가 이 단원을 시작하면서 제기한 문제를 아직 해결하지 않았다. 그러니까 문제는 텍스트 내재적인 기술적 이해 가능성이 그저 간 학문적 목적만이 아니라 종교적 목적에도 도움이 될 것인가이다. 그러나 만일 텍스트 내재성이 상대주의와 신앙주의를 함의한다면, 대부분의 종교 전통에서 치러야 할 비용이 너무 크다. 만일 서로 다른 종교적 선택지와 비종교적 선택지 사이에서 결정하기 위한 판단의 기준과 보편적 구조 또는 토대적 구조가 없다면, 그중 무엇을 선택하든 그 선택은 완전히 비합리적이며, 변덕스러운 기분이나 맹목적 신앙의 문제가 될 것 같다. 이러한 결론은 현대적 정서에 상당히 잘 맞지만, 대부분의 종교가 확언하는 바(자유주의 방식으로 해석한 것이든, 자유주의 이전의 방식으로 혹은 후기자유주의적 방식으로 해석한 것이든)와 반대된다.

그러나 반토대론이 비합리주의와 동일시될 수 없다. 쟁점은 합리성에 관한 보편 규범이 있는가가 아니라, 이러한 규범들이 어떤 중립적인 언어, 즉 사고의 틀로부터 독립적인 언어로 표현될 수 있는가이다.[26] 합리성의 기준이 지역마다 시대마다 각기 다르다는 인식이 증가함에 따라, 그러한 언어의 발견이 더욱더 불가능해지고 있으며, 토대적 학문의 가능성도 점점 의심스러워진다. 그러나 이는 서로 다른 사고 틀 중에서 선택하는 문제를 일시적 기분이나 우연적인 일로 환원하지 않는다. 토마스 쿤이 과학에서 주장했고 비트겐슈타인이 철학에서 주장했듯이, 합리성의 규범은 너무 많고 미묘해서 이성이나 지식에 대한 일반 이론으로는 충분히 규정할 수 없다. 이책에서 자주 주장한 점을 반복하자면, 이러한 규범은 언어학자가 탐구하면서 때때로 어림할 수 있으나 결코 포착할 수 없는 심층 문법의 규칙과 비슷하다. 따라서 종교와 신학에서 합리성은 다른 영역과 마찬가지로 미학적 성격, 즉 정형화할 수 없는 기량의 특질을 띠고 있다. 이는 보통 우리가 예술가나 언어에 유창한 사람과 연관시키는 기량이다. 만일 그렇다면, 종교와 신학의 기본적 입장은 쿤의 과학적 패러다임처럼 확실한 반박에도 끄떡없으나(확증의 성격도 그렇다),

---

**26**    이 문단의 논증에 대해서는 다음을 보라. George Lindbeck, "Theologische Meth-ode und Wissenschaftstheorie," *Theologische Revue* 74 (1978), pp. 267-280. 이 논문은 영어로 출판되지 않았다. 종교적 진리 주장의 지위에 대한 논의는 3장 IV를 보라.

그럼에도 불구하고 다양한 방법으로 시험받고 논증될 수 있으며, 이러한 시험과 논증이 결국 차이를 만들어 낸다. 이성은 과학적 선택뿐만 아니라 종교적 선택에도 제약을 둔다. 비록 이러한 제약이 너무 유연하고 비정형적이어서 기초신학에서도 일반 과학 이론에서도 뚜렷하게 설명될 수 없지만 말이다. 요약하면, 이해 가능성은 기량에서 나오는 것이지 이론에서 나오는 것이 아니며, 신빙성은 좋은 성과(performance)에서 나오는 것이지 성과와 무관하게 정형화된 규준을 고수함으로써 나오는 것이 아니다.

이런 관점에서, 종교의 합리성은 대체로 그 동화력, 즉 신자들이 직면하는 다양한 상황과 현실을 그 고유의 관점에서 이해 가능한 해석을 제공하는 능력과 상관적인 요소다.[27] 우리가 원시 종교라고 부르는 종교는 보통 큰 변화에 직면할 때 이러한 시험을 통과하지 못하는 반면, 세계 종교들은 큰 변화에 대처할 수 있는 위대한 자원을 개발해 왔다. 따라서 비록 종교가 결정적 반박에 쉽게 영향받지 않더라도, 바질 미첼이 주장한 대로[28] 종교는 일반 과학 이론이나 패러다임에 적용하는 것과 크게 다르지 않은 합리적 검증 절차를

---

**27** 여기서 내가 염두에 둔 것은 "해석에 의한 동화"(assimilation by interpretation)라고 부를 수 있는데, 추기경 뉴먼이 동일한 명칭을 사용하여 진정한 교리적 발전의 세 번째 표시로 열거한 것과는 구분되어야 한다. 그가 사용한 유비는 유기체적인 것이지 해석적인 것이 아니다. 예를 들어, 식물이 외부 환경으로부터 얻은 이물질을 동화시키는 것처럼 말이다. (John Henry Newman, *An Essay of the Development of Christian Doctrine* [Doubleday & Co., Image Books, 1960], pp. 189-192, 338-360.)

**28** Basil Mitchell, *The Justification of Religious Belief* (London: Macmillan & Co., 1973).

거치게 된다(가설 검증과 달리, 일반 과학 이론이나 패러다임의 검증에는 결정적인 실험이 없다). 확증이나 반증은 관련 데이터에 실질적인 그리고 인식적인 정합성을 갖추는 작업에서 성공이나 실패의 누적을 통해 일어나는데, 종교의 경우 최후의 신자 공동체가 사라질 때까지 결론이 나지 않는다. 만일 그 신앙이 살아남는다면, 역사의 종말에 이르기까지 결론이 나지 않을 것이다. 이러한 과정은 확실히 개인이 오로지 이성에만 기초하여 주요 대안 중 하나를 결정할 수 없게 만든다. 하지만 이 과정은 종교에서의 합리성을 진지하게 받아들일 근거를 제공한다. 그리고 그것은 신학자의 지적 노력이 때때로 종교 전통의 건강에 중요하게 기여하는 이유를 설명하는 데 도움이 된다. 비록 그 노력에 상응하는 실천이 없으면 공허하겠지만 말이다.

신앙과 이성의 관계에 대한 근대 이전의 신학적 견해는 대부분 이러한 관점과 일치한다. 심지어 루터의 "매춘부 이성"에 대한 공격도 신앙주의는 아니다. 그는 이단과 이교도에 맞서 그리스도교 진리를 설명하면서 이성의 중요성(때때로 스콜라 철학적 논리를 포함하여)을 확언한다.[29] 스펙트럼의 반대편 끝에 위치한 아퀴나스의 이성 사용은 근대적 유형의 기초신학이나 자연신학으로 연결되지 않는다. 심지어 아퀴나스가 신 존재 증명을 하는 경우처럼 가장 변증가적일 때에도, 아퀴나스 자신의 설명에 따르면, 그의 증명은 신앙과 별개인 토대적

---

[29]   Brian Gerrish, *Grace and Reason: A Study in the Theology of Luther* (Oxford: Oxford University Press, 1962), 특히 pp. 168-171; Philip Watson, *Let God Be God! An Interpretation of the Theology of Martin Luther* (Muhlenberg Press, 1947), pp. 73 이하.

기획의 일부라기보다 신앙을 지지하는 "개연적 논증"이다.[30] 이 두 사상가는 서로 중요한 차이가 있다. 그럼에도 불구하고 둘 다 계시가 신학적 기획의 모든 측면을 지배하지만, 신앙을 해설하고 변호하면서 철학적·경험적 고려를 보조적으로 사용하는 것을 배제하지 않는다는 생각을 지닌다고 볼 수 있다. 마찬가지로, 후기자유주의적 접근은 특별한 목적을 위한 임시변통적 변증학을 배제할 필요가 없으나, 다만 데카르트 이후의 자연신학과 자유주의가 하는 방식으로 신앙에 앞서서 신앙을 지배하는 형태의 변증학만 배제할 필요가 있다. 아퀴나스가 말했듯이, 신앙을 지지하는 이성적 추론은 신앙에 앞서서 가치가 있는 것이 아니라, 오직 신앙이 있는 다음에만 가치가 있다.[31] 혹은 이 책에 사용된 개념으로 말하면, 믿음에 이르는 논리는 언어를 배우는 논리와 같기 때문에, 논증으로 이를 가능성은 거의 없으나, 일단 신앙의 언어를 배운 다음에는 논증이 가능해진다.

하지만 비록 후기자유주의의 반토대론이 상대주의나 신앙주의를 함의할 필요가 없더라도, 전통적 언어를 더 이상 이해하지 못하는 사람들에게 어떻게 종교적 메시지의 이해 가능성과 그 메시지가 담을 수 있는 진리를 보여 줄 것인가 하는 문제는 여전히 남아있다. 근대의 그리스도인들이 종종 말했던 것처럼, 우리는 탈그리스도교화된 세상에 어떻게 복음을 전할 것인가? 이 문제가 신학적으로 우선인 사람들은 보통 자유주의적 토대론자가 된다. 그들은 신학자의 우

---

30    Thomas Aquinas, *ST* I.1.8, ad 2

31    Thomas Aquinas, *ST* II-II.2.10.

선적 과제가 다루어져야 할 현대의 문제들을 식별하고, 그런 다음 복음의 답변을 현재 이해할 수 있는 개념으로 번역하는 것이라고 주장한다. 만일 이를 하지 않으면, 복음의 메시지는 교회 밖은 물론이고 교회 안에서도 귀에 들어오지 않을 것이다. 그리고 만일 후기 자유주의 신학이 이러한 필요를 충족시킬 어떤 방법을 갖고 있지 않다면, 종교 공동체로부터 이해 가능하지도 않고, 충실하지도 않고, 적용할 수도 없다는 판단을 받을 것이다.

 이 문제를 다루는 후기자유주의의 방법은 교인 수와 교회의 영향력을 유지하거나 늘리는 일에 주로 관심 있는 사람들 사이에서는 인기가 없을 것이다. 이 방법은 근대의 번역보다 고대의 교리교육 (catechesis)과 비슷하다.[32] 이는 새로운 개념으로 신앙을 재기술하는 대신, 잠재적 신봉자들에게 종교의 언어와 실천을 가르치고자 하는 것이다. 이는 수 세기 동안 대부분의 종교가 신앙을 전하고 회심자를 얻는 주된 방법이었다. 예를 들어, 그리스도교 교회의 초창기에, 성경의 자료를 새로운 해석의 틀로 재기술하려는 경향이 가장 컸던 이들은 보편교회 신자(catholics)가 아니라 영지주의자였다. 주류 보편교회로 회심한 이교도 개종자들은 대부분 먼저 그리스도교 신앙을 이해한 다음 그리스도인이 되기로 결단한 것이 아니었다. 오히려 그 과정은 정반대였다. 그들은 먼저 결단한 다음에 이해했다. 더 정확하게 말하면, 그들은 먼저 그리스도교의 공동체와 삶의 방식에 매

---

**32** 위 각주 26을 참고하라.

력을 느꼈다. 매력의 이유는 귀족에서 천민에 이르기까지 다양했고, 참여한 개인 수만큼이나 다양했다. 그러나 그 동기가 무엇이든, 그들은 오랫동안 교리교육을 받고 그 교리 안에서 새로운 행동 방식을 연습하고 이스라엘의 이야기와 그 이야기가 예수 그리스도 안에서 성취된 것을 배우기로 했다. 그들은 낯선 그리스도교 언어와 삶의 형태에 능숙해진 다음에 비로소 지적이고 책임감 있게 신앙을 고백하고 세례를 받을 수 있는 사람으로 여겨졌다.

나중에 그리스도교가 사회적으로 우세해졌을 때, 이러한 식의 교리교육은 사라졌으나, 통상적인 성장 과정을 통해 비록 묽어진 형태이기는 하지만 비슷한 결과를 얻게 되었다. 교리교육을 통해서든 사회화를 통해서든 두 경우 모두, 성경 이야기의 세계와의 친밀함을 낳았고 또 상상의 방식도 그 세계에 매우 익숙해져서, 삶 전체를 종교적 측면에서 경험할 수 있게 되었다. 대중적 형태의 성경 세계는 종종 심하게 왜곡되었을 수 있지만, 그럼에도 그것은 텍스트 내재적으로 작용했다.

그러나 서구 문화는 이제 이러한 사회화가 효력을 잃고 교리교육이 불가능한 상태에서 번역이 매력적인 대안으로 나타나는 과도기에 있다. 성경의 유산은, 교리교육을 거부하면서도 재기술을 요청하는 잠복적이면서 탈-텍스트화된 형태로, 계속해서 강력하게 현존하고 있다. 여기에는 종종 여전히 재기술을 의미 있게 할 만큼 충분히 그리스도교적인 내용도 있다. 자주 말했듯이, 마르크스주의는 하나의 세속화된 형태의 성경적 종말론이고, 실존주의와 심층 심리학은 종교개혁 신학과 분리된 종교개혁 인간학에서 주제들을 발전시킨다.[33] 심지어 교회에 나가지도 않는 대중의 경험과 자기 정체성이, 종교적이었던 과거에 여전히 깊은 영향을 받고 있다. 예를 들어, 그들은 종종 사회학 연구자들에게 자신들이 교회에 다니는 경건한 사람들만큼이나 진정한 그리스도인이라고 주장한다. 그리고 그들은 죽음 이후의 삶을 부정하고 또한 창조자 하나님의 존재가 있을 것 같지 않다고 생각하면서도 종종 이렇게 주장을 한다. 그들에게 예수 그리스도는 하나님의 아들이 아니며, 그들이 그린 예수 그리스도상은 성경과 철저히 다르지만, 예수 그리스도의 이름은 그들 존재의 일부분이다.[34] 그들은 교리교육을 거부하지만, 그들에게 잠복되어 있는 그리스도교를 명확히 나타내 주는 실존적, 심층 심리학적, 해방적 언어로 복음이 번역되는 것에 자주 흥미를 느낀다.

현 상황에서 효과적인 교리교육이 불가능하게 된 것은 부분적으로 종교 언어에 대한 약간의 단편적인 지식이 그 종교에 대한 지식이라고 암묵적으로 가정하고 있어서이다(라틴어에 대해서는 아무도 이런 가정을 하지 않겠지만 말이다). 하지만 더 중요한 것은 점진적으로 탈그리스도교화되는 시대에서 교회의 성격이다. 현재 교회는 선교적 확

---

**33**  4장 각주 17에 인용한 논문을 보라.

**34**  이러한 태도는 미국보다 교회에 출석하는 교인이 훨씬 더 적은 유럽에도 널리 퍼져 있다. 다음을 보라. H. Hild (ed.), *Wie stabil ist die Kirche? Bestand und Erneuerung: Ergebnisse einer Meinungsbefragung* (Gelnhausen: Burckhardthaus-Verlag, 1974). Gerhard Szczesny, "Warum ich als Nichtchrist Weihnachten feiere," in H. Nitschke (ed.), *Was fällt ihnen zu Weihnachten ein*? (Gütersloh: Gütersloher Verlagshaus Gerd Mohn, 1978), pp. 50 이하.

장의 시대와 달리, 문화를 형성하기보다 주로 지배적 문화에 적응하고 있다. 짐작건대 교회는 다른 선택을 취할 수 없을 것이다. 교회는 계속해서 한 가지 방식(fashion)이나 또 다른 방식으로 대다수 인구를 끌어안으며 좋든 싫든 다수의 경향에 맞춰 나갈 것이다. 이는 교회가 성실히 교리문답을 수강할 초심자를 끌어모으기 어려운 이유다. 심지어 자기 자녀들을 끌어들이기도 어렵다. 그리고 교회가 교리문답 수강자를 끌어들였더라도 뚜렷이 그리스도교적인 언어와 실천에 대한 효과적인 가르침을 전혀 제공하지 못하고 있음이 대개 드러난다. 예를 들어, 미국적인 삶의 방식에 대한 대안을 찾는 사람들은 교회 대신 동양 종교들에 귀의하거나 주류 그리스도교의 맥락에서 벗어나려 한다. 이러한 상황은 탈그리스도교화가 훨씬 더 진행되거나 아니면 별로 그럴듯하지 않지만 근본적으로 뒤바뀔 때까지, 변하지 않을 것 같다.

탈그리스도교화가 그리스도인들을 작은 소수집단으로 축소한다면, 혹은 그렇게 될 때, 그리스도인은 생존을 위해 전통주의를 엄격하게 고수하지 않은 채 그들 고유의 언어를 함양하며 그에 맞는 행동을 배우고자 힘쓰는 공동체를 형성할 필요를 느낄 것이다. 그러나 이러한 일이 일어날 때까지, 주류 그리스도교에서는 신앙을 전달하는 교리교육적인 방법들을 사용하지 않을 것 같다. 교회가 교인 수를 유지하고자 하고, 신학자가 신앙을 신빙성 있게(적어도 그들 자신에게는) 하고자 하는 결코 부당하지 않은 욕망으로 인해, 현대어로 번역하는 경험-표현적 방법이 계속해서 선호될 것이다.

# 결론

이 장은 결론이 나지 않은 분위기로 끝나고 있다. 문화-언어적 종교 이해를 사용하는 후기자유주의 신학은 충실성과 적용 가능성과 이해 가능성이 있을 수 있다. 따라서 후기자유주의 신학을 거부할 교리적 이유가 없는 것처럼, 이를 거부할 신학적 이유도 없다. 그러나 후기자유주의가 강조하는 텍스트 내재적인 이해 가능성은 한때 문화적으로 국교회 체제였다가 아직 분명하게 국교회 체제를 벗어나지 않은 어색한 과도기에 있는 그리스도교 같은 종교의 필요에 적합하지 않을 수도 있다.

후기자유주의의 경향을 가진 사람들은 제지받지 않을 것이다. 그들은 종교적 근거와 비종교적 근거를 모두 가지고 텍스트 내재성을 주장할 것이다. 즉, 신앙의 온전함은 텍스트 내재성을 요구하고 있고, 아마도 서구 사회의 활력은 장기적으로 결국 성경적 관점이 텍스트 내재적이고 번역 불가능한 특수성으로 문화를 형성하는 힘에 의존할 것이라고 말이다. 그러므로 신학은 현재 유행할 수 있고 즉각적으로 이해할 수 있는 것에 대해 종교적으로 관심이 있는 대중의 아우성에 저항해야 한다. 대신에 신학은 계속되는 탈그리스도교화가 더 위대한 그리스도교적 진정성을 공동체적으로 가능하게 할 미래를 준비해야 한다.

종교적 충실성이 무엇보다도 종교 메시지를 현재 이해할 수 있는 형태로 제시하는 것이라고 주장하는 사람들은 물론 이에 동의하지 않을 것이다. 게다가 그들의 자유주의적 전제는 권위 있게(canonically) 옹호될 수 있다. 성경과 전통은 복음을 이해할 수 있게 전하는 것이 충실성에 필요한 부분이라고 적잖이 암시하고 있다. 요약하면, 이 장 서두에서 말한 대로, 문화-언어적 종교관의 신학적 실현 가능성에 대한 논거는 오직 제시될 수만 있을 뿐, 증명될 수는 없다. 현장을 감싸고 있는 해석의 틀이 각자의 적합성의 기준을 형성한다.

다른 영역과 마찬가지로 여기서도 궁극적 시험 기준은 성과다. 만일 어떤 후기자유주의적 접근이 실제로 사용될 때 관련 공동체에 개념적으로 그리고 실질적으로 유용함이 입증된다면, 그것은 곧 표준적 기준이 될 것이다. 아우구스티누스, 아퀴나스, 루터, 슐라이어마허의 신학적 관점이 자리 잡은 것도 이렇게 이루어진 것이다. 성과와 별개로 신학적 방법의 장점 및 단점을 시험할 길은 없다.

그러나 이번 장은 신학적 성과가 아니며, 기껏해야 임시변통적 변증학의 단편에 불과하다. 이 장에서 신학을 논하기는 했지만, 텍스트 내재성의 기준에 따라 펼쳐 낸 어떤 단일한, 엄밀한 의미에서의 신학적 주장은 거의 없다. 나는 그 논지를 옹호하는 주장을 아퀴나스, 종교개혁자들, 칼 바르트와 같이 다양한 원천에서 발견할 수 있다고 생각한다. 그러나 그 논지는 그저 언급되기만 했을 뿐, 전개되지는 않았다.

그러나 프로그램적 제안들이 대체로 그렇듯이, 이 제안은 미래의 작업을 위한 초대일 뿐만 아니라, 과거의 성과에 의존하고 있다. 독자는, 과거 몇십 년간 에큐메니컬 대화의 교리적 결과가 다른 어떤 틀보다 문화-언어적 종교관 및 교리에 대한 규칙 이론의 맥락에서 더 잘 설명될 수 있다는 확신에서 이 책이 촉발되었다는 점을 기억할 것이다. 서문에서 언급한 포스트먼-브루너의 카드 실험 대상들처럼, 나는 과거의 범주들(이를테면, 명제적 또는 상징적 교리 이해)이 현재 일어나고 있는 것에 전혀 적용되지 않지만, 새로운 범주(문화-언어적 체계 안에서 규제적 원리의 예시로서의 교회 교리)를 사용할 때 서광이 비쳐오는 것을 여러 번 경험했다. 게다가 특히 신학적인 면에서, 칼 바르트가 주해에서 이야기를 강조했다는 점은 간접적으로,[35] 텍스트 내 재성이 문화-언어적 종교 이해 및 교리에 대한 규제적 관점과 일치하는 방식으로 신학을 하는 적절한 방식이라는 나의 개념의 주된 원천이었다.

그러나 앞으로 텍스트 내재적인 길이 추구될지는 여전히 미지수

---

**35** Cf. Kelsey, *The Uses of Scripture in Recent Theology*, pp. 39-50 외 여러 곳; Ford, *Barth and God's Story*; 그러나 나는 특히 한스 프라이와의 대화에서 바르트에 대해 이런 식으로 생각하는 법을 배웠다.

다. 모형론적 신학, 비유적(figurative) 신학, 그리고 이야기 신학에 대해 현재 많은 논의가 있지만, 실제 수행된 적은 거의 없다. 오직 몇몇 젊은 신학자들에게서만, 우주를 성경의 세계로 흡수하는 고대의 관습을 후기전통주의적이고 후기자유주의적인 방식으로 재개하려는 욕망의 초기 단계를 보게 된다. 그들 무리가 늘어나기를.

# 후기

## 종교 간 관계와 그리스도인의 에큐메니즘:
## 『교리의 본성』 3장을 돌아보며[1]

2003년 3월 로잔에서 진행된 한 컨퍼런스에서 『교리의 본성』 3장을 다시 다룰 것을 제안한 사람은 마크 보스(Marc Boss) 교수였으며, 나는 이에 대해 감사한 마음을 가지고 있다. 내가 내 책에 대해 생각했던 다른 어떤 주제보다 그가 제안한 것이 더 타당했는데, 왜냐하면 3장이 다른 장들보다 해명이 필요한 것 같기 때문이다. 게다가 3장의 주제인 종교 간 관계의 문제는 20년 전에 상상할 수 있었던 것보다 대중의 인식에서 더 중차대해졌다. 새뮤얼 헌팅턴(Samuel P. Huntington)이 널리 읽힌 자신의 책에서 21세기를 예견하며 문명의 충돌의 종교적 근원에 대해 주장한 내용은 틀릴 수도 있지만, 소비에트

---

1 이 글은 약간 수정된 프랑스어 번역으로 다음에 실렸던 논문의 영어 원문이다. 영어 원문은 이전에 출간된 적 없다. Gilles Emery and Pierre Gisel, eds., *Postlibéralisme? La théologie de George Lindbeck et sa réception* (Geneva: Labor et Fides, 2004), 183-203.

연방의 붕괴 이후, 충돌을 정당화하는 역할을 주로 담당해 왔던 세속 이념들을 종교가 대체했다는 주장은 확실히 옳다.[2] 그리스도교라는 단일한 종교 안에서의 내적 일치를 위한 에큐메니컬 탐구는 20세기 중반의 뉴스들을 지배해 왔고, 또한 나의 책에서도 지배적이었다. 하지만 저 에큐메니컬 탐구보다 서로 다른 종교들 사이의 외부적 관계의 개선이 훨씬 더 중요해진 것 같다. 이러한 이유로, 집필한 지 20년도 더 지난 후 내가 3장에 관해 생각하는 바를 다소 체계적인 방식으로 써 보려 한다.

나는 종교 신학(theology of religion)보다는 에큐메니즘에 더 많은 시간을 할애했는데, 이는 단지 내 이력의 우연한 일들 때문만은 아니다. 내 생각에 그리스도교의 일치가 커질수록, 가까운 미래에 종교 간 관계를 통해 일어날 법한 그 어떤 일보다 세계에(다른 종교들을 포함하여) 더 큰 변화를 가져올 수 있을 것이다. 그럼에도 오늘의 주제는 종교 간 관계이며, 에큐메니즘은 3장의 배경과 한계를 설명하기 위해서만 등장할 것이다. 새로운 것은 많지 않을 것이다. 왜냐하면 이 글의 주된 과제는 3장이 야기한 오해들을 바로잡는 것이기 때문이다. 특히 종교와 교리에 대한 3장의 설명이 신앙주의를 촉진하여 서로 다른 믿음 사이의 대화를 방해한다는 의혹을 말이다. 이러한 생각들을 반박하기 위해, 대개 나는 『교리의 본성』의 다른 어딘가에 있는

---

2 Samuel P. Huntington, *The Clash of Civilization and the Remaking of World Order* (New York: Simon & Schuster, 1996). 『문명의 충돌』, 이희재 옮김(파주: 김영사, 2016).

생각들을 그저 확장(비록 인정하건대 매우 간략히 다루겠지만)하기만 할 것이다. 많은 것을 언급하지 않고 넘어가겠지만, 적어도 현재 내가 3장을 어떻게 보고 있는지에 대한 전반적인 인상이 전달되기를 바란다.

내가 볼 때, 어려움의 주된 원인은 세계의 주요 종교들의 특수한 차이를 다룬 편향성으로, 이는 종교를 다른 대부분의 문화-언어적 삶의 형태와 구분 짓는다. 이렇게 구별한 것의 특징은 "특수주의적 보편주의"(particularistic universalism)라고 적절하게 이름 붙여졌고, 이는 주요 종교뿐만 아니라 보편주의를 자처하는 이념이나 일부 유사-종교를 특징짓는 포괄성과 특수성의 결합이다.[3] 3장에서 주로 두드러진 점은 특수주의적 측면이고, 보편적 차원은 무시되었다. 이러한 불균형의 결과로 3장은 고립주의적이고 신앙주의적 경향이 있다는 비판을 받았으며, 나는 주로 이 불균형을 설명하고 바로잡는데 관심을 둘 것이다.

이 안건에 대한 설명적인 부분은 다음과 같은 내용을 다루는 첫 세 단원이다. (1) 에큐메니컬적 배경 (2) 종교 간의 개방성 문제와 이에 대해 현재 지배적인 경험-표현적 해결책들 (3) 3장에서 대안적인 문화-언어적 해결책(이는 고립주의와 신앙주의에 대한 우려를 낳았는데, 나는 이런 우려가 부당하다고 생각한다). 그리고 교정적 역할을 담당하는 네 번째 부분에서는 '세계를 흡수함'이라는 특수주의적 보편주의

---

**3**   Joseph DiNoia, OP, *The Diversity of Religions* (Washington, DC: Catholic University Press, 1992)가 이 문구의 출처다. 그는 "보편성에 대한 특수주의적 주장들"에 대해 말하고 있다. Cf. p. 164.

가 제국주의적일 수도 있고 비제국주의적일 수도 있으며, 종교 간 관계를 위한 최악의 틀일 수도 있고 최선의 틀일 수도 있음을 제시할 것이다.

이 내용 중 일부는『교리의 본성』을 넘어서지만, 내가 아는 한 이 부가적 설명은 어떤 실질적인 측면에서도 기존 주장에 변화를 가져오지 않는다. 내가 감히 성 아우구스티누스에 빗대어 말하자면, 내가 무엇을 철회하든(이 글에 몇 가지가 있다) 그 목적은 내가 쓴 것을 대체하기 위함이 아니라 더 잘 이해할 수 있게 하려는 것이다.


# I. 에큐메니컬적 배경

『교리의 본성』의 에큐메니컬적 배경은 하나의 발전 및 그와 연관된 어떤 문제로 설명할 수 있다. 내가 생각한 발전은 이 책에서 "굴복 없는 교리적 화해"라고 부른 발전이며, 문제는 그 가능성에 관한 문제다. 역사적으로 교회를 분열시킨 교리들을 포기하거나 상대화하지 않으면서 이 교리들이 더 이상 분열을 초래하지 않고 유지되는 것이 어떻게 가능한가? 서로 대립하는 신앙고백(예를 들어 트리엔트 공의회의 신앙고백과 종교개혁의 신앙고백)에 충실함이 어떻게 교회 일치와 양립할 수 있는가? 다시 말해, 서로 대립하는 로마 가톨릭 정통과 개신교 정통이 온전한 교회적 사귐 안에 공존할 수 있다는 것을 상상이나 할 수 있을까? 혹은, 더 친숙한 에큐메니컬 용어로 동일한 논점을 설명하자면, 다양성이 오롯이 보존되어 있는 "일치된 다양성"이 있을 수 있는가? 가장 극명하게 진술하자면, 문제는 어떻게 한 역사적 맥락에서 모순되었던 교리들이 다른 역사적 맥락에서 더 이상 모순이 아니면서도 변화되지 않은 채 남아 있을 수 있을까 하는 것이다.

지난 반세기 동안 에큐메니컬 대화가 점점 빈번해지면서, 이 불가능해 보이는 것이 현실화되었다. 혹은 적어도 그 대화에 참여한 사람들은 그렇게 믿는다. 다른 한편으로, 저명한 이들을 포함한 많은 신학자는 이러한 일은 일어날 수 없다고 확신하고 있으며, 따라서 그 대화의 결과들이 사기라고 결론 내린다. 이는 1991년에 루터교 세계 연맹과 바티칸이 발표한 "칭의 교리에 관한 공동선언"(Joint Declaration on the Doctrine of Justification)에 대해 특히 독일에서(독일에서만은 아니지만) 일어난 항의를 부분적으로 설명해 준다. 나는 개인적으로 반대자들에게 동의하지 않는다(비록 공동선언이 그것이 무엇을 확언하는지에 대해 몇몇 측면에서 혼란을 준다는 점에는 동의하지만 말이다). 그러나 나는 또한 그들에게 공감하지 않을 수 없는데, 왜냐하면 공동선언이 종교 일반과 특히 그리스도교에 대해 그야말로 보통의 범주로는 생각할 수 없을 정도로 전례 없이 새로운 것에 대한 반응이기 때문이다. 이러한 사유 불가능성은 수십 년 전에 이미 명백했고, 이는 이 명백한 불가능성을 상상 가능한 것으로 만들 종교와 교리에 대한 이론을 탐구하도록 이끌었다.

이 특수한 딜레마에 대한 해결책들은 부족하다. 대화에 참여하는 사람들은 일반적으로 이론보다는 실천에 더 관심이 있으며, 우리가 관찰한 바와 같이 참여하지 않은 사람들은 굴복 없는 교리적 화해가 일어날 가능성을 가설로라도 받아들이기 어렵다고 생각한다.[4] 비참여자들은 그것이 가능한 조건을 연구하려 하기보다, 본능적으로 그 가능성의 존재를 반증하려 한다. 우리는 모두, 착각이라고 확신하는 것에 직면했을 때 비슷하게 행동한다. 즉 우리는 이 가능성을 현실화할 수 있는 상황에 관해 묻기보다는 증거로 추정되는 것에 대한 반론을 펼친다. 이러한 반응을 비난할 수는 없는데, 왜냐하면 우리는 쓸데없는 탐구를 좇지 않도록 경계할 필요가 있기 때문이다(즉, 성 아우구스티누스가 쿠리오시타스[curiositas [호기심]]라고 부른 것을 피해야 한다). 그렇지만 에큐메니컬한 가능성을 상상해 볼 수 있게 만드는 방식으로 종교와 교리를 다시 생각해 보는 노력을 여전히 대부분의 사람들이 시간 낭비로 여길 만큼 교리적 에큐메니즘에 진지하게 참여하는 경우가 매우 드물다는 점은 유감스럽다.[5]

이곳은 『교리의 본성』에서 윤곽을 그린 이러한 상상 가능성을 추구하는 실천-기반 이론을 상술하는 자리가 아니지만, 이 이론의 몇몇 주요 특징들을 현재 내가 어떻게 보는가에 대해 약간 언급하면 도움이 될 수도 있다(이 이론이 익숙하지 않은 사람들의 경우, 전부를 이해하

---

**4** 이 논증의 잠재적 타당성(을 이해하는 일)은 그 가능성을 가설로 수용하는 것으로 충분하다(p. 67을 참조하라).

**5** 여기에 기술된 방법론은, 이러한 노력도 상정된 실재의 가능성 조건에 대한 탐구라는 점에서, 칸트의 초월론적 연역(Kantian transcendental deduction)과 유사하다. 차이는 여기에서 제안한 조건들이 '초월론적'이지 않다는 점이다. 즉 여기서의 조건들은 그것이 무엇이든 간에 데이터 역할을 하는 것의 가능성에 대한 필연적, 또는 유일한, 또는 최고의 설명이라고 말해지지 않는다.

지는 못하더라도 말이다). 문화-언어적 접근은 그 이름에서 기대할 수 있듯이 문화와 종교의 유사점들을 강조한다. 문화와 종교는 모두 가변적인 어휘(언어적 기호뿐만 아니라 비언어적 기호)와 상대적으로 불변적인 문법 내지 구문법으로 이루어진 기호 체계(또는 언어)로 볼 수 있다. 그리스도교의 경우, 교회 교리가 이런 문법을 예시해 준다. 문화와 종교는 모두 같은 속(屬, genus)에 속한다고도 할 수 있다. (특수한 차이로는 이미 언급한 특수주의적 보편주의가 있다). 종교와 문화를 언어적으로 이해하면서 이것들의 일반적 유사성에 비추어 볼 때, 교회 교리들의 대립을 문법의 대립이라기보다는 어휘의 대립으로 이해하는 한 굴복 없는 교리적 화해를 상상해 볼 수 있다. 혹은 더 복잡한 경우에는, 명제적 대립이라기보다 규제적 대립으로 이해하는 한―즉, 일차적인 존재론적 진리 주장의 대립이라기보다는 일차적인 담론에 관한 맥락적 타당성이 있는 이차적 규칙의 대립으로 이해하는 한―굴복 없는 교리적 화해를 상상해 볼 수 있다. 이러한 규칙들은, 문제가 되는 종교에 능숙한 실천가들(이론가들이 아니라)이 이 규칙들에 부합하는 담론을 받아들일 수 있는 만큼, 옳은 것이다. 이는 문법학자들이 정형화된 자연 언어의 문법을 시험하기 위해 사용하는 방법과 형식상으로 동일하다. 정형화된 문법은, 이에 관하여 문법학자들이 제시한 용법들이 유창한 원어민들에게 받아들여지는 만큼 건전하다고 여겨진다(가장 유창한 원어민들은 호머처럼 문법에 대해 들어 본 적이 없을 수도 있다). 이러한 기준으로 평가한다면, 문화-언어적 접근의 화해 권고들이 다른 접근들보다 충실한 이들의 실천과 더 온전하게 어울리는(compatible) 한, 이 접근은 종교와 교리에 관한 다른 이해들보다 에큐메니컬적으로 더 우수하다고 주장될 수 있다.

## II. 종교 간 문제와 경험-표현주의

문화-언어적 접근이 에큐메니컬적으로 유래했으므로 매우 다른 영역인 종교 간의 관계에 성공적으로 적용될 수 있는가가 3장에서 답변하고자 했던 물음이다. 이는 내가 책에서 "종교와 교리에 대한 이론이 에큐메니컬 운동 바깥에서 타당성이 없다면, 그것은 에큐메니컬 운동에도 도움이 될 수 없을 것이다"(p. 64)라고 말했듯이 피해갈 수 없는 문제다. 더 나아가, 종교 간 관계는 에큐메니컬 영역 밖에서 이 이론의 개연성을 평가하기 위한 확실한 선택이다.

종교 간 관계가 확실한 선택인 까닭은, 우리가 방금 기술한 에큐메니컬 담론과 구조적으로 유사한 비그리스도교인들과 그들 종교에 관한 그리스도교적 담론에 어떤 변칙이 있기 때문이다. 두 영역 모두에서 실천이 이론을 앞지르고 있다. 혹은 이렇게 표현해도 좋다면, 현실이 가능성을 훨씬 앞지르고 있다. 서구의 모든 그리스도교 전통은 종교 간 관계에 영향을 받아 왔는데, 로마 가톨릭의 경우가 가장 명백히 그렇다. 제2차 바티칸 공의회는 그리스도교 역사상 처음으로 우리가 "종교 간의 개방성"이라고 부르는 것에 필수적인 두 개의 가르침을 공식 공포했다. 하지만 이 가르침들이 어떻게 가능한지에 대

한 설명은 제공하지 않았다. 이 가르침들은 그리스도교의 무비성(無
比性, unsurpassability) 주장, 즉 전통적으로 배타주의와 연관된 주장과
화해할 수 없을 것 같아 보인다. 이 새로운 공식 가르침 중 하나는
비그리스도교인의 구원 가능성을 긍정한다. 평생을 그리스도교 신
앙 바깥에 머무르더라도 구원의 가능성이 있다는 것이다. 다른 하나
는 개종을 목적으로 하지 않는 종교 간의 대화와 협력을 권고한다.
예수 그리스도가 온 인류를 위한 유일하고 무비적인 계시자이며 구
원자라는 그리스도교 정체성에 역사적으로 불가결한 주장과, 저 두
가르침이 수반하는 타종교에 대한 개방성은 양립 불가능하지 않은
가? 이 딜레마의 해결 방안에 관한 공식 결정은 내려지지 않았으며,
신학자들은 양립 불가능해 보이는 두 주장의 공존 가능성을 가장 잘
설명할 방안을 숙고하도록 계속 (예컨대, 최근 바티칸 선언 「주님이신 예수
님」[Dominus Jesus]에서) 장려받고 있다. 세계교회협의회와 회원 교회
들의 상황은 훨씬 더 혼란스럽다. 따라서 에큐메니컬의 경우와 같이,
그 가능성이 논란이 되는 새로운 현실이 나타났다. 이러한 유사성은,
에큐메니컬 영역 바깥에서 문화-언어적 접근의 개연성을 평가하기
위한 영역으로 종교 간 관계를 선택한 주된 이유다.

지금까지 제안된 가장 영향력 있는 해결책들은 이 책의 용어를 사
용하면 경험-표현적 방식이지만, 이것들은 흔히 다원주의와 포괄주
의로 알려진 매우 다른 두 형태로 나뉜다. 이 둘은 폴 니터가 상호성
모델과 성취 모델로 적절하게 이름한 유형에 각각 상응한다.[6] (니터
의 용어에서 문화-언어적 접근은 수용 모델, 즉 차이의 수용에 상응

한다.\*) 다원주의, 즉, 상호성 모델은 정통주의를 포기함으로써, 정통과 개방성을 화해시키는 어려움을 해소한다. 즉, 그리스도교 공동체의 정체성에 처음부터 핵심이었던 것—즉, 하나님이 예수 그리스도 안에서 이 땅에 무비적으로 임재하심에 대한 믿음—을 명시적으로 또는 암묵적으로 부인함으로써 어려움을 해소한다. 이러한 움직임의 호소력은 엄청나다. 존 힉(John Hick)에 대해 들어 본 적이 없더라도, 미국 성인 네 명 중 세 명은 서로 다른 종교가 동일한 목적지로 가는 거의 같은 길이라는 데 동의하는 경향이 있다(물론 이를 보고한 여론 조사는 2001년 9월 11일 전에 실시된 것이다). 어느 논평자가 이러한 미국의 경향에 대해서 언급했듯이, "한 종교적 믿음이 다른 믿음보다 더 타당하다는" 주장은 "대체로 일종의 영적 인종차별로 간주된다."[7] 그러나 이러한 인기에도 불구하고, 상호성 모델은 한 종교가 다른 종교보다 뛰어나거나 무비적이라는 점을 부정함으로써 스스로 목표한 종교 간 관계 개선을 약화시킨다. 명백히 다원주의적인 힌두교와 불교를 포함한 대부분의, 어쩌면 모든, 세계의 거대 종교는 무비

---

**6**   Paul F. Knitter, *Introducing Theologies of Religions* (Maryknoll, NY: Orbis Books, 2002). 『종교신학입문』, 유정원 옮김(칠곡: 분도출판사, 2007). 성취 모델은 형식상 예컨대 고대의 로고스 그리스도론을 포함하지만, 니터는 이 글이 그렇듯 현대의 다양한 경험-표현주의에 초점을 맞춘다.

●   폴 니터가 제안한 유형은 다음의 네 가지다. 1) 대체 모델(replacement model) 2) 성취 모델(fulfillment model) 3) 상호성 모델(mutuality model) 4) 수용 모델(acceptance model). 이 모델들은 각각 배타주의, 포괄주의, 다원주의, 독립주의에 상응한다고 볼 수 있다.

**7**   Hugo Heclo, "The Wall That Never Was," *Wilson Quarterly* (Winter 2003): 75; cf. p. 81.

성과 매우 흡사한 것을 주장한다. 그리고 "종교가 자기 종교에 대해 내세우는 주장을 배제"하는 것은 종교 이론의 종교 간 유용성을 파괴하는 행위다(p. 138). 따라서 문화-언어적으로 이 문제에 접근하는 것에 대한 주요 도전은 상호성 모델이 무비성을 부정하는 데서가 아니라 성취 모델이 무비성을 긍정하데서 발견된다.

가장 잘 알려진 형태의 도전인 칼 라너의 소위 "익명의 그리스도교" 이론이 아니더라도 도전은 상당하다. 개신교와 로마 가톨릭 모두 비-라너적인 포괄주의적, 경험-표현적 성취 모델의 예가 있다. 몇몇 형태는 다른 형태들보다 더 정통적이기는 하지만, 이것들 모두 종교들이 동일한 근본 종교 경험의 상이한 표현들(이런 이유로 "경험-표현주의"라고 이름한다)이라는 견해를 다원주의적인 상호성 모델과 공유한다. 과하게 단순화하면, 이 운동은 내부에서 외부로, 즉 모든 인간 안에 근본적으로 같은 핵심으로부터, 역사적·문화적 상황들에 따라 다변화된 여러 다른 종교들 안에 그 핵심이 나타나는 움직임이다. 그러나 다원주의자들과는 달리 포괄주의자들은 이 나타남이 서로 동등하다고 생각하지 않는다. 즉, 어떤 종교들은 다른 종교들보다 초월적 실재에 대한 내적 보편 경험이 더 적절하게 객관화된 것이며, 이 중 최고의 종교는 다른 모든 종교에 있는 선한 것을 전부 포괄한다(그래서 포괄주의라 한다). 구체적으로 그리스도교 용어를 사용하면, 성령은 그리스도의 구원하는 은혜를 종교적일 수도 비종교적일 수도 있는 방편으로 모든 인류에게 가져다주기 위해 드러나지 않게 모든 곳에 임재하신다. 그러나 세상에서 하나님의 임재는 오직 성육신하신 말씀, 즉, 예수 그리스도 안에서만 무비적으로 다른 민음 안에 있는 참되고, 선하고, 아름다운 모든 것을 포괄하여 완성하시며, 그로써 그리스도교 자체도 풍성하게 하신다. 성취 모델은 이러한 방식으로 무비성과 개방성 사이의 명백한 모순을 해결한다. 성취 모델은 경험-표현적 이론을 일관되게 사용함으로써 명백히 공존 불가능한 세 가르침을 동시에 긍정해 낸다. 즉, 그리스도는 모든 인류를 위한 무비적 구원자요 계시자이나, 비그리스도인도 구원받을 수 있으며, 따라서 개종을 목적으로 하지 않는 대화와 협력이 장려될 수 있다. 이 해결책의 성공은 모조리 놀랍지 않더라도 인상적이다. 왜냐하면 이 해결책은 현대의 지적·대중적 분위기와 어울리며, 종교 간 문제에 응하기 위해 발전되었기 때문이다(라너의 경우 명백히 그렇다). 하지만 이 해결책의 성공은 에큐메니컬 영역으로부터 들어온 문화-언어적 불청객과의 대립을 더욱 첨예하게 했다.

## III. 문화-언어적 대안

종교와 경험의 관계에 관한 문화-언어적 이해는 경험-표현주의의 이해와 완전히 상반된다. 만약 경험을 내적인 것으로 종교를 외부적인 것으로 그린다면, 문화-언어적 접근에서는 내적인 것보다 외적인 것이 앞선다. 서로 다른 종교는 동일한 기본 경험이 근저에 있는 외적 나타남이 아니다. 서로 다른 종교는 문화나 언어처럼, 인간에게 잠재된 원재료로 자아, 공동체, 세계에 관한 상이한(때때로 상호 배타적인) 경험을 만들어 낸다. 궁극적 상태에 대한 보편 경험이 먼저 와서 개별 종교에서 이를 다양하게 개념화하고 상징화하는 것이 아니라, 오히려 특수성이 먼저 와서 서로 다른 종교가 궁극으로 여기는 것(그것이 무엇이든 간에)을 개별화한다. 파스칼을 데려와서 다원주의에 대항한다면, 인간이 예배하는 대상은 철학자들의 신(the God)이 아니라, 구체적 이름을 가진 개별 신들(gods)이다. 개별 신들의 영향력이 보편적으로 여겨질 때조차도 말이다. 그리스도교의 경우, 이는 특수주의적이면서 보편적인 하나님, 곧 아브라함과 이삭과 야곱과 예수의 하나님이다. 물론 포괄주의자들도 이것을 인정하지만, 그들은 바울의 '들음에서 오는 믿음'(fides ex auditu)을 받아들이는 데 어려움을 느낀다. 그러나 문화-언어적 해석자라면 믿음은 외적 말씀(즉 그리스도에 대한 언어적, 성례전적, 행실적 증언)을 받아들이고 내면화하는 데서 온다고 할 것이다. 성령의 구원하는 역할은 그리스도의 은혜(gratia Christi)를 모든 인간에게 숨겨진 방식으로 제공하되 그들 중 일부에게만 그 은혜가 예수와 공적이고 공동체적인 관계가 되게 하는 것이 아니라, 그 은혜를 듣는 사람들과 잠재적으로 들을 사람들을(공적으로와 공동체적으로 듣고, 또한 그렇게 함으로 내적으로 듣는) 말씀이신 예수 그리스도와 연결하는 것이다. 개념화 방식들에서 어떤 날카로운 차이를 상상하기란 어렵다. 경험-표현주의자들에게는 문화-언어적 관점이 구원론상으로, 인식론상으로 배타주의적이어서 비그리스도교인들의 구원 및 개종을 목표로 하지 않는 대화가 들어설 자리가 없으며, 게다가 문화-언어적 관점에서 해석한 무비성은 신앙주의적이고 고립주의적이다.

3장은 문화-언어적 접근에 걸맞은 범주들로 이 문제들과 그 해결책을 재기술함으로써 이러한 반대들에 답변한다. 그 결과는 내가 이미 언급한 폴 니터가 종교 간 관계의 수용 모델이라고 부른 것이다. 구원론과 관련하여, 그것은 공동체적(사실상 우주적) 미래 종말론에 적합한 장래의 전망을 지지하면서, 암묵적으로 실현된 개인주의적인 경험-표현적 내면의 종말론 또는 현재주의에서 벗어난다. 공동체적이고 우주적인 측면들은 3장에서 충분히 강조되지 않았다. 그래서 나는 현재 내가 더 적절한 기술이라고 생각하는 것을 간략히 스케치할 것이다. 구원은 무엇보다도 공동체적이며, 다른 어디에서보다 예수 그리스도와 그를 공적으로 증언하는 공동체 안에서 미래로부터 현재로 침입하지만, 역사의 끝에 가서야 모든 인류가—사실상 모든 피조물이—예수를 왕의 왕, 주의 주로 인정할 것이다. 바로 그때가 증언하는 공동체에 속해 있음에 따라 미리 맛보게 된 구원이 완성되는 때고, 처음 맛본 것에 아직 참여하지 못한 이들도 최종 성취에 동참할 수 있는 때다. 비그리스도인이 이렇게 처음 맛보지 못했다는 것은 차별적이지 않은데, 왜냐하면 그들의 종교가 그리스도교인들이 이해하는 구원을 목표로 하지 않기 때문이다.[8] 불교도를 예로 들자면, 그들에게는 그리스도교의 하나님과의 친교가 그들

8    S. Mark Heim, *Salvations: Truth and Difference in Religion* (Maryknoll, NY: Orbis Books, 1995)은 이 점을 상세하게 발전시킨다.

이 추구하는 열반보다 훨씬 열등한 것이다.

그러나 종교 간 대화와 협력의 경우는 어떤가? 보편적으로 가능한 초월에 대한 어떤 경험이나 감각이 모든 것을 결합하고 있다는 경험-표현적 견해를 포기한다면, 종교는 그러한 활동에 개입할 이유나 능력이 거의 없어 보일 것이다. 이 문제에 대해, 나는 3장의 내용에 추가할 것이 없으므로, 내가 전에 썼던 것을 단순히 바꿔 말해 보겠다. 문화-언어적 관점에서, 서로 다른 종교들은 실질적으로 중요한 공통점이 없으므로, 자신들이 다른 종교들과 어떻게 관계를 맺을지 또는 맺지 않을지에 대해 서로 다른 답이 있을 것이다. 성경의 종교들의 경우, 유대를 주는 것은 하나님의 섭리적 인도다. 우리가 살아가는 시간들 사이의 시간에서, 아브라함과 이삭과 야곱과 예수의 하나님이 만드신 구원을 공적으로 증언하도록 부름받은 이들 외에 다른 사람들과 종교들도 자신들의 존재 이유를 규정하는 임무를 하나님의 섭리로 인해 맡아 왔을 것이다. 이사야 44:28과 45:1이 고레스에 대해(그리고 그가 대표하는 공동체에 대해) 말한 것처럼, 다른 종교들은 누구를 위해 봉사하는지 모른 채 미래를 준비하는 데 도움이 되도록 부름받을 수 있다. 그리스도교인들은 다른 종교인들로부터 많은 도움을 얻을 수 있고, 그들도 그리스도교인들로부터, 그리고 그들 서로 간에 도움을 얻을 수 있다. 그렇다면 이것은 종교 간의 다름을 존중하면서 개종을 목표로 하지 않는 대화와 협력의 근간이다. 이것은 복음 전도를 대체하지 않지만, 바람직하며, 어떤 상황에서는 의무다. 수용 모델에서 종교의 철저한 다양성은 서로 간의 고립을 수반하지 않아도 된다.

　그러나 종교들이 주장하는 그들의 무비성의 경우는 어떤가? 문화-언어적 접근은 (그리스도교의 경우 구원에 대한 미래적 관점과 종교 간 관계에 대한 섭리적 이해를 통해 허용된) 이질적 종교에 대한 개방성을 철회하지 않는가? 이 지점에서는 종교를 다른 공동체적 삶의 형태와 비교하는 것이 더 이상 도움이 되지 않는데, 왜냐하면 문화와 언어는 거의 당연히 무비성이 없기 때문이다(문화와 언어는 개선되거나 퇴보하기 쉽다). 여기서『교리의 본성』의 논증이 일반적인 것에서 특수한 것으로, 종교가 다른 집단적 전통과 공유하는 것에서 종교를 종교가 아닌 모든 것과 형식상 구분 짓는 것으로 방향을 바꾼다.

　이 구체적인 차이는 특수주의적 보편주의로 상기되겠지만, 이 발제의 서두에 언급했듯이, 3장에서는 종교들을 서로 중첩되게 하는 보편적 차원을 소홀히 한 반면, 종교들을 서로 분리하는 특수주의적 차원을 강조했다. 이에 대한 적절한 균형은 앞 장에서 발전시킨 종교의 정의로 나타난다. 종교는 "우주에서 다른 어떤 것보다 더 중요"하다고 여겨지는 것을 중심으로 한 보편적 혹은 "포괄적 해석 도식"이며, 이러한 특수성과 "관련시켜서 행동과 믿음을 비롯한 삶의 모든 것을 조직화하는" 데 사용된다(pp. 113-114). 이러한 정의로 인해 일상 용법상 종교적인 것이 상당히 제외되고, 종교적이지 않은 것이 상당히 포함된다. 예를 들어, 천사 혹은 신들과 같은 초자연적 존재들에 대한 믿음도, 이러한 존재자 중 하나 이상을 중심으로 하여 삶의 모든 것, 모든 믿음과 행동을 조직화하지 않는 한, 종교적인 것이 아니다. 이와 유사하게, 초자연적인 것에 대한 부정, 흔히 세속주의로 불리는 것은 그것이 모든 것을 포괄하는 중요한 것일 때 종교적이다. 어떤 경우든, 세계의 주요 종교는 모두 수월하게 이 정의의 범위에 들어가는 것 같다. 이러한 종교 정의는 그 형식으로 인해 불교와 그리스도교를, 둘 사이의 엄청난 실질적 차이에도 불구하고, 망라할 수 있다. 각각은 그 특수주의에 의해 서로 분리되고, 그 보편주의 때문에 서로 중첩된다.

그리스도교의 경우 성경의 특수한 이야기들을 통해 식별되는 삼위일체가 다른 모든 것보다 중요한 일자(一者)인 반면, 불교에서 다른 무엇보다 가장 중요한 것은 고타마 붓다의 것으로 여겨지는 특수한 가르침을 통해 식별되는 존재도 비존재도 아닌 상태—열반—다. 이 두 종교 모두 상대 종교에서 무엇이 가장 중요한지를 식별하고 기술할 범주를 가지고 있지 않다. 이 두 종교는 이런 차원으로는 비교가 불가능하다(pp. 143-144). 양자 모두가 받아들이는 서로를 비교할 수 있는 공통의 척도가 없기 때문에, 우리는 둘 중 어떤 것이 더 나은지 나쁜지, 열등한지 우월한지를 판단할 수 없다. 반면, 각각의 특수성은 서로 무관하더라도 범위가 보편적이기 때문에 서로 겹쳐지게 된 관점을 규정한다. 불교인들은 열반으로 가는 길에서 모든 것을 아우르는 마음챙김(mindfulness; 念)을 추구하고, 그리스도교인들은 모든 것을 하나님과 관련하여 보게 된다. 특히 토마스 아퀴나스가 말했듯이 말이다. 혹은 성경 구절로 하면, "무엇을 하든지 다 하나님의 영광을 위하여 하라"(고전 10:31). 그리고 "모든 생각을 사로잡아 그리스도에게 복종하게 한다"(고후 10:5).[9] 행동, 생각, 마음챙김이란 말은 비교 불가능한 각 종교의 관점으로 재기술되기 전에는 그리스도인에게나 불교도에게나 일상 언어상으로 비슷한 의미다. 그리고 재기술된 다음에도 결코 완전히 다른 의미는 아니다.

이렇게 중첩되기 때문에, 이 두 신앙 간의 소통은 이러한 보편주의적 차원에서 제한적이긴 하지만 유의미한 방식으로 가능하다. 심지어 가장 중요한 것에 관한 두 종교의 특수주의적 이해가 '적어도 처음에' 비교 불가능한 상태로 남아있는 동안에도 말이다(pp. 143-144). 3장은 예컨대 섭리적 측면에서 종교 간 관계를 다루면서 이러한 소통 가능성들을 상정하고 있지만, 이 가능성들을 보편적 관점의 중첩과 연결하지는 않는다. 그러한 설명의 실마리를 찾으려면 그 앞 장으로 돌아가야 한다.

그러나 3장은 왜 특수성을 일방적으로 강조함으로써 고립주의의 위험을 자초하는가? 그 답은 이 장을 대체로 그 반대의 입장, 즉 유사성을 일방적으로 강조한 입장을 겨냥하여 썼기 때문이다. 종교 간 차이가 철저하다는 점을 인식하지 못함으로써 소통이 촉진되기보다 방해를 받았다. 대화는 서로 목소리를 높이는 대결이 되거나 침묵에 빠진다. 아니면 다른 종교들의 믿음이 명백하게 혹은 추정상

---

**9** "마음챙김"과 "무엇을 하든지 다 하나님의 영광을 위하여 하라"에 대한 비교로는 William A. Christian, *Doctrines of Religious Communities: A Philosophical Study* (New Haven, CT: Yale University Press, 1987), pp. 126-144를 보라. 이 책은 저 두 표현에 대해, 한편으로 모든 것을 아우르면서도 명백히 '비교 불가능한'(이는 그가 사용한 용어가 아니다) 측면을 드러내고, 다른 한편으로 중첩되는 의미를 드러낸다.

자신이 아는 것과 너무 이질적이어서, 그 종교들의 진리나 거짓에 관한 생산적인 대화가 불가능함(이는 비교 불가능성이 함축하는 바다)을 자각하지 못하여 부적절한 대화가 된다. 이질적인 믿음은 틀린 것일 수도 있지만, 그럼에도 그들 자신의 맥락에서는 정당화될 수 있다(반복하자면, 이 맥락은 그 안에 살아가는 사람들 외에는 통상적으로 충분히 알 수 없다). 아니면 정당화되지 않았으면서도 진실일 수도 있다. 정당화된 믿음과 참 믿음을 이렇게 구분하는 것은 종교 간 상호 존중을 위한 중요한 조건이다. 그리고 이는 호의의 원칙(principle of charity)과 성경이 의로운 이교도에게 명예를 부여한다는 점에서 철학적 근거뿐만 아니라 성경적 근거도 갖는다.

이러한 구분이 무규범적 상대주의로 이어질 필요는 없다. 코페르니쿠스 이전 시대에, 지구가 태양 주위를 돈다는 코페르니쿠스의 참 믿음은 처음에 거의 정당화되지 못했지만, 태양이 지구를 돈다는 거짓 믿음은 충분히 정당화되었다. 일부 역사가들은 갈릴레오에 이르러서야 태양 중심설이 프톨레마이오스의 지구 중심설보다 유효한 증거와 개념으로 틀림없이 더 잘 뒷받침되었다고 말한다. 그럼에도 결국에는 상대주의적이지 않은 기준들에 따라, 이 문제들에 관해 어떤 믿음은 정당화되고 어떤 믿음은 그렇지 못한가에 대한 확고한 결정에 이르게 되었다. 물론, 종교 간 영역에서는 이렇게 일반적으로 받아들여지는 결정이 종말에 이르기 전에는 통상적으로 가능하지 않을 것이다. 그러나 그동안에는, 거짓 믿음이 인식론적으로 정당화될 수도 있다는 것을 이론으로는 아니더라도 실천에 있어 인정

하는 사람이라면, 자신의 기준으로는 참이 아니라고 확신하는 이질
적인 믿음도 존중한다. 이러한 인식은 세계의 모든 거대 종교에서
거의 틀림없이 가능하며, 몇몇 종교에서는 의무이다. 이와 같이 3장
의 무비성 주장에서 비교 불가능성을 강조하면서 전달하고자 의도
한 것은 고립이 아니라 상호 존중이었다. 그러나 인정하건대 이런
의도를 더욱 명확하게 표현했어야 했다.[10]

폴 니터(그는 다원주의적인 상호성 모델의 옹호자로 가장 잘 알려져 있다)에
게, 수용 모델(acceptance model)의 강점은 이 모델이 포스트모던 분
위기에 적합하다는 것이다. 포스트모던주의자들도 유사성보다 차이
가 더 중요하다고 생각한다. 그리고 본질주의에 대한 그들의 증오를

10    이 부분이 명확하게 표현되지 못했던 이유는 『교리의 본성』에서는 정당화된 믿음과
참 믿음을 구분하지 않았기 때문이다. 이 틈은 진리를 서로 다른 종류로 구분함으로
써 메워졌지만(pp. 141 이하, 177 이하), 이 구분이 일으킨 비판들을 고려하건대, 이
런 구분이 도움이 되기보다는 혼란을 주었다. 오히려 그 글에서 '체계 내적 진리'(즉,
신앙 및 행동과 관련 맥락의 정합성)라고 부른 것은 정당화된 믿음의 필요조건(충분
조건은 아니지만)으로 더 잘 생각될 수 있다. 여기에 '범주적 진리'(즉, 적절한 단어와
문법, 혹은 더 엄밀히 말하자면, 적절한 개념과 단어를 배치하는 적합한 패턴)를 더
한다면, 우리는 성공적인 진리 주장을 위한 두 개의 필요조건(충분조건은 아니지만)
을 갖는다(즉, 정당화된 것일 뿐만 아니라 '존재론적으로'도 참인—혹은 내 생각에
는 종교적 진리 주장의 발화가 가져오는 힘을 약화하지 않고도 사용될 수 있는 무정
의적인 타르스키적 의미[undefined Tarskian sense]에서, 단순히 '참'인—주장을 위
한 두 개의 필요조건을 갖는다). 3장에서 진리에 대한 분석을 이렇게 명료화(혹은 철
회?)할 필요가 있다는 나의 14년 묵은 인정은 널리 주목받지 못했으며(아마도 『교리
의 본성』을 읽은 사람 중 The Thomist에 발표된 글을 읽은 사람이 많지 않기 때문일
것이다), 그래서 나는 여기에서 다시 반복하여 설명하고 있다. 나의 글 "Response to
Bruce Marshall," The Thomist 53 (1989): pp. 403-406을 보라. 나는 같은 호에 게
재된 마샬의 논문 "Aquinas as Postliberal Theologian", pp. 353-402에 많은 빚을
지고 있다. 이 논문은 내가 이렇게 인정할 필요를 알게 했다. 우리가 우정을 나눈 20
년이 넘는 기간 동안, 그는 내게 가장 도움이 되는 관대한 해석자였다.

참작하면, 그들은 종교들이 공통 본질을 갖는다고 생각하지 않는다. 그럼에도 특수성에 대한 강조가 보편주의와 결합하면, 종교로부터 고립주의적으로 후퇴하거나 자신들이 가르치고 실천하는 것에 대해 신앙주의적으로 무관심한 것보다 더 나쁜 것으로 이어질 수 있다는 의심이 포스트모던계 내부뿐만 아니라 그 바깥에도 널리 퍼져 있다. 이 위험을 어떻게 식별하고 피할 수 있는가가 우리의 마지막 주제다.

## IV. 회피된 위험인가?

모든 보편주의, 특히 명백히 특수주의적인 보편주의에 끊임없이 붙는 위험의 이름 하나는 제국주의다. 몇몇 제국주의는 주로 인식론적이며 몇몇은 주로 정치적이다. 그리고 이 논의가 관심하는 것은 인식론적 다양성이지만, 이것들이 정치화될 위험도 염두에 둘 필요가 있다. 만약 자신의 종교나 이념이 모든 것을 포괄한다고 생각한다면, 타인의 안녕에 대한 관심은 다른 모든 관점을 흡수하거나 바로잡기 위해 단순히 설득적인 노력이 아니라 강압적인 노력이 필요한 것으로 보일 수 있다. 지난 세기에, 모든 인류의 안녕에 관한 관심으로 촉발된(이론상으로 그렇다) 레닌주의적 마르크스주의는 가장 주요한 예이자 가장 유혈이 낭자했던 예다. (나치즘의 종족주의적 반-보편주의는 이와 다른, 어떤 면에서는 훨씬 나쁜 악의 범주에 속한다). 금세기의 가장 명백한 보편주의적 제국주의의 예들은 여전히 정치적으로 남아있지만, 그것들은 이제 명백히 종교적이기도 하다. 그중 일부는 이슬람을 참칭하고, 적어도 그중 하나는 여러 미국인과 유럽인이 생각하기에 그리스도교를 참칭한다—즉, 이는 미합중국이 전 세계에 민주주의를 촉진할 특별한 국가적 사명을 받았다는 부시 대통령 버전의 그리스도교로, 적어도 윌슨 대통령까지 거슬러 올라간다. 그러나 정치에 얽히지 않은 종교들도(만약 그런 종교가 존재한다면) 인식론적 다양성이라는 제국주의에 영향을 받기 쉬우며, 비평가들은 『교리의 본성』도 예외가 아니라고 한다.

『교리의 본성』에서는 그리스도교인들이 "세계를 성경의 우주로 흡수하여야 한다"(cf. p. 284)라고 말했는데,[11] 이는 제국주의적으로 들린다. 그러나 왜 그런가를 묻기 전에, 이 은유가 성경을 참조한다는 점에서 시작하여 설명하는 것이 가장 좋을 것이다. 그리스도교인들만 모든 것을 포괄하는 자신들의 관점이 거룩한 문서에 구현되어 있다고 믿는 것은 아니다. 유대교인들과 이슬람교도들의 거룩한 글도 비슷하게 기능한다. 실제로 주요 종교 중에서 어느 정도 세계를 흡수하는 권위 있는 텍스트를 갖지 않은 경우는 없다. 『교리의 본

---

11    이 문구는 구두 발표에서 그리고 아마도 내가 쓴 논문에서 자주 사용했지만, 내 책에서는 명확히 이렇게 쓴 것을 찾지 못했다. 물론 이러한 발상은 분명히 나타나 있고, 예를 들어 위에 표시한 페이지(p. 284)의 다음 문장이 그렇다. "텍스트 내재적 신학은 성경을 성경 바깥의 범주로 번역하기보다, 현실을 성경의 틀 안에서 다시 기술한다. 말하자면, 세계가 텍스트를 흡수하는 것이 아니라, 텍스트가 세계를 흡수한다." 이후로 이 은유를 설명하면서, 브루스 마샬의 다음 글에 큰 도움을 받았다. Bruce D. Marshall, "Absorbing the World: Christianity and the World of Truths," in *Theology and Dialogue: Essays in Conversation with George Lindbeck*, ed. Bruce D. Marshall (Notre Dame, IN: University of Notre Dame Press, 1990), pp. 69-102.

성』에서 말했듯이, 이 권위적 텍스트들은 텍스트 바깥의 실재를 텍스트 내재적으로 동화시킨다. 혹은 덜 전문적으로 말하자면, 텍스트에 사용된 범주들이 텍스트 바깥에 있는 모든 것을 재기술하는 데 사용된다. 이 기본적인 발상은 적어도 그리스도교에서는 전통적인 생각이다. 토마스 아퀴나스에게 성경은 모든 것을 하나님께 연결하는 방식에 관한 궁극적 권위다. 칼뱅은 성경을, 쓰는 사람의 시야를 포괄적으로 교정하는 안경에 비교하길 좋아했다.

성경을 안경에 비교하면서 명확해진 것처럼, 세계를 흡수하는 것은 마주하는 모든 것을 무비판적으로 받아들이는 것이 아니라, 올바로 보는 것이다. 여기에는 공동체적 자기비판도 함축되어 있다. 예를 들어, 칼 바르트는 히틀러와 나치 세계관에 대한 충성 맹세를 거부했을 뿐만 아니라, 그리스도교인들이 그런 악과 타협하는 것도 그에 못지않게 격렬히 거부했다. 그가 그렇게 거부한 이유는 바로 공동체의 믿음과 실천의 망 바깥에 있는 것 못지않게 그 망 안에 있는 것도 그가 "낯설고 새로운 성경의 세계"라 부른 것에 흡수되어야 하기 때문이다. 최종 판결을 내리는 법정이 발견되어야 하는 곳이 바로 거기이며, 선과 악 그리고 참과 거짓을 구분하는 외부적 기준은 거기서 내부적 기준에 자리를 내주어야 한다. 이러한 사고방식을 따르면, 경전은 궁극의 해석 틀(즉, 모든 시대와 장소를 아우르는 전체에 대한 하나님의 시선)에 접근하는 너무 기본적이기는 하지만 특권적인 길을 제공해 준다. 전망과 세계관의 변화는 경전 의존적인 신자의 관점 안에서 일어난다. 이는 텍스트로 새겨졌기 때문에 기본적으로는 변화하지 않지만 말이다. 성경적 신앙의 사람들을 예로 들면, 그들은 바벨론 신화, 고대 철학, 현대 과학의 우주관만큼이나 다양한 낯선 우주 그림들을 재기술하기 위해 창조론적 틀(이는 처음에는 확실히 텍스트로 성문화되지 않았다)에 기대 왔다. 이러한 재기술이 항상 그렇듯이, 받아들일 수 있는 것과 받아들일 수 없는 것을 구분하는 일은 공동체 내부의 의견 충돌을 일으키는데, 이는 때때로 공동체의 실책에 대한 선지자적 비난의 수준까지 고조된다. 이와 같이 새롭게 마주한 실재들을 거부하는 일과 수용하는 일은 모두 신앙과 실천에 대한 자기비판적 재정비와 개혁을 요구한다. 우리가 앞서 논한 에큐메니컬 문제 및 종교 간 문제와 관련하여 이미 살펴보았듯이 말이다. 요약하면, 세계를 흡수하는 것은 외부의 도전에 대한 제국주의적 무관심으로 귀결될 필요가 없으며, 오히려 역사 안에서는 결코 완전히 성공할 수 없는 몸부림일 수도 있다. 자기 종교를 포함하여 모든 것을 텍스트로 매개된 전체에 대한 무비적인(자기 공동체에게 무비적인) 비전에 비추어 보려는 몸부림 말이다.

외부의 도전에 대한 답변의 자기비판적 측면은 제국주의라는 의심에 대응하는 데 중요하므로 정교함이 요구된다. 어떤 기성 종교가 낯선 실재들에 대해 알지 못하는 한, 그 종교에는 그 실재들이 제시한 도전에 대해 이미 만들어진 답변이 없다. 공동체는 전에 없던 도전을 거부, 수용, 재기술하기 위한 이유와 전략을 이전에 표현한 적 없었지만, 경전과 전통 안에서 자기비판적으로 찾아야 한다. 그러나 공동체의 자기비판은 충실한 신자들 사이에서조차 의견 충돌을 일으킨다. 대체로 반성되지 않은 채 믿음과 실천이 얽혀 있는 망에서, 어떤 가닥이 변화 가능한 신앙의 표층 문법에 속하며, 어떤 가닥이 공동체의 정체성과 안녕이 달린 변치 않는 심층 문법의 일부인지에 관하여 서로 갈리는 것이다. 이러한 불화를 치유하기 위해서는 다시 자기비판이 필요하다. 진정한 일치는 자신들의 종파주의(parochial-ism)를 회개하는 사람들 사이에서 발전할 것이다. 모든 신봉자가 관련되는 문제에서, 그들은 권위적인 문서들을 개인적인 방식보다는 공동체적인 방식으로, 순전히 지역적인 방식보다 에큐메니컬 방식으로 해석하고자 할 것이며, 고대로부터 현대에 이르기까지 공동체적으로 중요한 해석 전통들을 전방위적으로 고려하려고 노력할 것이다. (바르트 자신은 그리스도교에 관하여 이러한 작업을 시도했으며, 그의 실패는 소소한 것이긴 하지만 어쨌든 내가 보기에 그가 살았던 대부분의 시대와 상황이 에큐메니컬적이지 않았던 것에 대체로 기인하는 것 같다.)

그러니까 이것은 『교리의 본성』 전체에 걸쳐 "세계를 성경의 우주로 흡수하기"와 관련하여 산발적으로 언급한 것들의 종합이다. [이로써] 통상적인 반대 의견 중 많은 것이 답변될 수 있어 보인다. 특히 모든 것을 포괄하는 하나의 참된 관점에 텍스트를 통해 특권적 접근한다고 주장하면 필연적으로 공동체의 자기비판을 배제하게 된다는 의심에 대한 답변이 될 것 같다. 그럼에도 문제는 남아 있다.

특수주의적으로 보편적인 관점들(outlooks)이 관점적(perspectival)이란 단어가 지닌 일반적 의미로 해석될 수 있다면, 모든 의심의 근거는 사라질 것이다. 그러면 이 관점에서 저 관점으로 전환하면서 다양한 각도에서 공통의 세계를 보고, 비교하고, 관련짓고, 아마 결과들을 종합하는 것도 가능할 것이다. 그러나 관점이 다른 모든 것보다 중요한 것에 의해 정의된다면, 이것은 불가능하다. 그렇다면 그 관점은 신자의 존재에서 분리할 수 없는 부분이다. 이는 벗을 수 있는 안경과 비슷한 것이 아니라, 뇌의 시각 수용기관 및 눈에 비유해야 한다. 이것들을 제거하면 보지 못하게 되며, 다시 보기 위해서는 새로운 눈으로 교체해야 하고, 새로운 뇌에서 상당 부분을 가져다 교체해야 한다. 좀 덜 잔인하게 표현하면, 종교는 자신의 정체성을 바꾸지 않고서는 완전히 떠날 수 없는 거주지와 유사하다. 종교가 문화와 언어와 유사하지만 이것들보다 훨씬 더 그러하다. 이러한 것들은 말할 필요도 없이 경험적 관찰이라기보다는(비록 경험된 현실이 알려지지 않은 것은 아니지만), 종교의 자기-정의가 논리적으로 함의하는 것이다. 모든 것을 포괄하는 관점(그리스도인에게는 무엇보다도 예수 그리스도 안에서 알려진 하나님의 관점)이 유일하진 않더라도 절대 필수적인 어떤 특정한 책이라는 프리즘을 통해 매개된다는 조건이 이러한 함의에 더해지면, 특수성의 스캔들은 인식론적으로 참을 수 없는 것이 될 것 같다.

『교리의 본성』에서 제국주의는 제국주의라는 이름하에 논의된 문제가 아니었다. 그 대신 3장을 훨씬 지나 매우 다른 맥락에서 세계를 흡수한다는 것에 관한 세 가지 어려움이 제기되는데, 이것들이 해결되지 않는다면 3장이 옹호하는 종교 간 개방성을 파괴하는 제국주의로 이어진다. 이 세 가지 어려움이란 고립주의, 상대주의, 신앙주의이며, 이것들 모두 비교 불가능성에 기인한다. 첫째로, 텍스트 내재성은 "종교를 자기-폐쇄적이며 비교 불가능한 지적[또는 인식론적] 게토로 만든다는 주장이 제기될 수 있다." 둘째로, 같은 이유로 텍스트 내재성은 "완전히 상대주의적이다." 즉, 어떤 종교가 더 좋은지 더 나쁜지를 비교하거나 판단할 공통의 척도가 없고, 오직 텍스트 내재적인 특수한 척도만 있을 뿐이다. 셋째, 이와 같이 공통의 척도가 없기 때문에 신앙주의로 귀결된다. 즉, "종교 간 선택이 순전히 자의적이고 맹목적 신앙의 문제"다(p. 309).¹² 그러나 세계의 어떤 거대 종교도 이러한 입장들에 만족하지 않는다. 세계 종교는 자신들의 바로 그 보편주의 때문에, 각자 자기들이 외부자들에 대한 더 큰 포괄성이 있다고 주장하기 위한 잣대를, 합리성에 관한 공공의 기준을 모색할 수밖에 없다. 하지만 세계를 흡수한다는 어느 종교의 주장이 오직 그 종교만 접근할 수 있는 관점과 불가분하다면, 무엇이 이러한 기준일 수 있겠는가?

그러나 보편적으로 합의된 비교 기준이 없음에도 불구하고, 서로 대립하면서 각자 포괄성을 주장하는 사람들이 서로에 대해 합리적으로 평가할 수 있는 한 가지 방법이 있다. 몇몇은—아마도 결국에는 모두가—고유의 독특한 정체성을 잃지 않고, 즉 존재하기를 멈추지 않고, 타인을 동화시키는 능력에 있어 현저하게 차이가 난다.

---

12    나는 이 인용구를 분해하여 재배열함으로써 저자의 특권을 행사했다.

이것은 『교리의 본성』에서 평가를 위한 비교의 문제의 해결책으로 제시한 것이다. 즉 "종교의 합리성은 대체로 그 동화력, 즉 신자들이 직면하는 다양한 상황과 현실[이질적 종교의 주장들을 포함하여]을 그 고유의 관점에서 이해 가능한 해석을 제공하는 능력과 상관적인 요소다."(p. 311). 이 제안은 "기량으로서의 이해 가능성"(pp. 306-317)을 논하는 맥락에서 지나가는 말에 가깝게 했고, 논평가들은 대체로 이 말을 간과했으나,[13] 나는 이를 계속해서 진지하게 여긴다. 동화의 욕구 혹은 의욕은 종교 간 비교의 토대로 기능할 수 있는데, 그 까닭은 바로 이것이 제국주의적 오용에 영향을 받기 쉬운 외부의 잣대가 아니기 때문이다. 이것은 그 대신 내부적 "가치",[14] 즉 모든 것을 포괄하고자 하는 모든 문화-언어적 삶의 형태들의 소중한 원천이다. 이것이 내부적이기 때문에, 그 의미는 각각의 포괄적인 삶의 형태에서 차이가 나지만, 어떤 형태의 삶이 최고의 동화력을 가지고 있는가에 대해 무제한 논쟁이 가능할 만큼 공통성도 있다. 다른 한편으로, 세계를 흡수하는 것이 무엇인지에 대한 차이(그 자체가 다른 종교들의 독특한 정체성과 관련된다)가 지속되기 때문에, 어느 한 편의 토론자가 다른 편에 굴복하지 않고서는 이 논쟁이 명확하게 해결되지 않으리라는 점은 확실하다. (굴복 없는 화해는 무엇이 우주에서 다른 모든 것보다 중요한지에 대한 합의가 없으면 선택지가 될 수 없다. 에큐메니컬 영역에는 그런 합의가 존재하지만, 종교 간 영역은 그렇지 않다.)

---

13    Marshall, "Absorbing the World"는 주요한 예외다.

14    Marshall, "Absorbing the World," 79.

따라서 동화력의 측면에서 하는 비교는 수용 모델에 걸맞게 타종교의 독립성을 보존하면서도, 비평가들이 우려하는 고립주의나 신앙주의에서 해방한다. 종교 간 유사점과 차이점 제반에 관하여 의미 있게 소통(전투적 의견 다툼을 포함하여)할 수 있는 길이 열려 있다.

실례를 하나 보여 주는 것은 천 마디 말의 가치가 있으므로, 나는 내가 직접 경험한 예로 결론을 맺으려 한다. 『교리의 본성』 출간 직후, 불교도와 그리스도인이 섞여 있는 5명의 박사과정 학생들의 부탁으로, 그들 모임에서 사회학적·철학적 종교 이론 강독과 토론을 지도하게 되었다. 함께 읽는 텍스트에 관한 것으로 토론을 한정하려 했지만, 이 학생들은 곧 그들의 동화적 잠재력의 측면에서 서로의 신앙을 평가하기 시작했다. 그들도 모르는 사이에, 도널드 데이비슨이 익숙하지 않은 자연 언어를 해석하는 데 도입한 인식론적 호의의 원칙이 종교에까지 확장되어 그들의 토론을 지배하고 있었다. "만일 우리가 [그러한 상황에서] 엄청나게 잘못된 점을 화자와 문장 탓으로 돌리고 있다는 의식이 들면, 우리는 해석된 화자와 문장들이 아니라 우리의 해석을 주로 잘못된 것으로 추정해야 한다."[15] 이와 같이 불교와 그리스도교 학생들은 서로의 신앙에 관하여 각자 내부적 관점에서 최대한 호의적으로 재기술한 것이 상대방에게 이해될 수 있는지를 확인했다. 양쪽 모두 열반 및 그리스도교의 하나님 이해와 관련해서는 이 시험을 통과하지 못했다. 그들은 상대방의 이치

---

**15**  Marshall, "Absorbing the World," 75.

에 닿게끔 하나님을 열반으로 혹은 열반을 하나님으로 동화시킬 방법을 찾지 못했다. 하지만 그러고 나서 한 불교인 학생이 자기 종교의 동화력이 다른 측면에서는 확실히 우월하다고 주장했다. 특히 불교가 카르마(Karma; 業) 교리를 통해, 가장 중요한 것(즉, 열반)보다는 낮은 수준에서, 삼위일체 하나님의 지복직관을 비롯하여 사실상 그리스도교 전체를 위한 자리를 찾을 수 있다는 것이다. 반면에, 그리스도교 안에는 불교인들이 열반으로 인식할 만한 것을 위한 자리가 없다. 이 불교도의 예에 자극받아서, 그리스도교인들도 자기 종교의 우월성을 주장하면서 당시의 종교 규약을 위반했다. 그들은 불교가 그리스도교의 것을 가져가는 것보다 그리스도교가 불교의 것을 더 잘 가져갈 수 있다는 점을 제시했다. 그리스도인 학생들은 자신들이 핵심 실천 영역이라고 여기는 것에서 이 점이 특히 사실이라고 생각했다. 즉, 그리스도교는 불교의 명상 수행을 동화시켜 자신들의 풍요로움에 흡수할 수 있지만, 불교인들은 십자가 처형을 중심으로 한 그리스도교인의 경건 생활(실례로 십자가의 길[stations of the cross])을 동화시킬 수 없다. 나는 이 반론에 대해 불교 학생들이 어떻게 되받아쳤는지 기억하지 못하지만, 알래스데어 매킨타이어가 기술한 상반되는 탐구 전통의 상호작용과 유사한 형태를 보여 줄 만큼 충분히 이야기했다. 투박하게 이야기하자면, 자신의 강점을 잃지 않고 상대편의 강점을 더 잘 통합할 수 있는 종교가 이기는 것이다. 종말 전에는 결정적 승리가 이러한 경쟁을 결론짓는 일이 있다 하더라도 거의 없을 것이며, 이 경쟁의 궁극적 종료는 "역사의 종말에 이르기까지" 또는 "종교의 경우 최후의 신자 공동체가 사라질 때까지" 일어나지 않을 것이다(p. 312).

종교 간 대화와 관련하여 이런 활동을 더 기술할 필요는 없다. 참여자들이 열정적이었다는 점을 말해 두는 것으로 충분하다. 이들은 두 신앙 중 어느 것에 최고의 동화력이 있는지에 대하여 호의적인 기술과 논쟁적인 의견 다툼의 조합을 통해, 이런 조합이 없이 배울 수 있는 것보다, 상대의 종교는 물론 자신의 종교에 대해서도 지적으로는 물론 실존적으로도 더 많이 배웠다고 생각한다.[16] 그들은 적어도 한 사람의 관찰자에게 ─즉, 나에게는─ 전도유망한 발전을 보여 주었다. 그러나 이것을 추구하는 어려움은 적어도 이 전도유망함만큼이나 크다. 우리 사회의 세속주의가 그 종파주의를 인식하지 못하고 있다는 점과, 궁극적 물음에 관한 논쟁을 제국주의적일 만큼 억압하는 일에 종교 공동체의 좋은 관계가 달려 있다고 보는 우리 사회의 추정을 고려할 때, 이러한 접근이 널리 퍼질 방안을 찾기 어렵다. 그러나 부지불식의 위험과 억압의 위험은 여러 종교가 공동으로 서로를 비교하고 비판적으로 평가하는 일이 초래할 사소하지는 않은 위험보다 크다. 이러한 상호작용은 치유뿐만 아니라 상처를 줄 수도 있지만, 내 생각에는 모든 것을 감안할 때 비교와 비판을 종교 간 관계에 필수적인 부분으로 삼는 것은 탁월하게 가치 있는 일이다.

---

**16**  진정으로 솔직하고 열린 종교 간 관계에서 논쟁의 중요성은 다음 책에 강조되어 있다. Paul J. Griffiths, *An Apology for Apologetics* (Maryknoll, NY: Orbis Books, 1991).

최후 변론을 하자면, 3장은 책 전체의 맥락에서 읽는다면 크게 개정할 필요가 없어 보인다. 내가 주로 후회하는 점은, 3장이 종교 간 관계를 다룬 것은 이 문제 자체를 위해서가 아니라, 그리스도교의 에큐메니컬적 이유로 발전된 교리와 종교 이론이 비에큐메니컬적으로도 타당한지를 시험하려는 제한된 목적을 위해서였음을 독자들에게 충분히 상기시키지 못한 것이다. 만일 3장을 일반적인 종교신학 개요로 쓰고자 했다면, 나는 매우 다른 형태로 썼을 것이다. 예를 들어, 한편으로는 에큐메니즘과 종교 간 관계의 상호작용에 대한 부분을 넣었을 것이고, 다른 한편으로는 에큐메니즘과 선교적 복음전도의 상호작용에 대한 부분을 넣었을 것이다(이 둘 모두 나의 주요 관심사다). 그러나 이러한 주제를 다루려면 매우 다른 또 하나의 책이 필요하며, 나는 확실히 그런 책을 쓸 생각이 없다.

# 참고문헌

## 조지 린드벡의 저서들

여기에 있는 린드벡의 글과 그의 글에 관한 이차 문헌의 목록은 다음 책에 있는 참고문헌 목록을 참조하였다. *Andreas Eckerstorfer, Kirche in der postmodernen Welt: Der Beitrag George Lindbecks zu ein neuen Verhältnisbestimmung* (Innsbruck and Vienna: Yryolia-Verlag, 2001). 이 목록은 개빈 스테판(Gavin Stephens), 브루스 마샬, 그리고 조지 린드벡이 개정하고 갱신했으며, 마샬의 대학원 조교인 케네스 로이어(Kenneth M. Loyer)가 개정에 필요한 조사를 대부분 맡아 주었다. 『교리의 본성』 25주년 기념판에 참여한 모든 분들에게 감사의 마음을 전한다.

1945    "N.A.M. Organizes Church and Industry Conferences." *Social Action* 11/6, 4-20.

1947    "Catholicisme Américain." *Le Semeur* (Federation Française des Associations Chrétiennes d'Etudiants), 46, 274-81.

1948    "A Note on Aristotle's Discussion of God and the World." *Review of Metaphysics* 2, 99-106.

1951    "Should the U.S. Send Ambassador to Vatican?" *Foreign Policy Bulletin* 31/7, 4, 6.

1953    Review of Charles A. Fritz, *Bertrand Russell's Construction of the External World. Journal of Religion* 33, 227.

1957a    "Participation and Existence in the Interpretation of St. Thomas Aquinas." *Franciscan Studies* 17, 1-22, 107-25.

1957b    "Philosophy and 'Existenz' in Early Christianity." *Review of Metaphysics* 10, 428-40.

1958a    Translation of Martin Luther's *Contra Latomus*. In *Luther's Works* (American Edition), vol. 32. Philadelphia: Muhlenberg, 133-266.

1958b    "Roman Catholic Reactions to the Third Assembly of the LWF." *Lutheran World* 5 (1958/1959), 70-73; German: "Römisch-katholische Stimmen zur Dritten Vollversammlung des Lutherischen Weltbundes." *Lutherische Rund schau* 8 (1958), 78-81.

1958c    "Thomism." In Marvin Halverson and Arthur A. Cohen (eds.), *Handbook of Christian Theology: Definition Essays on Concepts and Movements of Thought in Contemporary Protestantism*. New York: Meridian, 361-63.

1959a    "Interconfessional Studies." Review essay on J. Rilliet and L. Christiani, *Den noch Brüder*; J. Rilliet and L. Christiani, *Die Steine des Anstosses*; J. P. Michael, *Christen Suchen eine Kirche*; K. E. Skydsgaard, *One in Christ*; H. Asmussen and W. Stählin (eds.), *Die Katholizität der Kirche*; and J. Klein, *Skandalon. Lutheran World* 6, 315-20; German: "Zur Kontroverstheologie." *Lutherische Rundschau* 9 (1959), 376-82.

1959b    "A New Phase in the Protestant-Roman Catholic Encounter?" (review of Hans Küng, *Rechtfertigung: Die Lehre Karl Barths und eine katholische Besinnung). Ecumenical Review* 11 (1958/1959), 334-40.

1959c    "Nominalism and the Problem of Meaning as Illustrated by Pierre d'Ailly on Predestination and Justification." *Harvard Theological Review* 52, 43-60.

1959d    "Revelation, Natural Law, and the Thought of Reinhold Niebuhr." *Natural Law Forum* 4, 146-51.

1960a    Contribution to "Symposium on a Roman Catholic President." *American Lutheran* 43, 190-92.

1960b    Review of Jaroslav Pelikan, *The Riddle of Roman Catholicism*. *Lutheran World* 7 (1960/1961), 103-4; German: *Lutherische Rundschau* 10, 116-18.

1960c    "The Evangelical Possibilities of Roman Catholic Theology." *Lutheran World* 7 (1960/1961), 142-52; German: "Die evangelischen Möglichkeiten römisch-katholischer Theologie." *Lutherische Rundschau* 10 (1960), 197-209.

1960d    "Thomism—Barrier or Bridge?" *Our Sunday Visitor* (Nov. 20), 2A-3A.

1961a    "The Confessions as Ideology and Witness in the History of Lutheranism." *Lutheran World* 7 (1960/1961), 388-401; German: "Bekenntnisse als Ideologie und Zeugnis in der Geschichte des Luthertums." *Lutherische Rundschau* 10 (1960), 456-67.

1961b    "Conversation of the Faithful." *Saturday Review* 44 (March 4), 24-25.

1961c    "John Courtney Murray, S.J.: An Evaluation." *Christianity and Crisis* 21, 213-16.

1961d    "Reform and Infallibility." *Cross Currents* 11, 345-56.

1961e    "Roman Catholicism on the Eve of the Council." In Kristen E. Skydsgaard (ed.), *The Papal Council and the Gospel: Protestant Theologians Evaluate the Coming Vatican Council*. Minneapolis: Augsburg, 61-92; German: in Kristen Skydsgaard (ed.), *Konzil und Evangelium*. Göttingen: Vandenhoeck & Ruprecht, 1961, 63-94; also as "El catolicismo Romano on Visperas del Concilio." *Cuadernos Teologicos* 11 (1962), 101-29.

1962a    "Natural Law in the Thought of Paul Tillich." *Natural Law Forum* 7, 84-96.

1962b    "Reform and the Council." *Lutheran World* 9, 304-17; German: "Reform und Konzil." *Lutherische Rundschau* 12 (1962), 389-405.

1962c    "The Second Vatican Council." *Christianity and Crisis* 22, 164-68; also in *Concordia Theological Monthly* 34 (1963), 19-24.

1963a    "The Future of Roman Catholic Theology in the Light of the First Session of the Second Vatican Council." *Dialog* 2, 245-53; abridged version: "The Thrust of 'Progressive' Catholicism." *Commonweal* 79 (1963), 105-7.

1963b    "A Letter from Rome." *Yale Divinity News*, 3-6.

1963c "Liturgical Reform in the Second Vatican Council." *Lutheran World* 10, 161-71; German: "Liturgische Reform auf dem Zweiten Vatikanischen Konzil." *Lutherische Rundschau* 13 (1963), 191-204; abridged version as "Die theologischen Grundsätze der Liturgiereform," in Johann Christoph Hampe (ed.), *Ende der Gegenreformation? Das Konzil.* Berlin and Stuttgart: Kreuz Verlag, 1964, 90-101.

1963d "So Far, Surprisingly Good." *National Lutheran* 31/3 (March), 12-14, 19.

1964a "Ecclesiology and Roman Catholic Renewal." *Religion in Life* 33, 383-94.

1964b "Ecumenism and Liturgical Renewal." *Una Sancta* (New York) 21/3-4, 7-11.

1964c "On Councils: Impressions from Helsinki, Rome, and Montreal." *Lutheran World* 11, 37-48; German: "'De conciliis': Eindrücke aus Helsinki, Rom und Montreal." *Lutherische Rundschau* 14 (1964), 45-60; abridged version in *Catholic World* 193 (1964), 272-81, as well as "Montreal, Helsinki, Rom: Ein Vergleich," in Johann Christoph Hampe (ed.), *Ende der Gegenreformation? Das Konzil.* Berlin and Stuttgart: Kreuz Verlag, 1964, 359-65.

1964d "Pierre Abelard." *The American Peoples Encyclopedia.* New York: Grolier.

1964e "A Protestant View of the Ecclesiological Status of the Roman Catholic Church." *Journal of Ecumenical Studies* 1, 243-70; also as "The Marks of the Church and Roman Catholicism: A Lutheran Views the Roman Catholic Church." *Una Sancta* (New York) 22/2 (1965), 2-27; German: "Eine protestantische Ansicht über den ekklesiologischen Status der römisch-katholischen Kirche." *Una Sancta* (Meitingen) 19 (1964), 101-24.

1964f "Reform, But Slow and Cautious." *Concordia Theological Monthly* 35, 284-86.

1964g "Theologische Begründung der Stiftung für ökumenische Forschung" und "Dialog mit Rom." In Erwin Wilkens (ed.), *Helsinki 1963: Beiträge zum theologischen Gespräch des Lutherischen Weltbundes.* Berlin: Lutherisches Verlagshaus, 233-39 and 240-53.

1965a "The A Priori in St. Thomas' Theory of Knowledge." In Robert E. Cushman and Egil Grislis (eds.), *The Heritage of Christian Thought: Essays in Honor of Robert Lowry Calhoun.* New York: Harper & Row, 41-63.

1965b (ed.), *Dialogue on the Way: Protestants Report from Rome on the Vatican Council.* Minneapolis: Augsburg; German: *Dialog Unterwegs: Eine evangelische Bestands aufnahme zum Konzil.* Göttingen: Vandenhoeck & Ruprecht, 1965; French: *Le dialogue est ouvert.* Neuchatel: Delachaux & Niestle, 1965; Spanish: *El Dia logo esta abierto.* Barcelona: Ediciones de Cultura Popula, 1967. Contributions by Lindbeck in the English original: "Preface" (V-IX); "Pope John's Council: First Session" (18-46); (with Warren A. Quanbeck) "Paul VI Becomes Pope: Second Session" (47-71); "Church and World: Schema 13" (231-52).

1965c  "The Jews, Renewal, and Ecumenism." *Journal of Ecumenical Studies* 2, 471-73.

1965d  "Medieval Theology." *The Encyclopedia of the Lutheran Church*, vol. 2. Minneapolis: Augsburg, 1510-16.

1965e  "The Status of the Nicene Creed as Dogma of the Church: Some Questions from Lutherans to Roman Catholics." In Paul C. Empie and T. Austin Murphy (eds.), *The Status of the Nicene Creed as Dogma of the Church* (Lutherans and Catholics in Dialogue 1). Minneapolis: Augsburg, 11-15.

1965f  "The Thought of Karl Rahner, S.J." *Christianity and Crisis* 25, 211-15.

1965g  Review of Joseph Lécuyer, Études sur la collégialité épiscopale. *Journal of Ecumenical Studies* 2, 320-21.

1966a  "The Church in the Modern World." *Saturday Review* 49 (July 30), 35-36.

1966b  "The Constitution on the Church: A Protestant Point of View." In John H. Miller (ed.), *Vatican II: An Interfaith Appraisal.* Notre Dame, IN: University of Notre Dame Press, 219-30; German: "Die Kirchenlehre des Konzils im Übergang." In Johann Christoph Hampe (ed.), *Die Autorität der Freiheit*, vol. 1. Munich: Kosel, 1967, 359-72.

1966c  "The Declaration on Religious Liberty." In Warren A. Quanbeck (ed.), *Challenge and Response: A Protestant Perspective of the Vatican Council.* Minneapolis: Augsburg, 145-60; German: "Die Erklärung über die Religionsfreiheit." In Friedrich W. Katzenbach and Vilmos Vajta (eds.), *Wir sind gefragt.* Göttingen: Vandenhoeck & Ruprecht, 145-60.

1966d  "A Definitive Look at Vatican II." *Christianity and Crisis* 25, 291-95.

1966e  "The Framework of Catholic-Protestant Disagreement." In T. Patrick Burke (ed.), *The Word in History: The St. Xavier Symposium.* New York: Sheed & Ward, 102-19.

1966f  "Jewish-Christian Dialogue." *Journal of Ecumenical Studies* 3, 146-47.

1966g    "Karl Rahner and a Protestant View of the Sacramentality of the Minis-
         try." *Proceedings of the Catholic Theological Society of America* 21, 262-
         88; also as "The Sacramentality of the Ministry: Karl Rahner and a Prot-
         estant View." In Friedrich W. Katzenbach and Vilmos Vajta (eds.),
         *Oecumenica 1967: Jahrbuch für ökumenische Forschung.* Strasbourg,
         France: Centre d'Etudes Oecumeniques, 1967, 282-301.

1966h    "Reply to J. M. Oesterreicher." *Christianity and Crisis* 26, 133-34.

1966i    "There Is No Protestant Church." Review of Otto Alfred Piper, *Protes-
         tantism in an Ecumenical Age. Una Sancta* (New York) 23/1, 91-100.

1966j    "Reunion for Mission." *Una Sancta* (New York) 23/3, 21-23.

1966k    Review of Gerrit Cornelis Berkouwer, *The Second Vatican Council and
         the New Catholicism. Church History* 35, 251-52.

1966l    Review of George H. Tavard, *The Church Tomorrow. Lutheran World*
         13, 121.

1966m    Review of Robert E. McNally, S.J., *The Unreformed Church. Lutheran
         World* 13, 462.

1967a    "Discovering Thomas (1): The Classical Statement of Christian Theism."
         *Una Sancta* (New York) 24/1, 45-52.

1967b    "Discovering Thomas (2): Tentative Language about the Trinity." *Una
         Sancta* (New York) 24/3, 44-48.

1967c    "Discovering Thomas (3): The Origin of Man." *Una Sancta* (New York)
         24/4, 67-75.

1967d    "Ecumenism, Cosmic Redemption, and the Council." In Leonard Swidler
         (ed.), *Ecumenism, the Spirit, and Worship.* Pittsburgh: Dusquesne Uni-
         versity Press, 62-76.

1967e    Interview with George Lindbeck. In Patrick Granfield (ed.), *Theologians
         at Work.* New York: Macmillian, 151-64.

1967f    "The New Vision of the World and the Ecumenical Revolution." *Reli-
         gious Education* 62, 83-90; abridged version: "Secular Ecumenism in
         Action." *Cath olic World* 205, 7-13.

1967g    "Ottaviani's Counterpart." Review of Paul Blanshard, *Paul Blanshard on
         Vati can II. Christian Century* 84, 15-16.

1967h    "The Problem of Doctrinal Development and Contemporary Protestant
         Theology." In Edward Schillebeeckx and Boniface Willems (eds.), *Man
         as Man and Believer* (Concilium 21). New York: Paulist Press, 133-49.

1967i    "The Reformation in an Ecumenical Age." *Princeton Seminary Bulletin* 61/1, 21‑28.

1967j    Review of Rudolph J. Ehrlich, *Rome—Opponent or Partner? Lutheran World* 14, 130.

1967k    Review of Karl Rahner, *Christian in the Market Place. Religion in Life* 36, 465‑66.

1967l    Review of Donald L. Gelpi, SJ, *Life and Light: A Guide to the Theology of Karl Rahner. Lutheran World* 14, 228.

1968a    "Discovering Thomas (4): Hope and the Sola Fide." *Una Sancta* (New York) 25/1, 66‑73.

1968b    "Ecumenism and the Future of Belief." *Una Sancta* (New York) 25/3, 3‑17.

1968c    "Foreword." In Jared Wicks, SJ, *Man Yearning for Grace: Luther's Early Spiritual Teaching.* Washington, DC: Corpus Books, v‑x.

1968d    "Against the Spirit of the Times" (review of Jacques Maritain, *Le Paysan de la Garonne: Un vieux laic s'interroge à propos du temps présent*). *Ecumenical Review* 20, 94‑96.

1968e    Review of Jean‑Marie Domenach and Robert de Montvalon, *The Catholic AvantGarde: French Catholicism since World War II. Theology Today* 24, 530‑31.

1969a    "Foreword." In William C. Shepherd, *Man's Condition: God and the World Process.* New York: Herder & Herder, 11‑14.

1969b    "The Lutheran Doctrine of the Ministry: Catholic and Reformed." *Theological Studies* 30, 588‑612; also as "Doctrinal Standards, Theological Theories, and Practical Aspects of the Ministry in the Lutheran Churches." In Harding Meyer (ed.), *Evangelium WeltKirche: Schlussbericht und Referate der römisch katholischen / evangelischlutherischen Studienkommission "Das Evangelium und die Kirche," 1967-1971.* Frankfurt: Lembeck, 1975, 263‑306.

1969c    "The Present Ecumenical and Church Situation in West Malaysia and Singapore." *South East Asia Journal of Theology* 11, 72‑80.

1969d    Review of Richard Stauffer, *Luther as Seen by Catholics. Lutheran World* 16, 89.

1969e    Review of Kilian McDonnell, *John Calvin, the Church, and the Eucharist. Lutheran World* 16, 186‑88.

1970a    "Ecumenism and World Mission: Foundations, Principles, and Policies."

*Lutheran World* 17, 69-77.

1970b   "The Future of the Dialogue: Pluralism or an Eventual Synthesis of Doctrine?" In Joseph Papin (ed.), *Christian Action and Openness to the World*. Villanova, PA: Villanova University Press, 37-51.

1970c   *The Future of Roman Catholic Theology: Vatican II—Catalyst for Change*. Philadelphia: Fortress Press / London: SPCK; also as *Le Catholicisme atil un ave nir? Un point de vue protestant*. Translated by J. Bruls. Paris: Casterman (coll. 'L'Actualité religieuse' 34), 1970.

1971a   "The Infallibility Debate." In John J. Kirvan (ed.), *The Infallibility Debate*. New York: Paulist Press, 107-52.

1971b   "The Sectarian Future of the Church." In Joseph P. Whelan, SJ (ed.), *The God Experience: Essays in Hope*. New York: Newman, 226-42.

1972a   *Infallibility* (The 1972 Pere Marquette Theology Lecture). Milwaukee, WI: Marquette University Press.

1972b   "Protestant Problems with Lonergan on Development of Dogma." In Philip McShane, SJ (ed.), *Foundations of Theology: Papers from the International Lonergan Congress 1970*. Notre Dame, IN: University of Notre Dame Press, 115-23.

1973a   "Erikson's *Young Man Luther*: A Historical and Theological Reappraisal." *Soundings* 56, 210-27; also in Donald Capps, Walter H. Capps, and M. Gerald Bradford (eds.), *Encounter with Erikson: Historical Interpretation and Religious Biography*. Missoula, MT: Scholars Press, 1977, 7-27.

1973b   "Unbelievers and the 'Sola Christi.'" *Dialog* 12, 182-89.

1974a   "Creed and Confession." In *Encyclopedia Britannica*, vol. 5, 15th ed., 243-46.

1974b   "*Fides ex auditu* and the Salvation of Non-Christians: Contemporary Catholic and Protestant Positions." In Vilmos Vajta (ed.), *The Gospel and the Ambiguity of the Church*. Philadelphia: Fortress Press 92-123; German: "'*Fides ex auditu*' und die Erlösung der Nicht-Christen: Wie denken der Katholizismus und der Protestantismus darüber?" In Vilmos Vajta (ed.), *Das Evangelium und die Zweideutigkeit der Kirche*. Göttingen: Vandenhoeck & Ruprecht (Evangelium und Geschichte 3), 1973, 122-57.

1974c   "Papacy and *ius divinum*: A Lutheran View." In Paul C. Empie and T. Austin Murphy (eds.), *Papal Primacy and the Universal Church* (Lutherans and Catholics in Dialogue 5). Minneapolis: Augsburg, 193-208.

1975a  "The Crisis in American Catholicism." In John Deschner, Leroy T. Howe, and Klaus Penzel (eds.), *Our Common History as Christians: Essays in Honor of Albert C. Outler.* New York: Oxford University Press, 47-66.

1975b  "Papal Infallibility: A Protestant Response." Response to Philip S. Kaufman, "Papal Infallibility: The Remaining Agenda." *Commonweal* 102, 145-46.

1975c  "Theological Revolutions and the Present Crisis." *Theology Digest* 23, 307-19 (The Twentieth Annual Robert Cardinal Bellarmine Lecture, St. Louis University).

1976a  "A Battle for Theology: Hartford in Historical Perspective." In Peter L. Berger and Richard J. Neuhaus (eds.), *Against the World, for the World: The Hartford Appeal and the Future of American Religion.* New York: Seabury Press, 20-43.

1976b  "The Catholic Crisis." *Commonweal* 103, 107-10 (contains 1975a, but with additions and revisions).

1976c  "A Lutheran View of Intercommunion with Roman Catholics." *Journal of Ecumenical Studies* 13, 242-48; also in Leonard Swidler (ed.), *The Eucharist in Ecumenical Dialogue.* New York: Paulist Press, 52-58.

1976d  "Lutherans and the Papacy." *Journal of Ecumenical Studies* 13, 368-78.

1976e  "Two Types of Ecumenism." In Joseph Armenti (ed.), *Wisdom and Knowledge: Essays in Honour of Joseph Papin,* vol. 2. Villanova, PA: Villanova University Press, 371-75.

1976f  *University Divinity Schools: A Report on Ecclesiastically Independent Theological Education.* New York: Rockefeller Foundation (with the cooperation of Karl Deutsch and Nathan Glazer).

1976g  "Der Zusammenhang von Kirchenkritik und Rechtfertigungslehre." *Concilium* 12, 481-86.

1977a  "Critical Reflections." In Walter J. Burghardt (ed.), *Religious Freedom: 1965 and 1975—A Symposium on a Historic Document.* New York: Paulist Press, 52-54.

1977b  "Problems on the Road to Unity: Infallibility." In Gerard Békés and Vilmos Vajta (eds.), *Unitatis Redintegratio: 1964-1974—Eine Bilanz der Auswirk ungen des* Ökumenismusdekrets (Studia Anselmiana 71). Frankfurt: Lembeck/Knecht, 98-109.

1977c  "Theological Education in North America Today." *Bulletin of the Coun-*

*cil on the Study of Religion* 8, 85, 87-89.

1977d    Review of Marc Lienhard, *Lutherischreformierte Kirchengemeinschaft heute. Journal of Ecumenical Studies* 14 (1977), 128-29.

1978a    "Reception and Method: Reflections on the Ecumenical Role of the LWF." In Peder Nørgaard-Højen (ed.), *Ecumenical Methodology.* Geneva: Lutheran World Federation, 33-48.

1978b    "Theologische Methode und Wissenschaftstheorie." *Theologische Revue* 74, 266-80.

1979a    Review of John Hick (ed.), *The Myth of God Incarnate. Journal of Religion* 59, 248-50.

1979b    Review of Gordon D. Kaufman, *An Essay on Theological Method. Religious Studies Review* 5, 262-64.

1979c    "Christians between Arabs and Jews: A Report from Jerusalem on a Theological Debate." *Worldview* 22/9, 25-26, 35-39; also in *Christian Jewish Relations* 70 (1980), 5-19.

1979d    (with Avery Dulles, SJ) "Foreword." In Glenn C. Stone and Charles Lafontaine (eds.), *Exploring the Faith We Share.* New York: Paulist Press, ix-xiv.

1980a    (with Vilmos Vajta) "The Augsburg Confession in Light of Contemporary Catholic-Lutheran Dialogue." In Joseph A. Burgess (ed.), *The Role of the Augsburg Confession: Catholic and Lutheran Views.* Philadelphia: Fortress Press, 81-94.

1980b    "The Bible as Realistic Narrative." In Leonard Swidler (ed.), *Consensus in Theology? A Dialogue with Hans Küng and Edward Schillebeeckx.* Philadelphia: Westminster Press, 81-85; also in *Journal of Ecumenical Studies* 17 (1980), 81-85.

1980c    "The Crucial Role of the American Church." *Lutheran Forum* 41/1, 8-10.

1980d    "Lutheran Churches." In David S. Schuller, Merton P. Strommen, and Milo L. Brekke (eds.), *Ministry in America.* San Francisco: Harper & Row, 414-44.

1980e    "The Reformation and the Infallibility Debate." In Paul C. Empie, T. Austin Murphy, and Joseph A. Burgess (eds.), *Teaching Authority and Infallibility in the Church* (Lutherans and Catholics in Dialogue 6). Minneapolis: Augsburg, 101-19, 312-16.

1980f    "Report on the Roman Catholic-Lutheran Dialogue." In *LWF Documentation Nr. 4*. Geneva: Lutheran World Federation, 18-23; German: Bericht über den römisch-katholisch / evangelisch-lutherischen Dialog." *LWBDokumentation* 4, 19-24.

1980g    "Ritę Vocatus: Der Theologische Hintergrund zu CA 14." In Erwin Iserloh (ed.), *Confessio Augustana und Confutatio: Der Augsburger Reichstatg 1530 und die Einheit der Kirche*. Münster: Aschendorff, 454-66.

1981a    "Ebeling: Climax of a Great Tradition" (Review of Gerhard Ebeling, *Dogmatik des christlichen Glaubens*, vol. 1). *Journal of Religion* 61, 309-14.

1981b    "Hesychastic Prayer and the Christianizing of Platonism: Some Protestant Reflections." In Pierre Benoit (ed.), *Prayer in Late Antiquity and in Early Christianity: Yearbook 1978-1979 of the Ecumenical Institute for Advanced Theological Studies*. Tantur and Jerusalem: Ecumenical Institute for Advanced Theological Studies, 71-88.

1981c    "The Limits of Diversity in the Understanding of Justification." *Lutheran Theological Seminary Bulletin* (Gettysburg, PA) 61/1, 3-16.

1982a    (with Avery Dulles, SJ) "Bishops and the Ministry of the Gospel." In George W. Forell and James F. McCue (eds.), *Confessing One Faith: A Joint Com mentary on the Augsburg Confession by Lutheran and Catholic Theologians*. Minneapolis: Augsburg, 147-72; German: "Die Bischöfe und der Dienst des Evangeliums. Ein Kommentar zu CA 5, 14 und 28." In Harding Meyer and Heinz Schutte (eds.), *Confessio Augustana: Bekenntnis des einen Glaubens*. Paderborn: Bonifatius / Frankfurt: Lembeck, 1980, 139-67.

1982b    "The Divided Church." In *Call to Global Mission* (Background Papers, Convention of the Lutheran Church in America, Sept. 3-10, 1982). New York: LCA Division for World Mission and Ecumenism, 313-24.

1983a    "An Assessment Reassessed: Paul Tillich on the Reformation." *Journal of Reli gion* 63, 376-93.

1983b    (with Lars Thunberg and Hans Martensen) "Historiskt uttalande om Luther." *Svensk Teologisk Kvartalskrift* 59, 139-43. (with Hans L. Martensen) "Martin Lutero, testimone di Ges Cristo: dichiarazione, comm luterana cattolicaromana, 500uo anniv, 1983." *Studi Ecumenici* 1, 297-305.

1983c  "Luther on Law in Ecumenical Context." *Dialog* 22, 270-74.

1983d  "Reflections on the New York Forum: From Academy to Church." *Theological Education* 19, 65-70.

1984a  "Letter from Budapest: Bitter Taste." *Forum Letter* (New York), 13/9 (Sept. 28), 1-4.

1984b  *The Nature of Doctrine: Religion and Theology in a Postliberal Age.* Philadelphia: Westminster Press; 독일어: *Christliche Lehre als Grammatik des Glaubens: Religion und Theologie im postliberalen Zeitalter.* Translated by Markus Muller. Introduction by Hans G. Ulrich und Reinhard Hütter. Gütersloh: Chr. Kaiser/Gütersloher Verlagshaus (Theologische Bücherei 90), 1994; 중국어: *Jiao yi de ben zhi: hou zi you zhu yi shi dai zhong de zong jiao ji shen xue.* Translated by Zhicheng Wang. Xianggang: Han yu Jidu jiao wen hua yan jiu suo, 1997; 프랑스어: *La nature des doctrines: Religion et théologie à l'âge du postlibéralisme.* Translated by Hébert Mireille. Introduction by Marc Boss. Paris: Van Dieren, 2003; 일본어: *Kyori no honshitsu: posutoriberaru jidai no shukyo to shingaku.* Translated by Keiji Hoshikawa. Tokyo: Yorudansha, 2003; 이탈리아어: *La natura della dottrina: Religione e teologia in un'epoca postliberale.* Translated by W. Sahfeld. Turin: Claudiana, 2004. (스페인어: *La naturaleza de la doctrina: Religión y teología en una época postliberal.* Translated by Roberto Casas and Deirdre Behal. Barcelona: Editorial CLIE, 2018).

1984c  "Vatican II and Protestant Self-Understanding." In Gerald M. Fagin, SJ (ed.), *Vatican II: Open Questions and New Horizons.* Wilmington, DE: Michael Glazier, 58-74.

1985a  "Justification by Faith: An Analysis of the 1983 Report." *LCA Partners* 6, 7-12, 30.

1985b  "Modernity and Luther's Understanding of the Freedom of the Christian." In Manfred Hoffman (ed.), *Martin Luther and the Modern Mind: Freedom, Conscience, Toleration, Rights* (Toronto Studies in Theology 22). Toronto and New York: Edwin Mellen Press, 1-22.

1985c  "A Question of Compatibility: A Lutheran Reflects on Trent." In H. George Anderson, T. Austin Murphy, and Joseph A. Burgess (eds.), *Justification by Faith* (Lutherans and Catholics in Dialogue 7). Minneapolis: Augsburg, 230-40.

1985d    "The Ratzinger File: But If One Despairs . . ." *Commonweal* 112, 635-
         36.

1986     "Barth and Textuality." *Theology Today* 43, 361-76.

1987     "The Story-Shaped Church: Critical Exegesis and Theological Interpre-
         tation." In Garrett Green (ed.), *Scriptural Authority and Narrative In-
         terpretation* (Festschrift for Hans Frei). Philadelphia: Fortress Press,
         161-78.

1988a    "The Church." In Geoffrey Wainwright (ed.), *Keeping the Faith: Essays
         to Mark the Centenary of Lux Mundi*. Philadelphia: Fortress Press, 179-
         208.

1988b    "Non-Theological Factors and Structures of Unity." In Gunther
         Gassmann and Peder Nørgaard-Højen (ed.), *Einheit der Kirche: Neue
         Entwicklungen und Perspektiven* (Festschrift for Harding Meyer). Frank-
         furt: Lembeck, 133-45.

1988c    "The Reformation Heritage and Christian Unity." *Lutheran Quarterly* 2,
         477-502.

1988d    "The Search for Habitable Texts." *Daedalus* 117, 153-56.

1988e    "Spiritual Formation and Theological Education." *Theological Education*
         24 (Supplement 1), 10-32.

1989a    Review of Jeffrey Stout, *Ethics after Babel: The Languages of Morals
         and Their Discontents*. *Theology Today* 46, 59-61.

1989b    "The Church's Mission to a Postmodern Culture." In Frederic B. Burn-
         ham, *Postmodern Theology: Christian Faith in a Pluralist World*. New
         York: HarperCollins, 37-55.

1989c    "Ecumenical Theology." In David F. Ford (ed.), *The Modern Theolo-
         gians: An Introduction to Christian Theology in the Twentieth Century*,
         vol. 2, Oxford, UK: Blackwell, 255-73.

1989d    "Education for Lutheran Ministry in Non-Denominational Settings." *Di-
         alog* 28, 114-16.

1989e    "Episcopacy and the Unification of the Churches: Two Approaches." In
         H. George Anderson and James R. Crumley, Jr. (eds.), *Promoting Unity:
         Themes in LutheranCatholic Dialogue* (Festschrift for Johannes Cardinal
         Willebrands). Minneapolis: Augsburg, 51-65.

1989f    "Scripture, Consensus, and Community." In Richard J. Neuhaus (ed.),
         *Biblical Interpretation in Crisis: The Ratzinger Conference on Bible and*

*Church.* Grand Rapids: Eerdmans, 74-101 (pp. 102-90 in this volume include Lindbeck's contributions to a panel discussion); also in *This World: A Journal of Religion and Public Life* 23/4 (Fall 1988), 5-24; German: "Heilige Schrift, Konsens und Gemeinschaft." In Joseph Ratzinger (ed.), *Schriftauslegung im Widerstreit* (Questiones Disputatae 117). Freiburg: Herder, 1989, 45-80.

1989g    "Theologians, Theological Faculties, and the ELCA Study of Ministry." *Dia log* 28, 198-205.

1989h    "Two Kinds of Ecumenism: Unitive and Interdenominational." *Gregorianum* 70, 647-60.

1989i    "Response to Bruce Marshall." *The Thomist* 53, 403-6.

1989j    Review of Nestor Beck, *The Doctrine of Faith: A Study of the Augsburg Confes sion and Contemporary Ecumenical Documents. Lutheran Quarterly* 3, 223-26.

1990a    "Bishop Hans L. Martensen in the International Dialogue with Lutherans." In Kaspar Kallan et al. (ed.), *Crux probat omnia* (Festschrift for Bishop Hans L. Martensen). Kopenhagen: Ansgarstiftel Forlag, 84-90.

1990b    Review of Lesslie Newbigin, *The Gospel in a Pluralist Society. International Bulletin of Missionary Research* 14, 182.

1990c    Review of William C. Placher, *Unapologetic Theology: A Christian Voice in a Pluralistic Conversation. Theology Today* 47, 65-66.

1990d    "Confession and Community: An Israel-like View of the Church." *Christian Century* 107, 492-96; also in James M. Wall and David Heim (eds.), *How My Mind Has Changed.* Grand Rapids: Eerdmans, 1991, 32-42.

1990e    "Confessional Faithfulness and the Ecumenical Future: The J. L. Neve Memorial Lecture." *Trinity Seminary Review* 12, 59-66.

1990f    "Martin Luther and the Rabbinic Mind." In Peter Ochs (ed.), *Understanding the Rabbinic Mind: Essays on the Hermeneutic of Max Kadushin* (South Florida Studies in the History of Judaism 14). Atlanta: Scholar Press, 141-64; 독일어: "Martin Luther und der rabbinische Geist." Translated by Reinhard Hütter. *Neue Zeitschrift für systematische Theologie und Religionsphilosophie* 40/1 (1998), 40-65; selection in William P. Brown (ed.), *The Ten Command ments: The Reciprocity of Faithfulness.* Louisville, KY: Westminster John Knox Press, 61-67.

1990g   "Open Letter: To Richard J. Neuhaus." *Lutheran Forum* 24/4, 43-44.

1990h  Review of Anders Jeffner, *Theology and Integration: Four Essays in Philosophical Theology. Journal of Religion* 70, 272-73.

1991a   "Confessional Subscription: What Does It Mean for Lutherans Today?" *Word and World* 11, 317, 319-20.

1991b "Ecumenical Directions and Confessional Construals." *Dialog* 30, 118-23.

1991c   "Lutheranism as Church and Movement: Trends in America since 1980." *Lutheran Theological Seminary Bulletin* (Gettysburg, PA) 71/1, 43-59.

1991d   "Dogma." In Nicholas Lossky et al. (ed.), *Dictionary of the Ecumenical Move ment.* Geneva: World Council of Churches Publications / Grand Rapids: Eerdmans, 305-7.

1992a   "Dulles on Method." *Pro Ecclesia* 1, 53-60.

1992b   "The Meaning of Satis Est, or . . . Tilting in the Ecumenical Wars." *Lutheran Forum* 26/4, 19-27.

1992c   "The Structure of the Communio." In Eugene L. Brand (ed.), *Communio and Dialogue.* Geneva: Lutheran World Federation, 28-40.

1993a   Review of Ted Peters, *God—the World's Future: Systematic Theology for a Postmodern Era. Dialog* 32, 310-13; also in *Center for Theology and the Natural Sciences Bulletin* (Berkeley, CA) 13 (1993), 14-16.

1993b   "Ecumenical Imperatives for the 21st Century." *Currents in Theology and Mission* 20, 360-66.

1993c   "Foreword." In Ephraim Radner and George R. Sumner (eds.), *Reclaiming Faith: Essays on Orthodoxy in the Episcopal Church and the Baltimore Declara tion.* Grand Rapids: Eerdmans, vii-xi.

1993d   "Toward a Postliberal Theology." In Peter Ochs (ed.), *The Return to Scripture in Judaism and Christianity: Essays in Postcritical Scriptural Interpretation.* New York: Paulist Press, 83-103. (This essay consists of a slightly modified excerpt from *The Nature of Doctrine* [1984b], 16, 31-32, 112-38.)

1993e   "Reminiscences of Vatican II." Northfield, MN: Center for Catholic and Evangelical Theology.

1994a   "The Church Faithful and Apostate: Reflections from Kansas City." *Lutheran Forum* 28/1, 12-19.

1994b   Review of Mark S. Burrows and Paul Rorem (eds.), *Biblical Hermeneutics in Historical Perspective. Modern Theology* 10, 103-6.

1994c    Review of Robert W. Jenson, *Unbaptized God: The Basic Flaw in Ecumenical Theology*. *Pro Ecclesia* 3, 232-38.

1994d    "Re-viewing Vatican II: An Interview with George A. Lindbeck" (Interviewer: George Weigel). *First Things* 48, 44-50.

1994e    "Vorwort zur deutschen Ausgabe" (see 1984b), 16-22.

1994f    "Lutheranism: I. A Lutheran Perspective." In Rene Latourelle and Rino Fisichella (eds.), *Dictionary of Fundamental Theology*. New York: Crossroads, 609-12.

1995a    "Reflections on Trinitarian Language." *Pro Ecclesia* 4, 261-64.

1995b    "Response to Michael Wyschogrod's 'Letter to a Friend.'" *Modern Theology* 11, 205-10.

1996a    "Atonement and the Hermeneutics of Intratextual Social Embodiment." In Timothy R. Phillips and Dennis L. Okholm (eds.), *The Nature of Confession: Evangelicals and Postliberals in Conversation*. Downers Grove, IL: InterVarsity Press, 221-40, 294-96 (pp. 246-53 contain a panel discussion of Lindbeck); abridged version as "Atonement and the Hermeneutics of Social Embodiment." *Pro Ecclesia* 5 (1996), 144-60.

1996b    "Foreword." In David Keck, *Forgetting Whose We Are: Alzheimer's Disease and the Love of God*. Nashville: Abington Press, 9-11.

1996c    "Martens on the Condemnations" (review of Gottfried Martens, *Die Rechtferti gung des Sünders: Rettungshandeln Gottes oder historisches Interpretament? Grund entscheidungen lutherischer Theologie und Kirche bei der Behandlung des Themas "Rechtfertigung" im* ökumenischen *Kontext*). *Lutheran Quarterly* 10, 59-66.

1996d    (with George Hunsinger, Alister E. McGrath, and Gabriel J. Fackre) "Evangelicals and Postliberals Together." *Books and Culture* 2, 26-28.

1996e    Review of Donald G. Bloesch, *Holy Scripture: Revelation, Inspiration, and Interpretation. Interpretation* 50, 324, 326.

1997a    "The Gospel's Uniqueness: Election and Untranslatability." *Modern Theology* 13, 423-50.

1997b    "George Lindbeck: Evangelical, Catholic Theologian." Interview with Rebecca Frey, Philip Johnson, and Ronald Bagnall. *Lutheran Forum* 31/2, 53-56.

1998a    Review of Jacques Dupuis, *Toward a Christian Theology of Religious Pluralism. International Bulletin of Missionary Research* 22, 34.

1998b  "Robert Lowry Calhoun as Historian of Doctrine." New Haven, CT: Yale Divinity School Library.

1998c  Review of Ellen T. Charry, *By the Renewing of Your Minds: The Pastoral Function of Christian Doctrine*. *Christian Century* 115, 583-84.

1999a  "Postcritical Canonical Interpretation: Three Modes of Retrieval." In Christopher Seitz and Kathryn Greene-McCreight (eds.), *Theological Exegesis: Essays in Honor of Brevard S. Childs*. Grand Rapids: Eerdmans, 26-51.

1999b  Review of William J. Abraham, *Canon and Criterion in Christian Theology: From the Fathers to Feminism*. *First Things* 92, 68.

2000a  Review of Scott Bader-Saye, *Church and Israel after Christendom: The Politics of Election*. *Theology Today* 57, 117-18, 120.

2000b  "Postmodern Hermeneutics and Jewish-Christian Dialogue: A Case Study." In Tikva Simone Frymer-Kensky et al. (ed.), *Christianity in Jewish Terms*. Boulder, CO: Westview Press, 106-13.

2000c  "What of the Future? A Christian Response." In Tikva Simone Frymer-Kensky et al. (ed.), *Christianity in Jewish Terms*. Boulder, CO: Westview Press, 357-66, 401.

2002  "Response to Gabriel Fackre on the Joint Declaration on the Doctrine of Justification." In Skye Fackre Gibson (ed.), *Story Lines: Chapters on Thought, Word, and Deed for Gabriel Fackre*. Grand Rapids: Eerdmans, 22-27.

2003a  *The Church in a Postliberal Age*. James J. Buckley (ed.). Grand Rapids: Eerdmans. This book includes 1968b, 1972a, 1973b, 1981b, 1981c, 1988a, 1988c, 1989f, 1990d, 1990f, 1993d, 1993e, 1994e, and 1997a.

2003b  "The University and Ecumenism." In William G. Rusch (ed.), *Justification and the Future of the Ecumenical Movement: The Joint Declaration on the Doctrine of Justification*. Collegeville, MN: Liturgical Press, 1-13.

2003c  "The Church as Israel: Ecclesiology and Ecumenism." In Carl E. Braaten and Robert W. Jenson (ed.), *Jews and Christians: People of God*. Grand Rapids: Eerdmans, 78-94.

2003d  "Progress in Textual Reasoning: From Vatican II to the Conference at Drew." In Nancy S. Levene and Peter Ochs (eds.), *Textual Reasonings: Jewish Philosophy and Text Study at the End of the Twentieth Century*. Grand Rapids: Eerdmans, 252-58.

2003e "Augsburg and the *Ecclesia de Eucharistia*." *Pro Ecclesia* 12, 405-14.

2004a "Paris, Rome, Jerusalem: An Ecumenical Journey." *Journal of Ecumenical Studies* 41, 389-408.

2004b "Justification and Atonement: An Ecumenical Trajectory." In Joseph A. Burgess and Marc Kolden (ed.), *By Faith Alone: Essays on Justification in Honor of Gerhard O. Forde*. Grand Rapids: Eerdmans, 183-219.

2004c "Messiahship and Incarnation: Particularity and Universality Are Reconciled." In John C. Cavadini and Laura Holt (ed.), *Who Do You Say That I Am? Confessing the Mystery of Christ*. Notre Dame, IN: University of Notre Dame Press, 63-86.

2004d "George Lindbeck Replies to Avery Cardinal Dulles." *First Things* 139, 13-15.

2004e Review of Paul F. Knitter, *Introducing Theologies of Religions*. *Princeton Seminary Bulletin* 25, 116-18.

2004f "Relations interreligieuses et œcuménisme. Le chapitre 3 de *La nature des doctrines* revisité." In Marc Boss, Gilles Emery, and Pierre Gisel (ed.), *Postlibéralisme? La théologie de George Lindbeck et sa reception*. Geneva: Labor et Fides, 183-203.

2005a "The Unity We Seek—Setting the Agenda for Ecumenism." *Christian Century* 122, 28-31.

2005b "Ecumenisms in Conflict." In L. Gregory Jones, Reinhard Hütter, and C. Rosalee Velloso Ewell (ed.), *God, Truth, and Witness: Engaging Stanley Hauerwas*. Grand Rapids: Brazos Press, 212-28.

2006 "Performing the Faith: An Interview with George Lindbeck." *Christian Century* 123, 28-33, 35.

# 린드벡에 관한 이차문헌

ALBRECHT, Christian. Review of Lindbeck, *Christliche Lehre als Grammatik des Glaubens* (1984b). *Theologische Literaturzeitung* 120 (1995), 368-71.

ALBRECHT, Gloria. *The Character of Our Communities: Toward an Ethic of Liberation for the Church*. Nashville: Abingdon Press, 1995.

ALEMANY, José J. Review of Lindbeck, *Christliche Lehre als Grammatik des Glaubens* (1984b). *Estudios eclesiásticos* 71 (1996), 317-18.

ALLEN, O. Wesley. Review of Lindbeck, *The Church in a Postliberal Age* (2003a). *Lex ington Theological Quarterly* 38 (2004), 263.

ALLIK, Tiina. "Religious Experience, Human Finitude, and the Cultural-Linguistic Model." *Horizons* 20 (1993), 241-59.

ANONYMOUS. Review of Lindbeck, *Le Catholicisme atil un avenir?* (1970c). *Com munion* 25 (1971), 109-10.

ARENS, Edmund. "Im Fegefeuer der Fundamentaltheologie." *Orientierung* 61 (1997), 152-56.

———. "Kirchlicher Kommunitarismus." *Theologische Revue* 94 (1998), 487-500.

ATKINS, Anselm. "Religious Assertions and Doctrinal Development." *Theological Studies* 27 (1966), 523-52.

AVIS, Paul. "Theology in the Dogmatic Mode." In Peter Byrne and Leslie Houlden (eds.), *Companion Encyclopedia of Theology*. London and New York: Routledge, 1995, 976-1000.

BABUT, Etienne. Review of Lindbeck, *Le Catholicisme atil un avenir?* (1970c). *Foi et vie* 71 (1972), 110-12.

BARRETT, Lee C. "Theology as Grammar: Regulative Principles or Paradigms and Practices." *Modern Theology* 4 (1988), 156-72.

BEHRENS, Georg. "Schleiermacher contra Lindbeck on the Status of Doctrinal Sentences." *Religious Studies* 30 (1994), 399-417.

BELLETT, Eileen, and Clive Marsh. "On Seeing to the Horses: Issues in Teaching and Learning in Theology and Religious Studies after Bonino and Lindbeck." *Teaching Theology and Religion* 2/1 (1999), 26-39.

BERENDSEN, Desiree. *Waarom geloven mensen? De antropologische basis van geloof vol gens Karl Rahner, Gerhard Oberhammer, David Tracy, John Hick, Garret Green en George Lindbeck*. Kampden: Kok, 2002.

BLASER, Klauspeter. "Liberalisme Renove ou Post-Liberalisme?" In Blaser, *Les Théolo gies NordAméricaines.* Geneve: Labor et Fides, 1995, 112-39.

BOSS, Marc. Review of Lindbeck, *The Nature of Doctrine* (1984b). *Etudes théologiques et religieuses* 78 (2003), 459-60.

BOSS, Marc, Gilles Emery, and Pierre Gisel. *Postlibéralisme? La théologie de George Lind beck et sa reception.* Geneva: Labor et Fides, 2004.

BRAATEN, Carl E. "The Role of Dogma in Church and Theology." In Victor Pfitzner and Hilary Regan (eds.), *The Task of Theology Today.* Adelaid, Australia: Australian Theological Forum, 1998, 25-57.

BRADT, Raymond Kenyon, Jr. "The Radical Christian Orthodoxy of John Milbank: The Historical Contextuality of Its Development." *Soundings* 86/3-4 (2003), 315-49.

BRAY, Gerald L. Review of Lindbeck, *The Nature of Doctrine* (1984b). *Churchman* 99 (1985), 63.

BRESHEARS, Gerry. Review of Lindbeck, *The Nature of Doctrine* (1984b). *Journal of Psychology and Theology* 13 (1985), 153.

BROCKMAN, David R. "Turning to Religious Others: Visions and Blindspots in Modern Christian Reflection about Non-Christians." Diss., Southern Methodist University, 2007.

BROM, Luco Johan van den. "Interpreting the Doctrine of Creation." In Vincent Brumer (ed.), *Interpreting the Universe as Creation.* Kampen, Netherlands: Kok Pharos, 1991, 18-36.

BRYANT, David J. "Christian Identity and Historical Change: Postliberals and Historicity." *Journal of Religion* 73 (1993), 31-41.

———. Review of Lindbeck, *The Nature of Doctrine* (1984b). *Princeton Seminary Bul letin* 8/2 (1987), 64-67.

BRYANT, R. H. Review of Lindbeck, *The Nature of Doctrine* (1984b). *Christian Century* 101 (1984), 1069-70.

BUCKLEY, James J. "Beyond the Hermeneutical Deadlock." In J. Webster and G. Schner (eds.), *Theology after Liberalism*, 187-203.

———. "Doctrine in the Diaspora." *The Thomist* 49 (1985), 443-59.

———. *Seeking the Humanity of God: Practices, Doctrines, and Catholic Theology.* Collegeville, MN: Liturgical Press, 1992.

BUITENDAG, Johan. "Postliberale teologie as teologiese raamwerk vir die kerk se korporatiewe identiteit." *Hervormde teologiese studies* 58 (2002), 1-25.

BULLOCK, Jeffrey L. "Public Language, Public Conversion: Critical Language Analysis of Conversion and the History of Alcoholics Anonymous." *Saint Luke's Journal of Theology* 31/2 (1988), 127-41.

BUNTFUSS, Markus. "Verlust der Mitte oder Neuzentrierung? Neuere Wege in der Christologie." *Neue Zeitschrift für systematische Theologie und Religionsphilosophie* 46/3 (2004), 348-63.

BURRELL, David B. Review of Lindbeck, *The Future of Roman Catholic Theology* (1970c). *Theology Today* 27 (1970), 239-40.

———. Review of Lindbeck, *The Nature of Doctrine* (1984b). *Union Seminary Quarterly Review* 39 (1984), 322-24.

BURKE, Ronald R. "Newman, Lindbeck, and Models of Doctrine." In Michael E. Allsopp and Burke (eds.), *John Henry Newman: Theology and Reform*. New York: Garland, 1992, 19-43.

BURNHAM, Frederic B. (ed.). *Postmodern Theology: Christian Faith in a Pluralist World*. San Francisco: HarperSanFrancisco, 1989. 『포스트모던 신학』, 세계신학연구원 옮김(서울: 朝明文化社, 1990).

CADY, Linell E. "Identity, Feminist Theory, and Theology." In Rebecca S. Chopp and Sheila Greeve Davaney (eds.), *Horizons in Feminist Theology*. Minneapolis: Fortress Press, 1997, 17-32, 232-34.

———. "Resisting the Postmodern Turn: Theology and Contextualization." In Sheila Greeve Davaney (ed.), *Theology at the End of Modernity: Essays in Honor of Gordon Kaufman*. Philadelphia: Trinity Press, 1991, 81-98.

———. "Theories of Religion in Feminist Theologies." *American Journal of Theology and Philosophy* 13 (1992), 183-93.

CALLAHAN, James. "The Bible Says: Evangelical and Postliberal Biblicism." *Theology Today* 54 (1997), 449-63.

CERASI, Enrico. "Teologia Postliberale." (Review of Lindbeck, *The Nature of Doctrine* [1984b]). *Protestantesimo* 59 (2004), 322-25.

CHAPMAN, Mark D. "Ideology, Theology, and Sociology: From Kautsky to Meeks." In John W. Rogerson, Margaret Davies, and M. Daniel Carroll R. (eds.), *The Use of the Bible in Ethics*. Sheffield: Sheffield Academic Press (JSOT Supplement Series 207), 1995, 41-65.

CHILDS, Brevard S. "The Canonical Approach and the 'New Yale Theology.'" In Childs, *The New Testament as Canon: An Introduction*. Philadelphia: Fortress Press, 1984, 541-61.

CHOW, Pui-shan. "Post-liberal Theology: Another Approach to Constructing Asian Theology?" *CGST [China Graduate School of Theology] Journal* 42 (2007), 135-51.

CLIFTON, Shane. "The Spirit and Doctrinal Development: A Functional Analysis of the Traditional Pentecostal Doctrine of the Baptism in the Holy Spirit." *Pneuma* 29 (2007), 5-23.

CLOONEY, Francis X. "Reading the World in Christ." In Gavin D'Costa (ed.), *Christian Uniqueness Reconsidered.* Maryknoll, NY: Orbis Books, 1990, 63-80.

COLOMBO, J. A. "Rahner and His Critics: Lindbeck and Metz." *The Thomist* 56 (1992), 71-96.

COMSTOCK, Gary L. "Two Types of Narrative Theology." *Journal of the American Academy of Religion* 55 (1987), 687-717.

CONGAR, Yves. Review of Lindbeck, *Le Catholicisme atil un avenir? Un point de vue protestant* (1970c). *Revue des Sciences Philosophiques et Théologiques* 57 (1973), 496-98.

CONRADIE, Ernst M. "How Should a Public Way of Doing Theology be Approached?" *Scriptura* 46 (1993), 24-49.

CONWAY, Gerald W. Review of Lindbeck, *The Future of Roman Catholic Theology* (1970c). *Encounter* 31 (1970), 298-99.

CORNER, Mark. Review of Lindbeck, *The Nature of Doctrine* (1984b). *Modern Theology* 3 (1986), 110-13.

COWDELL, Scott. "Radical Theology, Postmodernity, and Christian Life in the Void." *Heythrop Journal* 32 (1991), 62-71.

CRANE, Richard. "Postliberals, Truth, *Ad Hoc* Apologetics, and (Something Like) General Revelation." *Perspectives in Religious Studies* 30 (2003), 29-53.

CRANSTON, W. S. Review of Lindbeck, *The Church in a Postliberal Age* (2003a). *Con sensus* 30 (2005), 134-35.

CROSSEN, Frederick. "Reconsidering Aquinas as Postliberal Theologian." *The Thomist* 56 (1992), 481-98.

CUMMINGS, Owen F. "Cyril of Jerusalem as a Postliberal Theologian." *Worship* 67 (1993), 155-64.

———. "Toward a Postliberal Religious Education." *Living Light* 28 (1992), 315-24. CUNNINGHAM, David S. *Faithful Persuasion: In Aid of a Rhetoric of Christian Theology.* Notre Dame, IL: Notre Dame University Press, 1990.

DAVIS, Charles. Review of Lindbeck, *The Nature of Doctrine* (1984b). *Journal of Ecumenical Studies* 22 (1985), 337.

DEAN, William. "Humanistic Historicism and Naturalistic Historicism." In Sheila Greeve Davaney (ed.), *Theology at the End of Modernity: Essays in Honor of Gordon Kaufman*. Philadelphia: Trinity Press, 1991, 41-59.

DEEKEN, Andreas. *Glaube ohne Begründung? Zum Rationalitätskonzept in George Lindbecks Entwurf einer postliberalen Theologie*. Münster: Lit-Verlag, 1998.

DEHART, Paul. *The Trial of the Witnesses: The Rise and Decline of Postliberal Theology*. Malden, MA, and Oxford, UK: Blackwell Publishing, 2006.

DETWEILER, R. "Postmodernism." In Alister E. McGrath (ed.), *The Blackwell Encyclopedia of Modern Christian Thought*. Oxford, UK: Blackwell, 1993, 456-61.

DILLENBERGER, John. "Contemporary Theologians and the Visual Arts." *Journal of the American Academy of Religion* 53 (1985), 599-615.

DORRIEN, Gary. "A Third Way in Theology? The Origins of Postliberalism." *Christian Century* 118 (2001), 16-21.

―――. *The Remaking of Evangelical Theology*. Louisville, KY: Westminster John Knox Press, 1998, 185-209.

DOYLE, D. M. "The Contribution of a Lifetime: George Lindbeck's *The Church in a Postliberal Age*." *Modern Theology* 21 (2005), 157-62.

DULLES, Avery, SJ. "Paths to Doctrinal Agreement: Ten Theses." *Theological Studies* 47 (1986), 32-47.

―――. Review of Lindbeck, *The Church in a Postliberal Age* (2003a). *First Things* 136 (2003), 57-61.

―――. Review of Lindbeck, *The Future of Roman Catholic Theology* (1970c). *Journal of the American Academy of Religion* 39 (1971), 570-71.

―――. "Zur Überwindbarkeit von Lehrdifferenzen: Überlegungen aus Anlass zweier neuerer Lösungsvorschläge." *Theologische Quartalschrift* 166 (1986), 278-89.

ECKERSTORFER, Andreas. "George Lindbeck." In Adrian Hastings et al. (ed.), *The Oxford Companion to Christian Thought*. Oxford, UK: Oxford University Press, 2000, 391.

―――. *Kirche in der postmodernen Welt: Der Beitrag George Lindbecks zu ein neuen Ver hältnisbestimmung*. Innsbruck and Vienna: Tryolia-Verlag, 2001.

————. Review of A. Deeken, *Glaube ohne Begründung? Zum Rationalitätskon-zept in George Lindbecks Entwurf einer postliberalen Theologie.* *Theologischpraktische Quartalschrift* 148 (2000), 329-30.

————. Review of Lindbeck, *Christliche Lehre als Grammatik des Glaubens* (1984b). *Theologischpraktische Quartalschrift* 145 (1997), 180-82.

ECKERSTORFER, Bernard A. "The One Church in the Postmodern World: Re-flections on the Life and Thought of George Lindbeck." *Pro Ecclesia* 13 (2004), 399-423; French: "L'Église une dans le monde postmoderne: Herméneutique, concepts et perspectives dans l'œuvre de George Lind-beck." In Marc Boss, Gilles Emery, and Pierre Gisel (eds.), *Postlibéral-isme? La théologie de George Lindbeck et sa reception.* Geneva: Labor et Fides, 11-37.

"Ecumenical Award Given to *JES* Editor." *Journal of Ecumenical Studies* 9 (1972), 692-93.

EIBACH-DANZEGLOCKE, Swantje. *Theologie als Grammatik? Die Wittgenstein-rezep tionen D. Z. Phillips' und George A. Lindbecks und ihre Impulse für theologisches Arbeiten.* Frankfurt am Main: Lang, 2002.

EMERY, Gilles. "L'intérêt de théologiens catholiques pour la proposition postlibérale de George Lindbeck." In Marc Boss, Gilles Emery, and Pierre Gisel (eds.), *Postlibéralisme? La théologie de George Lindbeck et sa reception.* Geneva: Labor et Fides, 39-57.

————. "Thomas d'Aquin postlibéral? La lecture de saint Thomas par George Lindbeck." In Boss, Emery, and Gisel, *Postlibéralisme?*, 85-111. English: "Thomas Aquinas Postliberal? George Lindbeck's Reading of St. Thomas." In Gilles Emery, OP, *Trinity, Church, and the Human Person: Thomistic Essays* (Naples, FL: Sapientia Press of Ave Maria University, 2007), 263-90.

EMMANUEL, Steven M. "Kierkegaard on Doctrine: A Post-Modern Interpreta-tion." *Religious Studies* 25 (1989), 363-78.

ERIKSSON, Stefan. "Refining the Distinction between Modern and Postmodern Theologies: The Case of Lindbeck." *Studia theologica* 56/2 (2002), 152-63.

FACKRE, Gabriel J. Review of Lindbeck, *The Future of Roman Catholic Theology* (1970c). *Religion in Life* 39 (1970), 620-21.

FASER, Robert J. "The Normality of Change in Christian Theology." Review of Lindbeck, *The Nature of Doctrine* (1984b). *St. Mark's Review* 144 (1991), 32-35.

FERGUSSON, David. "Meaning, Truth, and Realism in Bultmann and Lindbeck." *Religious Studies* 26 (1990), 183-98.

FISHER, Paul. "The Triumph of the Irrational in Postenlightenment Theology." *Andrews University Seminary Studies* 37/1 (1999), 5-22.

FLETCHER, Jeannine Hill. "As Long as We Wonder: Possibilities in the Impossibility of Interreligious Dialogue." *Theological Studies* 68 (2007), 531-54.

——. "Ultimacy and Identity: Karl Rahner and George Lindbeck on Religious Pluralism." Diss., Harvard University, 2001.

FODOR, James. *Christian Hermeneutics: Paul Ricoeur and the Refiguring of Theology.* Oxford, UK: Clarendon Press, 1995.

——. "Postliberal Theology." In David F. Ford and Rachel Muers (eds.), *Modern Theologians.* 3rd ed. Oxford: Blackwell, 2005, 229-48.

FORD, David F. Review of Lindbeck, *The Nature of Doctrine* (1984b). *Journal of Theo logical Studies* 37 (1986), 277-82.

——. "'The Best Apologetics Is Good Systematics': A Proposal about the Place of Narrative in Christian Systematic Theology." *Anglican Theological Review* 67 (1985), 232-54.

FORD, John T. Review of Lindbeck, *The Future of Roman Catholic Theology* (1970c). *Journal of Ecumenical Studies* 8 (1971), 152.

FOWL, Stephen E. Review of Lindbeck, *The Church in a Postliberal Age* (2003a). *Pro Ecclesia* 13 (2004), 497-99.

FREDERICKS, James L. "A Universal Religious Experience? Comparative Theology as an Alternative to a Theology of Religions." *Horizons* 22 (1995) 67-87.

FREI, Hans. "Epilogue: George Lindbeck and *The Nature of Doctrine.*" In B. Marshall (ed.), *Theology and Dialogue,* 275-82.

GARRETT, Graeme. "Rule 4? Gender Difference and the Nature of Doctrine." *Pacifica* 10 (1997), 173-86.

GASCOIGNE, Robert. "The Relation between Text and Experience in Narrative Theology of Revelation." *Pacifica* 5 (1992), 43-58.

GERRISH, B. A. Review of Lindbeck, *The Nature of Doctrine* (1984b). *Journal of Religion* 56 (1988), 87-92.

GERSTNER, John H. Review of Lindbeck, *The Future of Roman Catholic Theology* (1970c). *Perspective* (Pittsburgh) 13 (1972), 90.

GOH, Jeffrey Choo-Kee. *Christian Tradition Today: A Postliberal Vision of Church and World.* Louvain Theological and Pastoral Monographs.

Grand Rapids: Eerdmans, 2000.

GREEN, Garrett. "Kant as Christian Apologist: The Failure of Accommodationist Theology." *Pro Ecclesia* 4 (1995), 301-17.

GREER, Robert Charles. "Lindbeck on the Catholicity of the Church: The Problem of Foundationalism and Realism in George A. Lindbeck's Ecumenical Methodology." Diss., Marquette University, 2000.

GREEVE DAVANEY, Sheila. "Opinions in Post-Modern Theology." *Dialog* 26 (1987), 196-200.

GREEVE DAVANEY, Sheila, and Delwin Brown. "Postliberalism." In Alister E. McGrath (ed.), *The Blackwell Encyclopedia of Modern Christian Thought.* Oxford, UK, and Cambridge, MA: Blackwell, 1993, 453-56.

GRIFFITHS, Paul J. "An Apology for Apologetics." *Faith and Philosophy* 5/4 (1988), 399-420.

GUALTIERI, Antonio R. "Doctrines, Implicit Beliefs, and Cosmologies in Recent Religious Studies." In Klaus K. Klostermair and Larry W. Hurtado (eds.), *Religious Studies: Issues, Prospects, and Proposals.* Atlanta: Scholars Press, 1991, 225-46.

GUSTAFSON, James. "The Sectarian Temptation: Reflections on Theology, the Church, and the University." *Proceedings of the Catholic Theological Society of America* 40 (1985), 83-94.

HAILER, Martin. Review of Lindbeck, *Christliche Lehre als Grammatik des Glaubens* (1984b). Ökumenische Rundschau 46 (1997), 118-19.

HARMON, Steven R. "The Authority of the Community (of All the Saints): Toward a Postmodern Baptist Hermeneutic of Tradition." *Review and Expositor* 100 (2003), 587-621.

HASTINGS, Thomas John. "George Lindbeck and Thomas F. Torrance on Christian Language and the Knowledge of God." In John D. Kuentzel and Dana R. Wright (eds.), *Redemptive Transformation in Practical Theology.* Grand Rapids: Eerdmans, 2004, 252-78.

HAUERWAS, Stanley. *Against the Nations: War and Survival in a Liberal Society.* Notre Dame, IN: University of Notre Dame Press, 1992.

HAUERWAS, Stanley, and L. Gregory Jones. Review of Lindbeck, *The Nature of Doc trine* (1984b). *Books and Religion* 13 (1985), 7.

HAUERWAS, Stanley, and William H. Willimon. "Embarassed by God's Presence." *Christian Century* 102 (1985), 98-100.

HEBBLETHWAITE, Brian L. "God and Truth." *Kerygma und Dogma* 40 (1994), 2-19. HEIM, S. Mark. Review of Lindbeck, *The Nature of Doctrine* (1984b). *Christian Scholar's Review* 14 (1985), 393-94.

HEYER, Kristin E. "How Does Theology Go Public? Rethinking the Debate between David Tracy and George Lindbeck." *Political Theology* 5 (2004), 307-27.

HIGGINS, Gregory C. "The Significance of Postliberalism for Religious Education." *Religious Education* 84 (1989), 77-89.

HIGTON, Mike. "Frei's Christology and Lindbeck's Cultural-Linguistic Theory." *Scottish Journal of Theology* 50 (1997), 83-95.

HINZE, Bradford E. "Reclaiming Rhetoric in the Christian Tradition." *Theological Studies* 57 (1996), 481-99.

HINZE, Bradford E., and George P. Schner. "Postliberal Theology and Roman Catholic Theology." *Religious Studies Review* 21 (1995), 299-310.

HOFFMAN, Bengt R. "Luther and the Mystical." *Journal of Religion and Psychical Research* 5 (1982), 163-76.

HOLLAND, Scott. "How Do Stories Save Us? Two Contemporary Theological Responses." *Conrad Grebel Review* 12 (1994), 131-53.

HORST, Mark L. "Engendering the Community of Faith in an Age of Individualism: A Review of George Lindbeck, *The Nature of Doctrine: Religion and Theology in a Postliberal Age*." *Quarterly Review* 8 (1988), 89-97.

HOVEY, Craig. "Story and Eucharist: Postliberal Reflections on Anabaptist Nachfolge." *Mennonite Quarterly Review* 75 (2001), 315-24.

———. "Truth in Wittgenstein, Truth in Lindbeck." *Asbury Theological Journal* 56-57 (2001-2002), 137-42.

HOWE, Leroy T. Review of Lindbeck, *The Future of Roman Catholic Theology* (1970c). *Perkins School of Theology Journal* 23 (1970), 35-36.

HUNSINGER, George. "Postliberal Theology." In Kevin J. Vanhoozer (ed.), *The Cambridge Companion to Postmodern Theology*. Cambridge and New York: Cambridge University Press, 2003, 42-57.

———. "Truth as Self-Involving: Barth and Lindbeck on the Cognitive and Performative Aspects of Truth in Theological Discourse." *Journal of the American Academy of Religion* 61 (1993), 41-56. Reprinted in *Disruptive Grace: Studies in the Theol ogy of Karl Barth* (Grand Rapids: Eerdmans, 2000), 305-18.

HÜTTER, Reinhard. *Theologie als kirchliche Praktik: Zur Verhältnisbestimmung von Kirche, Lehre und Theologie*. Gütersloh: Chr. Kaiser, 1997. English: *Suffering Divine Things: Theology as Church Practice*. Translated by Doug Stott. Grand Rapids: Eerdmans, 1999.

HUYSSTEEN, J. Wentzel van. *Essays in Postfoundationalist Theology*. Grand Rapids: Eerdmans, 1997.

INMAN, Anne E. *Evidence and Transcendence: Religious Epistemology and the GodWorld Relationship*. Notre Dame, IN: University of Notre Dame Press, 2008.

JACKSON, Timothy P. "Against Grammar." Review of Lindbeck, *The Nature of Doc trine* (1984b). *Religious Studies Review* 11 (1985), 140-45.

JACOBITZ, Gerard. "Earthly Manifolds/Heavenly Identities: Metaphor and Christian Revelation." In Guy Mansini, OSB, and James G. Hart (eds.), *Ethics and Theo logical Disclosures: The Thought of Robert Sokolowski*. Washington, DC: Catholic University of America Press, 2003, 55-68.

JOHNSON, Clare V. "Paradigms of Translation." *Worship* 77 (2003), 151-70.

JOHNSON, William. Review of Lindbeck, *The Future of Roman Catholic Theology* (1970c). *Anglican Theological Review* 54 (1972), 31-33.

JORDAHL, Leigh. Review of Lindbeck, *The Future of Roman Catholic Theology* (1970c). *Dialog* 12 (1973), 71-72.

KALLENBERG, Brad J. "Unstuck from Yale: Theological Method after Lindbeck." *Scottish Journal of Theology* 50 (1997), 191-218.

KAMITSUKA, David G. "The Justification of Religious Belief in the Pluralistic Public Realm: Another Look at Postliberal Apologetics." *Journal of Religion* 76 (1996), 588-606.

———. "Salvation, Liberation, and Christian Character Formation: Postliberal and Liberation Theologians in Dialogue." *Modern Theology* 13 (1997), 171-89.

KANG, Phee Seng. "Doctrine and Truth in a Postliberal Understanding." *CGST* [*China Graduate School of Theology*] *Journal* 22 (1997), 141-66.

KASPER, Walter. "Postmoderne Dogmatik? Zu einer neueren nordamerikanischen Grundlagendiskussion." *Internationale Katholische Zeitschrift* 19 (1990), 298-306; also in R. Mosis and L. Ruppert (eds.), *Der Weg zum Menschen* (Festschrift for Alfons Deissler). Freiburg, 1989, 265-74. English: "Postmodern Dogmatics: Toward a Renewed Discussion of Foundations in North America." *Communio* 17 (1990), 181-91.

KAUFMAN, Gordon D. Review of Lindbeck, *The Nature of Doctrine* (1984b). *Theology Today* 42 (1985), 240-41.

KEIFERT, Patrick R. Review of Lindbeck, *The Nature of Doctrine* (1984b). *Word and World* 5 (1985), 338-39, 342-44.

KELLY, Thomas M. "Epilogue: The Challenge of Postmodernism and Fundamental Theology." In H. Fries, *Fundamental Theology*. Washington, DC: Catholic University of America Press, 1996, 634-54.

――――. *Theology at the Void: The Retrieval of Experience*. Notre Dame, IN: University of Notre Dame Press, 2002.

KELSEY, David. "Church Discourse and Public Realm." In B. Marshall (ed.), *Theology and Dialogue*, 7-33.

KENNEDY, Joseph. "A Critical Analysis of George A. Lindbeck's *The Nature of Doc trine*." Diss., University of Oxford, 2006.

KITCHENER, Michael. Review of Lindbeck, *The Nature of Doctrine* (1984b). *Theology* 89 (1986), 51-53.

KNAPP, Markus. "Postmoderne Dogmatik? Überlegungen zu einer Grundlagendiskussion im Anschluss an einen Vorschlag von George A. Lindbeck." *Münchener The ologische Zeitschrift* 45 (1994), 1-10.

KORT, Wesley A. *"Take, Read": Scripture, Textuality, and Cultural Practice*. University Park, PA: Pennsylvania State University Press, 1996.

KÖRTNER, Ulrich H. J. *Evangelische Sozialethik: Grundlagen und Themenfelder*. Göttingen: Vandenhoeck & Ruprecht, 1999.

KREINER, Armin. "Versöhnung ohne Kapitulation: Überlegungen zu George A. Lindbecks 'The Nature of Doctrine.'" *Catholica* 46 (1992), 307-2l.

LaCUGNA, Catherine M. *God for Us: The Trinity and Christian Life*. San Francisco: HarperSanFrancisco, 1993.

LAKELAND, Paul. *Postmodernity: Christian Identity in a Fragmented Age*. Minneapolis: Fortress Press, 1997.

LANE, Tony. *A Concise History of Christian Thought*. Grand Rapids: Baker Academic, 2006.

LASH, Nicholas. Review of Lindbeck, *The Nature of Doctrine* (1984b). *New Blackfriars* 66 (1985), 509-10.

――――. "When Did the Theologians Lose Interest in Theology?" In B. Marshall (ed.), *Theology and Dialogue*, 131-48.

LeFEVRE, Perry. Review of Lindbeck, *The Nature of Doctrine* (1984b). *Chicago*

*Theological Seminary Register* 74 (1984), 37-38.

LEITHART, Peter J. "Marcionism, Postliberalism, and Social Christianity." *Pro Ecclesia* 8 (1999), 85-97.

LINTS, Richard. "The Postpositivist Choice: Tracy or Lindbeck?" *Journal of the American Academy of Religion* 61 (1993), 655-77.

LIVINGSTON, James C. "Christian Thought at the End of the Twentieth Century." In Livingston, Francis Schüssler Fiorenza, et al., *Modern Christian Thought*, vol. 2: *The Twentieth Century*. Upper Saddle River, NJ: Prentice Hall, 2000, 493-533.

LOUGHLIN, Gerard. *Telling God's Story: Bible, Church, and Narrative Theology*. Cambridge, UK: Cambridge University Press, 1996.

LOVIN, Robin W. "When the Church Is a Church: Doctrinal Standards in Denominational Contexts." *Drew Gateway* 57 (1987), 1-15.

LYSAUGHT, M. T. Review of Lindbeck, *The Church in a Postliberal Age* (2003a). *Horizons* 31 (2004), 445-46.

MANNION, M. Francis. "The Marian Formation of Christians: A Pastoral Perspective." *Marian Studies* 45 (1994), 9-31.

———. "Modern Culture and the Monastic Paradigm." *Communio* 20 (1993), 503-27.

———. "Monasticism and Modern Culture: III. The Labor of Tradition—Monasticism as a Cultural System." *American Benedictine Review* 44 (1993), 290-307.

MARSHALL, Bruce D. "Absorbing the World: Christianity and the Universe of Truths." In Marshall (ed.), *Theology and Dialogue*, 69-102.

———. "Aquinas as Postliberal Theologian." *The Thomist* 53 (1989), 353-402.

———. "George Lindbeck." In Donald W. Musser and Joseph L. Price (eds.), *A New Handbook of Christian Theologians*. Nashville: Abingdon Press, 1996, 271-77.

———. "Lindbeck Abroad." *Pro Ecclesia* 15 (2006), 223-41.

———. "Lindbeck on What Theology Is." *Dialog* 31 (1992), 44-47.

——— (ed.). *Theology and Dialogue: Essays in Conversation with George Lindbeck*. Notre Dame, IN: University of Notre Dame Press, 1990.

MARTINSON, Paul Varo. "Speaking the Truth: Contemporary Approaches to Religious Pluralism." *Lutheran World Federation Report* 23/24 (1988), 40-73.

MARTY, Martin E. *Modern American Religion*, vol. 3: *Under God Invisible, 1941-1960*. Chicago: University of Chicago Press, 1996, 206.

MASSA, James. "The Communion Theme in the Writings of Joseph Ratzinger: Unity in the Church and in the World through Sacramental Encounter." Diss., Fordham University, 1996.

MAY, John D'arcy. "Integral Ecumenism." *Journal of Ecumenical Studies* 25 (1988), 573-91.

McGRATH, Alister. *The Genesis of Doctrine: A Study in the Foundations of Doctrinal Criticism.* Oxford, UK: Blackwell, 1990.

McKIM, Donald K. Review of Lindbeck, *The Nature of Doctrine* (1984b). *Reformed Review* 39 (1986), 129-30.

———. Review of Lindbeck, *The Nature of Doctrine* (1984b). *Reformed Journal* 36/3 (1986), 18-20.

MEEKS, Wayne A. "A Hermeneutics of Social Embodiment." In George W. E. Nickelsburg and George W. Macrae (eds.), *Christians among Jews and Gentiles: Essays in Honor of Krister Stendahl on His Sixtyfifth Birthday.* Philadelphia: Fortress Press, 1986, 176-86; also in *Harvard Theological Review* 79 (1986), 176-86.

METZGER, Paul Louis. Review of Lindbeck, *The Church in a Postliberal Age* (2003a). *Neue Zeitschrift für systematische Theologie und Religionsphilosophie* 45 (2003), 380-81.

MICHALSON, Gordon E. "The Response to Lindbeck." *Modern Theology* 4 (1988), 107-19.

MILBANK, John. *Theology and Social Theory: Beyond Secular Reason.* Oxford, UK, and Cambridge, MA: Blackwell, 1990. 『신학과 사회이론: 세속이성을 넘어서』, 서종원·임형권 옮김(서울: 새물결플러스, 2018).

MILLER, Ed. L., and Stanley J. Grenz. "Theology in a Postliberal Age: George Lindbeck." In Miller and Grenz (eds.), *Fortress Introduction to Contemporary Theologies.* Minneapolis: Fortress Press, 1998, 200-216.

MOREROD, Charles. "La contribution de George Lindbeck à la méthodologie oecuménique." In Marc Boss, Gilles Emery, and Pierre Gisel (ed.), *Postlibéralisme? La théologie de George Lindbeck et sa reception.* Geneva: Labor et Fides, 157-82.

MOULAISON, Jane Barter. *Lord, Giver of Life: Toward a Pneumatological Complement to George Lindbeck's Theory of Doctrine.* Waterloo, ON: Wilfrid

Laurier University Press, 2007.

———. Review of Lindbeck, *The Church in a Postliberal Age* (2003a). *Toronto Journal of Theology* 19 (2003), 263-65.

MUIS, J. "De Schrift, het dogma en de dogmatiek." *Hervormde teologiese studies* 59/3 (2003), 859-79.

MURCHLAND, Bernard. Review of Lindbeck, *The Future of Roman Catholic Theology* (1970c), *Journal of Religion* 53 (1973), 141-43.

MURPHY, David. Review of Lindbeck, *The Nature of Doctrine* (1984b). *Nederlands theologisch tijdschrift* 42 (1988), 173-74.

MURPHY, Nancey. *Beyond Liberalism and Fundamentalism: How Modern and Postmodern Philosophy Set the Theological Agenda*. Valley Forge, PA: Trinity Press,1996.

MURPHY, Nancey, and James Wm. McClendon. "Distinguishing Modern and Postmodern Theologies." *Modern Theology* 5 (1989), 191-214.

NEED, Stephen W. "Language, Metaphor, and Chalcedon: A Case of Theological Double Vision." *Harvard Theological Review* 88/2 (1995), 237-55.

NEUHAUS, Richard John. "Is There Theological Life after Liberalism? The Lindbeck Proposal." *Dialog* 24 (1985), 66-72.

———. *The Catholic Moment: The Paradox of the Church in a Postmodern World*. San Francisco: Harper & Row, 1987.

———(ed.). *Biblical Interpretation in Crisis: The Ratzinger Conference on Bible and Church*. Grand Rapids: Eerdmans, 1989.

NICHOLSON, Hugh. "Comparative Theology after Liberalism." *Modern Theology* 23 (2007), 229-51.

NICHOLSON, Michael W. "Abusing Wittgenstein: The Misuse of the Concept of Language Games in Contemporary Theology." *Journal of the Evangelical Theological Society* 39 (1996), 617-29.

OAKES, Edward T. "Apologetics and the Pathos of Narrative Theology." *Journal of Religion* 72 (1992), 37-58.

OCHS, Peter. "An Introduction to Postcritical Scriptural Interpretation." In Ochs (ed.), *The Return to Scripture in Judaism and Christianity: Essays in Postcritical Scriptural Interpretation*. New York: Paulist Press, 1993, 3-51.

———. "Books on Jewish-Christian Dialogue: George Lindbeck, *The Nature of Doc trine: Religion and Theology in a Postliberal Age*." *Review and Expositor* 103 (2006), 238-39.

————. "Pragmatic Conditions for Jewish-Christian Theological Dialogue." *Modern Theology* 9 (1993), 123-40.

O'CONNOR, Steve. "A Cultural-Linguistic Approach to Worship and Conversion." *Stimulus* 9 (2001), 25-30.

OLSON, Roger E. "Back to the Bible (Almost): Why Yale's Postliberal Theologians Deserve an Evangelical Hearing." *Christianity Today* (May 20, 1996), 31-34.

O'NEILL, Colman E. "The Rule Theory of Doctrine and Propositional Truth." *The Thomist* 49 (1985), 417-42.

PADGETT, Alan. Review of Lindbeck, *The Nature of Doctrine* (1984b). *Theological Stu dents Fellowship Bulletin* 8 (1985), 31.

PATTERSON, Sue. *Realist Christian Theology in a Postmodern Age.* Cambridge: Cambridge University Press, 1999.

PECKNOLD, C. C. *Transforming Postliberal Theology: George Lindbeck, Pragmatism, and Scripture.* London: T&T Clark International, 2005.

PHILLIPS, Dewi Z. *Faith after Foundationalism.* London and New York: Routledge, 1988.

————. "Lindbeck's Audience." *Modern Theology* 4 (1988), 133-54.

PHILLIPS, Timothy R., and Dennis L. Okholm (eds.). *The Nature of Confession: Evangelicals and Postliberals in Conversation.* Downers Grove, IL: InterVarsity Press, 1996.

PINNOCK, Clark. *Tracking the Maze: Finding Our Way through Modern Theology from an Evangelical Perspective.* San Francisco: Harper & Row, 1990.

PITTENGER, W. Norman. Review of Lindbeck, *The Future of Roman Catholic Theology* (1970c). *Modern Churchman* 15 (1972), 146-47.

PLACHER, William C. "Paul Ricoeur and Postliberal Theology: A Conflict of Interpretations?" *Modern Theology* 4 (1987), 35-52.

————. "Postliberal Theology." In David F. Ford (ed.), *Modern Theologians.* 2nd ed. Oxford: Blackwell, 1997, 343-56. 「후기자유주의 신학」, 『현대 신학과 신학 자들』, 류장열·오흥명·정진오·최대열 옮김(서울: 기독교문서선교회, 2006).

————. "Postmodern Theology." In Donald W. Musser and Joseph L. Price (eds.), *A New Handbook of Christian Theology.* Nashville: Abingdon Press, 1992, 372-75.

————. "Revisionist and Postliberal Theologies and the Public Character of Theology." *The Thomist* 49 (1985), 392-416.

———. *Unapologetic Theology: A Christian Voice in a Pluralistic Conversation.* Louisville, KY: Westminster Press, 1989. 『비변증론적 신학』, 정승태 옮김(서울: 은성, 2003)

PLANTINGA PAUW, Amy. "The Word Is Near You: A Feminist Conversation with Lindbeck." *Theology Today* 50 (1993), 45-55.

POLKINGHORNE, John. *Reason and Reality.* London: SPCK, 1991.

POWER, William L. "Homo Religiosus: From a Semiotic Point of View." *International Journal for Philosophy of Religion* 21/2 (1987), 65-81.

PROUDFOOT, Wayne. "*Regula fidei* and Regulative Idea: Two Contemporary Theological Strategies." In Sheila Greeve Davaney (ed.), *Theology at the End of Modernity.* Philadelphia: Trinity Press International, 1991, 99-113.

RAMELOW, Tilman. *Beyond Modernism? George Lindbeck and the Linguistic Turn in Theology.* Neuried: Ars Una, 2005.

RAYNAL, Charles E. Review of Lindbeck, *The Nature of Doctrine* (1984b). *Interpretation* 41 (1987), 81-85.

RENDTORFF, Trutz. "Karl Barth und die Neuzeit." *Evangelische Theologie* 46 (1986), 298-314.

REUMANN, John. "A New Way for Reading Confessional Documents on Bishops and Ministry?" *Currents in Theology and Mission* 18 (1991), 245-55.

REYNOLDS, Terrence. "Parting Company at Last: Lindbeck and McFague in Substantive Theological Dialogue." *Concordia Theological Quarterly* 63/2 (1999), 97-118.

———. "Walking Apart, Together: Lindbeck and McFague on Theological Method." *Journal of Religion* 77 (1997), 44-67.

RICHARDS, Jay Wesley. "Truth and Meaning in George Lindbeck's *The Nature of Doctrine.*" *Religious Studies* 33 (1997), 33-53.

RICHES, John. Review of Lindbeck, *The Nature of Doctrine* (1984b). *Modern Church man* 28 (1985), 64-65.

RIGBY, Paul, John van den Hengel, and Paul O'Grady. "The Nature of Doctrine and Scientific Progress." *Theological Studies* 52 (1991), 669-88.

ROBERTS, J. J. M. "Historical-Critical Method, Theology, and Contemporary Exegesis." In Steven J. Kraftchick, Charles D. Meyers, and Ben C. Ollenburger (eds.), *Biblical Theology: Problems and Perspectives.* Nashville: Abingdon Press 1995, 131-41.

ROOT, Michael. "Truth, Relativism, and Postliberal Theology." *Dialog* 25 (1986), 175-80.

SAARINEN, Risto. *God and the Gift: An Ecumenical Theology of Giving.* Collegeville, MN: Liturgical Press, 2005.

―――. "Forgiveness, the Gift, and Ecclesiology." *Dialog* 45 (2006), 55-62.

SCALISE, Charles J. "Agreeing on Where We Disagree: Lindbeck's Postliberalism and Pastoral Theology." *Journal of Pastoral Theology* 8 (1998), 43-51.

SCHNEIDERS, Sandra M. "Does the Bible Have a Postmodern Message?" In F. Burnham (ed.), *Postmodern Theology*, 56-73.

SCHÜSSLER FIORENZA, Francis. "Religion: A Contested Site in Theology and the Study of Religion." *Harvard Theological Review* 93 (2000), 7-34.

SCOTT, David A. "Anglican and Episcopal Theologians: A Usable Past for Postliberal Theology." *Anglican and Episcopal History* 56 (1987), 7-26.

SEARLE, Mark. "Issues in Christian Initiation: Uses and Abuses of the RCIA." *Living Light* 22 (1986), 199-214.

SGROI, Placido. "In Dialogo con George A. Lindbeck: La Traduzione Italiana de La Natura della Doctrina." *Studi Ecumenici* 23 (2005), 125-36.

SHELLEY, Jack C., Jr. Review of Lindbeck, *The Nature of Doctrine* (1984b). *Perspectives in Religious Studies* 12 (1985), 54-56.

SHULTS, F. LeRon. *The Postfoundationalist Task of Theology: Wolfhart Pannenberg and the New Theological Rationality.* Grand Rapids: Eerdmans, 1999.

SIGNER, Michael A. "Searching the Scriptures: Jews, Christians, and the Book." In Tikva Simone Frymer-Kensky et al. (eds.), *Christianity in Jewish Terms.* Boulder, CO: Westview Press, 2000, 85-98.

SLATER, Peter. "Lindbeck, Hick, and the Nature of Religious Truth." *Studies in Religion/ Sciences Religieuses* 24 (1995), 59-75.

SLOYAN, Gerard S. Review of Lindbeck, *The Future of Roman Catholic Theology* (1970c). *Worship* 44 (1970), 376-77.

SMITH, Brian K. "Christianity as a Second Language: Rethinking Mission in the West." *Theology Today* 53 (1997), 439-48.

SMITH, Harmon L. *Where Two or Three Are Gathered: Liturgy and the Moral Life.* Cleveland: Pilgrim Press, 1995.

SOMMERVILLE, C. John. "Is Religion a Language Game? A Real World Critique of the Cultural-Linguistic Theory." *Theology Today* 51 (1995), 594-99.

SPONHEIM, Paul R. "The Word in the World Is True." *Dialog* 25 (1986), 167-74.

STACKHOUSE, Max L. "Liberalism Dispatched vs. Liberalism Engaged." *Christian Century* 112 (1995), 962-67.

STELL, Stephen L. "Hermeneutics in Theology and the Theology of Hermeneutics: Beyond Lindbeck and Tracy." *Journal of the American Academy of Religion* 61 (1993), 679-702.

STONE, Jerome A. "The Anglo-American Paradigm: Lost and Found in Current Theology." *Hervormde teologiese studies* 52 (1996), 415-30.

————. "Philip Hefner and the Modernist/Postmodernist Divide." *Zygon* 39 (2004), 755-72.

STOSCH, Klaus von. *Glaubensverantwortung in doppelter Kontingenz: Untersuchungen zur Verortung fundamentaler Theologie nach Wittgenstein.* Diss., Bonn, 2000.

SURIN, Kenneth. "Many Religions and the One True Faith: An Examination of Lindbeck's Chapter Three." *Modern Theology* 4 (1988), 187-209.

————. *The Turnings of Darkness and Light.* Cambridge: Cambridge University Press, 1989.

TAMBOUR, Hans-Joachim. *Theologischer Pragmatismus: Semiotische Überlegungen zu George A. Lindbecks kulturellsprachlichen Ansatz.* Munich: LIT, 2003.

TANNER, Kathryn. *Theories of Culture: A New Agenda for Theology.* Minneapolis: Fortress Press, 1997.

THIEL, John E. *Imagination and Authority: Theological Authorship in the Modern Tradition.* Minneapolis: Fortress Press, 1991.

————. *Nonfoundationalism.* Minneapolis: Fortress Press, 1994.

————. Review of Lindbeck, *The Nature of Doctrine* (1984b). *Heythrop Journal* 29 (1988), 107-9.

————. "Theological Authorship: Postmodern Alternatives?" *Heythrop Journal* 30 (1989), 32-50.

THIEMANN, Ronald F. "Response to George Lindbeck." *Theology Today* 43 (1986), 377-82.

THOMAS, Günter. "Religionstheorie und Theologie in einer nachliberalen Zeit: George A. Lindbecks Entwurf der christlichen Lehre als Grammatik des Glaubens und der Religion als kulturelles Symbolsystem." *Berliner Theologische Zeitschrift* 12 (1996), 285-93.

THOMAS, Owen C. "On Stepping Twice into the Same Church: Essence, Development, and Pluralism." *Anglican Theological Review* 70 (1988), 293-306.

———. Review of Lindbeck, *The Nature of Doctrine* (1984b). *Anglican Theological Review* 67 (1985), 106-8.

THOMPSON, Geoffrey. "A Question of Posture: Engaging the World with Justin Martyr, George Lindbeck, and Hans Frei." *Pacifica* 13 (2000), 267-87.

THUESEN, Peter J. "George Lindbeck on Truth." *Lutheran Quarterly* 10 (1996), 47-58.

TILLEY, Terrence W. "Der Gegenwart einen Namen geben." *Concilium* 26 (1990), 41-57.

———. "Incommensurability, Intratextuality, and Fideism." *Modern Theology* 5 (1989), 87-111.

———. *Postmodern Theologies: The Challenge of Religious Diversity*. Maryknoll, NY: Orbis Books, 1995.

———. Review of Lindbeck, *The Church in a Postliberal Age* (2003a). *Commonweal* 130 (2003), 21-23.

TRACY, David. "Lindbeck's New Program for Theology: A Reflection." *The Thomist* 49 (1985), 460-72.

———. "The Uneasy Alliance Reconceived: Catholic Theological Method, Modernity, and Postmodernity." *Theological Studies* 50 (1989), 548-70.

TRIPOLE, Martin R. Review of Lindbeck, *The Nature of Doctrine* (1984b). *Theological Studies* 46 (1985), 384.

TRUE, Marina. "Static Meaning in Neutral Territory: Clifford Geertz's Thought on Religion Applied to Christian Mission and Theology." *Missionalia* 31 (2003), 518-41.

ULRICH, Hans G., and Reinhard Hütter. "Einführung in die deutsche Ausgabe." In Lindbeck, *Christliche Lehre als Grammatik des Glaubens: Religion und Theologie im postliberalen Zeitalter*. Gütersloh: Chr. Kaiser, 1994, 7-15.

VAJTA, Vilmos. Review of Lindbeck, *The Future of Roman Catholic Theology* (1970c). *Lutheran World* 18 (1971), 301.

VENTIS, Haralambos. "Toward Apophatic Theological Realism: An Orthodox Realistic Critique of Postmodernism with Special Attention to the Work of George Lindbeck." Diss., Boston University, 2001.

VIGNAUX, Paul. "L'avenir de la théologie catholique vu par un luthérien." In A.

Vital Mbadu Kwalu (ed.), *Dieu connu en JésusChrist: Une approche pauli-enne d'après l'Épître aux Romains*. Paris: Éditions du Seuil, 1973, 115-18.

VOLF, Miroslav. "Theologie, Sinn, Macht." In Carmen Krieg, Thomas Kucharz, and Volf (eds.), *Die Theologie auf dem Weg in das dritte Jahrtausend* (Festschrift for Jürgen Moltmann). Gütersloh: Chr. Kaiser, 1996, 126-45; English: "Theology, Meaning, and Power." In Grieg, Kucharz, and Volf (eds.), *The Future of Theology: Essays in Honor of Jürgen Moltmann*. Grand Rapids: Eerdmans, 1996, 98-113.

WAINWRIGHT, Geoffrey. "Bemerkungen aus Amerika zu Dietrich Ritschls 'Logik der Theologie.'" *Evangelische Theologie* 46 (1986), 555-61.

———. "Ecumenical Dimensions of Lindbeck's 'Nature of Doctrine.'" *Modern Theology* 4 (1988), 121-33.

WALLACE, Mark. "The New Yale Theology." *Christian Scholar's Review* 17 (1987), 154-70.

———. *The Second Naiveté: Barth, Ricoeur, and the New Yale Theology*. Macon, GA: Mercer University Press, 1990.

WARREN, Virgil. Review of Lindbeck, *The Nature of Doctrine* (1984b). *Journal of the Evangelical Theological Society* 29 (1986), 325.

WATSON, Francis. *Text, Church, and World: Biblical Interpretation in Theological Perspective*. Grand Rapids: Eerdmans, 1994.

WEAVER, J. Denny. "Mennonites: Theology, Peace, and Identity." *Conrad Grebel Review* 6 (1988), 119-45.

———. Review of Lindbeck, *The Nature of Doctrine* (1984b). *Conrad Grebel Review* 3 (1985), 221-24.

WEBSTER, John. "Theology after Liberalism?" In Webster and P. Schner (eds.), *Theology after Liberalism*, 52-61.

WEBSTER, John, and George P. Schner (ed.). *Theology after Liberalism. A Reader.* Oxford, UK, and Malden, MA: Blackwell, 2000.

WENZEL, Knut. *Zur Narrativität des Theologischen: Prolegomena zu einer nar-rativen Texttheorie in soteriologischer Hinsicht*. Frankfurt: Lang, 1997, 154.

WERPEHOWSKI, William. "Ad Hoc Apologetics." *Journal of Religion* 66 (1986), 282-301.

WICKS, Jared. "Biblical Criticism Criticized." *Gregorianum* 72 (1991), 117-28.

WIEDENHOFER, Siegfried. Review of Lindbeck, *The Nature of Doctrine* (1984b). *Theologische Revue* 84 (1988), 47-49.

WIERTZ, Oliver J. "George A. Lindbecks Entwurf einer postliberalen Theologie: Ein neues Paradigma der Theologie?" *Reflektierter Glaube*. Egelsbach: Verlag Dr. Hänsel-Hohenhausen, 1999, 109-30.

WILES, Maurice F. "Scriptural Authority and Theological Construction: The Limitations of Narrative Interpretation." In Garrett Green (ed.), *Scriptural Authority and Narrative Interpretation* (Festschrift for Hans Frei). Philadelphia: Fortress Press, 1987, 42-58.

WILLIAMS, Rowan D. "Postmodern Theology and the Judgment of the World." In F. Burnham (ed.), *Postmodern Theology*, 92-112.

WILLIAMS, Stephen. "Lindbeck's Regulative Christology." *Modern Theology* 4 (1988), 174-86.

WILLIMON, William H. "Answering Pilate: Truth and the Postliberal Church." *Christian Century* 104 (1987), 82-85.

WOOD, Charles M. Review of Lindbeck, *The Nature of Doctrine* (1984b). *Religious Studies Review* 11 (1985), 235-40.

―――. "Theological Hermeneutics." *Quarterly Review* 7 (1987), 91-100.

YEAGO, David S. Review of Lindbeck, *The Nature of Doctrine* (1984b). *Lutheran Forum* 18/3 (1984), 29-32.

ZORN, Hans. "Grammar, Doctrines, and Practice." *Journal of Religion* 75 (1995), 509-20.

# 찾아보기(인명)

**A**

Abrams, Meyer H.  280n5.
Afanassieff, Nicolas  255n20.
Aquinas, Thomas  '토마스 아퀴나스'를 보라.
Aristotle (아리스토텔레스)  57, 70, 118,
    174, 175n22, 263.
Arius (아리우스)  237n9. 또한 주제 찾아보
    기에서 '아리우스주의'를 보라.
Asterius  237n9.
Athanasius (아타나시오스)  234, 237n9,
    249, 261.
Augustine (아우구스티누스)  174, 206, 243,
    244n13, 264, 282, 285, 319, 325, 327.
Austin, John L. (오스틴, J. L.)  180.

**B**

Bach, Johann Sebastian (바흐, 요한 세바
    스찬)  129.
Barth, Karl (바르트, 칼)  23n18, 57-58, 99,
    200, 215, 289n17, 290, 320, 344, 346.
Baum, Gregory  184n27, 202n8.

Bell, Daniel  300n23.
Berger, Peter (버거, 피터)  56, 89n10, 90-
    91, 93, 95n23, 203.
Bochenski, Joseph M.  90n16.
Bonhoeffer, Dietrich (본회퍼, 디트리히)
    215.
Boss, Marc (보스, 마크)  12n4, 322.
Bowker, John (보우커, 존)  150n8.
Buddha, Gautama (붓다, 고타마)  160,
    216, 282, 338.
Bultmann, Rudolf (불트만, 루돌프)  99.
Burrell, David  183.

**C**

Calhoun, Robert Lowry (칼훈, 로버트 로
    우리)  15.
Calvin, John (칼뱅, 존)  215n23, 285, 344.
Campbell, Thomas (캠벨, 토머스)  96.
Chadwick, Owen  204n10.
Chesterton, G. K. (체스터턴, G. K.)  99.
Chirico, Peter  247n14.

Chomsky, Noam (촘스키, 노암) 123, 213n21.

Christian, William A., Sr. (크리스천, 윌리엄) 90, 113-114, 339n9.

Copernicus (코페르니쿠스) 93, 340.

Cupitt, Don (큐핏, 돈) 232.

Cyprian (키프리아누스) 167.

**D**

Davidson, Donald (데이비슨, 도널드) 36n24, 350.

Derrida, Jacques (데리다, 자크) 281n5, 293n20.

DiNoia, Joseph 117n10, 157n12, 324n3 .

Dionysius (디오니시오스) 45, 53.

Dulles, Avery Cardinal (덜레스 추기경, 에이버리) 35.

Dunne, John S. (던, 존) 96.

Durkheim, Emile (뒤르켐, 에밀) 56, 89.

**E**

Ebeling, Gerhard (에벨링, 게르하르트) 285.

Eckhart (Meister) (에크하르트, 마이스터) 152, 153n9.

Einstein, Albert (아인슈타인, 알베르트) 70, 135, 175n22, 262-263.

Eliade, Mircea (엘리아데, 미르체아) 92, 96, 97n25, 134n25.

Engelland, H. (엥겔란트, H.) 223n25.

Evans, T. M. S. 278n3.

Evans-Pritchard, Edward E. (에반스-프리처드, 에드워드 E.) 278-279.

**F**

Fogelin, Robert J. 124n17.

Ford, David 289n17.

Frei, Hans (프라이, 한스) 10, 56, 283n7, 286, 288n12, 320.

Freud, Sigmund (프로이트, 지그문트) 130, 280.

Frye, Northrop (프라이, 노스롭) 304.

**G**

Galileo (갈릴레오) 340.

Geach, Peter (기치, 피터) 99, 125n18.

Geertz, Clifford (기어츠, 클리퍼드) 23n18, 56, 58, 90, 97n26, 123, 131n24, 172n19, 276.

Gerrish, Brian 312n29.

Gibbon, Edward (기번, 에드워드) 199.

Gilson, Etienne (질송, 에티엔느) 16, 39n27.

Gödel, Kurt (괴델, 쿠르트) 242.

**H**

Hauerwas, Stanley (하우어워스, 스탠리) 59.

Hegel, G. W. F. (헤겔, G. W. F.) 56-57, 89, 118, 257.

Heiler, Friedrich (하일러, 프리드리히) 111, 133-134.

Hick, John (힉, 존) 231n1, 232n2, 289n14, 331.

Hild, H. 316n34.

Holmer, Paul (호머, 폴) 99n28.

Hudson, William D. 89n11.

Huntington, Samuel (헌팅턴, 새뮤얼) 322, 323n2.

**J**

John Paul II (요한 바오로 2세) 51.

John XXIII (요한 23세) 206n15.

**K**

Kant, Immanuel (칸트, 임마누엘) 91-93,

100, 114, 223n25, 327n5.
Kasper, Walter (카스퍼, 발터) 11, 12n4.
Katz, Steven 131n23.
Keller, Helen (켈러, 헬렌) 116.
Kelly, J. N. D. 234n3.
Kelsey, David 56, 287n11, 290, 320n35.
Knitter, Paul (니터, 폴) 330, 331n6, 335,
    341.
Körner, Stephan 125n18.
Kuhn, Thomas S. (쿤, 토머스 S.) 65-66,
    135, 310.
Küng, Hans (큉, 한스) 82n3, 200n5, 289.

**L**
Langer, Susanne K. 116n9.
Lehmann, Karl 200n6.
Lewis, C. S. (루이스, C. S.) 99.
Lindbeck, George A. (린드벡, 조지 A.)
    10-11, 12n4, 13-24, 27-41, 43-44,
    47-53, 58n2, 110, 117n10, 125n18,
    128n21, 131, 139n1, 156n11, 160n14,
    184n27, 194n1, 208n17, 222n24, 231n1,
    246n14, 310n26, 322n1, 343n11.
Little, David (리틀, 데이비드) 114n8.
Lonergan, Bernard (로너간, 버나드) 21,
    56, 73, 81, 83, 84n5, 93n21, 100, 107,
    109-111, 124-125, 127, 133, 134n25,
    141n2, 149, 153n10, 161, 169, 194, 209,
    234-235, 241, 246, 254n18, 260-262,
    264.
Loyola, Ignatius (로욜라의 이냐시오) 110.
Luckmann, Thomas (루크만, 토마스)
    89n10, 93, 94n22.
Luther, Martin (루터, 마르틴) 17, 60, 128-
    129, 169, 181, 197-198, 206, 237n9,
    261, 285, 2943, 312, 319.
Lyons, John 213n21.

**M**
Machen, J. Gresham (메이첸, J. 그레샴)
    206n14.
MacIntyre, Alasdair (매킨타이어, 알래스
    데어) 59, 351.
Maritain, Jacques (마리탱, 자크) 20.
Marx, Karl (마르크스, 칼) 56, 68, 89, 300.
McInnis, Robert E. 126n19.
McMullin, Ernan 70n4.
Mead, G. H. (미드, G. H.) 89n10.
Mitchell, Basil (미첼, 바질) 311.
Muggeridge, Malcolm (머거리지, 말콤)
    99.

**N**
Neuner, Joseph (노이너, 요제프) 160.
Newman, John Henry (뉴먼, 존 헨리)
    67n3, 121, 198, 261, 311n27.
Newton, Isaac (뉴턴, 아이작) 70, 135,
    149, 170, 262-263.
Norris, Christopher 281n5.

**O**
Ottaviani, Alfredo (오타비아니, 알프레도)
    206n14.
Otto, Rudolf (오토, 루돌프) 92, 97n25,
    110, 127, 153n9.

**P**
Pannenberg, Wolfhart 200n6.
Paul (바울) 120, 163, 170, 181, 206, 294,
    334.
Pelikan, Jaroslav (펠리칸, 야로슬라프)
    194n1, 237n9.
Persson, Per Eric 145n4.
Plato (플라톤) 57, 174, 214, 293. 또한 주제
    찾아보기에서 '플라톤주의'를 보라.

Plotinus (플로티노스) 96.
Polanyi, Michael (폴라니, 마이클) 126.
Preller, Victor 144n3.
Proudfoot, Wayne 101n31.

**R**

Rad, Gerhard von 294n21.
Rahner, Karl (라너, 칼) 86n7, 112n7,
    169n16, 200n6, 204n11, 223n25, 242n12.
Ratzinger, Joseph 20(옮긴이 주), 100n29.
Ricoeur, Paul (리쾨르, 폴) 281n5.
Rorty, Richard (로티, 리처드) 293n20.
Ryle, Gilbert (라일, 길버트) 125n18, 276.

**S**

Schelling, F. W. J. von (셸링, F. W. J. 폰)
    118, 257.
Schillebeeckx, Edward (스힐레베익스, 에
    드바르트) 83n5, 289.
Schleiermacher, Friedrich (슐라이어마허,
    프리드리히) 57, 81, 91-92, 282, 296, 319.
Schlink, Edmund (슐링크, 에드문트) 56,
    209n19.
Schoonenberg, Piet 244n13.
Sellars, Wilfrid (셀라스, 윌프리드)
    173n20, 183n26.
Sertillanges, Antonin 185n28.
Shankara (샹카라) 152, 153n9.
Siggins, Ian 181n24.
Smart, Ninian (스마트, 니니안) 90, 97n25.
Smith, Wilfred Cantwell (스미스, 윌프레
    드 칸트웰) 97n25, 205n13.
Splett, J. (스플렛, J.) 223n25.
Szczesny, Gerhard 316n24.

**T**

Teilhard de Chardin, Pierre (샤르댕, 테야

르드) 175n22, 286.
Thomas Aquinas (토마스 아퀴나스) 23,
    38-44, 53, 60, 117, 120, 125n18, 127,
    144-145, 175, 182, 183n26, 184-185,
    207, 214, 282, 285, 296, 312-313, 319-
    320, 338, 341n10, 344.
Tillich, Paul (틸리히, 폴) 82, 99, 110,
    117n11, 118, 173n21, 176, 208n17, 297,
    309.
Tolstoy, Leo (톨스토이, 레프) 86, 87n8.
Tracy, David (트레이시, 데이비드) 23n18,
    58n2, 124, 125n18, 280n4, 289.
Twiss, Sumner B. (트위스, 섬너 B.) 114n8.

**V**

Vandervelde, George 244n13.
Vignaux, Paul (비뇨, 폴) 16.

**W**

Wach, Joachim (바흐, 요아킴) 97n25.
Watson, Philip 312n29.
Weber, Max (베버, 막스) 56, 89.
Weisbein, N. 87n8.
Whitehead, Alfred North 96.
Whittaker, John H. 235n8.
Wiles, Maurice (와일즈, 모리스) 147,
    237-238n9.
Winch, Peter (윈치, 피터) 90n12.
Wittgenstein, Ludwig (비트겐슈타인, 루트
    비히) 23n18, 56, 58, 71n5, 89, 99, 115,
    124, 125n18, 127, 265n25, 266, 310.
Wolfgang, Marvin E. 102n32.
Wolosky, Shira 281n5.
Wood, Charles 285n8.

**Z**

Zaehner, Robert C. 130n23.

# 찾아보기(주제)

ㄱ

교리 이론(doctrine, theory of)
  규제적 또는 규칙(regulative or rule)
    84-87, 208-225, 228, 233-240,
    242, 244-245, 247-248, 260-267.
  명제적(propositional) 80-81, 204-
    205, 229, 261-266.
  이차원적(two-dimensional) 81, 83,
    107, 161.
  창조(creation) 28, 30-32.
  표현적(expressive) 81-83, 201-202,
    205, 229-233.
교리교육(catechesis) 314-317.
교리(들)(doctrines) 194-200.
  가역적(reversible) 221-225, 243-
    244, 256.
  개정될 수 없는/개정 불가능한(irreform-
    able) 224, 244-245.
  공식(official) 195-200.
  -에 의해 형성된 그리스도교의 공동체
    적 정체성(Christian communal

identity shaped by) 33.
  무조건적(unconditional) 220-224,
    240-241.
  불가역적(irreversible) 221-223, 241-
    242, 245.
  실천적(practical) 219-220.
  영속적(permanent) 220, 222-225,
    240, 262.
  우연적(accidental) 221-223.
  일시적(temporary) 220-224, 244.
  작용하는(operational) 195-200.
  조건적(conditional) 220-225.
그리스도교(Christianity)
  (동방) 정교회(Orthodox) 54, 255-257.
  가톨릭(Catholic) 11-12, 14, 16-20,
    29, 47-49, 52, 54, 58, 68, 78, 81,
    83, 100, 107, 109, 112, 139, 149,
    160, 165-166, 192, 195, 197, 199,
    200-202, 204, 206, 209, 211, 222-
    223, 236, 245-250, 255-259, 266,
    272, 325, 329, 332.

그리스도교(앞 장에서 이어짐)
　개신교(Protestant) 11, 18, 20, 38, 41,
　　47, 49, 54, 58, 68, 78, 83, 95, 117,
　　149, 160, 165-166, 195-196, 199-
　　201, 204-205, 209, 211, 222, 242,
　　247, 249, 255-258, 266, 272, 283,
　　325, 332.
　신조 없는(creedless) 195. cf. 200(신
　　조 없는 종교).
　-와 다른 종교들 사이의 관계(nature of
　　relationship with other religions)
　　13.
　익명의(anonymous) '익명의 그리스
　　도교'를 보라.
　잠복적(latent) 173, 315.
근대성(modernity) 19, 59, 88, 95, 99, 101,
　303.

ㄴ
나치즘(Nazism) 301, 342.

ㄷ
다원주의(pluralism) 37, 93, 273, 302,
　306, 330-332, 334, 341.
도교(Taoism) 133.

ㅁ
마르크스주의(Marxism) 68, 154, 156,
　277, 286, 298-299, 315, 342. 또한 인명
　찾아보기에서 '마르크스'를 보라.
마리아 교의(Marian doctrines) 68, 72,
　197, 225, 226, 241-245.
명제와 문장(propositions and sentenc-
　es) 185-187.
모형론(typology) 281n5, 282-285, 286,
　295, 321.
무류성(infallibility) 225, 246-259.

무오성(inerrancy) 145, 149.
문자적 의미(literal sense) 286-288.

ㅂ
불교/불교도(Buddhism/Buddhist) 68,
　83, 115, 129, 133-134, 139-140, 143,
　153-154, 156, 160, 201, 216, 250, 277,
　331, 335, 338-339, 350-351.

ㅅ
신앙주의(fideism) 24-25, 27, 36, 306,
　309, 312-313, 323-324, 335, 342, 348,
　350.
신조/신경(creed)
　니케아(Nicene) 86-87, 147, 196, 199,
　　212, 223-224, 230-240, 262-266.
　사도(Apostles') 222, 224, 254.
　칼케돈(Chalcedonian) 223-224, 230-
　　240, 266, 294.
신학(theology) 199-200.
　근본주의(fundamentalist) 149, 286-
　　288.
　기술(descriptive) 274-279, 291.
　기초 또는 변증(foundational or apol-
　　ogetic) 16, 73, 271, 311-312.
　실천(practical) 271.
　자유주의(liberal) 271-273, 300-305,
　　307-310, 313.
　자유주의 이전의(preliberal) 271.
　텍스트 내재적(intratextual) 274-276.
　후기자유주의(postliberal) 271-273,
　　293-296, 300-309, 313-314.

ㅇ
아리스토텔레스주의의(Aristotelian) 127,
　263, 282. 또한 인명 찾아보기에서 '아리
　스토텔레스'를 보라.

아리우스주의/아리우스파(Arianism) 199, 236, 237n9, 249..

아우구스티누스주의의(Augustinian) 127. 또한 인명 찾아보기에서 '아우구스티누스'를 보라.

아조르나멘토(aggiornamento [updating Catholic Church]) 18-19.

에큐메니즘(ecumenism) 78-85.
굴복 없는 교리적 화해와(doctrinal reconciliation without capitulation problem and) 47.
종교 간 문제와 경험-표현주의(experiential expressivism) 329-333.

열반(Nirvana) 143, 336, 338, 350-351.

영지주의(Gnosticism) 236, 284, 314.

예언(prophecy) 299-300.

유대교(Judaism) 68, 133, 139, 152, 156, 250, 279, 288, 295, 343.

이론과 실천(theory and praxis) 266, 305.

이스라엘-학("Israel-ology") 61.

이슬람/무슬림(Islam/Muslim) 31, 68, 133, 139-140, 152, 156, 160, 250-251, 279, 304, 343.

이야기(narrative) 178-179.

익명의 그리스도교/그리스도인(anonymous Christianity/Christian) 162-164, 170, 172, 174, 332.


**ㅈ**

정경(canon) 184, 211, 231, 250, 278-279, 281-284, 290, 292-294, 304.

정의, 평화, 창조의 보전(Justice, Peace and the Integrity of Creation [JPIC]) 55.

제1차 바티칸 공의회(Vatican Council I) 67, 224, 247n16, 257.

제2차 바티칸 공의회(Vatican Council II)

16, 18-19, 37-38, 47-48, 51, 52n47, 55, 139, 156, 159, 206n15, 329.

제국주의(imperialism) 342-353.

조로아스터교(Zoroastrianism) 133.

종교 간 대화(interreligious diaglogue)
경험-표현주의와(experiential expressivism and) 329-333.
-에 대한 문화-언어적 해결책(cultural-linguistic solution to) 333-342.
제국주의의 위험과(danger of imperialism and) 342-353.

종교 이론(religion, theory of)
경험-표현적(experiential-expressive) 81, 88-89, 96-98, 109-112, 142, 202.
문화-언어적(cultural-linguistic) 83-84, 97-98, 113-132, 172-173, 177-178, 187-189, 250, 274-275.
이차원적(two-dimensional) 81-83.
인식-명제적(cognitive-propositional) 81, 92, 177-178.

종교개혁(Reformation, the) 19, 117n10, 245, 258, 283, 285, 316, 325.

종교개혁자(Reformers) 117n10, 247n16, 285, 320.

진리/참(truth)
명제적(propositional) 141-143, 176-177, 180, 188.
범주적(categorial) 34, 142-151.
상응(correspondence) 141, 149-151, 177.
수행적(performative) 180-184.
-정합성(coherence) 177-178.
존재론적(ontological) 34, 149-151, 162, 177, 179-181, 185, 187, 219, 253, 263, 328, 341n10.

진리/참(앞 장에서 이어짐)

　체계내적(intrasystematic)  34, 35n23,
　　177-180, 210, 252, 341n10.

　표현적(expressive)  142, 146-148, 176.

ㅊ

칭의 교리에 관한 공동선언(Joint Declaration on the Doctrine of Justification)
48, 326.

ㅌ

특수주의적 보편주의(particularistic universalism)  324, 328, 337.

ㅍ

플라톤주의(Platonism)  282, 291. 또한 인
　명 찾아보기에서 '플라톤'를 보라.

ㅎ

해체주의(deconstructionism)  280-281,
　293.

헬라화(Hellenization)  171.

헬레니즘(Hellenism)  230, 237, 284.

화이트헤드주의자(Whiteheadian)  291. 또한
　인명 찾아보기에서 '화이트헤드'를 보라.

힌두교(Hinduism)  68, 131, 133, 139, 152,
　331.